행운을 부르는
이름 짓기 사전

행운을 부르는

이름짓기 사전 姓名字典

芝枰 정상 저

어문학사

서문

    사람은 태어날 때 부모로부터 받는 커다란 두 가지 선물이 있다. 하나는 생명이며 하나는 이름이다. 생명은 역학적으로 말하자면 소위 사주라는 것이고 이름은 그가 인생을 살아가는 데 있어서, 필수불가결한, 그를 대신하는 제2의 존재이다.

    사주에 길과 흉이 있듯이 이름에도 길과 흉이 있음은 자명하다. 사주는 주어지는 것이기에 인력으로 어쩔 수 없지만, 이름은 최소한 인간의 노력이 담겨 있다. 이는 마치 작명(作命)할 수는 없으나, 작명(作名)할 수 있다는 말이다. 인간의 자그마한 노력의 한 방법론이 바로 성명학이다. 여기에는 인간 자신이 원하는 길복을 좇아 살아갈 수 있는 길을 마련하고자 하는 뜻이 담겨 있다.

    비록 성명학의 뜻이 이러하나, 인생의 길은 이미 태생에서 커다란 윤곽이 정해진 것이기에 이름은 반드시 자신 인생에 걸맞게 진지한 태도로 지어야 한다. 넓은 뜻에서 살펴보면 이름 또한 주어지는 것이고 사람에 따라 마땅한 인연이 있는 것이니, 너무 황당한 바람으로 이름을 짓지 않도록 주의해야 한다.

본서는 바쁜 현실의 사람들을 위해 꾸며졌다. 먼저 간단한 작명법이 소개된 뒤, 쉽게 따라 할 수 있는 예문이 나오며, 각 한자가 가지는 개별적인 운명의 성향이 담긴 성명자전이 나온다. 구차한 이론을 굳이 배우지 않고도 성명자전에 나타난 이름의 운명적 성향을 살펴봄으로써 자신이 갖고자 하는 이름이나 자식에게 주고 싶은 이름을 선택할 수 있도록 한 것이 본서의 가장 큰 특징이다.

독자 여러분의 인생을 개척해 나아가는데 본서가 하나의 도구로써 자그마한 의미가 되기를 바란다. 덧붙여 본서에 많은 참고가 된 작품을 내 주신 황유덕 선생께 귀한 서를 펴낸 데 대한 감사의 말을 전하고, 본서가 나오는 데 큰 도움을 준 한 친구에게 깊은 고마움을 전하는 바이다.

그리고 본서의 출간을 흔쾌히 받아주신 어문학사 윤석전 대표님과 깔끔한 편집에 노고를 아끼지 않아 주신 편집진께 감사의 말씀을 전한다.

차례

서문 • 04

이름 짓기 • 09

사주 세우기 • 27

이름 운세 및 이름 짓기 예 • 41

자획수의 길흉과 운세 • 47

획수별 자(字)의 길흉과 운세 • 73

성씨 획수 및 오행 • 573

성씨별 남녀별 길한 획수의 조합 • 579

이름 짓기

성(姓)은 선천에 속하며 명(名)은 후천을 나타낸다. 사람의 이름에는 정식 이름이 있고 또한 별명도 있다. 남자는 주로 굳세고 곧고 웅장한 이름을 많이 쓰며, 여자는 부드럽고 순하고 아름답고 고운 종류의 이름을 쓴다.

이름을 지을 때는 그 의미와 음운, 순정(順正), 경상(輕爽), 온유(溫柔), 청량(淸喨)을 중요하게 생각해야 하고, 반면 지나침, 강함, 억셈, 거창함, 암담, 소극 또는 혼탁하거나 끊김의 의미는 취하지 않는다.

이름은 성과 잘 조화되도록 지어야 하며, 장난스럽지 않게 진실한 마음과 뜻으로 정성껏 지어야 한다.

이름 짓는 순서

1. 오행의 배합을 찾는다.
2. 획수의 배합을 찾는다.
3. 알맞는 자의를 택한다.
4. 음양의 배합을 찾는다.

1. 오행의 배합

사주에서 부족한 오행을 찾고 이름에서 보충해 주는 방법이다. 대개 사주에서 부족한 오행이 필요한 경우(중요하게 쓰임)가 많으니 이름에서 필요한 오행을 보충해 줌으로써 길복을 꾀하는 것이다. 또한 이름간 오행의 배합도 중요하다.

2. 획수의 배합

한글과 한자에는 획수가 있다. 그 획수에는 다시 길수(吉數)와 흉수(凶數)가 있으니 마땅히 길한 수를 찾아 배합해야한다.

3. 알맞는 자의(字意: 글자의뜻) 선택

획수를 배합할 때는 글자를 선택하게 된다. 비록 획수에 길흉이 있으나 글자가 지닌 의미 또한 간과할 수 없다. 자의(字意)는 그 사람의 재능을 나타내고, 자획은 운세를 나타내기 때문에 어느 하나만을 중요시할 수 없다.

4. 음양의 배합

만물은 제 짝이 있으니, 하늘이 있으면 땅이 있고 빛이 있으면 어둠이 있음으로 만사가 원활히 돌아가는 것처럼, 이름에도 음양의 배합이 중요하다. 수에는 홀수와 짝수가 있으니 이는 각각 양수와 음수가 된다. 이름에서의 음양배합은 바로 수의 음양배합을 말한다. 마땅히 좋은 배합을 취해야 할 것이다.

이 네 가지가 조화롭게 되면 좋은 이름을 지었다고 할 수 있다. 그러면 그 내용을 하나씩 살펴보기로 한다.

가. 오행의 배합

1. 오행

木火土金水를 오행이라 한다. 이것은 역학에서 긴요하게 쓰이는 것이므로 익혀 두어야 한다.

오행의 상생 : 木生火   오행의 상극 : 木克土
　　　　　　　火生土　　　　　　　　土克水
　　　　　　　土生金　　　　　　　　水克火
　　　　　　　金生水　　　　　　　　火克金
　　　　　　　水生木　　　　　　　　金克木

상생은 생명을 주고 활기를 주는 작용이며, 상극은 억압하고 제한을 주는 작용이다. 또는 상생은 생성이며 상극은 소멸의 관계로 본다.
　역학에서는 음양과 오행이 변화의 기본 인자가 된다. 성명학 또한 음양과 오행을 바탕으로 하는 역학의 한 분야이기 때문에 이들의 쓰임은 중요하다.

2. 한글의 오행

한글은 기본원리가 오행에 바탕을 두어 만들어진 것이기 때문에 자음을 오행별로 나눌 수 있다.
　후음이 수(水)에 해당한다는 주장을 본 적이 있다. 그러나 후음은 목구멍 소리로 모든 소리의 뿌리가 되는 위치이다. 이는 마치 토가 모든 오행을 암장하고 있는 모양과 같다. (12지지) 따라서 후음은 토성으로 보는 것이 타당하다.

木	火	土	金	水
가	나	아	사	마
	다			
카	라	하	자	바
	타		차	파
ㄱ	ㄴ	ㅇ	ㅅ	ㅁ
	ㄷ			
ㅋ	ㄹ	ㅎ	ㅈ	ㅂ
	ㅌ		ㅊ	ㅍ
牙音	舌音	喉音	齒音	脣音

3. 한글 이름의 오행

한글 이름의 오행은 이를 바탕으로 한다. 몇 가지 예를 보이면 다음과 같다.

예:
김 ..木	한 ..土	박 ..水	김 ..木
복 ..水	솔 ..金	똘 ..火	
동 ..火	이 ..土	만 ..水	치 ..金

한글오행에서는 초성의 자음오행을 중요시 하며 종성의 자음오행은 참고로 한다.

4. 한자의 오행

한자의 오행은 크게 세 가지다. 하나는 한글의 독음을 보아 그것의 오행을 보는 소리오행이고, 하나는 한자의 자오행(字五行)이다. 한자의 자오행은 한자의 뜻이 어느 오행으로써의 의미에 가까운지를 파악하는 것이다. 비록 한글 독음은 수(水)에 속하는 발음이더라도 그 의미가 목을 뜻하거나 목에 해당하는 글자가 한자 안에 들어 있으면 그 한자의 오행은 목으로써의 의미를 지닌다고 할 수 있다. 각 한자의 자오행은 본문을 참고하면 된다.

나머지 하나는 한자의 획수에 의한 오행이다. 이름은 주로 소리를 내어 부르는 것이기 때문에 이들 중에 첫 번째가 가장 중요한 의미를 지닌다.

획수를 10으로 나누어 나머지가

   1 과 2 는 木
   3 과 4 는 火
   5 와 6 은 土
   7 과 8 은 金
   9 와 10 은 水 이다.

한자의 획수에 의한 오행은 성명 전체의 총획수로서 주로 참고한다.

예:

   김 복 동
   金 福 同
   木 水 火 ..자오행과 소리오행이 동일
   8   14   6 ..각 한자의 획수

한자 이름의 전체획수: 28획, 따라서 성과 이름 전체의 오행은 金.

　　　　　한　송　지
　　　　　韓　松　芝
　　　　　土　木　金　..자오행
　　　　　土　金　金　..한글 소리 오행
　　　　　18　8　7　..각 한자의 획수

한자 이름의 전체획수: 33획. 따라서 성과 이름 전체의 오행은 火.

> 한글과 한자이름을 지을 때 모두 소리오행을 중요시 한다. 한자이름을 지을 때는 자오행과 글자안에 담긴 오행도 중요시한다.

5. 길한 오행의 배합

길한 이름의 오행배합은 상생으로 이루어져 있다.

두 자 성명

水金 金水 金土 土金 火土 土火 火木 木火 水木 木水

석 자 성명

水木火 火木水 木火土 土火木 火土金
金土火 土金水 水金土 金水木 木水金
水木木 水水木 木木火 木火火 火火土
火土土 土土金 土金金 金金水 金水水

6. 흉한 오행의 배합

흉한 이름의 오행배합은 상극으로 이루어져 있다.

두 자 성명

土水 水土 水火 火水 火金 金火 金木 木金 木土 土木

석 자 성명

土水火 火水土 水火金 金火水 火金木
木金火 金木土 土木金 木土水 水土木
木木木 火火火 土土土 金金金 水水水

오행의 배합은 상생해야 좋고, 상극하면 좋지 않다.

나. 획수의 배합

1. 한글 이름의 획수

한글은 정자로 쓸 때의 획수를 그 글자의 획수로 본다.

자음

    1획: ㄱ, ㄴ, ㅇ

    2획: ㄷ, ㅅ, ㅈ, ㅋ, ㄲ

    3획: ㄹ, ㅁ, ㅊ, ㅌ, ㅎ

4획: ㅂ, ㅍ, ㄸ, ㅆ

8획: ㅃ

모음

1획: ㅡ, ㅣ

2획: ㅏ, ㅓ, ㅗ, ㅜ, ㅢ

3획: ㅑ, ㅕ, ㅛ, ㅠ, ㅐ, ㅔ, ㅚ, ㅟ

4획: ㅒ, ㅖ, ㅝ

5획: ㅞ, ㅙ

예: 한글 이름의 획수

김 ..5   한 ..6   박 ..7   김 ..5
복 ..7   솔 ..7   똘 ..9
동 ..5   이 ..2   만 ..6   치 ..4

2. 한자 이름의 획수

한자는 정자와 약자간의 획수에 차이가 있다. 한자의 획수는 정자의 획수를 따라야 한다는 사람이 있는 반면, 실제 쓰이는 한자의 획수가 중요하다는 사람도 있다. 사람들 간에 여러 의견차이가 있다.

그러나 성명학은 역학의 한분야이다. 역(易)은 변화의 의미이다. 만약 고정적으로 한자 정자의 획수만을 중요시한다면, 근본적으로 역의 의미에 배치되는 것이다. 다음의 예를 보자.

작은 그릇 하나로 바닷물을 떴다 해서 그것을 만길 크기의 바닷물로 말할 수는 없다. 바다는 몸을 담아 적실 수 있으나, 한 종지기의 물은 몸을 담아 충분히 적실 수가 없다. 비록 출처는 동일하나 그 양이 변함으로써 쓰임에 변화가 생긴 것이다. 마찬가지로 새벽에 내리는 이슬이 모여 큰 강을 이루었다면 그것은 더 이상 이슬이 아니다. 이 모두가 역의 의미이며, 마땅히 쓰임의 적소를 따져야 한다는 말이다.

한자의 획수는 마치 이와 같다. 정자의 획수만을 고집한다면 강물의 뿌리가 이슬에 있다하여 천길의 강을 티끌의 이슬로 말하는 착오를 범하는 것이다.

정자든 약자든 실제로 쓰는 한자의 획수가 중요한 의미를 가진다.

참고할 부수의 획수
3획: 忄, 扌, 氵, 犭, 阝(좌측), 阝(우측), ⺾
4획: 礻, 罒, 辶, 歹, ⺿
5획: 衤, 皿

3. 격(格)

획수는 배합에 따라 다섯 가지 격으로 나뉜다: 천격, 인격, 지격, 외격, 총격.

◉ 두 자성명:
1姓 1名
- 천격: 성씨의 획수
- 인격: 성 + 이름의 획수
- 지격: 이름의 획수
- 외격: 성 + 이름의 획수
- 총격: 성명의 총수

姓: 천격: 8 吉

金 木 8 ──── 인격: 21 吉

외격: 21 吉

馳 火 13 ──── 지격: 13 吉

총격: 21 木 吉

예)

김 치
1姓 1名

◉ 석 자성명:
1姓 2名
- 천격: 성씨의 획수
- 인격: 성 + 이름의 첫 자
- 지격: 이름의 첫 자 + 이름의 끝 자
- 외격: 성 + 이름의 끝 자
- 총격: 성명의 총수

```
                    姓: 천격: 18 吉
              ┌ 韓 水 18 ┐    인격: 26 凶
  외격: 25 吉  │ 松 金 8  │
              └ 芝 火 7  ┘    지격: 15 吉
                    총격: 33 火 吉
```

예)
　　　1姓　2名

◉ 석 자 성명:　　{ 천격: 성씨의 첫 자 + 성씨의 끝 자
　2姓 1名　　　　 인격: 성씨의 끝 자 + 이름의 획수
　　　　　　　　　 지격: 이름의 획수
　　　　　　　　　 외격: 성씨의 첫 자 + 이름의 획수
　　　　　　　　　 총격: 성명의 총수

```
                    姓: 천격: 19 凶
              ┌ 南 火 9  
  외격: 25 吉  │ 宮 木 10 ┐   인격: 26 凶
              └ 學 水 16 ┘   지격: 16 吉
                    총격: 35 土 吉
```

예)
　　　2姓　1名

◉ 넉자성명:
2姓 2名
- 천격: 성씨의 첫 자 + 성씨의 끝 자
- 인격: 성씨의 끝 자 + 이름의 첫 자
- 지격: 이름의 첫 자 + 이름의 끝 자
- 외격: 성씨의 첫 자 + 이름의 끝 자
- 총격: 성명의 총수

姓: 천격: 20 凶

외격: 20 凶
- 鮮 火 17
- 于 土 3 ─┐ 인격: 17 吉
- 熊 水 14 ─┘
- 女 火 3   지격: 17 吉

총격: 37 金 吉

예) 선 우 웅 녀
   2姓   2名

천격(天格): 이는 선조가문의 상징이며 후대로 이어지는 것이므로 함부로 바꿀 수 없다. 다른 격과 배합하여 그 사람 운명의 기초가 된다.

인격(人格): 자신과 또 기타 직접적으로 관련된 생활의 모든 것을 뜻한다.

지격(地格): 지격은 이름자의 획수니 세상에 태어나면서 부여받는 것이니 선천운에 속한다. 그러나 지격은 순 이름으로써 운명을 개척해 나아가라는 인간의 최소한의 의지가 담겨 있다. 따라서 동시에 후천운을 뜻한다. 비로소 처음에 부여받는 이름이니 인생의 초반부부터의 점진적인 운세를 뜻한다.

총격(總格): 천, 인, 지 세격을 모두 합한 획수로서, 인생의 전체에 걸친 운세를 뜻한다.

외격(外格): 말 그대로 외양적인 것을 뜻한다. 친구나 주위환경과 사회생활에 관한 운세를 뜻한다.

각 격(格)은 모두 길하면 좋다. 하지만 기본적으로 총수를 길수(吉數)로 하여 지어야한다. 획수의 길과 흉에 대해서는 본문을 참고하라.

다. 알맞는 자의(字意) 선택

나이가 이미 중년에 든 부부가 만년에 자식을 얻게 되면 하늘의 은혜에 감사하는 뜻이나 조상의 도움과 보살핌을 바라는 이름을 지어 장성하도록 하고 일마다 잘 되도록하며 중도에 요절하여 죽는 일이 없도록 한다. 그러나 노년에 자식을 겨우 하나 얻어 불행히 일찍 죽어 최후의 자녀를 다시 하나 얻게 되면 아름답거나 듣기에 곱지도 않은 이름을 주로 쓰게 되는데, 이는 너무 튀어서 남의 이목에 오르내리지 않고 무난히 살도록 기원하는 마음이 담겨져 있는 것이다.

획수도 중요하지만 글자의 뜻 또한 중요함을 간과해서는 안된다.

만약에 이름을 '피극(被剋)'이라고 짓는다면 그 이름을 듣고 말하는 사람은 그 이름의 뜻대로 그 사람의 인격을 무시하려는 충동을 받을 것이고 결국 그 사람은 업신여김을 받거나 남으로부터 해꼬지를 당하게 될 것이다.

이름의 글자가 가진 뜻은 그 사람의 품성이나 재능 등을 나타내기 때문에 그 뜻을 함부로 장난삼아 택해서는 안된다.

자의를 택할 때는 위에서 언급한 내용처럼 적소에 맞는 쓰임과 진실함을 요구한다. 만약 사내아이가 약하게 태어났다면 건강을 기원하는 뜻의 글자를 택할 것이고, 건장한 사내아이가 태어났다면 훌륭한 인물이 되어주기를 바라는 뜻의 글자를 택하는 것이 적소에 맞는 쓰임이 될 것이다. 만약 이쁘고 귀여운 여아가 태어났다면 곱고 아름다운 이름을 지어줌이 그 아이의 품격과 자태를 더욱 고취하는데 도움이 될 것이다.

본서는 개별적 한자의 운명적 성향이 간단, 명료하게 서술되어 있다. 자의의 선택과 더불어 각 글자의 운명적 성향을 동시에 참고한다면 보다 더 좋은 이름을 짓는데 도움이 될 것이다. 각 글자의 운명적 성향은 본문을 참고하라.

라. 음양의 배합

음양은 획수로서 판별한다. 짝수는 음수(陰數), 홀수는 양수(陽數)이다.

양수(奇數) : 1, 3. 5. 7, 9   …○

음수(偶數) : 2, 4, 6, 8, 10   …●

1. 길한 배합

두 자 성명 : ○●   ●○

석 자 성명 : ○○●   ○●●   ●○○   ●●○

넉 자 성명 : ○●○○   ○●●○   ●○●○   ○○●○
　　　　　　 ●●○○   ○●●○   ●●○○

2. 흉한 배합

석 자 성명 : ○●○   ●○●

넉 자 성명 : ●○○●   ○●●○

3. 대길 또는 대흉한 배합

두 자 성명 : ○○   ●●

석 자 성명 : ○○○   ●●●

넉 자 성명 : ○○○○   ●●●●

사주 세우기

사주(四柱)란 네 개의 기둥을 말하는데 생년, 생월, 생일, 생시를 지칭하는 말이다. 각각을 년주(年柱), 월주(月柱), 일주(日柱), 시주(時柱)라 한다. 그리고 사주는 간지(干支)로 구성되어 있어서 각 주(柱)는 두 자씩 배당된다. 이에 사주를 다른 말로 팔자(八字)라 부른다.

이름은 사주에서 필요한 오행을 취하여 짓는 것이 상례이다. 먼저 사주를 세우는 방법을 보인 뒤, 사주에서 필요한 오행을 찾는 간단한 예를 보인다. 사주를 다른 말로 명식(命式)이라고도 한다. 사주를 세우기 위해서는 만세력(萬歲曆)이 필요하다. 만세력은 음력양력을 육십갑자로 표기해 놓은 책력(冊曆)이다.

1. 년주 세우기

년주는 태어난 해의 간지이다. 1997년에 태어났으면 정축(丁丑)년이 년주가 되고, 1998년이면 무인(戊寅)이 년주가 된다. 태어난 해가 60 갑자상의 어떤 간지에 해당하는지를 보면 된다. 그런데 사주에서 년주와 월주를 세울 때 주의할 점이 하나 있다. 사주는 다른 학문과는 달리 12 절기(節氣)를 기준으로 한다. 즉, 한 해의 시작은 사주학적으로 음력 1월 1일 또는 동지가 아니라 입춘(立春)이 되는 것이다.

비록 음력으로는 해가 지났어도 입춘이 되지 않았다면 전해의 간지를 써야 한다. 예를 들면, 1998년의 입춘은 음력 1월 8일(양력: 2월 4일)이다. 만약 어떤 아이가 1998년 음력 1월 1일에 태어났다면 아직 입춘이 되지 않았기 때문에 이 아이의 년주는 정축(丁丑)이 된다.

월주도 1월이 아닌 12월의 간지를 써야한다. 월주를 세우기 위해 다음을 보라.

2. 월주 세우기

월주는 태어난 달의 간지이다. 사주는 12절기를 기준하기 때문에 월주도 이에 따른다. 먼저 각 달(음력)의 지지를 보자. 사실 12절기는 태양의 황도상의 위치를 기준으로 하기 때문에 양력 개념이다. 그러나 여기서는 통상적인 음력월로 배당해서 보자.

봄	1월: 인(寅)	2월: 묘(卯)	3월: 진(辰)
여름	4월: 사(巳)	5월: 오(午)	6월: 미(未)
가을	7월: 신(申)	8월: 유(酉)	9월: 술(戌)
겨울	10월: 해(亥)	11월: 자(子)	12월: 축(丑)

각 달의 천간은 년간(年干)에 의해 결정된다. 다음은 년과 월의 관계이다.

	해의 천간		갑기년	을경년	병신년	정임년	무계년
기준절기	입춘	1월	丙寅	戊寅	庚寅	壬寅	甲寅
	경칩	2월	丁卯	己卯	辛卯	癸卯	乙卯
	청명	3월	戊辰	庚辰	壬辰	甲辰	丙辰
	입하	4월	己巳	辛巳	癸巳	乙巳	丁巳
	망종	5월	庚午	壬午	甲午	丙午	戊午
	소서	6월	辛未	癸未	乙未	丁未	己未
	입추	7월	壬申	甲申	丙申	戊申	庚申
	백로	8월	癸酉	乙酉	丁酉	己酉	辛酉
	한로	9월	甲戌	丙戌	戊戌	庚戌	壬戌
	입동	10월	乙亥	丁亥	己亥	辛亥	癸亥
	대설	11월	丙子	戊子	庚子	壬子	甲子
	소한	12월	丁丑	己丑	辛丑	癸丑	乙丑

1998년 음력 1월 1일에 태어난 아이는 아직 입춘 절기가 지나지 않았기 때문에 월주는 이전 달의 간지를 써서 12월이 된다. 위의 표에서 천간이 정(丁)에 해당하는 해의 12월을 보면 된다. 계축(癸丑)이 월주가 된다.

절기에 해당하는 날을 절입일(節入日)이라 하고, 그 시간을 절입시간(節入時間)이라한다. 정확성을 위해 절입시간까지 고려하여 년주와 월주를 정하는 것이 좋다. 절입시간은 만세력에 기재되어 있으니 참고하기 바란다.

단, 만세력 마다 오차가 있으니 좋은 만세력을 골라 참고하는 것이 좋겠다. 인터넷역학의 인터넷만세력(http://lifesci.net/)을 추천한다.

3. 일주 세우기

일주는 태어난 날의 간지이다. 일주를 세우는 공식이 있으나 공식이 길고 진부하다. 일주를 세우기 위해서는 만세력을 참고한다. 태어난 날의 간지를 찾아 적으면 된다. 1998년 음력 1월 1일의 간지는 을해(乙亥)이다. 이것이 일주가 된다.

일주는 절기와는 특별한 상관이 없으므로 해당하는 날의 간지를 그 사주의 일주로 쓰면 된다.

4. 시주 세우기

시주는 태어난 시간의 간지이다. 시주는 월주를 세우는 방법과 비슷하다.

하루는 12지지에 의해 12시간으로 나뉜다. 현재의 시간단위로 보면 2시간에 해당한다. 먼저 각 시(時)의 지지를 보자. 편의상 24시간 표기로 나타낸다.

각시(時)	본래	현행
자(子) 시	(전날) 23:00 ~ 01:00	(전날) 23:30 ~ 01:30
축(丑) 시	01:00 ~ 03:00	01:30 ~ 03:30
인(寅) 시	03:00 ~ 05:00	03:30 ~ 05:30
묘(卯) 시	05:00 ~ 07:00	05:30 ~ 07:30
진(辰) 시	07:00 ~ 09:00	07:30 ~ 09:30
사(巳) 시	09:00 ~ 11:00	09:30 ~ 11:30
오(午) 시	11:00 ~ 13:00	11:30 ~ 13:30
미(未) 시	13:00 ~ 15:00	13:30 ~ 15:30
신(申) 시	15:00 ~ 17:00	15:30 ~ 17:30
유(酉) 시	17:00 ~ 19:00	17:30 ~ 19:30
술(戌) 시	19:00 ~ 21:00	19:30 ~ 21:30
해(亥) 시	21:00 ~ 23:00	21:30 ~ 23:30

사주의 시간기준은 태양이 정남중 할 때를 정오(正午)로 잡는다. 그런데 현재 우리나라의 표준시각은 동경(東經) 135도에 맞춰져 있기 때문에 우리가 지금 보고 있는 시계바늘은 실제 시간보다 약 30분이 빠르다. 따라서 우리가 보고 있는 시계바늘이 12:30 이 되어야 태양이 정남중한다(실제는 표준시에 대한 지방도시 경도차와 균시차의 영향까지 고려해야 함). 본래 우리의 시간기준을 찾지 않는 한, 우측에 있는 현행 시계바늘을 기준하여 시주를 세워야한다. 만약 써머타임(일광 시간 절약제)을 실시 하는 기간에 태어 났다면 그 시간도 고려해야한다.

사주의 시간은 자연시를 기준한다는 것을 명심하자.

각 시(時)의 천간은 일간(日干)에 의해 결정된다. 다음은 일과 시의 관계이다.

일의 천간	갑기일	을경일	병신일	정임일	무계일
자(子)시	甲子	丙子	戊子	庚子	壬子
축(丑)시	乙丑	丁丑	己丑	辛丑	癸丑
인(寅)시	丙寅	戊寅	庚寅	壬寅	甲寅
묘(卯)시	丁卯	己卯	辛卯	癸卯	乙卯
진(辰)시	戊辰	庚辰	壬辰	甲辰	丙辰
사(巳)시	己巳	辛巳	癸巳	乙巳	丁巳
오(午)시	庚午	壬午	甲午	丙午	戊午
미(未)시	辛未	癸未	乙未	丁未	己未
신(申)시	壬申	甲申	丙申	戊申	庚申
유(酉)시	癸酉	乙酉	丁酉	己酉	辛酉
술(戌)시	甲戌	丙戌	戊戌	庚戌	壬戌
해(亥)시	乙亥	丁亥	己亥	辛亥	癸亥

1998년 음력 1월 1일의 일주는 을해(乙亥)이므로 일간은 을(乙)이다. 태어난 시간이 오후 6시 라면 유(酉)시 이다. 을(乙)일의 유시는 경진(乙酉)이므로 이것이 시주가 된다.

1998년 음력 1월 1일 오후 6시 생의 사주는 다음과 같다. 사주는 오른쪽에서 왼쪽으로 적는다.(관행)

```
시 일 월 년        시 일 월 년
乙 乙 癸 丁   →   木 木 水 火
酉 亥 丑 丑        金 水 土 土
```

이 책은 성명학에 관한 것이므로 사주해석에 대한 자세한 내용은 다루지 않는다. 사주학은 또 하나의 오묘한 학문이므로 자세한 내용은 사주학 서적을 탐독하기 바란다. 여기서는 다만 일례를 보이겠다.

간지의 오행은 다음과 같다.

천간 오행: 甲乙: 木 丙丁: 火 戊己: 土 庚申: 金 壬癸: 水
지지 오행: 亥子: 水 寅卯: 木 巳午: 火 申酉: 金 辰戌丑未: 土

사주를 볼 때는 전체와 부분을 살핀다. 전체적으로 많은 오행은 꺼리므로 그것을 이름에 써서는 안된다. 부분은 일간을 뜻한다. 일간은 자신을 뜻하므로 사주안에서 힘이 약해서는 안된다. 일간의 오행이 모자르거나 약하면 그것을 도와주는 오행이 좋다. 반면 일간의 힘이 너무 강하면 덜어 주어야 균형이 맞는다. 이 때는 일간의 힘을 설하거나 억제하는 오행이 좋다. 따라서 사주에서 전체적으로 많은 오행은 쓰지 않고, 일간의 유여불급에 따라 좋은 오행을 찾는데, 이 오행이 이름을 지을 때 필요한 오행이다.

이 사주는 토금수가 유여하다. 따라서 이름에는 토금수(土金水)의 글자를 쓰면 안되고, 목화(木火)의 글자를 써야 한다.

참고로, 사주에는 대운과 소운이란 것이 있어 사주와 함께 명식의 중요한 요소가 된다. 이름을 지을 때는 사주만을 참고하지만, 사주해석에 있어서는 없어서는 안되는 것이다. 여기에 참고적으로 대운과 소운 도출법을 적기로 한다.

5. 대운 도출법

대운은 10년 마다 바뀌는 시간의 간지이다. 대운은 월주에서 시작되고, 이것은 남자와 여자가 서로 역(逆) 관계에 있다. 대운은 년간을 기준한다.

년간이 양(陽) 이고 남자면 월주에서 순행
　　　음(陰) 이고 여자면 월주에서 순행하고,

년간이 음(陰) 이고 남자면 월주에서 역행
　　　양(陽) 이고 여자면 월주에서 역행한다.

이것을 다른 말로 양남음녀는 순행하고, 음남양녀는 역행한다 라고 말한다.

6. 소운 도출법

소운은 5년 마다 바뀌는 시간의 간지이다. 소운은 시주에서 시작되고, 이것은 남자와 여자가 서로 역(逆) 관계에 있다. 소운은 일간을 기준한다.

일간이 양(陽) 이고 남자면 시주에서 역행

    음(陰) 이고 여자면 시주에서 역행하고,

일간이 음(陰) 이고 남자면 시주에서 순행

    양(陽) 이고 여자면 시주에서 순행한다.

이것을 다른 말로 양남음녀는 역행하고, 음남양녀는 순행한다 라고 말한다.

여기서 보듯이 대운과 소운은 서로 역(逆) 관계에 있다.

7. 소운에 관하여

여기서 설명한 소운법은 필자가 1989년~1990년 사이에 발견한 획기적인 행운론이다. 대운이 명주의 성별과 년월의 관계에서 도출된다는 방법에 착안하여, 이를 명주의 성별과 일시의 관계로 확장하여 적용한 결과 얻게 된 방법이다.

이는 사주학 역사상 누구도 발견하지 못한 것이며 필자가 최초의 발견자이다.

소운이 대운과 역관계에 있다는 것을 그 후 다년간의 임상을 통해 그 관계를 정립하였다. 소운법은 대운법으로부터 연역하여 얻어진 방법이며 대운이 참이라면 소운 또한 참인 것이다. 사주를 세우고 대운을 본다면 소운도 반드시 보아야 한다는 것이다. 이것은 어느 한 개인의 특별한 사주명식법이 아닌 근본적인 사주명식의 기본 꼴이기 때문이다.

필자는 소운법 발견 이후로 사주를 해석할 때 반드시 대운과 소운을 함께 본다.

사주원국에서 희기를 판별하여 용신을 잡고 대운만을 적용했을 때는 해석되지 않는 경우가 부지기수였다. 하지만 소운을 적용하고 나서는 그 모든 것이 안개가 걷힌 듯 확연하게 해석이 되었다.

필자가 인터넷 최초로 만들어 공개한 '인터넷만세력'에서는 명식에 반드시 소운이 산출되어 나오도록 되어 있다.

소운법과 인터넷만세력에 관하여는 아래 링크를 참조하기 바란다.

소운법(인터넷역학)　　http://lifesci.net/read/saju/
인터넷만세력(웹)　　　http://lifesci.net/pod/plugin/ical/
인터넷만세력(텍스트)　http://lifesci.net/pod/plugin/ical2/

※ 인터넷만세력은 최근에 나라별 표준시간대를 적용하여 대한민국 뿐 아니라 전세계 어느 나라에서 태어났든 그곳의 표준시를 기준하여 정확한 절기계산을 통해 정확한 사주를 산출하게끔 개정되었다 (표준시, 경도차, 균시차 반영).

※ 인터넷만세력이란 용어는 필자의 사이트에서 공개된 만세력의 고유이름이다.

8. 대운수 도출법

대운수는 대운이 시작하는 나이를 말한다. 대운수는 태어난 날과 절기일을 기준한다(더 자세하게는 절입시간을 참고한다).

대운이 순행이면 태어난 날부터 다음달의 절기일 전까지의 날수를 세어 3으로 나눈 다음 그 몫을 취한다. 나머지가 2이면 +1을 하고 나머지가 1이면 버린다. 대운이 역행이면 태어난 날부터 지난달의 절기일 까지 날수를 세어 3으로 나눈 다음 그 몫을 취한다. 나머지가 2이면 +1을 하고 나머지가 1이면 버린다.

보다 정확성을 위해서는 절입시간과 정확한 하루의 시간을 참고해야 한다(인터넷만세력에서는 이 모든 계산을 정확하게 산출하여준다).

2013년 양력 4월 9일에 태어난 아이가 남자라면 음년(계사)에 태어났기 때문에 과거절을 기준으로 한다. 기준이 되는 과거절은 5일 청명이며 생일부터 절기일 까지의 날수는 4이므로 이것을 3으로 나누면 몫은 1이 되고 나머지는 1이 된다. 나머지 1은 버린다. 따라서 대운수는 1이 된다.

2013년 양력 4월 9일에 태어난 아이가 여자라면 음년(계사)에 태어났기 때문에 미래절을 기준으로한다. 기준이 되는 미래절은 5월 5일 입하이며, 생일부터 절기일 까지의 날수는 26일이다. 이것을 3으로 나누면 몫은 8이 되고, 나머지는 2가 된다. 나머지가 2이므로 +1을 하여 몫에 더한다. 따라서 대운수는 9가 된다.

2013년 양력 4월 9일 정오(12)시 생의 명식(命式)을 적으면 다음과 같다.

시 일 월 년
壬 乙 丙 癸
午 巳 辰 巳

　　　　남자:　　　　　　　　　　여자:

소　운　　癸辛己丁乙癸　순　　　辛癸乙丁己辛　역
　　　　　巳卯丑亥酉未　행　　　未酉亥丑卯巳　행

다　운　　庚辛壬癸甲乙　역　　　壬辛庚己戊丁　순
　　　　　戌亥子丑寅卯　행　　　戌酉申未午巳　행

대운수　　51 41 31 21 11 1　　　59 49 39 29 19 9

소　운　　甲壬庚戊丙甲　순　　　庚壬甲丙戊庚　역
　　　　　午辰寅子戌申　행　　　午申戌子寅辰　행

9. 대운과 소운의 적용

대운은 간(干)과 지(支)가 각각 나뉘어 5년씩 움직인다.

소운은 간지(干支)가 함께 5년씩 움직인다.

이는 대운과 소운의 관계로부터 나온 당연한 귀결이다.

대운의 천간이 5년을 관장하는 동안에 대운의 지지와 함께 있는 소운의 천간과의 작용이 나타나지 않으며, 대운의 지지가 5년을 관장하는 동안에 대운의 천간과 함께 있는 소운의 지지와의 작용이 나타나지 않는다.

이를 다년간의 임상을 통해 확인하게 되었다. 따라서 대운은 천간과 지지를 5년씩 나누어 보아야한다는 결론에 이른 것이다.

이름 운세 및 이름 짓기 예

여기 보이는 예는 두 가지다. 하나는 이미 지어진 이름에 대한 운세를 보는 방법이고, 다른 하나는 새롭게 이름을 짓는 방법이다. 후자는 이름을 바꾸려는 사람이나, 갓 태어난 아이의 이름을 지을 때 쓰는 방법이다.

가. 이름 운세

1. 자신의 이름을 적는다(한글이나 한자로).
2. 오행 및 획수와 격을 적는다.
3. 오행과 음양배열이 길한지를 본다.
4. 획수운세와 각 글자에 대한 운세를 본문에서 찾아본다.

운세를 보려는 이름이 김복수(金福壽)라 하자. 그러면 각 글자의 오행과 획수를 다음과 같이 적고, 격에 대한 획수를 적는다. 여기서 오행은 각 글자의 소리오행이다.

1. 과 2.

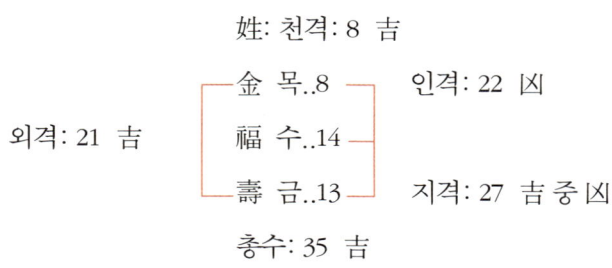

3. 김복수라는 이름의 오행배열은 목수금 이다. 상생으로 이루어져 있으니 길한 배열이다. 김복수의 획수는 각각 8, 14, 13 이다. 짝짝홀 이니, 이는 음음양 이다. 길한 배열이다.
4. 위에 적은 각 격에 해당하는 획수의 길흉은 본문을 참고한 것이다. 획수 및 글자에 대한 운세는 본문에서 찾아 읽어본다. 참고로 획수는 총수가 가장 중요하다는 것을 기억하자.

나. 이름 짓기

다음의 순서를 따라서 이름을 지어보자.

1. 사주를 세운다(간지를 오행으로 바꿈).
2. 필요한 오행을 찾는다.
3. 한글과 한자 이름 중 어느것으로 지을지를 정한다.
4. 필요한 오행의 글자를 찾는다.
5. 원하는 글자 뜻과 글자 및 획수운세를 참고로 하여 이름을 짓는다. '가.'의 방법을 참고한다.

그러면 각각의 순서에 의해 이름을 지어보자.

1. 1998년 1월 11일(양력) 오후 4시에 태어난 아이를 예로 들자. 사주는 다음과 같다(각자 만세력을 가지고 사주를 세워보기 바란다). 이

아이의 성씨를 김(金)이라 하자. 입춘이 안됐고, 소한이 지났으므로 축월(丑月)이 된다.

시 일 월 년　　　시 일 월 년
乙 戊 癸 丁　→　木 土 水 火
卯 午 丑 丑　　　木 火 土 土

2. 화토가 많다. 따라서 화토는 필요하지 않다. 토가 많으니 이것을 극하는 것이 좋다. 여기서는 목이 토를 극하니, 목이 좋다. 이름에 들어가는 글자가 오행상 목이 됨이 좋다. 수는 목을 생하여 토를 극하니 좋다.
3. 한자이름으로 지어보자.
4. 소리오행에서 수와 목에 해당하는 자음은 다음과 같다.
   수: ㅁ, ㅂ, ㅍ.
   목: ㄱ, ㅋ.
5. 글자: 출세하라는 의미에서 이름을 '경민(京旻)'으로 지었다.
   오행: 경민은 소리오행으로 목수(木水) 이므로 필요한 오행의 글자다.

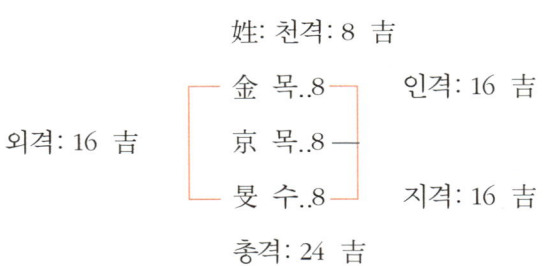

姓: 천격: 8 吉
　　　　　金 목..8　　인격: 16 吉
외격: 16 吉　京 목..8
　　　　　旻 수..8　　지격: 16 吉
총격: 24 吉

오행의 배열은 목목수이다. 상생으로 이루어져 있으면 좋은 배합이다. 획수는 짝짝짝이니, 이는 음음음이다. 대길 또는 대흉한 배합에 속한다. 하지만 사주의 구성이 좋고 글자가 사주에 맞으니 길한 의미로 본다. 경(京)과 민(旻)은 본문에서 좋은 의미의 글자로 나와 있다.

독자여러분이 가.와 나.의 방법을 따라 이름짓는 연습을 몇번씩 해보면 각자 좋은 이름을 지을 수 있을 것이다.

참고로 사(四), 오(伍), 육(六), 칠(七), 팔(八) 등의 수를 나타내는 글자는 그것의 획수를 따르지 않고 각각의 글자가 뜻하는 수를 획수로 사용한다. 그러나 백(百), 천(千), 만(万) 등은 각 글자의 획수를 그대로 쓴다.

또한 획수 중 어떤 것은 강한 운명의 성향을 나타내므로 여자에게 써서는 안되는 것이 있다. 21, 23, 33, 39 등의 수가 그에 속한다. 이런 수는 평범한 결혼생활에서 삶을 이끌려는 사람에게는 어울리지 않고, 생활전선에 나아가 사업을 벌여 성공을 바라는 사람 등 분주한 삶을 이끌 사람에게 어울린다. 기타 자세한 내용은 본문의 내용을 참고하기 바란다.

그리고 본문의 글자는 대법원 선정 한자의 70%를 포함하고 있다. 따라서 개중에는 포함되지 않은 한자가 있으므로, 그런 한자를 이름에 쓰려면 자획수를 참고하여 지으면 된다.

이름은 생명 다음으로 자식에게 주는 두 번째 선물이다. 본서가 그런 뜻에 조금이나마 도움이 되기를 진심으로 바라마지 않는다.

※ 호(號)를 짓는데 있어서도 글자의 운명적 성향을 참고한다면 의미있는 작명이 될 것이다.

※ 획수별 자(字)의 길흉과 운세에서는 글자의 오행이 두 가지 이상으로 나오는 것이 있다.

발음오행과 자오행이 다른 경우와 자오행이 두 가지 이상인 경우다. 첫번째 나오는 것이 한글발음 오행이며 두번째와 세번째에 나오는 것이 한자의 자오행이다. 한자의 경우는 자오행을 우선하여 본다.

자획수의 길흉과
운세

1획: 吉 기본격(基本格), 건전(健全)

만 가지 사업의 기본수다. 만사가 뜻과 같다. 정명공정하며 분수를 알고 바르고 곧으며 남들의 존경과 우러름을 받는다. 몸이 다하도록 복을 누린다. 단지 보통 사람은 받기 어렵고 형극이 많은 운세이다.

2획: 凶 분산격(分散格), 파멸(破滅)

병약하고 단명한다. 힘을 축내고 재산을 없애다. 마음에 근심이 많고 정신이 수고롭거나 혹은 일이 힘들어도 공이 없다. 혹은 힘써 일해도 흉하게 죽으니 도모하는 바가 뜻대로 되기 어렵다. 여인은 배우자를 해치고, 자식을 상케하며 박복하며 재액이 많은 운세이다.

3획: 吉 발전격(發展格), 길상(吉祥)

근검하여 가업을 이루니, 집안의 명성을 떨친다. 사업은 융창하며 복과 장수가 집안에서 일어난다. 어짐과 선으로 덕을 쌓으니, 명예와 이익을 모두 거두니 한 가문이 가히 번창한다. 여자는 온화현숙하며 남편을 돕고 자식에게 이익이 되는 운세이다.

4획: 凶 풍파격(風波格), 흉변(凶變)

일생 고독하거나 혹은 겁수와 파상이 있으며 혹은 정신이상이 되기도 하며 병약하고 단명하며, 시련과 노고가 많다. 여자는 일찌기 몸을 망치거나 혹은 애정문제로 인해 자살하거나 재가할 운세이다.

5획: 吉 진흥격(振興格), 녹수(祿壽)

음양이 화합하고 공과 사가 분명하다. 부유하지 않으면 또한 명망을 얻으니 복이 오래 이어진다. 남의 마음을 눌러 끌어 당기니 부귀가 더욱 영화롭다. 여자는 온화하고 영리하며 재주가 많고 지혜가 있다. 남편과 자식을 영화롭게 하는 운세이다.

6획: 吉 순성격(順成格), 안온(安穩)

지혜와 용기를 두루 갖춘다. 의리를 중시하고 신용이 있다. 복과 장수가 집에 가득하다. 29세에서 31세까지 손재액이 있다. 나중에 이르러 천부의 행복을 누린다. 여자는 고통을 이겨내며 인내심이 있다. 남편을 도와 집안을 일으킨다.

7획: 吉 독립격(獨立格), 정한(情恨)

정력이 왕성하다. 재주가 많고 지혜가 있다. 성품이 강하여 일을 홀로 경영함이 길하다. 두 처를 얻는 격이다. 여자는 말이 시원스럽고 마음은 곧다. 늦은 결혼 혹은 늦게 자식봄이 대길하다. 어질어서 능히 집안을 돕는 운세이다.

8획 : 吉 개척격(開拓格), 견강(堅剛)

천부적으로 총명하게 태어나서 의지 또한 굳다. 분발하여 중년에 성공한다. 배우자와 자식을 해치는 액이 있다. 궁합은 좋지 않고 몸엔 지병이 있다. 여자는 조혼하면 도중에 자식에게 해가 있는 운세이다.

9획 : 凶 극난격(極難格), 흉악(凶惡)

양자로 가서 여러 부모를 모시는 격이다. 칼과 화살을 쓰는 운명이니, 무인의 운명이다. 유년엔 차와 물을 조심하고, 병약하고 다액하다. 재주는 있으나 불우하거나 혹은 일생을 망친다. 여자는 몸을 망쳐 재가하거나 간통, 과부, 단명의 운세이다.

10획 : 凶 운허격(運虛格), 영암(零暗)

애쓰나 공이 없다. 일생동안 신산고초를 맛보니 재산은 흩어지고 사람은 죽는다. 만년은 더욱 괴로우니 자살 혹은 흉사가 있다. 여자는 병약하고 단명하거나 혹은 애정문제로 고통을 받는다. 행복하기 어려운 운세이다.

11획: 吉 신성격(新盛格), 만회(挽回)

하늘이 내신 록이 그 상서로움을 길게 발하니, 많은 바램이 돌아오는 바다. 부귀영달하나 다만 천륜의 즐거움이 없거나 혹은 부부간에 불화하며 만혼이 대길하다. 여자는 비록 사회생활로 바쁨이 있으나, 허영스런 마음이 강해서 애정상의 번뇌가 있다. 혹은 자식의 교육에 소홀하거나 도박을 좋아하고 술을 잘하는 운세이다.

12획: 凶 박약격(薄弱格), 부족(不足)

항상 화의 근원이니 일손을 해치고 재물을 탕진한다. 외로워서 도와주는 이 없으니 재난이 항상 쫓아다닌다. 또한 자식이 불효하고 병약하고 단명한다. 여자는 간통하거나 기이한 사랑을 하며 기녀, 재가, 과부의 재액이 있다. 이 격은 차와 물을 조심하라. 비명횡사할 운세이다.

13획: 吉 통달격(通達格), 지략(智略)

문무를 모두 갖추니 중후하고 돈목하다. 널리 배워 재주가 많다. 분수를 지켜서 올바르다. 성공번창하며 부귀하고 영달할 운세이다. 여자는 남편을 도와 집안을 일으키고, 자손이 번영할 운세다.

14획: 凶 이산격(離散格), 파조(破兆)

셋은 듯 가난하고 거처를 정하지 못하니 일마다 뜻대로 되지 않는다. 부모가 죽고 자식을 상한다. 골육이 흩어지는 액이 있거나 혹은 변하여 사업을 바꿔도 이뤄지지 않는다. 혹은 외롭고 고생스럽게 일생을 보낸다. 몸이 약하고 단명하거나 병이 많아 고생한다. 혹은 애정으로 비참한 고통을 맛본다. 차와 물을 조심해야 한다.

15획: 吉 통솔격(統率格), 복수(福壽)

재물, 자손, 수명, 모두와 학식이 넓다. 관록과 재물이 모두 왕성하고 부귀하고 길하다. 명리가 영원하다. 애정때문에 실패한다. 여자는 처음 인연으로 낭패를 본다. 늦은 결혼이 대길하다. 청아하고 기가 빼어나며 재주가 많고 지혜롭다. 일생 맑고 한가하게 행복을 누리는 운세이다.

16획: 吉 덕망격(德望格), 후중(厚重)

아량이 두터우며 자신을 이기고 남을 돕는다. 귀인이 드러나 몸에 명성을 얻는다. 복과 수명을 모두 갖추고 부와 귀를 모두 누린다. 귀하여 남이 모시니 우두머리의 기재다. 여자는 어질어 남편을 영화롭게 하며 자손이 번성하고, 복은 많고, 노고는 적은 운세이다.

17획: 吉 건창격(健暢格), 과강(過剛)

성격이 강직하고 인화하지 못한다. 중년에 운이 끊어져 나쁜일이 없어지니 마침내 큰 일을 이룬다. 늙을수록 더욱 재물이 모일 운명이다. 여자는 말잘하고 요사하니 늦은 결혼이 대길하나 자손에 흠이 있거나 혹은 남편을 뒤흔드는 운세이다.

18획: 吉 발달격(發達格), 성공(成功)

주관이 있다. 관운 혹은 재운이 좋다. 권세를 반드시 모으니 호걸의 기상과 기백이다. 복지가 영원하다. 오직 성격이 강직하여 남의 비난을 받는 것 이외에도 사람을 쓸 때 조심, 주의하라. 여자는 남편을 내조하며 발복하는 운세이다.

19획: 凶 고난격(苦難格), 다난(多難)

재주가 많고 유능하나 운이 없다. 사업은 항상 좌절하며 몸은 괴롭고 어려움이 많다. 혹은 일도 할 수 없고 재산도 없앤다. 혹은 자살하거나 단명 또는 수감의 액이 있다. 여자는 기녀, 재가, 과부. 일생 행복하기 어렵다. 이 격은 차와 물을 조심하고 비명횡사하는 운세를 가지니 개명함이 낫다.

20획: 凶 허몽격(虛夢格), 파운(破運)

일생 겁수가 많은 운세이니 노심초사한다. 의지할 바를 잃거나 처와 자손에게 해가 있다. 혹은 몸이 약하고 병으로 고생하니 만사가 이루어지지 않는다. 여자는 병약하고 단명하며 혹 간통하여 남편을 죽인다. 기녀와 같다. 이 격은 가장 처참하며 단명하는 운세이니 개명함이 낫다.

21획: 吉 두령격(頭領格), 명월(明月)

처는 어질고 아들은 귀하다. 고생한 후에 행복을 얻는다. 중후하며 건실하니 편안히 부와 복을 누린다. 자수성가하여 권세를 얻어 널리 재물을 모으고 가문을 일으키는 길한 수다. 단, 두 처를 두거나 호색하다. 여자는 용모가 단정하고 청아하며 기가 빼어나다. 단, 인화가 부족하고 자녀 교육에 소홀할 운세이다.

22획: 凶 중절격(中折格), 추초(秋草)

재주를 품어도 때를 만나지 못한다. 근심하며 괴로움이 사무친다. 늙어선 처량하니 또한 고독하다. 혹은 해외로 여행한다. 일단, 성공하면 항상 역경에 빠지고 자손 역시 불효하니 만년에 더욱 심하다. 또는 수감의 재액이 있다. 여자는 어지러이 교분하여 몸을 잃고 기이한 연정으로 윤리를 어지럽히니 남편을 극하고 자손을 해친다. 자살 또는 타살의 운세며 차와 물을 조심해야 하는 운세이다. 개명함이 낫다.

23획 : 吉 공명격(功名格), 장려(壯麗)

하늘을 찌르는 기세다. 잘 참아야 하는 격이나 처와 자손에게 해가 있다. 늦은 결혼이 대길하다. 빈곤하나 점차 나아진다. 부귀하고 길하니 종신토록 복을 누린다. 이 획수는 여자에게 영향이 지나치게 강하니 여자에게는 적절치 못한 수이다.

24획 : 吉 출세격(出世格), 여경(餘慶)

재주와 지혜를 겸하니 부귀하고 성공한다. 노년에 더욱 번창하니 자수성가의 격이다. 부모와 인연이 없어 조상을 떠나니 성공한다. 중년에 성공번창한다. 자손이 가히 그 여복을 이어 받는다. 여자는 어질고 재주가 많으니 미덕이 있고 남편을 도와 자손에게 유익한 운세이다.

25획 : 吉 건전격(健全格), 영준(英俊)

하늘과 땅의 도움을 얻는다. 단, 인화에 흠이 있다. 정신이 활발하니 지위가 높고 귀하다. 큰 명예를 얻는다. 학식이 풍부하고 영화롭고 귀한 운명이다. 여자는 재기가 탁월하니 감정이 풍부하고 온화하고 현숙한 운세이다.

26획: 凶 영웅격(英雄格), 변괴(變怪)

일생 셀 수 없이 파란을 겪으니 온갖 고생을 극복하고 마침내 성공을 얻으나 성공은 크지 않다. 고독하고 파란이 있거나 혹은 재주를 품고도 때를 만나지 못한다. 늦은 결혼에 늦자식을 얻음이 길하다. 여자는 조혼이 마땅치 않으니 기녀 혹은 재가하거나 과부의 격이다. 이 획수는 차와 물을 조심하라. 망치는 일은 있어도 방해는 없다. 비명횡사하는 운명이다.

27획: 吉 중 凶 중단격(中斷格), 증장(增長)

일찍 성공하나 일찍 실패할 운세다. 재능과 이지가 있다. 성공을 바라기 어렵다. 자존심이 지나치게 강하여 외롭고 괴로워 돕는 이가 없다. 단, 이격은 나라를 떠나서 유학가거나 혹은 심하면 정신이상 혹은 괴상한 성격으로 변한다. 여자는 성격이 강하고 과감하다. 혹은 수다스럽고 마음대로의 성격이든지 허영스런 운세이다.

28획: 凶 풍난격(風亂格), 별리(別離)

처와 아들에게 해가 있다. 또는 일생 망치거나 악운을 피하기 어렵고, 사주팔자가 대길하지 않으면 일생 행복하기 어렵다. 삼재가 있다. 여자는 마음을 한곳에 둘 수 없고 생각에 두서가 없다. 남편과 자식을 극하며, 자손 역시 불효하거나 자살, 재가 등의 운세이다.

29획: 吉 성공격(成功格), 불평(不平)

용이 물을 만나니 청운을 타고 올라간다. 재주가 있고 유능함을 겸하니 재산과 활동력을 갖추었다. 능히 큰 일을 이룬다. 두 명의 처를 둔다. 화촉의 지나친 밝음을(신혼의 즐거움) 꺼려하니 29세에서 31세까지 재액이 있다. 만년에 성공번창한다. 여자는 지혜롭고 기가 발달하고, 성격이 치밀하다. 남의 지배를 쉬이 받는 운세이다.

30획: 吉 중 凶 부몽격(浮夢格), 비운(非運)

처와 자손에게 해가 있다. 만혼에 늦자식을 둠이 길하다. 흥망의 정함이 있으니 득실이 반반이다. 다른 운세에 의지하면 마땅하니 혹은 팔자가 좋은 외에 위험을 만나도 기이한 수가 있을 것이다. 만년에 자손이 복된 격이다. 여자는 좋은 인연이 없다. 혹은 보쌈, 재가, 과부의 운세이다.

31획: 吉 융창격(隆昌格), 지용(智勇)

지혜와 용기를 모두 갖추니 기반이 든든하다. 온화하고 너그러우며 능히 무리를 거느리며 멀리까지 명성을 날린다. 귀인이 도우며 덕이 두텁고 복을 실으니 큰 사업을 이룬다. 여자는 부모와 친하며 의지하니 상하가 화목하다. 현숙하고 영리하며 남편을 도와 가업을 일으킨다. 자손이 번창할 운세이다.

32획: 吉 중 凶 등용격(登龍格), 요행(僥倖)

일생 요행하니 시운이 반드시 이른다. 강개하여 정 때문에 실패한다. 중년에 애쓰고, 만년에 번창하니 복록을 두루 갖춘다. 가장 두려운 마음으로 일을 하라. 여자는 애정액이 있거나 또는 자살수가 있다.

33획: 吉 왕성격(旺盛格), 승천(昇天)

재와 덕을 갖추니 지모가 뛰어나다. 명성을 한몸에 받고, 부귀하며 장수한다. 비록 지극히 존경받고 귀하나 중년에 재액이 있다. 혹은 기로에 서며 혹은 수감 또는 애정액이 있다. 여자는 성격이 강직하고 일에 밝으며 영리하니 남편을 도우며, 자손을 돕는 운세이다.

34획: 凶 파멸격(破滅格), 파가(破家)

흉한 기운이 넘치니 이리저리 뿔뿔이 흩어지며 도망한다. 일생 비록 성취가 있더라도 끝내 고생스럽게 생활한다. 일은 마음과 같지 않다. 병약하고 단명하며 가문은 망하고 사람은 죽는다. 또는 차와 물을 피하라. 이 획수는 개명하는 것이 낫다.

35획: 吉 안전격(安全格), 안온(安穩)

온화현숙하고 천성이 총명하다. 학문을 함에 기술방면이 대길하다. 편안히 부귀를 누리고 명예와 이익을 모두 얻는다. 여자는 친절하고 미덕이 있다. 침착하며 열심이니 남편을 도와 가문을 일으킨다.

36획: 凶 영웅격(英雄格), 파란(波瀾)

의협심이 있으니 비록 한때의 용행이 있더라도 항상 화의 근원이 된다. 곤란함이 많아도 능히 성공한다. 삼재액이 있다. 병약하고 단명한다. 차와 물을 조심하라. 비명횡사할 운세이니 개명함이 낫다.

37획: 吉 인덕격(仁德格), 권위(權威)

열성적이며 충직하니 능히 신망을 받으며 하늘의 복을 받는다. 귀인이 돕는다. 자상하니 덕이 있다. 능히 재주를 발휘하니 만년에 번창한다. 여자는 청한하게 복을 누린다. 즐겁고 길하며 행복한 운세이다.

38획: 吉 중 凶 박약격(薄弱格), 빈약(貧弱)

명성은 쉽게 얻어도 실리는 얻기 어렵다. 기술방면으로 진출하면 가히 성공을 할 것이다. 재능은 있지만 통솔력은 없다. 처와 자손을 상케한다. 혹 몸에 흠이 있다. 여자는 신약하고 병이 많다. 또는 성격이 강직하고 조급하여 쉽게 화내는 운세이다.

39획: 吉 안태격(安泰格), 부귀(富貴)

유년에 고생하고 소년에 가난하다. 중년에야 편안하니 광명이 열려있다. 복과 장수가 집안에 가득하다. 단, 29세에서 31세 사이에 재액이 있다. 온화하고 충직하니 반드시 길이 행복하다. 두 처를 두는 격이다. 여자는 단정하며 용감하다. 남편과 자식을 영화롭게 돕는 운세이다.

40획: 吉 중 凶 무공격(無功格), 퇴안(退安)

영준하고 아름답다. 지식과 담력이 있다. 단, 성품이 교만방자하니 인정이 부족하다. 덕이 부족하여 알아주는이 없으니 외롭다. 분수를 지키면 편안할 것이다. 스스로 하늘의 도움을 구한다. 물 피해를 조심하라. 여자는 완고하면서도 의지박약이다. 또는 병마가 몸에서 떠나지 않는다.

41획: 吉 대공격(大功格), 유덕(有德)

재략과 이지가 충족하다. 건전하고 덕망이 있다. 앞길이 빛나니 대업을 이룬다. 하늘이 길한 운세를 주니 재물이 풍부하며 벼슬과 재물이 번창한다. 여자는 성품이 우아하며 성숙미가 있다. 남편을 도와 성공번창한다.

42획: 吉 중 凶 고행격(苦行格), 다능(多能)

비록 몸에 재주와 예능을 갖추고도 전심으로 함이 부족하다. 전심으로 할 수 있다면 몸에 부족함이 있다. 대 발명가나 학자가 이 획수를 가지고 있다. 단, 적막하고 슬픈운세이다. 만년에 다시 고생한다. 여자는 병약하고 화를 잘내며 근심이 많고 기쁨이 없는 운세이다.

43획: 吉 중 凶 미혹격(迷惑格), 산재(散財)

비오는 밤의 꽃이다. 외면은 좋아도 내면은 괴로우니 항상 화의 발단이다. 남의 즐거움만 쫓는다. 비록 재능과 지모가 있다한들 일이 마음에 닿지 않는다. 또는 자식이 부족하거나 불효하다. 재산을 다 탕진하고야 성공한다. 여자는 고독하고 행복하기 어려우며 무정하다. 또는 애정문제로 번뇌한다.

44획: 凶 마장격(魔障格), 번민(煩悶)

재주는 여덟 말 가득하고 학문과 부는 다섯 수레다. 재능은 있으나 뜻대로는 되지 않으니 질병 또는 정신이상 또는 이별수가 있다. 단, 위인, 열사, 열녀 또는 대발명가 또는 해외유학으로 애절하다. 한이 구천에 가득하다. 비명횡사한다. 차와 물을 피하라.

45획 : 吉 대지격(大知格), 순풍(順風)

순풍에 돛단, 듯하니 관운과 재물이 왕성하고 지혜와 용기를 두루 갖추었다. 반드시 대업을 일으키고 부귀공명을 이룬다. 여자는 허영심이 없고 또는 재주가 드러나니 남편과 자식을 돕는다.

46획 : 凶 부지격(不知格), 변괴(變怪)

항상 화의 발단이 되거나 또는 일생 망친다. 또는 수감의 재액이 있다. 또는 가난하고 고생하며 성공하기 어렵다. 부유하게 태어나서도 또한 망한다. 여자는 남편과 자식을 극하거나 재가한다. 과부, 기녀 또는 병약하고 단명하니 비명횡사할 운명이다.

47획 : 吉 입신격(立身格), 개화(開花)

귀인이 나타나 돕는다. 식록을 갖추고 하늘이 복을 주고 만사가 뜻과 같다. 진퇴가 뜻대로 되니 성공번창하여 능히 복록을 자손에게 남긴다. 애정번뇌를 가장 두려워해야 할 운명이다.

48획 : 吉 유덕격(有德格), 덕지(德智)

하늘이 준 재주가 있으니 하늘의 귀함을 누린다. 덕과 재주를 겸비하니 공명영달한다. 일생 남의 흠모를 받으며 명예와 이익을 갖추니 부귀영화한다. 여자는 어질어 남편을 도와 번영하며 부귀를 모두 누리는 운세이다.

49획: 凶 은퇴격(隱退格), 변전(變轉)

시운을 만나지 못하니 성패가 크다. 자손도 불효하며 일생 망친다. 만년에 고독하고 병약하다. 여자는 병약하고 단명하거나 실신, 재가, 과부, 남편과 자식을 해한다. 차와 물을 피해야하니 비명횡사할 운명이다.

50획: 吉 중 凶 불행격(不幸格), 이수(離愁)

비록 성공 또는 영달하나 단, 순간의 실패가 있다. 번창해도 머뭇거리니 패가망신을 면하거나 만년에 고생한다. 여자는 너무 예쁘고 사치를 좋아하며 과시를 좋아할 운세다.

51획: 吉 중 凶 춘추격(春秋格), 부침(浮浸)

자연스런 복이 있으니 명예와 재물이 함께 따른다. 한 때의 이익에 도박할 수다. 단, 만운이 흉하여 지극히 고독하며 고생하고 질병이 있다. 자중자애(自重自愛) 하여야 가히 복을 누릴수 있다.

52획 : 吉 능통격(能通格), 달안(達眼)

현명하고 지기가 있어 선견지명이 있다. 재물이 많고 하늘을 움직이는 수단으로 일을 세워 능히 성공한다. 큰 뜻을 관철하고 명예와 이익을 두루 갖춘다. 정치를 멀리하라. 여자는 부귀하며 우아하며 어질고 온화하여 남편과 자손을 귀하게 한다.

53획 : 吉 중 凶 쇠퇴격(衰退格), 내우(內憂)

길흉이 오고 가니 먼저 길하고 나중에 흉하다. 외면은 엄연히 행복하여도 내심은 고통이다. 성공과 실패의 두갈래 길이 있으니 삼재가 있어 불행하더라도 편안히 행복하다. 여자는 좋은 인연이 없으니 재가, 과부, 또는 자손에 흠이 있다.

54획 : 凶 패망격(敗亡格), 횡사(橫死)

근심이 많고 즐거움은 적다. 끝까지 고생한다. 영원히 흉함이 따르고 수감이나 집안이 망하고 재산을 날린다. 또는 나머지까지 철저히 망하나 중년에 행복할 수가 있다. 끝나도록 행복하지 않다. 병약하고 단명하니 구천의 원한을 품는다.

55획: 吉 중 凶 대행격(大幸格), 선악(善惡)

외적은 번창하나 내면은 근심이다. 의지가 견고하고 편히 복을 누린다. 난관을 극복하고 큰 운을 부르니 만년에 부귀영화를 누린다. 여자는 몸이 한가해도 마음은 괴롭다. 또는 다병하거나 자손이 적다. 만년에야 복을 누릴 운명이다.

56획: 凶 추상격(秋霜格), 만흉(晩凶)

실력이 부족하고 모든 일에 여유롭고 과감함이 적다. 일을 해도 성취되지 않고 또 용기가 없다. 종생토록 고생한다. 구천에 원한을 품으니 단명, 자살 또는 비명횡사할 운명이다.

57획: 吉 중 凶 자선격(慈善格), 한앵(寒鶯)

시기가 꽃필 때에 이르니 비록 일시의 비운이 와도 혹 망치거나 해도 또한 능히 광명하니 만년에 번창하고 길하다. 여자는 중년에 재액이 많고 만년에 뜻이 있는 운세다.

58획: 吉 중 凶 행혜격(幸惠格), 위난(厄難)

유년에 고생하거나 패가파산하며 풍파가 지난 후에 고요하다. 만년에 영화롭다. 운이 다해도 인내심이 있으니 반드시 능히 흉을 만나

도 길로 화하니 부귀영달한다. 여자는 온화하고 영리하다. 몸은 한가해도 마음은 고생한다. 또는 처음에 고생하고 만년에 번창할 운세다.

59획: 凶 행진격(幸振格), 망산(亡産)

의지가 박약하니 자신감이 부족하다. 모든 일이 이루어지기 어렵다. 하루 아침에 어려우니 비명에 죽는다. 비록 경영이 참담하고도 성공의 희망이 없다. 여자는 일생 병고 또는 자살 또는 비명횡사액이 있다. 차와 물을 피해야한다.

60획: 凶 허몽격(虛夢格), 무모(无謀)

암담하여 빛이 없다. 집을 세워 가문을 일으킬 능력이 없다. 심기가 어지럽고 동요하여 불안하다. 일에 성취가 하나도 없고 손실 뿐이니 실패 고뇌에 빠져 혹 질병, 범죄 일생 괴로울 운세다.

61획: 吉 중 凶 갱생격(更生格), 명리(名利)

구름은 엷고 달이 비친다. 행복 중에 풍파가 숨어 있다. 만약 본분을 지키지 못하면 뜻대로 되지 않는다. 순종치 않으면 오만하여 불손하니 형제가 반목한다. 온화하면 가히 행복할 운세다.

62획: 凶 광상격(狂想格), 쇠패(衰敗)

번민하고 괴롭다. 사업을 이루기 어렵다. 집안은 쇠하고 몸은 약하다. 내적으로 지킴이 없고 외적으로 돕는이 없다. 그러한 때에 외적으로 재액이 있거나 혹은 가정에 분규가 있다. 위로 가면 처참한 재난이 있으니 병약하고 단명하니 행복하기 어려운 운세다.

63획: 吉 광휘격(光輝格), 부영(富榮)

봄에 대지로 돌아오니 모든 것이 새롭다. 부귀하고 길하다. 한 마음으로 향하여 덕을 쌓고 착하니 가히 자손에게 부귀영화를 전한다. 만사가 뜻과 같다. 여자는 어질고 덕이 있으니 정성스러이 화목한다. 남편과 자식을 돕는 운세이다.

64획: 凶 봉상격(逢霜格), 비명(非命)

성격이 과감하여 남에게 굽히지 않는다. 패가할 수다. 끝내 불행하다. 혹, 밖으로 화의 근원을 불러들이거나 또는 일생 병환이 있다. 마음이 편안하기 어렵고 일을 해도 공은 없다. 고통중에 단명하며 재액이 많은 수다.

65획: 吉 달성격(達成格), 수영(壽榮)

일마다 뜻과 같고 일생 평안하며 길하다. 능히 명성을 날리며 부귀하고 장수한다. 가운이 번창하니 성공발달한다. 여자는 충성온화하니 사람의 흠모를 받고, 남편을 도와 가문을 일으킨다.

66획: 凶 간난격(艱難格), 불화(不和)

깜깜한 밤이 영원하니 진퇴양난이다. 내외가 불화하다. 신용을 잃으며 일생 행복하기 어렵다. 선한 사람은 만년에 자손에게 복이 있다. 차와 물을 조심하라. 병약하고 단명한다. 비명횡사할 운명이다.

67획: 吉 달성격(通達格), 통달(通達)

자립독행의 능력이 있으니 일마다 뜻과 같다. 공명이 이뤄지니 부귀를 편히 누린다. 가도가 번창하니 만사가 길하다. 여자는 어질고 미덕이 있으며 남편과 자식을 도울 운세다.

68획: 吉 앙진격(昂振格), 발명(發明)

사려가 깊고 자상하니 바르게 시비를 판별한다. 결단력이 있다. 하늘을 움직이는 재주가 있다. 발명의 기지가 있고 능히 모든 이의 신임을 얻으니 성공하여 발달한다. 여자는 어질고 재주가 많은 운세이다.

69획 : 凶 궁박격(窮迫格), 비업(非業)

항상 역경에 빠지고 시운을 얻지 못한다. 궁색하고 사면초가로 고통과 흉한 일을 모두 맛보는 흉수다. 병약하고 단명하니 비명횡사의 운명이다.

70획 : 凶 적막격(寂寞格), 폐망(廢亡)

일생 참담하니 뜻대로 되기 어렵다. 공허하고 적막한 고통이 있으니 근심이 끊이질 않는다. 재산과 힘이 모두 사라질 수다. 일생 빈곤하며 흉하고 어렵다. 단명할 운세이다.

71획 : 吉 중 凶 길흉상반격(吉凶相半格), 노고(勞苦)

게으른 성격이다. 관철하는 정신이 없으니 내심에 근심이 많고, 대업을 이루기 어렵다. 인내심도 없고 오직 용기 뿐이니 만년에야 복을 누릴 운세다.

72획 : 吉 중 凶 길흉상반격(吉凶相半格), 비운(悲運)

성패가 혼잡하게 섞이니 흉은 많고 길함은 적다. 얻으면 다시 잃으니 기쁨과 고통이 함께 있다. 인생 전반이 행복하면 후반이 반드시 고통으로 처참하다. 혹은 외면은 길해도 내면은 고생이다. 만년에 자식복이 있는 운세다.

73획: 吉 평범격(平凡格), 무용(无勇)

하늘의 복을 받으니 명예와 이익을 모두 얻는다. 오직 뜻이 높아 남을 받아들이지 않아 이루지 못하는 경우가 왕왕있다. 용기가 없는 것이 두렵다. 혹은 실천력이 부족한 운세이다.

74획: 凶 불우격(不遇格), 역운(逆運)

이익이 돈이 되지 않으니 앉아서 빈창고를 만든다. 지모가 없어 끝내 결과가 없다. 또 항상 의외의 재액 혹은 고통이 있다. 일생 망치는 운세이다.

75획: 吉 중 凶 길흉상반격(吉凶相半格), 퇴수(退守)

비록 자연스런 복이 있어도 구차히 일을 쫓아 실패를 불러들이는 일은 필요치 않으니 마땅히 지켜야 길함이 있다. 나아감이 머무름만 못하다. 늦게 복을 누리는 운세다.

76획: 凶 이산격(離散格), 이산(離散)

마치 부자집에 태어나도 패가파산할 재액이 있거나 혹은 목숨이 길지 않을 것이다. 흉살이 중하다. 혹은 부모, 형제와 헤어지고 패망의 운세이다.

77획: 吉 중 凶 길흉상반격(吉凶相半格), 후흉(后凶)

마치 일생 반이 복록을 누리면 나중 반은 빈곤에 빠지니 길흉이 반반이다. 이는 마땅히 초년에 고생하고 만년의 행운을 개척함이다. 파상의 사람이다. 평탄한 인생이다.

78획: 凶, 만고(晩苦)

득이 있으면 실이 있으니 모름지기 겁재를 막으라. 어려서 열성이면 중년 전에 성공하고, 중년 후엔 쇠퇴하여 곤고함에 빠진다. 혹은 병약하고 단명하니 비명횡사의 운세다.

79획: 凶 불신격(不伸格), 불신(不伸)

재능이 없고 결단력이 부족하다. 밤길을 달리는 듯하다. 앞길에 빛이 없으니 진퇴를 알지 못한다. 일을 애써 해도 공은 없다. 말을 해도 믿지 못한다. 남의 비난을 받는다. 때가 되면 꽃이 피니 단, 희망이 크지 않은 운세이다.

80획 : 凶 중 吉 음둔격(陰遁格), 둔길(遁吉)

일생 병이 있다. 요절하거나 자녀를 해치거나 재액이 너무 많다. 중년 29세에서 31세까지 재액이 있다. 분수를 지키면 환란이 없으니 가히 편안하고 만년에 번창할 운세다.

81획 : 吉 환원격(還元格), 복록격(福祿格)

극을 달리는 수로 다시 원점으로 돌아가니 부귀와 명예가 따른다.

획수별 자(字)의
길흉과 운세

1획 양(陽)

(새 을·土)

孤獨幼年多災, 中年成功, 離祖大吉, 出外貴人現, 環境良好之字
고독하고 유년에 재앙이 많다. 중년에 성공하니, 조상을 떠나면 대길하다. 외지로 나가면 귀인이 돕는다. 환경양호한 글자.

(하나 일·土)

剋父傷母, 性剛果斷, 少年干難, 中年勞, 晩年吉祥之字
부모를 극한다. 성격이 강직하고 결단력이 있다. 유년에 어려움이 있다. 중년에 노고한다. 만년에 길하다.

{ 2획 음(陰) }

(아홉 구·木)

福壽雙全, 貴人明現, 出外大吉, 環境良好之字, 出外之格
복과 수명을 모두 갖춘다. 귀인이 나타나 도우니 외지로 나가면 길하다. 환경양호한 글자. 타향살이하는 격이다.

(책상 궤·木)

奔波勞苦, 或身弱多病, 有愛情厄, 中年潦倒, 晩福之字
파란과 노고를 겪는다. 혹은 몸이 약하고 병이 많다. 애정으로 인한 액이 있다. 중년에 영락한다. 늦게야 복이 있는 글자.

(이에 내·火)

刑偶傷子, 多才巧智, 淸雅榮貴, 中年成功, 晩年勞神
처와 자식에 해가 있다. 재주가 많고 지혜롭다. 청아하고 영귀하다. 중년에 성공한다. 만년에 근심한다.

(칼 도·火)

多刑剋之字, 剋妻傷子, 懷才不遇, 忌車怕水, 多災厄之字
형극이 많은 글자. 처와 자식에 해가 있다. 재주는 있으나 때를 만나지 못한다. 차와 물을 꺼린다. 재액이 많은 글자.

(힘 력·火)

孤獨, 刑剋父母, 少年干難, 中年成功隆昌, 智勇雙全之字
고독하며 부모를 형극한다. 소년시절에 어렵다. 중년에 성공하여 번영한다. 지혜와 용기를 모두 갖춘 글자.

(마칠 료·火)

家破人亡, 困苦一生, 有子亦不孝, 了然一生之字
가문은 깨지고 사람은 죽는다. 일생 고생이 많다. 자손은 있으나 불효하니 그렇게 일생을 마치는 글자.

(점 복·水)

英俊才人, 溫和怜悧, 中年成功隆昌, 貴人明現, 欠子之字
영민하며 재주있는 사람이다. 온화하고 영리하다. 중년에 성공번창한다. 귀인이 돕는다. 자식이 부족한 글자.

(열 십·金)

溫和賢淑, 緣和四海, 上下敦睦, 成功隆昌之字
온화하고 현숙하다. 사해와 인연이 있다. 상하가 화목하다. 성공하여 번영하는 글자.

(또 우·土)

性剛, 奔走他鄕吉, 中年有災厄, 晩年子福之字
성품이 강직하다. 타향에서 분주하나 길하다. 중년에 재액이 많다. 만년에 자식이 복된 글자.

(두 이·土)

忌車怕水, 多災厄, 或身弱多病, 中年奔波, 晩年幸福之字
차와 물을 꺼린다. 재액이 많거나 몸이 약하고 병이 많다. 중년에 파란이 있다. 만년에 행복한 글자.

(사람 인·土)

英俊佳人, 環境良好, 溫和賢淑, 榮貴成功之字
영민하고 준수하다. 환경양호하다. 온화하고 현숙하다. 성공번영하는 글자.

(들 입 · 土)

病弱短壽或多災厄, 多刑剋, 中年多災, 晩年吉祥之字
병약하고 단명하거나 혹은 재액과 형극이 많다. 중년에 재앙이 많다. 만년에야 길해지는 글자.

(고무래 정 · 金)

憂心勞神或身弱多厄, 中年勞苦, 晩年吉祥之字
마음에 근심하거나 몸이 약하고 액이 많다. 중년에 고생한다. 만년에 길하고 상서롭다.

(일곱 칠 · 金)

憂心勞神或困苦一生, 刑偶傷子, 病弱短壽, 晩年子福之字
마음에 근심이 많거나 혹은 곤고하게 일생을 보낸다. 처와 자식을 해친다. 병약하고 단명한다. 만년에 자식복이 있는 글자.

(여덟 팔 · 水)

多才巧智, 淸雅榮貴, 成功隆昌, 首領之字, 老運倍加昌盛
재주가 많고 지혜롭다. 청아하며 영귀한다. 성공하여 번영한다. 우두머리의 글자이다. 노운에 더욱 번영한다.

{ 3획 양(陽) }

(방패 간·木)

性剛果斷, 常有禍端, 有牢獄之災, 不取名爲吉
성품이 강직하고 결단력이 있다. 항상 화가 발생한다. 수감의 액이 있으니 이름을 날리지 않는 것이 좋다.

(낱 개, 개 개·木)

性剛靈活, 孤獨之格, 英雄豪傑, 中年多災厄, 晩年榮幸之字
성품이 강직하고 정신이 활달하다. 고독한 글자. 영웅호걸격. 중년에 재액이 많다. 만년에는 영화롭고 행복하다.

(수건 건·木)

刑剋父母或刑妻傷子, 晩婚大吉, 中年隆昌, 晩年多厄之字
부모를 극하거나 혹은 처와 자식을 해친다. 늦게 결혼하는 것이 대길하다. 중년에 번창한다. 만년에 액이 많다.

(빌 걸·木)

過房重拜吉, 少年干難, 中年成功隆昌, 雙妻之格, 晩年勞神之字
여러 여잘 두어 혼인하나 길하다. 소년엔 고생한다. 중년에 성공하며 번영한다. 두 처를 둔다. 만년에 근심하는 글자.

(장인 공·木)

上下敦睦, 一生平凡, 保守之格, 子孫興旺, 吉祥之字
상하가 서로 화목하다. 일생 평범하고 분수를 지킨다. 자손은 번성한다. 길하며 상서로운 글자.

(입구·木)

食祿齊美, 口才怜悧, 重情失敗, 中年勞晚年吉祥之字
식과 록이 고루 갖추었다. 언변이 좋고 영리하다. 정이 많아 실패한다. 중년에 힘드나 만년에 길하고 상서로운 글자.

(오랠구·木)

出國之格, 一生淸雅榮貴, 中年成功隆昌, 福壽之字
나라를 떠난다. 일생 청아하여 영귀하다. 중년에 성공하고 번영한다. 복과 장수를 누리는 글자.

(활궁·木)

抱負大, 志氣强, 有精神失常之災, 殺人被殺之字
포부가 크다. 뜻과 기개가 강하다. 정신이상의 재액이 있다. 살인, 피살의 글자.

(몸기·木)

孤獨長壽, 中年吉慶, 晚年憂心勞神或潦倒之字
고독하나 장수한다. 중년에 길하고 경사가 있다. 만년에 근심하여 힘겹거나 혹은 영락한다.

(계집녀·火)

孤獨性, 刑偶欠子, 環境良好, 秀氣怜悧, 晚年勞神之字
고독하다. 처를 형극하고 자손은 부족하다. 환경양호하다. 기가 빼어나고 영리하다. 만년에 근심걱정한다.

(큰대·火)

淸雅榮貴, 多才精明, 中年成功隆昌, 富貴榮華, 但常人難受之字
청아하고 영귀하며 재주가 많고 올바르다. 중년에 성공하여 번창하니 부귀와 영화를 누린다. 단, 보통사람은 받기 어렵다.

(일만 만·水)

刑剋父母, 一生孤勞或事勞無功, 雖有成功一現暗淡之字
부모를 형극한다. 일생 고독하고 노고하거나 혹은 힘들게 일하나 공은 없다. 비록 일시적으로 성공을 해도 암담해지는 글자.

망 亡
(망할 망·水)

不祥之字, 忌車怕水, 惡死凶亡, 一生難幸福之字
상서롭지 못한 글자. 차를 피하고 물을 멀리하라. 비명횡사의 액이 있다. 일생 행복하기 어려운 글자.

(무릇 범·水)

刑偶欠子, 一生淸榮貴, 出外逢貴得財, 子孫興旺之字
처를 해치고 자손은 부족하다. 일생 맑고 영귀하다. 외지로 나가면 귀인을 만나 재물을 얻는다. 자손이 번성하고 잘 되는 글자.

(선비 사·金)

身弱短壽, 幼年辛苦, 中年隆昌, 晩年勞神, 少樂之字
몸이 약하고 단명한다. 유년에 고생이 심하다. 중년에 번창한다. 만년에는 마음 고생한다. 즐거움이 적은 글자.

사 巳
(뱀 사·金)

一生淸雅多才, 刑偶傷子, 中年多災, 晩年吉慶之字
일생 청아하며 재주가 많다. 처와 자식에 해가 있다. 중년에 재앙이 많다. 만년에 길하고 기쁨이 있는 글자.

(뫼 산·金土)

孤獨格, 父母無緣, 少年千難, 中年隆昌, 技術大吉, 欠子之字
고독한 격. 부모와 인연이 없고 소년에 고생한다. 중년에 번영한다. 기술로 대성한다. 자손이 부족한 글자.

(석 삼·金)

孤獨格, 幼年辛苦, 出外逢貴得財, 中年多勞, 晚年成功
隆昌, 榮貴格
고독한 격. 유년에 고생한다. 외지로 나가면 귀인을 만나 재물을 얻는다. 중년에 노고가 많다. 만년에 성공번창한다. 영귀한 격.

(윗 상·金)

一生淸雅榮貴但不善仁和, 子孫興旺, 二子吉祥之字
일생 청아하며 영귀하다. 단, 인화하진 못하다. 자손이 흥왕하니 두 아들이 길하고 상서로운 글자.

(저녁 석·金)

少年干難, 出外大吉, 性剛, 多災厄, 刑偶傷子, 晚年子福之字
소년시절에 힘들게 고생한다. 외지로 나가면 대길하다. 성품이 강직하다. 재액이 많다. 배우자를 해치고 자식을 상케 한다. 만년에 자식이 복된 글자.

(작을 소·金)

淸秀怜悧, 多才巧智, 早婚不宜, 一生淸閒幸福之字
맑고 빼어나며 영리하다. 재주가 많고 지혜롭다. 조혼은 좋지 않다. 일생 맑고 한가로우며 행복한 글자.

(어조사 야·土)

奔波勞苦, 一生多災厄難幸福, 晚年子福之字
파란과 고생한다. 일생 재액이 많으니 행복하기 어렵다. 만년에 자식이 복된 글자.

(ㅇ조사 우·土)

一生淸貴, 溫和賢淑, 中年勞, 晩年隆昌, 女人薄幸多災之字
일생 청아하고 귀하며 온화하며 현숙하다. 중년에 노고한다. 만년에 융성한다. 여자는 행복하기 힘들고 재앙이 많은 글자.

(칼날 인·土)

憂心勞神或事勞無功, 病弱短壽或牢獄之字
마음에 근심하여 힘겹거나 혹은 힘들게 일해도 공은 없다. 병약하고 단명하거나 혹은 수감의 액이 있다.

(아들 자·金)

智勇雙全, 淸雅榮貴, 中年勞晩年隆昌, 雙妻之格, 女人溫和賢淑
지혜와 용기를 모두 갖추고 청아하고 영귀하다. 중년에 힘드나 만년에 번창한다. 두 처를 얻는 격. 여자는 온화하고 현숙한 글자.

(재주 재·金)

多才巧智, 淸雅榮貴, 成功隆昌, 環境良好之字
재주가 많고 지혜롭다. 청아하고 영귀하다. 성공하여 발전한다. 환경양호한 글자.

(내 천·金水)

剋偶傷子, 雙妻之格, 中年隆昌, 晩年優心, 勞神之字
처와 자식을 극한다. 두 처를 얻는 격이다. 중년에 번창한다. 만년에 근심걱정한다.

(일천 천·金)

精明公正, 義利分明, 官旺之格, 成功隆昌, 環境良好之字
총명하며 공명정대하고 의리가 분명하다. 관운이 왕성한 격이다. 성공하여 번창한다. 환경양호한 글자.

(마디촌·金)

品性溫良, 晚婚大吉, 環境良好, 中年多厄, 晚年隆昌之字
품성이 어질고 온유하다. 결혼은 늦게 하면 대길하다. 환경 양호하다. 중년에 액이 많다. 만년에는 번영하는 글자.

(흙 토·火土)

技術方面 大吉, 貴人明現, 成功隆昌, 環境良好之字
기술방면이 대길하다. 귀인이 나타나 도우니 성공번영한다. 환경양호한 글자

(아래하·土)

刑偶傷子, 有才能無統率之才幹, 奔波勞苦, 晚福之字
처와 자손에 해가 있다. 재능은 있으나 통솔하는 재주는 없다. 파란과 고생이 있으며 늦게야 복이 있다.

(외로울 혈·土)

不祥之字, 暗淡無光, 多勞困苦或事勞無功之字
상서롭지 못한 글자. 암담하여 빛이 없다. 노고가 많고 고생한다. 혹은 열심히 일해도 공은 없다.

(알 환·土)

出外大吉, 有欠子之厄, 中年成功隆昌, 環境良好之字
외지로 나가면 대길하다. 자손이 부족하다. 중년에 성공번영한다. 환경양호한 글자.

{ 4획 음(陰) }

(끼일 개·木)

刑剋父母, 兄弟無緣, 中年勞, 晚年成功隆昌, 二子吉祥
부모를 형극하고 형제와 인연없다. 중년에 노고한다. 만년에는 성공하며 번영한다. 두 아들이 길하고 상서롭다.

(개 견·木)

任性或怪性, 或性剛消極, 中年勞, 晚年隆昌之字
마음대로거나 괴팍한 성격이다. 혹은 성격이 강직하고 소극적이다. 중년에 고생한다. 만년에 번영한다.

(공평할 공·木)

聲名顯赫, 富貴增榮, 一生享福之格, 但常人難受之字
이름과 명성이 밝게 드러나니, 부귀가 더욱 영화롭다. 일생 복을 누린다. 단, 보통 사람은 받기 어려운 글자이다.

(구멍 공·木)

憂心勞神或懷才不遇, 中年勞苦, 晚年吉慶之字
마음에 근심이 있다. 혹은 재주가 있어도 때를 만나지 못한다. 중년에 고생하고 만년에는 길하고 경사롭다.

(창 과·木)

殺人被殺, 多劫煞病弱短壽, 刑偶傷子女人多災厄, 守寡之字
살인 또는 피살의 글자. 겁살이 많고 병약하고 단명한다. 처와 자손을 상케하며, 여자는 재난이 많으며 과부될 글자.

(원수 구·木)

口快心直, 刑偶傷子, 中年災厄小心, 晚年子福之字
언변이 명쾌하고 마음이 곧다. 처와 자식을 해치고 중년에 재액이 있으니 조심하라. 만년에 자식이 복된 글자.

(고를 균·木)

聰明怜悧, 淸雅榮貴, 中年成功隆昌, 晚年昌盛二子之字
총명영리하고 청아영귀하다. 중년에 성공융창한다. 만년에 두 자식이 성공한다.

(이제 금·木)

一生淸雅榮貴, 中年成功隆昌, 多才巧智, 晚年勞神
일생 맑고 산뜻하며 영화와 귀함이 있다. 중년에 성공융창한다. 재주가 많고 지혜롭다. 만년에 마음 고생한다.

(도끼 근·金)

淸秀巧智, 一生淸雅榮貴, 女人助夫益子, 環境良好之字
맑고 깨끗하니, 지혜롭다. 일생 청아하고 영귀하다. 여자는 남편을 도와 자식을 이익되게 한다. 환경양호하다.

(미칠 급·木)

事勞無功, 奔波勞苦, 多災厄難幸福, 出國大吉, 晚年子福
애써 일해도 공은 없다. 분파노고한다. 재액이 많아 행복하기 어렵다. 나라를 떠나면 길하다. 만년에 자식이 복되다.

(안 내·火)

溫和賢淑, 貴人明現, 環境良好, 中年成功隆昌榮貴之字
온화하고 현숙하다. 귀인이 나타나 돕는다. 환경양호하다. 중년에 성공하니 영화롭고 귀하다.

(붉을 단·火)

性剛果斷父母無緣, 一生平凡, 中年勞, 晚年吉祥之字
성품이 강직하고 과감하다. 부모와 인연이 없다. 일생 평범하다. 중년에 수고롭고, 만년에 길한 글자.

(말 두·火)

理智充足, 出外大吉, 中年勞, 晚年成功隆昌之字
이지가 충족하다. 외지로 나가면 길하다. 중년엔 노고가 많으며, 만년엔 성공하여 번영한다.

(모일 둔·火)

多相剋, 晚婚大吉, 中年多災厄, 晚年吉祥, 子福之字
상극이 많다. 늦은 결혼이 길하다. 중년에 재액이 많다. 만년에 길하고 상서로우며, 자손에게 복이 있다.

(털 모·水)

一生淸雅平凡, 多才巧智, 榮貴之格, 中年多災, 晚年吉祥之字
일생 청아하고 평범하다. 재주가 많고 지혜로우며 영화롭고 귀하다. 중년에 재앙이 많고 만년에는 길하고 상서롭다.

(나무 목·水木)

一生淸雅平凡, 環境良好, 雙妻之格, 中年成功隆昌幸福之字
일생 청아 평범하다. 환경양호하다. 두 아내를 얻는 격. 중년에 성공하고 번영 발전하며 행복해지는 글자.

(글월 문·水)

英俊多才, 淸雅榮貴, 中年吉祥隆昌, 忌車怕水, 女人再嫁之字
영준하며 재주가 많다. 청아하고 영귀하다. 중년에 길하고 번영한다. 차와 물을 조심하라. 여자는 재가하는 글자.

(말 물·水)

暗淡無光, 消極冷寒難幸福, 多災厄, 病弱短壽, 二子之字
암담하여 빛이 없다. 소극적이며, 한랭하니 행복하기 어렵다. 재액이 많으니 병약하고 단명한다. 두 자식을 둔다.

(돌이킬 반·水)

奔波勞苦, 浮沈不定常有禍端, 短壽, 自殺或有以外之字
파란이 있고 노고한다. 흥망이 정해지질 않아 항상 화가 발생한다. 단명, 자살 또는 떠도는 글자.

(모 방·水)

一生安穩守己, 聰明怜悧, 中年有災, 晩年幸福之字
일생 분수를 지켜 만족한다. 총명하고 영리하다. 중년에 재앙이 있다. 만년에 행복하다.

(조급할 변·水)

有才兼有能但無運, 撩倒一生或苦勞, 短壽之字
재주가 있고 유능하나 운이 없다. 일생 영락하거나, 혹은 고생한다. 단명하는 글자.

(어여쁠 봉·水)

多才巧智, 淸秀怜悧, 中年成功隆昌, 幸福榮貴之字
재주가 많고 지혜롭다. 맑고 빼어나고 영리하다. 중년에 성공하며 융창한다. 행복하고 영화로운 글자.

(사내 부·水)

天生聰穎, 英敏多才, 中年奔波, 一生淸雅榮貴之字
천성이 총명하고, 영민하여 재주가 많다. 중년엔 파란이 있다. 일생 청아하고 영화롭고 귀하다.

부父
(아비 부·水)

多刑剋, 病弱短壽或忌車怕水, 一生難成功之字
형극이 많다. 병약하고 단명한다. 물과 차를 피하라. 일생 성공하기 어렵다.

(나눌 분·水)

刑偶傷子, 多才巧智, 出外大吉, 中年成功隆昌, 晩勞帶刀之字
처와 자식에게 해가 있다. 재주가 많고 지혜롭다. 외지로 나가면 성공번창한다. 늙어 애쓴다. 칼을 두른 글자.

(아니 불·水)

淸雅怜悧, 出外隆昌, 中年多厄, 二子吉祥, 女人刑偶傷子, 薄幸之字
청아하고 영리하다. 외지로 나가면 번영한다. 중년에 재액이 많고 두 자식이 길하고 상서럽다. 처와 자손에게 해가 있고 행복하기 어려운 글자.

(견줄 비·水)

英俊才人, 多才巧智, 中年雖困苦, 成功隆昌, 晩年子孫旺之字
영준하니 재주가 있다. 재주가 있고 지혜롭다. 중년에 비록 곤고해도 성공번영한다. 만년에 자손이 번창한다.

(앙상한 뼈·水)

不祥之字, 多災厄, 多劫煞難幸福, 一生困苦, 晩年子福之字
상서롭지 못한 글자. 재액이 많다. 겁살이 많아 행복하기 어렵다. 일생 곤고하며, 만년에 자손이 행복한 글자.

(물 수·金)

一生平凡, 才有能理智無運, 或刑偶欠子, 晩年隆昌之字
일생 평범하다. 재주가 있고 지혜로우나 운이 없다. 혹은 처에게 해가 있고 자식이 부족하다. 만년에는 성공한다.

(손 수·金)

性格複雜, 多愁少樂, 中年多災厄, 忌車怕水晩年吉祥之字
성격이 복잡하다. 근심이 많고 즐거움이 적다. 중년에 재액이 많으니 차와 물을 피하라. 만년에 길하다.

(되승·金)

智勇雙全, 一生淸雅榮貴, 幼年多災, 中年成功隆昌之字
지혜와 용기를 모두 갖춘다. 일생 맑고 아름답고 영귀하다. 어려서 재액이 많다. 중년에 성공융창한다.

(마음 심·金)

孤獨格, 剋父命, 一生安穩享福, 有愛情厄, 子孫興旺之字
고독하다. 아버지를 극한다. 일생을 편안히 복을 누리며 산다. 애정액이 있다. 자손이 번영하는 글자.

(일 십·金)

事勞無功, 憂心勞神, 中年多才, 晩年勞神子福之字
일은 수고롭고 공은 없다. 맘과 정신이 괴롭다. 중년에 재주가 많고 만년에 맘고생한다. 자식은 복된 글자.

(성 씨·金)

忍耐勤儉, 應付自如, 淸雅怜悧, 中年勞晩年吉祥之字
인내하며 근검하다. 자신의 뜻대로 된다. 청아영리하다. 중년에 수고롭고 만년에 길하다.

(어금니 아·土)

秀氣巧妙, 多才巧智, 中年成功吉祥, 晩年勞神, 平凡之字
기질이 빼어나고 교묘하다. 재주가 많아 지혜롭다. 중년에 성공하니 길하다. 만년에 정신이 수고롭다. 평범한 글자.

(재앙 액·土)

不吉之字多災厄, 多劫煞, 難幸福, 潦倒一生之字
재액이 많으니 불길한 글자다. 겁살이 많다. 행복하기 어렵고 일생 영락하는 글자.

(나 여·土)

有愛情煩惱一生多災厄, 中年多勞困苦, 晩福之字
애정으로 번뇌하며, 일생 재액이 많다. 중년에 고생과 고통이 많다. 늦게 복된 글자.

(다섯 오·土)

多才巧智, 天生聰穎中年成功隆昌, 安享榮貴, 晩年勞神之字
재주가 많고 지혜롭다. 천성이 총명하며, 중년에 성공융창한다. 편안히 행복과 번영을 누린다. 만년에는 정신이 고달프다.

(낮 오·土)

食祿齊美, 環境良好, 中年奔波, 晩年吉慶之字
식과 록을 모두 갖춘다. 환경양호하다. 중년에 파란이 있다. 만년에 길하고 경사가 있다.

(말할 왈·土)

一生淸雅, 中年勞, 晩年吉祥, 環境良好, 女人刑夫靠子之字, 身弱短壽
일생 청아하고 중년에 노고가 있으며, 만년이 길하고 상서롭다. 환경 양호하다. 여자는 남편과 자식에게 해가 있다. 병약하고 단명한다.

(임금 왕·土)

一生淸雅榮華, 刑偶傷子, 雙妻之格, 中年奔波, 成功隆昌之字
일생 맑고 영화롭다. 처와 자손을 해친다. 두 아내를 둔다. 중년에 파란이 있다. 성공번영하는 글자.

(벗 우·土)

多情重義, 理智充足, 中年奔波勞苦, 但成功隆昌之字
정이 많고 의리를 중히 여긴다. 이지가 충족하다. 중년에 파란과 노고가 많다. 단, 성공하여 발전한다.

(소 우·土)

淸雅榮貴, 一生平凡, 子孫興旺, 中年成功隆昌, 精誠之字
청아하고 영화로우며 귀하다. 일생 평범하고, 자손이 흥왕하다. 중년에 성공하고 융창한다. 정성의 글자.

(더욱 우·土)

一生淸雅, 聰明怜悧, 刑偶傷子, 中年勞, 晩年隆昌, 忌車厄之字
일생 청아하다. 총명하고 영리하다. 처와 자손을 해친다. 중년엔 고생하고 만년엔 번영한다. 차조심하라.

(이를 운·土)

淸秀怜悧, 多才巧智, 出國之格, 中年成功隆昌之字
청수영리하다. 재주가 많고 지혜롭다. 나라를 떠나는 격이다. 중년에 성공발전한다.

(으뜸 원·土)

環境良好, 克己助人福壽興家, 妻賢子貴, 榮華之字
환경양호하다. 자신 보다는 남을 도우며, 수복으로 집안을 일으킨다. 처는 어질고 자식은 귀하니 영화로운 글자.

(달 월·土)

刑偶欠子或身弱多厄, 晩婚大吉, 中年勞晩年隆昌, 平凡之字
처를 극하고 자손이 부족하거나 몸이 약하고 액이 많다. 늦게 결혼함이 길하다. 중년에 노고한다. 만년에 융성한다. 평범하다.

(여섯 육·土)

性剛果斷, 貴人明現, 中年奔波勞苦, 晩年隆昌榮幸之字
성격이 강직하고 과감하다. 귀인이 돕는다. 중년에 분파노고한다. 만년에는 번영하고 행복해지는 글자.

(다스릴 윤·土)

一生淸雅怜悧, 多才多藝, 智勇雙全榮幸之字
일생 청아영귀하다. 재주가 많고 예능에 소질이 있다. 지혜와 용기를 모두 갖추니, 영화롭고 행복하다.

(진실로 윤·土)

六親無緣, 出外逢貴得財, 天生聰穎, 自立更生, 白手成家之字
육친과 인연이 없다. 외지로 나가면 귀해지고 재물을 얻는다. 천성이 총명하니 자립하여 갱생한다. 맨손으로 집안을 일으킨다.

(어질 인·土)

理智充足, 重情失敗, 中年勞, 晩年吉祥之字
이지가 충족하다. 정 때문에 실패한다. 중년에 노고한다. 만년에 길하고 상서롭다.

(당길 인·土)

性剛, 義俠心强, 有成人之美德, 中年成功隆昌, 晩年勞神之字
성격이 강직하고 의협심이 강하다. 성인의 미덕이 있으며, 중년에 성공융창한다. 만년에 걱정이 있는 글자.

(날 일·土火)

刑剋父母或刑偶欠子, 理智充足, 智勇雙全, 成功隆昌, 榮貴之字
부모를 형극하거나 혹은 배우자와 자손을 해친다. 이지가 충족하다. 지혜와 용기를 모두 갖춘다. 성공하여 번창한다. 영화롭고 귀한 글자.

(아홉째 천간 임·土)

一表人材, 官格之命, 刑妻傷子, 中年多勞, 晩年吉慶榮貴之字
한결같이 재주있음을 나타내니, 벼슬의 운명이다. 처와 자식에게 해가 있다. 중년에 고생하며, 만년에 길하고 영화롭고 행복해지는 글자.

(끊을 절·金)

英俊佳人, 雙妻格, 中年奔波但隆昌, 晩年勞神之字
빼어나고 재주가 있다. 두 처가 있는 격이다. 중년에 파란이 있으나 융성한다. 만년에 정신이 수고로운 격이다.

(우물 정·金水)

勤儉勵業, 義利分明, 中年多勞, 晩年幸福之字
근검하며 일에 힘쓴다. 의리가 분명하다. 중년에 노고가 많고 만년에야 행복하다.

(조상 조·金)

不祥之字, 身弱短壽病苦一生, 忌車怕水多災厄之字
상서롭지 못한 글자. 몸이 약하고 단명한다. 병으로 일생 고생한다. 차와 물을 피하라. 재액이 많은 글자.

(손톱 조·金)

憂心勞神, 一生多災厄, 有愛情煩惱, 晩年吉祥, 忌車怕水
마음과 정신이 수고롭다. 일생 재액이 많다. 애정으로 번뇌한다. 만년에는 길하다. 차와 물을 조심하라.

(가운데 중·金)

幼年多災, 出外逢貴, 精明公正, 福壽興家, 晩年勞神之字
유년에 재앙이 많다. 외지로 나가면 귀하게 된다. 총명하며 공명정대하고, 복과 수명으로 집안이 흥한다. 만년에 걱정이 있다.

(지탱할 지·金)

貴人明現, 有才能理智, 但中年勞苦, 晩年隆昌之字
귀인이 나타나 돕는다. 재능이 있고 지혜롭다. 단, 중년에 고행하고, 만년에 성공하는 글자.

(그칠 지·金)

憂心勞神或事勞無功, 或身弱多厄, 中年勞, 晚年吉祥之字
마음과 정신이 수고롭다. 혹은 일을 애써해도 공은 없다. 또 신약다액하고, 중년에 수고롭다. 만년에 길하고 상서롭다.

(갈 지·金)

出國之字, 名利雙收, 學識淵博, 官運旺盛, 榮貴, 欠子之字
나라를 떠나는 글자. 명예와 이익을 모두 얻는다. 학식이 높고 관운이 왕성하니 영화롭고 귀하다. 자손이 적은 글자.

(자 척·金)

一生淸雅怜悧, 多才巧智, 中年多災厄晚年吉祥快樂之字
일생 청아하며 영리하다. 재주가 많고 지혜롭다. 중년에 재액이 많고 만년에 길하다. 상서로우며 쾌락적인 글자.

(하늘 천·金)

刑剋父母, 刑偶欠子, 雙妻之格, 出外大吉, 晚年吉祥之字
부모를 형극한다. 처를 극하고 자식은 적다. 두 처를 얻는 격. 외지로 나가면 크게 길하며, 만년에 길하다.

(소 축·金)

一生淸雅平凡, 雙妻之格, 中年吉慶, 晚年勞神, 多厄之字
일생 청아하며 평범한 글자. 두 처를 얻는다. 중년엔 길하고 경사가 있다. 만년엔 정신이 수고롭다. 액이 많은 글자.

(클 태·火)

刑剋父母, 孤獨格, 淸雅怜悧, 中年成功隆昌, 但欠子之字
부모를 형극하며 고독하다. 청아영리하다. 중년에 성공융창한다. 자손이 부족하다.

(땅이름 파·水)

幼年多災, 中年勞苦, 晩年隆昌, 有欠子之厄, 一生平凡之字
유년에 재앙이 많다. 중년에 고생하며 만년에 융성한다. 자손이 부족한 글자. 일생 평범하다.

(조각 편·水)

刑偶傷子, 憂心勞神, 一生困苦多災, 晩年子福之字
처와 자식을 해친다. 마음에 근심이 있고, 일생 곤고하며 재액이 많다. 만년에 자식이 복된 글자.

(짝 필·水)

性剛果斷, 義利分明, 中年有災厄, 晩年吉祥, 但勞神之字
성격이 강하며, 결단력이 있어 의리가 분명하다. 중년에 재액이 있다. 만년에 길하다. 단, 마음 고생이 있다.

(목 항·土)

奔波勞苦或憂心勞神, 一生困苦或病弱短壽之字
분파노고하니 혹은 마음과 정신이 수고롭고 괴롭다. 일생 괴롭고 병약하며 단명한다.

(서로 호·土)

溫和怜悧, 淸雅怜悧, 中年隆昌, 欠子之格, 忠厚之字
온화하며 영리하며 청아영리하다. 중년에 번영하고, 자손이 부족하다. 충직한 글자.

(지게 호·土)

淸雅怜悧, 榮貴隆昌, 中年有厄, 晩年倍加隆昌之字
청아하고 영리하다. 영화롭고 귀하며 번영한다. 중년에 액이 있다. 만년엔 많은 발전이 있다.

(화할 화·土)

技術能成功, 有才無運, 多勞少樂, 中年吉, 晩年勞神之字
기술로 능히 성공한다. 재주는 많으나 운이 없다. 노고는 많고 즐거움이 적다. 중년 길하다. 만년에 마음 고생이 많다.

(불 화·土火)

性剛果斷或中年大災厄, 病凶惡煞, 晩年隆昌之字
성격이 강직하고 혹은 중년에 재액이 많다. 흉한 병에 악살이다. 만년 번영한다.

(도깨비 환·土)

有愛情煩惱, 或懷才不遇, 中年多災厄, 晩年吉祥之字
애정으로 번뇌함이 있다. 재주를 품었으나 불우하다. 중년에 재액이 많고 만년에 길하다. 상서로운 글자.

(모자랄 흠·土)

雨夜花, 潦倒或困苦, 刑偶欠子, 中年勞, 晩年子福之字
비오는 밤의 꽃과 같다. 망하거나 곤고하다. 처를 극하고 자식은 부족하다. 중년에 고생하고 만년에 자손이 복되다.

{ 5획 양(陽) }

(더할 가·木)

技術界大吉, 出外大吉, 中年奔波, 晚年隆昌, 幸福之字
기술계가 대길하다. 중년에 파란이 있다. 만년에 번영하고 행복한 글자.

(옳을 가·木)

福祿雙收, 天生聰穎, 離祖成功, 雙妻之格, 晚年隆昌之字
복록을 모두 갖춘다. 천성이 총명하다. 조상을 떠나서 성공한다. 두 처를 두는 격. 만년에 번영하는 글자.

(달 감·木)

一生多才巧智, 中年多厄, 晚年隆昌, 名利雙收, 豪爽之字
일생 재주가 많고 지혜롭다. 중년에 재액이 많다. 만년에 번영한다. 명예와 이익을 두루 얻는다. 호걸의 글자.

(갑옷 갑·木)

一生淸雅怜悧, 溫和賢淑, 中年成功隆昌, 環境良好之字
일생 청아하고 영리하다. 온화현숙하다. 중년에 성공융창한다. 환경양호한 글자.

(클 거·木)

懷才不遇或憂心勞神, 外觀幸福內多愁, 晚年子福之字
재주를 품어도 때를 만나지 못한다. 혹은 마음이 근심하고 정신이 수고롭다. 외견은 행복해 보여도 내적으로 근심한다. 만년에 자손이 복된 글자.

(갈 거·木)

消極不吉, 一生淸雅多災厄, 中年小心, 晩年吉祥之字
소극적이니 불길하다. 일생 청아하다. 재액이 많다. 중년에 조심하라. 만년에는 길하고 상서롭다.

고 古
(예 고·木)

溫和賢淑, 食祿雙全, 中年奔波或勞苦, 晩年安祥之字
온화하고 현숙하다. 식과 록을 모두 갖춘다. 중년에 파란이 있고 고생한다. 만년에 편안하고 상서로운 글자.

고 尻
(꽁무니 고·木)

出外大吉, 多刑剋之字, 中年開運, 晩年吉祥之字
외지로 나가면 대길하다. 형극이 많은 글자. 중년에 운이 열리니, 만년에 길하고 상서롭다

(공 공·木)

父母無緣, 孤獨奔波, 一生淸雅榮貴, 多才巧智, 晩年勞神之字
부모와 인연이 없다. 고독하고 파란이 많은 일생이다. 청아하고 영화롭고 귀하다. 재주가 많고 지혜롭다. 만년에 정신이 수고롭다.

과 瓜
(오이 과·木)

憂心勞神, 孤獨格, 一生中年多災厄, 晩年吉祥之字
마음과 정신이 수고롭고 근심이 있다. 고독한 격이다. 일생 중년에 재액이 많다. 만년에 길하고 상서롭다.

교 巧
(공교로울 교·木)

少年干難, 忌車怕水, 中年勞, 晩婚吉祥, 晩年吉慶之字
소년시절에 가난하다. 차와 물을 꺼린다. 중년에 고생한다. 늦게 결혼함이 길하고 상서롭다. 만년에 길하고, 경사가 있다.

(언덕 구·木)

智勇雙全, 環境良好, 中年成功隆昌, 晩年勞神之字
지혜와 용기를 모두 갖춘다. 환경양호하다. 중년에 성공번영한다. 만년에 정신이 수고롭다.

(글귀 구·木)

衣食豊足, 肯作肯勞, 重信用, 中年勞, 晩年隆昌之字
의식이 풍족하다. 기꺼이 도모하고 기꺼이 행한다. 신용을 중시한다. 중년에 수고롭고 만년에 번창한다.

(종 노·火)

多愁多憂, 百事苦勞, 身閒心苦, 或潦倒一生, 晩年吉祥之字
근심이 많고 백 가지 일에 괴로움이 있다. 몸은 한가해도 마음은 괴롭다. 혹은 일생 망치거나, 만년에 길한 글자

(여승 니·火)

暗淡無光, 事難如願, 中年憂心勞神, 晩年吉祥之字
암담하여 빛이 없으니, 일이 뜻되로 되기 어렵다. 중년에 마음과 정신이 수고롭고 근심스러우나 만년에 길하고 상서롭다.

(아침 단·火)

貴人明現, 子孫興旺, 多才巧智, 環境良好之字
귀인이 나타나고, 자손이 번성한다. 재주가 많고 지모가 있다. 환경은 양호하다.

(대신할 대·火)

淸秀怜悧, 小巧多才, 晩婚大吉, 出外逢貴, 上下敦睦, 溫和之字
수려하고 영리하다. 작은 지모가 있으며 재주는 많다. 만혼이 대길하다. 외지로 나가서 귀인을 만난다. 상하가 화목하고 온화한 글자.

(겨울 동·火)

暗淡無光, 命途多舛, 中年多災厄, 晚年子福之字
암담하고 빛이 없다. 운명의 길이 어그러지니 중년에 재액이 많다. 만년에 자손이 복되다.

(명령할 령·火)

英雄豪爽, 上下敦睦, 中年奔波, 但成功隆昌, 溫和之字
영웅호걸이다. 윗사람과 아랫사람이 서로 화합 돈목한다. 중년에 파란이 있다. 단, 성공 번영한다. 온화한 글자.

(가를 령·火)

出外逢貴得財, 剋母命, 福祿雙收, 中年奔波, 晚年成功
외지로 나가면 귀인을 만나고 재물을 얻는다. 어머니의 운명을 극한다. 복과 록을 두루 얻는다. 중년에 파란이 있다. 만년에 성공한다.

(설 립·火)

病弱短壽, 少年干難, 中年隆昌, 二子吉祥, 忌車禍之字
병약하며 단명한다. 소년시절에 가난하다. 중년에 번영한다. 두 자식이 길하다. 차사고를 조심하라.

(끝 말·水)

少樂多愁, 或潦倒一生, 中年多災厄, 晚年吉祥之字, 忌車怕水
즐거움은 적고 근심은 많다. 중년에 재액이 많고, 만년에 길하며 상서로운 글자. 만년에 길하고 상서롭다. 물과 차를 피하라.

(그릇 명·水)

刑偶傷子, 一生淸多才, 中年有薄幸, 晚年吉祥之字
처와 자손을 극한다. 일생 깨끗하고 재주가 많다. 중년에 행복하기 어려우나 만년에 길하고 상서롭다.

(창 모·水)

性剛果斷或一生多災厄, 中年勞, 晩年吉祥之字
성격이 강직하고, 과감하다. 일생 재액이 많다. 중년에 수고로우나 만년이 길하며 상서롭다.

(어머니 모·水)

刑剋父母, 幼年辛苦, 中年成功隆昌, 晩年憂心勞神之字
부모를 극한다. 유년에 몹시 고생한다. 중년에 성공번창한다. 만년에 마음과 정신이 수고로우니 근심한다.

(눈 목·水)

憂心勞神, 浮沈不定, 中年多災厄, 晩年吉祥雖成功亦勞神之字
마음과 정신에 근심이 있고 수고롭다. 흥망이 불안정하다. 중년에 재액이 많다. 만년에 길하고 상서로우나 비록 성공해도 또한 근심이 있다.

(토끼 묘·水)

刑偶或欠子, 淸雅溫和, 重情重義, 中年多災, 晩年隆昌
처가 상하거나 혹은 자식이 적다. 청아하고 온유하며, 정과 의리가 두텁다. 중년에 재앙이 많다. 만년에 번영한다.

(다섯째천간 무·水)

性剛果斷, 一生淸雅多才, 中年有愛情厄, 晩年吉慶之字
성격이 강직하고 과감하다. 일생 청아하고 재주가 많다. 중년에 애정으로 액이 있다. 만년에 길하고 상서롭다.

(아닐 미·水)

憂心勞神或多病疾, 一生中年多厄, 晩年隆昌之字
마음과 정신이 수고롭고 근심스럽다. 혹은 질병이 많다. 일생 중년에 액이 있다. 만년에 번영하는 글자.

(백성 민·水)

英俊佳人, 上下敦睦, 一生官或財旺, 中年成功隆昌之字
아름답고 준수하다. 상하가 화목하다. 일생 관운과 재운이 있다. 중년에 성공번영한다.

(반 반·水)

多愁善感, 不惹是非, 中年勞, 晩年福, 女人半夫半財
근심은 많으나 마음이 좋다. 시비를 숨기지 않는다. 중년에 애쓰나 만년에 복이 있다. 여자는 지아비반 재물반이다.

(흰 백·水)

淸秀怜俐, 智勇雙全, 中年成功, 有愛情厄, 晩年吉慶之字
맑고 영리하다. 지혜와 용기를 모두 갖춘다. 중년에 성공한다. 애정으로 액이 있다. 만년에 길하고 경사롭다.

(고깔 변·水)

有才能謀略, 難成功, 重情失敗, 晩年享福祿之字
재능과 지략이 있어도 성공하기 어렵다. 정 때문에 실패한다. 만년에 복과 록을 누린다.

(남녘 병·水)

英俊佳人, 環境良好, 有官格之字, 中年成功隆昌之命
아름답고 준수한 사람이다. 환경양호하고 관운이 있다. 중년에 성공번영한다.

(근본 본·水木)

溫和賢淑, 環境良好, 一生平凡, 中年多災, 晩年吉慶之字
온화하고 현숙하다. 환경양호하며 일생 평범하다. 중년에 재앙이 있다. 만년에 길하고 경사스럽다.

(줄 부·水)

雖隆昌, 一現暗淡, 或身體不利或欠子之厄, 中年勞晚年福之字
비록 번영해도 한 가지 암담함이 보인다. 혹은 신체가 불리하고 자손이 적다. 중년에 수고로우나, 만년에 복되다.

北
(북녘 북·水)

環境良好, 一生淸榮貴, 中年成功隆昌, 晚年勞神之字
환경양호하다. 일생 맑고 귀하다. 중년에 성공과 번영한다. 만년에 정신이 고되다.

(어길 불·水)

多刑剋, 幼年辛苦, 中年有成就, 但一現暗淡, 有牢獄之字
형극이 많다. 유년에 몹시 고생한다. 중년에 성취한다. 단, 한가지 암담함이 있으니, 수감의 액이 있다.

(클 비·水)

淸雅怜悧, 溫和誠實, 婚遲大吉, 一生淸閒幸福之字
아름답고 산뜻하며 영리하다. 온화하고 성실하다. 늦은 결혼이 대길하다. 일생 한가롭고 행복한 글자.

氷
(얼음 빙·水)

淸雅怜悧, 秀氣巧妙, 晚婚大吉, 中年勞晚年吉祥, 女人多災之字
청아하고 영리하며 기가 빼어나고 지모가 있다. 만혼이 대길하다. 중년에 수고한다. 만년에 길하고 상서롭다. 여자는 재액이 많다.

(역사 사·金)

一生福祿有餘, 中年多厄, 晚年隆昌吉祥之字
일생 복과 록이 유여하다. 중년에 액이 있다. 만년에 번영하고 길하고 상서롭다.

(벼슬 사·金)

義利分明, 多才巧智, 中年成功隆昌, 晩年勞神多疾之字
의리가 분명하다. 재주가 많고 지혜로우니, 중년에 성공번영한다. 만년에는 정신이 수고로우며 병이 많다.

(녁 사·金)

幼年辛苦, 義利分明, 中年奔波隆昌, 小心災厄, 忌車怕水之字
유년에 고생이 많다. 의리가 분명하다. 중년에 파란이 있으나 번성한다. 물과 차를 조심하라.

(맡을 사·金)

妻賢子貴, 天賜福祿, 一生淸雅榮貴, 成功隆昌之字
처는 어질고 자식은 귀하다. 하늘이 복과 록을 주니 일생 청아영귀하다. 성공과 번영의 글자.

(날 생·金)

智勇雙全, 出外逢貴得財, 中年成功隆昌, 榮貴之字
지혜와 용기를 모두 갖춘다. 외지로 나가 귀인을 만나 재물을 얻는다. 중년에 성공번영하며 귀해지는 글자.

(돌 석·金)

刑偶傷子, 命硬, 中年勞或奔波, 晩年隆昌之字, 雙妻之格
처와 자손을 상케하고 고된 운명이다. 중년에 노고하고 혹은 파란이 있다. 만년에 번영하고 두 처를 얻는다.

(신선 선·金)

環境良好, 淸雅怜悧, 溫和豪爽, 中年成功, 雙妻之格, 幸福之字
환경양호하다. 청아하며 영리하다. 온화하고 호탕하다. 중년성공하며, 두 처를 둔다. 행복한 글자.

(대세 세·金)

操守廉正, 福祿雙收, 中年勤儉建業, 晚年隆昌之字
분수를 지키며 올바르니 복과 록을 모두 갖춘다. 중년에 근검하여 가업을 세우니 만년에 번영한다.

(발 소·金)

身閒心苦, 或事勞無功, 刑偶傷子, 有愛情厄, 晚福之字
몸은 여유로우나 마음은 괴롭다. 혹은 일은 수고로와도 공은 없다. 처와 배우자를 상케하고 애정으로 인한 액이 있다. 만년에 복이 있다.

(부를 소·金)

帶刀厄, 多刑剋或刑偶欠子, 中年成功隆昌, 離祖成功之字
칼맞는 액이 있다. 형극이 많아 혹은 처를 해치고 자손은 적다. 중년에 성공번영한다. 조상을 떠나 성공하는 글자.

(저자 시·金)

幼年辛苦, 少年干難 中年平凡, 晚年隆昌, 女人薄幸之字
유년에 고생하며 소년시절에 가난하다. 중년에는 평범하다. 만년은 번영한다. 여자는 행복하기 어려운 글자.

(보일 시·金)

理智充足, 天生聰穎, 一生淸雅榮貴, 二子吉祥之字
이지가 충족하다. 천성적으로 총명하다. 일생 청아하고 영귀하다. 두 아들이 길하고 상서롭다.

(화살 시·金)

性剛果斷, 或事勞無功, 多刑剋之字, 但子孫興旺
성격이 강직하고 과감하다. 혹은 애써 일해도 공은 없다. 형극이 많은 글자다. 단, 자손이 번성하다.

(거듭 신·金)

一生淸雅榮貴, 多才巧智, 中年成功隆昌但欠子之字
일생 청아하고 영화롭고 귀하다. 재주가 많고 지혜롭다. 중년에 성공번영한다. 단, 자손이 적다.

(잃을 실·金)

憂心勞神, 浮沈未定, 刑偶傷子, 一生難幸福, 或多病疾之字
마음과 정신에 근심과 수고로움이 있다. 흥망이 정해져 있지 않다. 처와 자손에게 해가 있다. 일생 행복하기 어렵다. 혹은 병이 많은 글자.

(가운데 앙·土)

一生淸雅榮幸, 多才巧智, 中年有愛情厄, 晩年隆昌之字
일생 청아하고 행복하다. 재주가 많고 지혜롭다. 중년에 애정으로 액이 있다. 만년에 번영하는 글자.

(나아갈 염·土)

淸雅怜悧, 多才巧智, 義利分明, 中年有病厄, 一生安穩之字
청아하고 영리하다. 재주가 많고 지혜로우며 의리가 분명하다. 중년에 병고를 치른다. 일생 편안한 글자.

(길 영·土)

剋父命, 出外逢貴得財, 中年奔波, 晩年隆昌, 榮幸之字
아버지명을 극한다. 외지로 나가면 귀인과 재물을 만난다. 중년 파란이 있고 만년에 번영한다. 영화롭고 행복한 글자.

옥玉
(구슬 옥·土)

智勇雙全, 刑偶傷子, 名利雙收, 榮貴隆昌, 女人病弱短壽或愛情厄, 欠子之字
지혜와 용기를 모두 갖춘다. 처와 자손을 해친다. 명예와 이익을 모두 갖추고 영귀하며 번영한다. 여자는 병이 많고 단명하거나, 혹은 애정액이 있다. 자손이 부족하다.

(기와 와·土)

身犯破, 憂心勞神, 中年勞, 身弱短壽, 晩年隆昌之字
몸을 망치니 마음과 정신도 수고롭고 고달프다. 중년에 수고롭다. 몸이 약하고 단명한다. 만년에 번영하는 글자.

(바깥 외·土)

刑偶傷子, 雙妻之格, 出外逢貴得財, 中年勞, 晩年吉祥之字
처와 자손을 상케하고, 두 처를 얻는 격이다. 외지로 나가면 귀인과 재물을 얻는다. 중년에 노고한다. 만년에 길하고 상서롭다.

(쓸 용·土)

憂心勞神, 溫和機警, 奔波後成功隆昌, 子孫興旺之字
마음과 정신이 수고로우며 근심한다. 온화함이 공경할 만하다. 파란이 있은 뒤에 성공융창한다. 자손이 번영하는 글자.

(오른쪽 우·土)

學識豊富, 克己助人, 中年成功隆昌, 官格之命操守廉正之字
학식이 풍부하다. 자신 보다는 남을 돕는다. 중년에 성공번영한다. 관운이 있고 분수를 지키며 올바르다.

(말미암을 유·土)

英雄豪爽, 淸雅多才, 雙妻之格, 中年勞晩年隆昌之字
영웅호걸이다. 청아하며 재주가 많다. 두 처를 두는 격이다. 중년에 수고롭고, 만년에 번영하는 글자.

(어릴 유·土)

多災厄, 難關重複, 一生難幸福, 有不幸之災, 晩年吉祥之字
재액이 많다. 어려움이 중복되니, 일생 행복하기 어렵다. 불행이 많다. 만년엔 길하고 상서롭다.

(써 이·土)

聰明恰悧, 一生淸閒享福祿, 中年成功隆昌, 有欠子之字
총명하고 똑똑하다. 일생 청한하고 여유가 있어, 중년에 성공번영한다. 자손이 적은 글자.

(자세할 자·金)

憂心勞神, 一生難如願, 中年多災厄, 晩年吉祥之字
마음과 몸이 모두 수고롭고 피로하다. 일생 뜻처럼 이루기 어렵다. 중년에 재액이 많다. 만년에 길하고 상서롭다.

(밭 전·金)

福壽興家, 才能理智兼備, 中年勞, 晩年隆昌, 環境良好, 欠子之字
복과 수명이 집안에 가득하고 재주와 이지를 겸비한다. 중년에 수고로워도 만년에 능히 번영하니 환경양호하다. 자손이 적다.

(점 점·金)

幼年多災, 忌火, 有才能理智, 食祿齊美, 成功隆昌之字
유년에 재앙이 많다. 불을 꺼린다. 재주와 지식과 지혜가 있다. 식과 록에 모자람이 없다. 성공번영하는 글자.

(바를 정·金)

才智卓越, 精明公正, 官運或財旺, 刑偶傷子之字
재주와 지혜가 있고 총명하며 공명정대하다. 관운 혹은 재운이 있다. 처와 자손을 해치는 글자.

(정성스러울 정·金)

潦倒一生或憂心勞神, 口是心非, 苦不難身, 晩年幸福之字
일생 영락하거나 마음과 정신이 모두 근심하며 수고롭다. 입은 바르나 마음은 옳지 않다. 괴로움에 몸이 어려움을 겪는다. 만년에 행복한 글자.

(물가 정·金水)

身弱多病, 或少樂多愁, 中年勞, 晚年吉祥之字
몸이 약하고 병이 많다. 혹은 즐거움은 적고 근심이 많다. 중년에 애쓰나 만년에 길하고 상서롭다.

左
(왼쪽 좌·金)

理智充足, 膽識豪傑, 一生淸雅榮貴, 溫和隆昌, 忌車怕水之字
지식과 지혜가 충족하다. 됨됨이가 호걸이라 일생 청아하며 귀하다. 온화하고 번영한다. 차와 물을 피하라.

(주인 주·金)

兄弟無靠, 一生淸雅多智, 環境良好, 中年勞, 晚年隆昌
형제와 인연이 없다. 일생 청아하며 지혜롭다. 환경양호하다. 중년에 수고로우나 만년에 번영한다.

(다만 지·金)

憂心勞神, 二子吉祥, 中年多災厄, 晚年吉祥之字
마음과 정신이 수고롭다. 두 자식이 길하고 상서롭다. 중년에 재액이 많다. 만년에 길하고 상서로운 글자.

(또 차·金)

義利分明, 一生淸雅怜悧, 名利雙收, 二子吉祥之字
의리가 분명하다. 일생 청아하고 영리하다. 명예와 이익을 모두 갖춘다. 두 아이가 길하고 상서롭다.

(편지 찰·金木)

英敏佳人, 一生淸雅榮貴, 中年成功隆昌, 雙妻之格
영민하고 아름다운 사람이다. 일생 청아하고 영귀하다. 중년에 성공번영하다. 두 처를 얻는 격이다.

책 冊
(책 책·金)

良善積德, 環境良好, 特有人緣, 中年成功隆昌之字
선량하고 덕을 쌓는다. 환경양호하다. 특별한 인연이 있다. 중년에 성공번영하다.

천 刊
(끊을 천·金)

刑偶傷子或損丁多災, 中年勞晩年福, 女人多災厄再嫁守寡之字
배우자와 자식을 상케거나, 혹은 힘을 손상하고 재액이 많다. 중년에 수고롭고 만년에 복되다. 여자는 액이 많으며, 재가 혹은 과부의 글자.

천 仟
(일천 천·金)

淸雅榮貴, 環境良好, 中年成功隆昌, 晩年子孫興旺之字
청아하고 귀하다. 환경이 좋으니, 중년에 성공하여 번영한다. 만년에 자손이 번창하고 성공한다.

총 匆
(바쁠 총·金)

憂心勞神, 一生多災厄, 或身弱多病, 難幸福, 多災厄之字
마음과 정신에 근심이 있고 수고로우니 일생 재액이 많다. 혹은 몸이 약하고 병이 많다. 행복하기 어렵고 재액이 많은 글자.

출 出
(날 출·金)

性剛果斷或少失怙恃, 一生中年多災, 晩年吉祥, 忌車怕水之字
성격이 강직하고 결단력이 있다. 혹 어려서 부모를 잃는다. 일생중 중년에 재액이 많다. 만년에 길하고 경사스럽다. 물과 차를 조심하라.

출 朮
(차조출·金)

一貧如洗, 孤苦一生難幸福, 多災厄, 子福之字
씻은 듯 가난하다. 일생이 외롭고 고생하니, 행복하기 어렵다. 재액이 많다. 자식이 복된 글자.

(다를 타·火)

出外逢貴得財, 溫和多才, 但忌車怕水, 晚年隆昌之字
외지로 나가 귀인을 만나 재물을 얻는다. 온화하고 재주가 많다. 단, 물과 차를 조심하라. 만년에 번창하는 글자.

(칠 타·火)

事勞無功或懷才不遇一生中年苦中得甘, 有子孫興旺之命
일은 수고로와도 공은 없다. 혹은 재주를 품어도 일생 때를 만나기 어렵다. 중년의 고생 중에 즐거움이 있다. 자손이 번영한다.

(별이름 태·火)

一生淸雅, 技術大吉, 中年奔波, 成功隆昌, 晩年享福之字
일생 청아하다. 기술로 대길한다. 중년에는 파란이 있다. 성공번영하니, 만년에 복을 누린다.

(평평할 평·水)

敎育界大吉, 一生安穩守己, 克己助人溫和賢淑之字
교육계가 크게 길하다. 일생 분수를 알아 자신을 지키니 온화현숙하다.

(베 포·水)

溫和慈祥, 但多災厄, 忌車怕水, 中年勞晩年吉祥之字
온화하며 자상하다. 단, 재액이 많으니 차와 물을 피하라. 중년에 노고한다. 만년에 길하다.

(쌀 포·水)

一生淸雅恰悧, 謀爲出衆, 中年成功隆昌, 晩年勞神之字
일생 맑고 깨끗하며 영리하다. 일을 도모함에 출중하니 중년에 성공융창한다. 만년에 근심이 있다.

(가죽 피·水)

奔波勞苦或事勞無功, 一生多災厄難幸福之字
분파하고 노고가 있으며 혹은 일은 수고롭더라도 공은 없다. 일생 재액이 많고 행복하기 어렵다.

(반드시 필·水)

身弱奔波, 出外吉慶, 刑偶傷子, 晚婚隆昌, 晚年吉慶之字, 事業如意
몸이 약하고 파란이 많다. 외지로 나가면 길하고 경사가 있다. 처와 자식을 해친다. 늦은 결혼에 번창한다. 만년에 길하고 경사스럽고 만사가 뜻대로 된다.

(필 필·水)

身閒心苦, 或事勞無功, 刑偶傷子, 有愛情厄, 晚福之字
몸은 여유로우나 마음은 괴롭다. 혹은 일은 수고로와도 공은 없다. 처와 배우자를 상케하고 애정으로 인한 액이 있다. 만년에 복이 있다.

(검을 현·土)

性格複雜, 中年離難, 晚年吉祥, 子孫繁榮之字, 官運旺
성격이 복잡하다. 중년에 이별한다. 만년에 길하고, 자손이 번영한다. 관운이 좋다.

(구멍 혈·土)

安穩守己, 環境良好, 有才能理智, 成功隆昌, 二子吉祥之字
편안히 자기분수에 만족한다. 환경양호하고, 재능이 있고 이지적이다. 성공하여 번창한다. 두 아들이 길하고 상서롭다.

(화합할 협·土)

溫和慈善, 一生勤敏, 耐力强, 言多必失, 晚年吉祥之字
온화하고 자상하며, 일생 부지런하며, 인내심이 많다. 말이 많으면 반드시 실수한다. 만년에 길하고 상서로운 글자.

(맏 형·土)

口快心直, 奔波勞苦, 保守平凡, 中年吉晚年勞神之字
입담이 좋고 마음은 곧다. 파란과 노고가 많다. 분수를 지키며 평범하다. 중년에 길하고, 만년에 정신이 수고롭다.

(넓을 홍·土)

口快心直, 一生淸雅, 忌車怕水, 中年多災, 晩年隆昌之字
언변이 좋고 마음이 곧다. 일생 청아하다. 차와 물을 조심하라. 중년에 재앙이 있고 만년에 융성한다.

(벼 화·土木)

出國之格, 一生衣厚食豊, 淸雅英俊, 中年成功隆昌之字
나라를 떠나는 격. 일생 옷과 음식이 풍부하다. 청아하고 영민하다. 중년 성공번영한다.

(풀 훼·土)

憂心勞神, 損丁破財, 潦倒一生難幸福, 忌車怕水之字
마음과 정신이 수고롭고 근심한다. 힘을 파하고 재물을 깨뜨리는 글자. 일생 영락하니, 행복하기 어렵다. 물과 차를 피하라.

{ 6획 음(陰) }

各 (각각 각·木)

性剛果斷, 或口快, 中年勞苦或潦倒, 晚年吉祥之字
성격이 강하고 결단력이 있다. 혹은 언변이 좋다. 중년에 고생하거나 영락한다. 만년에 길하고 상서로운 글자.

艮 (패기름 간·木)

性剛出外大吉, 一生淸雅, 中年勞或多災厄, 晚年吉祥之字
성격이 강직하니 외지로 나가면 대길하다. 일생 청아하고 영리하다. 중년에 애쓰거나 혹은 재액이 많다. 만년에 길하고 상서롭다.

江 (강 강·木水)

淸雅多才, 中年勞苦, 晚年吉祥, 女人性剛, 忌車怕水, 中年多災厄短壽
청아하여 재주가 많다. 중년에 노고한다. 만년에 길하고 상서롭다. 여자는 성격이 강직하다. 차와 물을 피하라. 중년에 재액이 많고 단명한다.

价 (클 개·木)

剋父命, 多才巧智, 淸雅怜悧, 二子吉祥, 晚年隆昌之字
아버지의 운명을 극한다. 재주가 많고 지혜롭다. 청아하고 영리하다. 두 아들 길하고 상서롭다. 만년에 번창한다.

(구분할 건·木)

憂心勞神, 一生難幸福, 命途多舛, 勞苦多災之字, 忌火字
마음과 정신에 근심하고 수고롭다. 일생 행복하기 어렵다. 운명이 어그러지니 고생하고 재액이 많은 글자. 불을 조심하라.

(상고할 고·木)

一生淸雅平凡, 出外吉祥, 中年勞苦, 晩年成功隆昌之字
일생 청아하고 평범하다. 외지로 나가면 길하고 상서롭다. 중년에 수고롭고 고생한다. 만년에 성공하고 번창한다.

(굽을 곡·木)

理智充足, 多才溫和, 有愛情厄, 中年奔波或勞苦, 晩年吉祥
이지가 족하니 재주가 많고 온화하다. 애정액이 있다. 중년에 파란 혹은 노고가 있다. 만년에는 길하고 상서롭다.

(함께 공·木)

環境良好, 一生淸雅榮貴, 二子吉祥, 中年成功隆昌
환경양호하다. 일생 청아하고 영귀하다. 두 아들이 길하고 상서롭다. 중년에 성공하고 번창한다.

(바룰 광·木)

刑剋父母, 幼年辛苦, 中年成功隆昌, 晩年憂心勞神之字
부모를 형극한다. 유년에 몹시 고생한다. 중년에 성공번창한다. 만년에 마음과 정신이 수고롭다.

(빛 광·木)

一生淸雅榮貴, 晩婚吉, 出外逢貴得財, 中年平晩年吉慶
일생 청아하고 귀하다. 늦은 결혼이 길하다. 외지로 나가면 귀인을 만나 재물을 얻는다. 중년에 평범하고 만년에 길하고 경사스럽다.

획수별 자(字)의 길흉과 운세—6획 115

(사귈 교 · 木)

多刑剋身弱多病, 有性剛多災, 中年勞, 晩福難成功
형극이 많고, 몸이 약하여 병이 많다. 성품이 강직하나 재액이 많다. 중년에 노고한다. 늦게 복되나 성공하기 어렵다.

(서옥 규 · 木)

天性聰穎, 多才巧智, 義利分明, 刑偶傷子, 中年勞晩年成功之字
천성이 총명하다. 재주가 많고 지혜로우며 의리가 분명하다. 처와 자손에 해가 있다. 중년에 수고로우나 만년에 성공한다.

(재주 기 · 木)

憂心勞神或病弱短壽, 一生苦勞或多災難幸福之字
마음에 근심하거나 혹은 병약하고 단명한다. 일생 노고하거나 혹은 재액이 많으니 행복하기 어려운 글자.

(꾀할 기 · 木)

環境良好, 堅實溫和, 中年成功隆昌, 淸雅榮貴之字
환경양호하다. 견실하고 온화하다. 중년에 성공번창한다. 청아하고 영귀한 글자.

(해 년 · 火)

刑剋父母, 一生多才多能, 中年勞苦, 晩年成功或隆昌
부모에게 형극이 있다. 일생 재주가 많고 능력이 있다. 중년에 노고하고 만년에 성공 혹은 번창한다.

(늙을 노 · 火)

一生淸雅平凡, 中年多災或多勞, 晩年吉祥隆昌之字
일생 청아하고 평범하다. 중년에 재액이 많고, 혹은 노고가 많다. 만년에 길하고 상서로우니 번창한다.

(많을 다·火)

克服萬難後, 成功發達, 多才賢能, 重情失敗, 晚年隆昌之字
어려움을 극복한 뒤에 성공·발달한다. 재주가 많고 어질다. 정 때문에 실패한다. 만년에 번창하는 글자.

(한가지 동·火)

刑偶欠子之字, 淸雅多才, 溫和賢能, 中年勞, 晚年隆昌
처를 극하고 자식이 부족하다. 청아하며 재주가 많다. 온화하고 현능하다. 중년에 수고로우나 만년에 번창한다.

(열화 등·火)

憂心勞神, 或事勞無功, 中年多災或困苦, 晚年安祥之字
마음에 근심한다. 혹은 애써 일해도 공은 없다. 중년에 재액이 많거나 혹은 곤고하다. 만년에 편안하고 상서로운 글자.

(용렬할 렬·火)

不祥之字, 孤獨勞苦或多相剋, 中年多災厄, 晚年子福之字
상서롭지 못한 글자. 고독하며 노고하거나 혹은 형극이 많다. 중년에 재액이 많다. 만년에 자식이 복되다.

(벌일 렬·火)

性剛果斷或幼年辛苦, 中年多勞, 出外大吉, 晚年隆昌之字
성격이 강하고 결단력이 있다. 혹은 유년에 몹시 고생한다. 중년에 노고한다. 외지로 나가면 대길하다. 만년에 번창한다.

(갈빗대 륵·火)

刑剋父母或刑偶傷子, 晚婚大吉, 中年困苦, 晚年子福之字
부모를 형극하거나 처와 자식을 상한다. 늦은 결혼이 대길하다. 중년에 곤고하다. 만년에 자손이 복된 글자.

(관리 리·火)

有才能理智, 難遇知己, 中年勞苦, 晩年安祥之字
재능이 있고 이지적이다. 자신을 알아주는 짝을 만나기 어렵다. 중년에 노고한다. 만년에 편안하고 상서롭다.

(바쁠 망·水)

病弱短壽, 損丁破財或災難不離身, 一生多劫煞之字
병약하고 수명이 짧다. 힘을 축내고 재산을 깨뜨리니, 혹은 재난이 몸에서 떠나지 않는다. 일생 겁살이 많은 글자.

(실 멱·水)

有愛情厄, 溫和誠實, 淸雅秀氣, 中年勞, 晩年吉昌
애정액이 있다. 온화하고 성실하다. 청아하고 기가 빼어나다. 중년에 수고로우나 만년에 번창한다.

(이름 명·水)

出外逢貴得財, 中年奔波勞苦, 但名利雙收, 晩年吉祥之字
외지로 나가면 귀인을 만나 재물을 얻는다. 중년에 분파하여 힘들고 고생한다. 단, 명예와 이익이 두루 얻는다. 만년에 길하고 상서롭다.

(보리 모·水)

聰明怜悧, 多才巧智但懷才不遇或多災厄, 晩年吉祥之字
총명하고 영리하다. 재주가 많고 지혜롭다. 단, 재주를 품었으나 때를 못만난다. 혹은 재액이 많다. 만년에는 길하고 상서롭다.

(쌀 미·水木)

天生聰穎, 多才巧智, 出外大吉, 中年平凡, 晩年隆昌之字
천성이 총명하며 재주가 많고 지혜롭다. 외지로 나가 대길하다. 중년에 평범하고 만년에 번창하는 글자.

仿
(비슷할 방·水)

貴人明現, 一生淸雅怜悧, 中年勞苦或多災, 晩年安寧幸福之字
귀인이 나타나 돕는다. 일생 청아하고 영리하다. 중년에 고생하거나 혹은 재액이 많다. 만년에 편안하고 행복한 글자.

百
(일백 백·水)

理智充足, 食祿齊美, 一生多才巧智, 成功隆昌, 環境良好之字
이지가 충족하다. 식록이 풍족하다. 재주가 많고 지혜롭다. 성공하고 번창하니 환경양호하다.

伐
(칠 벌·水)

百事苦勞, 一生淸雅平凡, 刑偶傷子, 有子亦不孝, 晩年吉祥之字
모든 일에 어렵고 수고롭다. 일생 청아하고 평범하다. 처와 자손에 해가 있다. 자손이 있어도 불효한다. 만년에 길하고 상서롭다.

(뜰 범·水)

出國之字, 英俊秀氣, 溫和賢淑, 中年成功隆昌, 有愛情厄之字
나라를 떠나는 글자. 영준하고 기가 빼어나며 온화·현숙하다. 중년에 성공번창한다. 애정으로 인한 액이 있는 글자.

伏
(엎드릴 복·水)

英雄氣魄, 一生性剛有美德, 中年多災, 晩年隆昌之字
영웅의 기백이 있다. 일생 성격이 강직하고 미덕이 있다. 중년에 재액이 많다. 만년에 번창한다.

(왕비 비·水)

淸雅貴氣, 理智充足, 一生淸閒享福, 晩年勞神之字
청아하고 영리하다. 이지가 충족하다. 일생 한가로이 복을 누린다. 만년에 근심이 있는 글자.

획수별 자(字)의 길흉과 운세―6획 119

(암컷 빈·水)

性剛果斷, 自我心强, 有牢獄之災, 中年多災厄, 晩年吉祥之字
성격이 강하고 결단력이 있다. 자아가 강하다. 수감의 재액이 있다. 중년에 재액이 많다. 만년에 길하고 상서롭다.

(얼음 빙·水)

憂心勞神或事勞無功, 中年有災厄, 晩年安祥之字
마음과 정신이 수고하며 근심하거나, 애써 일해도 공이 없다. 중년에 재액이 있다. 만년에 편안하고 상서로운 글자.

(실 사·金)

有愛情厄, 溫和誠實, 淸雅秀氣, 中年勞, 晩年吉昌
애정액이 있다. 온화하고 성실하다. 청아하고 기가 빼어나다. 중년에 수고로우나 만년에 번창한다.

(절 사·金)

刑偶傷子, 或事勞無功, 中年淸雅榮貴, 晩年吉祥之字
처와 자식을 상하게 한다. 혹은 애써 일해도 공이 없다. 중년에 청아하고 영귀한다. 만년에는 길하고 상서로운 글자.

(죽을 사·金)

不祥之字, 暗淡消極, 多災厄, 難幸福, 惡死凶亡之字
상서롭지 못한 글자. 암담하고 소극적이다. 재액이 많고 행복하기 어렵다. 흉하게 횡사하는 글자.

색 色
(빛 색·金)

憂心勞神或身犯破, 少年干難, 口快心直, 中年多厄, 晩年幸福
심신에 근심과 노고가 있다. 혹은 몸을 망치거나 소년기에 가난하다. 언변이 좋고 마음은 곧다. 만년은 행복하다.

서 西
(서녘 서·金)

事勞無功或憂心勞神, 中年隆昌, 卄九歲至三一歲小心, 晚年隆昌
일은 힘쓰나 공은 없다. 혹은 마음과 몸에 근심·걱정이 있다. 중년에 번창한다. 29세에서 31세를 조심하라. 만년에 번영한다.

(구할 선·金)

出國之字, 智勇雙全, 義利分明, 中年成功隆昌之字
나라를 떠나는 글자. 지혜와 용기를 두루 갖춘다. 의리가 분명하다. 중년에 성공하고, 번영하는 글자.

(먼저 선·金)

出外逢貴得財, 刑偶傷子或欠子, 中年勞晚年吉慶, 榮幸之字
외지로 나가면 귀인을 만나 재물을 얻는다. 처와 자식을 상하거나 자식이 부족하다. 중년에 노고한다. 만년에 길하고 경사가 있다. 영화롭고 행복한 글자.

설 舌
(혀 설·金)

一生多勞受苦, 或身弱多病, 中年多災, 晚年隆昌之字
일생 노고가 많다. 혹은 몸이 약하고 병이 많다. 중년에 재액이 많다. 만년에 번창한다.

수 守
(지킬 수·金)

刑偶傷子, 精明公正, 中年隆昌, 女人薄幸病疾多災
처와 자손을 상하게 한다. 총명하며 공명정대하다. 중년에 번창한다. 여자는 행복하기 어려우니, 병이 많고 재액이 많다.

(거둘 수·金)

憂心勞神, 一生勞苦, 潦倒多災厄, 女人妓女再嫁, 守寡 或短壽
마음과 정신에 수고롭고 근심스런 글자. 일생 노고하고 실패하며 재액이 많다. 여자는 기생, 재가 또는 과부가 되거나 혹은 단명한다.

(일찍 숙·金)

出國之格, 天生聰穎, 多才巧智, 有愛情厄, 中年成功隆昌之字
나라를 떠나는 격. 천성이 총명하니 재주가 많고 지혜롭다. 애정으로 액이 있다. 중년에 성공번창하는 글자.

(열흘 순·金)

晩婚遲得子大吉, 身弱淸秀, 多才賢能, 晩年隆昌, 欠子之字
만혼에 늦자식을 보는 것이 대길하다. 몸이 약하나 청수하다. 재주가 많고 어질다. 만년에 번창하나 자손이 부족하다.

(개 술·金)

英俊靈活, 多才巧智, 幼年辛苦, 中年隆昌, 欠子或犯破
영민하고 기가 신령하다. 재주가 많고 지혜롭다. 유년시절에 몹시 고생한다. 중년에 번창한다. 자식이 적거나 망친다.

(정승 승·金)

理智充足, 膽識豊富, 一生淸雅怜悧, 成功榮貴, 欠子之字
이지가 족하며, 학식이 풍부하다. 일생 청아·영리하다. 성공하며 영귀하다. 자식이 부족한 글자.

(법 식·金)

理智才氣具有但中年多災厄, 或潦倒, 晩年榮幸之字
이지적이며 재기가 있다. 단, 중년에 재액이 많거나 혹은 영락한다. 만년에 영화롭고 행복한 글자.

(신하 신·金)

淸雅怜悧, 多才巧智, 精明公正, 義利分明, 中年多厄, 晩年隆盛
청아하고 영리하며 재주가 많고 지혜롭다. 총명하며 공명정대하다. 의리가 분명하다. 중년에 액이 많다. 만년에 번성한다.

(편안 안·土)

安祥平凡, 一生淸雅口快性剛, 或剋父命, 子孫興旺, 幸福之字
편안하고 상서롭고 평탄하다. 일생 청아하고 언변이 좋고 강직하다. 혹은 아버지의 명을 극한다. 자손은 번영하니 행복하다.

(우러러볼 앙·土)

聰明怜悧, 多才巧智, 交際巧妙, 中年成功隆昌, 晩年子孫繁榮
총명하고 영리하다. 재주가 많고 지혜롭다. 사귐에 지모가 있다. 중년에 성공번창한다. 만년에 자손이 번창한다.

(양 양·土)

一生淸雅溫和, 晩婚遲得子大吉, 中年奔波, 晩年吉祥之字
일생 청아하고 온화하다. 만혼에 늦자식을 봄이 대길하다. 중년에 파란이 있다. 만년에 길하고 상서로운 글자.

理智充足, 多才溫和, 有愛情煩惱, 中年多厄, 秀氣短壽之字
이지가 충족하며 재주가 많고 온화하다. 애정으로 번뇌함이 있다. 중년에 액이 많다. 기가 빼어나나 단명한다.

(같을 여·土)

出國之格, 淸雅秀氣, 溫和怜悧, 中年成功隆昌, 榮貴之字
나라를 떠나는 격. 청아하고 기가 빼어나며 온화하고 영리하다. 중년에 성공번창한다. 영화롭고 귀한 글자.

出國之格, 出外逢貴得財, 中年成功隆昌, 秀氣榮貴之字
나라를 떠나는 격. 외지로 나가 귀인을 만나 재물을 얻는다. 중년에 성공하여 번창한다. 기가 빼어나고 영귀한 글자.

性剛果斷, 一生難如願, 潦倒或困苦, 晩年吉祥, 子福之字
성격이 강직하고 과단하다. 일생 뜻대로 되기 어렵다. 영락하거나 곤고하다. 만년에 길하고 상서롭다. 자식이 복되다.

英俊佳人, 理智充足, 中年勤儉勵業, 名利雙收, 榮幸之字
영준하고 아름다운 사람이다. 이지가 충족하다. 중년에 부지런하고 검소하여 일에 힘쓴다. 명예와 이익을 모두 거두니 영화롭고 행복한 글자.

一生淸雅平凡, 中年奔波勞苦, 理智充足, 晩年吉祥之字, 忌車怕水
일생 청아하고 평범하다. 중년에 파란과 노고가 있다. 이지가 충족하다. 만년에 길하고 상서로우나 차와 물을 조심하라.

秀氣怜悧, 一生溫和賢淑, 中年成功隆昌, 名利之字
기가 빼어나 영리하다. 일생 온화하고 현숙한 글자. 중년에 성공하여 번창하니 명예와 이익이 있는 글자.

幼年辛苦, 出外吉慶, 中年奔波, 但成功隆昌, 子孫昌盛之字
유년에 몹시 고생한다. 외지로 나가면 길하고 경사스럽다. 중년에 파란이 있으나 성공·번영한다. 자손이 번성하는 글자.

半財之格, 一生淸雅怜悧, 性剛, 中年勞苦, 晩年隆昌之字
재물이 많다. 일생 청아하고 영리하며, 성격이 강직하다. 중년에 고생한다. 만년에 번창한다.

一生淸雅平安, 淸閒怜悧, 中年雖勞, 晩年吉祥隆昌之格
일생 청아하고 평안하다. 청한하고 영리하다. 중년에 비록 수고로우나, 만년에 길하고 상서롭고 번창한다.

多愁善感, 或性剛果斷, 一生多災厄, 晩年雖吉亦勞神
근심이 많고 감수성이 예민하다. 혹은 성격은 강하고 과단하다. 일생 재액이 많다. 만년에 비록 길해도 근심한다.

出外吉祥, 憂心勞神, 中年多災厄, 晩年吉祥之字
외지로 나가면 길하고 상서롭다. 마음과 몸이 수고롭고 근심한다. 중년에 재액이 많다. 만년에 길하고 상서로운 글자.

性剛果斷或口快心直, 有殺人被殺或牢獄之災, 晩福之字
성격이 강직하고 결단력이 있다. 혹은 입담이 좋고 마음은 곧다. 살인 또는 피살, 수감되는 재액이 있다. 늦게 복된 글자.

(귀 이·土)

一生淸雅怜悧, 幼年辛苦, 刑偶欠子, 中年多災, 晩年享福之字
일생 청아하고 영리하다. 유년에 몹시 고생한다. 처를 극하고 자식이 적다. 중년에 재액이 많다. 만년에 복을 누린다.

(저 이·土)

一生淸雅榮貴, 理智充足, 中年成功隆昌, 上下敦睦, 榮幸之字
일생 청아하고 영귀하다. 이지가 충족하다. 중년에 성공번창한다. 상하가 화목하며 영화롭고 행복한 글자.

(늦출 이·土)

義俠心强, 慷慨豪爽, 中年多勞或奔波, 晩年吉祥之字
의협심이 강하고 강개하고 호방하다. 중년에 고생이 많거나 혹은 파란을 겪는다. 만년에 길하고 상서로운 글자.

(연할 인·土)

多勞受苦, 或憂心勞神, 性剛有牢獄之厄或離亂之災, 晩福之字
고생이 많고 고통을 받는다. 마음과 정신이 근심하고 수고롭다. 성격은 강직하나 수감의 액이 있다. 혹은 이별의 액이 있다. 늦게 복된 글자.

(인할 인·土)

一生淸雅榮貴, 幼年辛苦, 中年成功隆昌, 晩年勞神之字
일생·청아하고 귀하다. 유년에 몹시 고생한다. 중년에 성공번창한다. 만년에 정신이 수고로운 글자.

(맡길 임·土)

環境良好, 有官格之字, 學識淵博, 中年成功隆昌之字
환경양호하다. 관운이 있고 학식이 깊다. 중년에 성공하여 번창하는 글자.

자 字 (글자 자·金)

有愛情煩惱, 安穩守己, 中年有災厄, 晚年吉昌之字
애정으로 인한 번뇌가 있다. 분수를 지켜 편하게 지낸다. 중년에 재액이 있다. 만년에 길하고 번창한다.

자 自 (스스로 자·金)

有愛情厄, 少年干難, 中年勞苦, 或病弱短壽, 晚年吉慶之字
애정으로 액이 있다. 소년에 가난하며, 중년에 노고한다. 혹은 병약하거나 단명한다. 만년에 길하고 경사스럽다.

장 匠 (장인 장·金)

刑剋父母, 少年干難, 中年多勞, 多才巧智, 晚年成功隆昌之字
부모를 극한다. 소년기엔 가난하고, 중년에 힘들다. 재주가 많고 지혜롭다. 만년에 성공번창하는 글자.

장 庄 (전장 장·金)

秀氣巧妙, 一生清雅怜悧, 中年成功隆昌, 晚年子孫精誠之字
기가 빼어나고 지혜롭다. 일생 청아하고 영리하다. 중년에 성공번창한다. 만년에 자손이 정성스런 글자.

재 在 (있을 재·金)

奔波勞苦, 或性剛果斷, 中年多災厄, 福收晚年隆昌之字
파란과 노고가 있다. 혹은 성격이 강하고 결단력이 있다. 중년은 재액이 많다. 복을 거두는 만년은 번창한다.

재 再 (두 재·金)

多才巧智, 貴人明現, 中年成功隆昌榮貴, 女人薄幸多災厄之字
재주가 많고 지혜롭다. 귀인이 나타나서 돕는다. 중년에 성공번영하며 귀하다. 여자는 행복하기 어렵고 재액이 많은 글자.

획수별 자(字)의 길흉과 운세—6획 127

(온건할 전·金)

多才巧智, 淸雅榮貴, 中年勞, 成功隆昌, 名利雙收之字, 忌水厄
재주가 많고 지혜롭다. 청아하고 귀하다. 중년에 노고한다. 성공번창하니 명예와 이익을 두루 거둔다. 물난리를 조심하라.

(조짐 조·金)

出國之字, 淸雅榮貴, 天性聰穎, 中年成功隆昌, 名利雙收, 忌車怕水
나라를 떠나는 글자. 청아하고 귀하며 천성이 총명하다. 중년에 성공번창한다. 명예와 이익을 모두 거둔다. 차와 물을 피하라.

(일찍 조·金)

環境良好, 一生淸雅秀氣, 二子吉祥, 中年吉慶, 晩年憂心勞神
환경양호하다. 일생 청아하며 기가 빼어나다. 두 아들이 길하다. 중년에 경사가 있다. 만년에 심신이 수고롭다.

(있을 존·金)

天生聰穎, 義利分明, 子孫興旺, 中年勞, 晩年隆昌之字, 性剛多災
천성이 총명하며 의리가 분명하다. 자손이 흥왕한다. 중년에 애쓰나 만년에 번창하는 글자. 성격은 강직하나 재액이 많다.

(배 주·金)

浮沈不定, 是非參半, 晩婚大吉, 中年多災, 晩年吉祥之字
흥망에 정해짐이 없다. 시비가 반반이다. 늦은 결혼이 대길하다. 중년엔 재액이 많다. 만년에는 길하고 상서롭다.

128 행운을 부르는 이름 짓기 사전

(붉을 주·金)

淸雅怜悧, 天生聰穎, 多才巧智, 中年隆昌, 有愛情厄, 晚年吉慶之字
청아하고 영리하다. 천성이 총명하고 재주가 많고 지혜롭다. 중년에 번창한다. 애정액이 있다. 만년에 길하고 경사스런 글자.

(나라 주·金)

剋父命, 或剋偶傷子, 中年多災厄, 晚年吉慶之字
아버지의 운명을 극하거나 혹은 처와 자손을 상하게 한다. 중년에 재액이 많다. 만년에 길하고 상서롭다.

(대나무 죽·金)

一生淸雅怜悧, 多才巧智, 中年隆昌, 晚年子孫旺盛之字
일생 청아하고 영리하다. 재주가 많고 똑똑하며 지혜롭다. 중년에 번창하고, 만년에 자손이 왕성하고 번영한다.

(버금 중·金)

刑偶傷子, 性剛靈活機敏, 中年有災厄, 晚年吉昌, 雙妻字
처와 자식을 상하게 한다. 성격이 강하고 영적이며, 기민하다. 중년에 재액이 많다. 만년에 길하고 번창한다. 두 처를 둔다.

지至
(이를 지·金)

英雄慷慨, 性剛多厄, 中年多災, 晚年吉祥, 幸福之字
영웅으로 강개하다. 성격이 강직하나 액이 많다. 중년에 재액이 많다. 만년에 길하고 상서롭다. 행복한 글자.

지地
(땅 지·金)

一生淸雅, 刑偶欠子或刑剋父母, 中年隆昌, 但有病厄或劫財, 晚年吉祥
일생 청아하다. 처를 해치고 자식이 부족하거나, 혹은 부모를 극한다. 중년에 번창한다. 단, 병액이 있고 혹은 재물을 파한다. 만년에 길하고 상서롭다.

획수별 자(字)의 길흉과 운세—6획 129

(뜻 지·金)

晚婚遲得子大吉, 一生淸雅怜悧, 中年多勞晚年吉祥之字
만혼에 늦자식 보는 것이 대길하다. 일생 청아하고 영리하다. 중년에 노고한다. 만년에 길하고 상서로운 글자.

(못 지·金水)

事業隆昌, 環境良好, 離祖成功, 中年平晚年吉慶之字
사업이 번창하니, 환경양호하다. 조상을 떠나 성공한다. 중년에 평탄하고 만년에 길하고 경사스런 글자.

(버금 차·金)

身瘦或體弱, 出外大吉, 技術成功, 多才溫和之字
몸이 수척하고 약하다. 외지로 나가면 대길하다. 기술로 성공한다. 재주가 많고 온화한 글자.

(이 차·金)

奔波勞苦, 難望如願, 命途多舛或潦倒一生, 晚福子福之字
파란과 고생이 있다. 바라는 것을 이루기 어렵다. 운명이 어그러지거나 혹은 실패한다. 늦게 복되니 자식복이 있다.

(두렁 천·金)

環境良好, 一生淸雅, 中年成功隆昌, 官或財旺, 榮貴之字
환경양호하다. 일생 청아하다. 중년에 성공번창한다. 관운 혹은 재물이 왕성하니 영화롭고 귀한 글자.

(뾰족할 첨·金)

刑偶傷子, 多刑剋吉凶參半, 中年多災, 晚年隆昌之字
처와 자식을 상케한다. 형극이 많고 길흉이 반반이다. 중년에 재액이 많다. 만년에는 번창한다.

(가득할 충·金)

奔波勞苦, 一生溫和賢能, 出外大吉, 中年成功隆昌之字
분파하고 노고가 많다. 일생 성품은 온화하고 어질다. 외지로 나가면 길하다. 중년에는 성공·번영한다.

충 冲
(부딪칠 충·金)

多刑剋, 不祥之字, 一生潦倒困苦, 病弱短壽, 難幸福之字
형극이 많다. 상서롭지 못한 글자. 일생 실패하고 곤고하다. 병약하고 단명하니 행복하기 어려운 글자.

타 朵
(늘어질 타·火)

淸秀巧妙, 天生聰穎, 幼年辛苦, 但成功隆昌, 二子吉祥之字
청수하고 지혜롭다. 천성이 총명하다. 유년에 고생한다. 단, 성공번창한다. 두 아들이 길하고 상서롭다.

택 宅
(집 택·火)

出外吉祥, 一生多才賢能, 子孫興旺, 中年成功, 晩年吉慶之字
외지로 나가면 길하고 상서롭다. 일생 재주가 많고 어질다. 자손이 번성한다. 중년에 성공하고 만년에 길하고 경사스럽다.

(토할 토·火土)

福祿雙收, 溫和誠實, 中年多災厄, 晩年成功隆昌之字
복록을 두루 거둔다. 온화하고 성실하다. 중년에 재액이 많다. 만년에 성공번창한다.

(평평할 팽·水)

秀氣巧妙, 一生淸雅怜悧, 中年成功隆昌, 晩年子孫精誠之字
기가 빼어나고 지혜롭다. 일생 청아하고 영리하다. 중년에 성공번창한다. 만년에 자손이 정성스런 글자.

(땀 한·土水)

幼年辛苦, 淸雅怜悧, 雙妻之格, 中年有災厄, 晩年吉祥之字
유년에 매우 고생한다. 청아하고 영리하다. 두 처를 얻는 격. 중년에 재액이 있다. 만년에 길하고 상서롭다.

(합할 합·土)

環境良好, 一生淸雅溫和, 中年勵業, 晩年成功隆昌之字
환경양호하다. 일생·청아하고 온화하다. 중년에 일에 힘쓰며 만년에 성공·번영한다.

(짝 항·土)

多愁多憂, 百事苦勞, 中年多災厄, 晩年隆昌之字
근심과 걱정이 많다. 하는 일마다 노고한다. 중년에 재액이 많다. 만년에 번창한다.

(돼지 해·土)

淸雅怜悧, 出外逢貴得財, 中年勞, 晩年隆昌, 環境良好之字
청아하고 영리하다. 외지로 나가면 귀인을 만나 재물을 얻는다. 중년에 애쓰고 만년에 번창한다. 환경양호한 글자.

(다닐 행·土)

溫和賢能, 淸雅怜悧, 中年病厄, 晩年隆昌之字
온화하고 현숙하며 청아하고 영리하다. 중년에 병액이 있다. 만년에 발전한다.

(향할 향·土)

衣厚食豊, 淸雅平凡, 中年憂心勞神, 晩年吉慶之字
의식이 풍부하다. 청아하고 평범하다. 중년에 심신에 근심과 노고가 있다. 만년에 길하고 경사스러운 글자.

(피 혈·土)

一生淸雅怜悧, 刑偶欠子, 中年有愛情厄, 晩年安穩之字
일생 청아하고 영리하다. 처를 극하고 자식은 부족하다. 중년에 애정으로 액이 있다. 만년은 편안하다.

(형벌 형·土)

多刑剋, 或憂心勞神, 事勞無功, 一生多災厄, 難幸福之字
형극이 많다. 혹은 마음에 근심·걱정한다. 일은 고되나 공은 없다. 일생 재액이 많으니 행복하기 어려운 글자.

(좋을 호·土)

秀氣怜悧, 上下敦睦, 有才能理智, 溫和賢淑, 一生幸福之字
기가 빼어나고 영리하다. 상하가 화목하다. 재능이 있고 이지적이다. 온화하고 현숙하니 일생 행복한 글자.

(돌아올 회·土)

環境良好, 性樸素有美德, 中年成功隆昌, 晩年身弱之字
환경양호하다. 성격이 부지런하고 소박하며 미덕이 있다. 중년에 성공번창하고, 만년에는 몸이 약하다.

(재 회·土)

口快心直, 性剛果斷, 中年多災厄, 晩年吉祥子福之字
언변이 좋고 마음이 곧다. 성격이 강하고 결단력이 있다. 중년에 재액이 많다. 만년에 길하고 상서롭고 자식이 복된 글자.

(왕후 후·土)

衣厚食豊, 一表人材, 多才多能, 淸雅榮貴, 中年成功隆昌之字
의식이 풍족하다. 한결같이 인재임이 드러나니, 다재다능하다. 청아하고 영귀하니, 중년에 성공번창한다.

(썩을 후·土)

有才能理智, 難遇知己, 中年多災厄, 晩年安祥之字
재능과 이지가 있다. 자기를 알아주는 사람을 만나기 어렵다. 중년에 재액이 많다. 만년에 편안하고 상서롭다.

(쉴 휴·土)

憂心勞神, 或身弱多厄, 中年潦倒, 難成功, 晩年子福之字
마음과 정신이 수고롭고 근심하거나, 혹은 몸이 약하고 액이 많다. 중년에 영락하니 성공하기 어렵다. 만년에 자손이 복된 글자.

(흉악할 흉·土)

不祥之字, 夜路無光, 殺人被殺, 牢獄之災難幸福
상서롭지 못한 글자. 밤길에 빛이 없는 격이다. 살인, 피살, 수감의 재액이 있으니 행복하기 어렵다.

{ 7획 양(陽) }

각 角 (뿔 각·木)
性剛果斷或常有禍端, 有牢獄之厄, 中年多厄, 晚年子福之字
성격이 강직하고 과단하다. 혹은 항상 화가 발생한다. 수감의 액이 있다. 중년에 액이 많다. 만년엔 자손이 복된 글자.

각 却 (물리칠 각·木)
刑偶傷子, 天生聰明, 多才怜悧, 中年成功榮貴, 女人多災短壽
처와 자손을 해친다. 천성이 총명하여 재주가 많고 영리하다. 중년에 성공하고 귀하다. 여자는 재액이 많고 단명한다.

간 杆 (방패 간·木)
性剛果斷, 忌車怕水, 中年多災厄, 晚年隆昌之字
성격이 과감하고 과단하다. 차와 물을 피하라. 중년에 재액이 많고 만년에 번창하는 글자.

간 肝 (간 간·木)
刑偶傷子, 事勞無功, 中年隆昌多勞, 晚年吉昌, 欠子之字
처와 자손을 상케하니, 수고로이 일해도 공이 없다. 중년에 번창하나 수고로우니, 만년에 길하고 자식이 부족한 글자.

개 改 (고칠 개·木)
出外逢貴得財, 淸雅多才, 中年勞苦, 晚年隆昌之字
외지로 나가 귀인을 만나 재물을 얻는다. 청아하고 재주가 많다. 중년에 노고하나 만년에 번창하는 글자.

更 (다시 갱·木)

一生聰穎怜悧, 離祖成功, 晚婚遲得子大吉, 福祿雙收, 成功吉昌, 欠子之字
일생 총명영리하다. 조상을 떠나면 성공하고 만혼에 늦자식을 봄이 대길하다. 복과 록이 두루 갖춘다 성공하고 번창한다. 자손이 적다.

坑 (구덩이 갱·木)

憂心勞神或事勞無功, 一生多災厄, 難幸福或身弱多病之字
마음과 정신에 근심한다. 애써 일해도 공은 없다. 일생 재액이 많고 행복하기 어렵다. 혹은 몸이 약하고 병이 많은 글자.

劫 (겁탈할 겁·木)

帶刀厄多刑剋, 或一生多災厄, 或一貧如洗難幸福, 終生不幸之字
칼로 인한 액이 있어 형극이 많다. 혹은 일생 재액이 많다. 일생 가난하여 아무것도 없으니 행복하기 어렵다. 일생을 마치도록 불행한 글자.

見 (볼 견·木)

出外逢貴得財, 性剛欠仁和, 中年勞, 晚年大吉昌, 刑剋父母之字
외지로 나가 귀인을 만나 재물을 얻는다. 성격은 강직하나 인화는 부족하다. 중년에 노고가 있다. 만년에 대길하나 부모를 형극하는 글자

決 (정할 결·木水)

淸秀巧妙, 多才怜悧, 中年吉祥, 晚年勞神多厄之字
맑고 빼어나게 영리하다. 재주가 많고 지혜로우니, 중년에 길하고 상서롭다. 만년에 고생하며 액이 많은 글자.

(고칠 경·木)

一生聰穎怜悧, 離祖成功, 晩婚遲得子大吉, 福祿雙收, 成功吉昌, 欠子之字
일생 총명·영리하다. 조상을 떠나면 성공하고 만혼에 늦자식을 봄이 대길하다. 복과 록이 두루 갖춘다. 성공하고 번창한다. 자손이 적다.

(경계할 계·木)

憂心勞神, 事勞無功, 有殺人被殺, 惡死凶亡之字
마음과 정신에 근심한다. 애써 일을 해도 공이 없다. 살인, 피살의 위험이 있으니 비명·횡사의 액이 있다.

(이을 계·木)

有愛情厄小心, 秀氣怜悧, 多才聰穎, 中年有災, 晩年吉慶
애정으로 인한 액이 있으니 조심하라. 빼어난 기에 영리하니, 재주가 많고 총명하다. 중년에 재액이 있으나 만년에 길하고 번창한다.

(값 고·木)

溫和怜悧, 多才巧智, 中年多災厄, 晩年吉祥, 榮幸之字
온화하고 영리하다. 재주가 많고 지혜롭다. 중년에 재액이 많다. 만년이 길하고 상서로우니, 영화롭고 행복한 글자.

(골 곡·木)

二子吉祥, 清雅榮貴, 福祿雙收, 成功隆昌, 環境良好之字
두 아들이 길하고 상서롭다. 청아하고 귀하니 복록을 두루 갖춘다. 성공하여 번창하니 환경양호한 글자.

(알릴 곡,
뵙고 청할 곡·木)

英俊多才, 名利有分, 中年奔波勞苦, 晩年隆昌榮幸之字
빼어나고, 재주가 많다. 명예와 이익이 나뉨이 있으니, 중년에 분파·노고한다. 만년에 번창하고 행복하다.

(곤할 곤·木)

憂心勞神或損丁破財, 中年吉祥平凡, 晚年勞神困苦之字
마음과 정신이 수고롭고 근심한다. 힘을 해치고 재산을 망친다. 중년에 길하고 상서로우나 평범하다. 만년에 정신이 수고롭고 곤고한 글자.

(칠 공·木)

奔波勞苦或百事苦勞, 一生多災或病弱短壽之字
파란과 노고가 많다. 혹은 온갖 일로 고생스럽다. 일생 재액이 많고 병약하고 단명한다.

(버릇 관·木)

多愁多憂, 事勞無功, 身弱多病或中年多災, 晚福之字
수심과 근심이 많으니 일은 애써도 공은 없다. 몸이 약하고 병이 많다. 혹은 중년에 재액이 많다. 늦게 복이 있는 글자.

(미칠 광·木)

自我心過強欠仁和, 不祥多災, 或病弱短壽之字
자존심이 지나치게 강해 인화를 해치니 상서롭지 못하고 재액이 많다. 혹은 병이 많고 단명한다.

(클 굉·木)

一生清雅, 晚婚遲得子大吉, 多才巧智, 中年不利, 晚年吉昌
일생 청아하다. 만혼에 늦자식 얻음이 대길하다. 재주가 많고 지혜롭다. 중년이 불리하다. 만년은 길하고 번창한다.

(구할 구·木)

溫和賢能, 精明公正, 中年成功隆昌, 晚年子孫興旺之字
온화하고 어질다. 총명하며 공명정대하다. 중년에 성공번창한다. 만년에 자손이 부흥하는 글자.

(구울 구·木)

性剛果斷或病弱短壽, 中年勞或牢獄之厄, 晚年吉祥
성격은 강하고 결단력이 있다. 혹은 병약하고 단명한다. 중년에 노고하거나 수감의 액이 있다. 만년은 길하고 상서롭다.

(궁구할 구·木)

理智充足, 義利分明, 中年隆昌, 晚年吉慶亨福之字
이지가 족하고 의리가 분명하다. 만년에 길하고 경사스러우니 복을 누리는 글자.

(옥돌 구·木)

理智充足, 一生淸雅榮貴, 中年出外吉, 成功隆昌之字
이지가 충족한다. 일생 청아하고 귀하다. 중년에 외지로 나가면 길하다. 성공번창하는 글자.

(판 국·木)

外觀幸福, 內心多憂, 中年多災, 晚年吉祥, 忌車厄之字
외적으로 행복하나 내적으로 근심한다. 중년에 재액이 많다. 만년에 길하고 상서롭다. 차 사고를 주의하라.

(임금 군·木)

有愛情煩惱, 一生淸雅多才巧智, 秀氣怜悧, 中年有災厄, 晚年吉慶
애정으로 인한 번뇌가 있다. 일생 청아하여 재주가 많고 지혜롭다. 기가 빼어나고 영리하다. 중년에 재액이 있으나 만년에 길하고 경사가 있다.

균 均
(평평할 균·木土)

天生聰明, 多才巧智, 淸雅榮貴, 成功隆昌, 名利雙收之字
천성이 총명하며 재주가 많고 지혜롭다. 청아하고 영귀하니 성공번창한다. 명예와 이익을 두루 갖추는 글자.

획수별 자(字)의 길흉과 운세—7획 139

(이길 극·木)

多刑剋之字, 命硬刑, 偶傷子之厄, 有官格, 一生平凡之字
형극이 많은 글자. 운명이 강하여, 처와 자손을 상케하는 액이 있다. 관직에 있는 격이다. 일생 평탄한 글자.

(높을 기·木)

多愁善感, 憂心勞神, 中年多災厄或愛情厄, 難幸福之字
근심이 많고 감정이 풍부하다. 마음과 정신에 근심한다. 중년에 액이 많거나 혹은 애정액이 있다. 행복하기 어려운 글자.

(기생 기·木)

趁人快樂一生淸閒, 內心多憂, 中年吉祥, 晩年勞神之字
즐거움이 항상 따르고, 일생 한가롭다. 내심 근심이 많다. 중년에 길하고 상서롭다. 만년에 정신이 수고로운 글자.

(재주 기·木)

憂心勞神, 少年干難, 中年吉祥, 但有災厄, 晩年吉慶之字
마음과 정신을 수고롭게한다. 소년시절에 가난하고 중년에 길하고 상서롭다. 단, 재액이 있다. 만년에 길하고 상서롭다.

(김 기·木)

口快心直, 有再嫁之厄, 中年勞, 重情失敗, 晩福之字, 短壽
언변이 좋고 마음이 곧다. 재가의 액이 있으며, 중년에 정으로 인해 실패한다. 늦게 복받으나, 단명한다.

(꺼릴 기·木)

重情失敗, 或個執性, 憂心勞神或身弱多厄, 晩年子福之字
정 때문에 실패한다. 혹은 고집이 있어 마음과 정신에 수고롭고 근심한다. 혹은 병약하고 재액이 많다. 만년에 자손이 복된 글자.

(구기자 기·木)

一生淸雅多才, 克己助人, 溫和怜悧, 中年多勞, 晩年隆昌
일생 청아하고 재주가 많다. 자신을 이기고 남을 돕는다. 온화하고 영리하다. 중년에 고생이 많으나 만년에야 번창한다.

기 沂
(물이름 기·木水)

環境良好, 溫和怜悧, 福祿雙收, 中年成功隆昌之字
환경양호하다. 온화·영리하다. 복과 록을 두루 거두니, 중년에 성공번창한다.

나 那
(어찌 나·火)

淸雅怜悧, 秀氣巧妙, 中年成功隆昌, 晩年勞神之字
청아하고 영리하다. 기가 빼어나고 지혜로우니 중년에 성공번창한다. 만년에 정신이 수고롭다.

남 男
(사내 남·火)

晩婚遲得子大吉, 英俊多才, 中年平凡, 晩年吉慶, 幸福之字
만혼에 늦자식을 두면 길하다. 영준하며 재주가 많다. 중년에 평범하고 만년에 길하다. 경사스럽다 행복한 글자.

(다만 단·火)

義利分明, 多才有能, 中年勞或奔波, 晩年吉昌之字
의리가 분명하다. 재주가 많고 유능하여 중년에 수고롭고 혹은 파란이 있다. 만년에 길하고 번창한다.

(대머리 독·火)

憂心勞神或身犯破或病弱短壽, 中年多災, 晩年子福, 吉祥之字
마음과 정신이 수고롭고 근심한다. 혹은 몸을 망치거나 병약하고 단명한다. 중년에 재액이 많다. 만년에 자손이 복되고 길하다. 상서로운 글자.

(붉은칠 동·火)

多才巧智, 口快心直, 淸雅榮貴, 中年平, 晩年大吉昌, 三子之字
재주가 많고 지혜롭다. 입담이 좋고 마음은 곧고 청아·영귀하다. 중년에 평범하고 만년에 대길하고 번창한다. 세 아들을 두는 글자.

(막을 두·火木土)

刑偶傷子, 淸雅多才, 勤儉勵業, 家聲克振, 晩年勞神
처와 자손을 해친다. 청아하고 재주가 많다. 근검하여 일에 힘쓴다. 가문의 명성을 떨친다. 만년에 정신이 수고롭다.

(콩 두·火)

二子吉祥, 多才怜悧, 淸雅榮貴, 白手成家, 晩年隆昌, 榮貴之字
두 아들이 길하고 상서롭다. 재주는 많고 영리하며, 청아·영귀하다. 자수성가하며 만년에 번창하다.

(알 란·火)

二子吉祥, 淸雅怜悧, 肯作肯勞, 勤儉持家, 晩年幸福之字
두 아들이 길하고 번창한다. 청아·영리하다. 기꺼이 일하고 노고한다. 근검하여 가문을 지키니 만년에 행복한 글자.

(찰 랭·火)

不祥之字, 暗淡無光, 命途多舛, 中年勞, 晩年隆昌之字
상서롭지 못한 글자. 암담하여 빛이 없다. 운명이 어그러지니 중년에 힘들다. 만년에 번창하는 글자.

(어질 량·火)

口快多才, 淸雅榮貴, 出外大吉, 中年平, 晩年隆昌, 女人刑夫傷子
언변이 좋고 재주가 많다. 청아하고 영귀하다. 외지로 나가면 대길하다. 중년에 평탄하다. 만년에 번창한다. 여자는 남편과 자식을 상하게 한다.

(성씨 려, 법칙 려·火)

一生淸雅, 上下敦睦, 衣厚食豊, 一生淸閒享福之字
일생 청아하다. 상하가 화목하고 의식이 풍족하다. 일생 청빈하고 한가히 복을 누리는 글자.

(영리할 령·火)

淸雅秀氣, 多才溫和, 幼年多災, 中年成功隆昌, 晩年勞神之字
청아하고 기가 빼어나다. 재주가 많고 온화하다. 유년에는 재액이 많으나 중년에 성공번창한다. 만년에는 정신이 수고롭다.

(희롱할 롱··火)

多才巧智, 有愛情厄, 中年多災或勞苦, 晩年吉祥之字
재주가 많고 지혜롭다. 애정의 액이 있다. 중년에 재액이 많거나 혹은 노고한다. 만년은 길하고 상서롭다.

(우리 뢰·火)

安穩守己, 勤儉勵業, 中年成功, 家聲克振, 幸福之字
편안하고 분수에 족하다. 근검하고 일에 힘쓰니 중년에 성공한다. 집안의 명성이 떨쳐지니 행복하다.

(마을 리·火)

淸秀多才, 理智充足, 中年成功隆昌, 秀氣發福之字
맑고 깨끗하며 재주가 많다. 이지가 충족하다. 중년에 성공번창한다. 기가 빼어나고 발복하는 글자.

(이로울 리·火)

刑偶傷子, 少年干難, 中年勞或奔波, 成功隆昌, 名利之字
처와 자손에 해가 있다. 소년기에 가난하다. 중년은 노고 또는 파란이 있다. 성공번창하여 명예와 이익이 있는 글자.

(오얏 리·火木)

一生淸雅多才, 貴人明現, 重情失敗, 中年勞, 晩年隆昌
일생 청아하고 재주가 많다. 귀인이 나타나 돕는다. 정 때문에 실패한다. 중년에 고생하나 만년에 번창한다.

(까끄라기 망·水)

一貧如洗或病弱短壽, 中年多災厄, 晩年吉祥
한결같이 가난하여 아무것도 없고 몸이 약하며 단명한다. 중년에 재액이 많으나 만년에 길하고 상서롭다.

(잊을 망·水)

憂心勞神或損丁破財, 終生不幸, 不能完壽之字
정신과 마음에 근심하거나 재물과 일꾼을 다 잃는다. 죽을 때까지 불행하니 수명을 보전하기 어렵다.

(어리석을 매·水)

精神失常, 或憂心勞神, 晩婚吉, 中年勞, 晩年子福之字
정신이 이상하다. 혹은 마음과 정신이 수고로우며 근심한다. 늦은 결혼이 길하다. 중년에 노고하나 만년에 자손이 복되다.

(매양 매·水)

身弱多厄或事勞無功, 中年勤儉勵業, 成功隆昌, 自暴自棄多災
몸이 약하고 액이 많다. 혹은 애써 일해도 공은 없다. 중년에 근검하여 일에 힘써 성공번창하나 자포자기하며 재액이 많다.

(수컷 모·水)

剋父命, 秀氣怜悧, 福祿雙收, 有愛情厄, 一生榮幸, 二子之字
아버지를 극하니 기가 빼어나고 영리하다. 복록을 두루 거둔다. 애정으로 액이 있다. 일생 영화롭고 행복하다. 두 아들을 둔다.

(머리감을 목·水木)

義利分明, 淸雅怜悧, 雙妻之格, 中年勞, 晩年吉慶之字
의리가 분명하며 청아하고 영리하다. 두 처를 두는 격. 중년에 수고하나, 만년에 길하고 경사가 있다.

(빠질 몰·水)

不祥之字, 勤儉肯作肯勞, 勤幸福一生多災厄之字
상서롭지 못한 글자. 근검하여 기꺼이 일하고 수고한다. 일생 겨우 행복하거나 재액이 많은 글자.

(묘할 묘·水)

幼年辛苦, 少年干難, 中年成功隆昌, 女人中年勞, 晩年吉祥
유년에 몹시 고생한다. 소년시절에 가난하나 중년에 성공번창한다. 여자는 중년에 고생하나 만년에 길하고 상서롭다.

(무당 무·水)

二子吉祥, 淸雅多才, 中年多災或奔波, 晩年吉祥之字
두 아들이 길하고 상서롭다. 청아하고 재주가 많다. 중년에 재액이 많거나 혹은 파란이 있다. 만년에 길하고 상서로운 글자.

(더럽힐 문·水)

天生聰穎, 精明公正, 秀氣多才, 出國之格, 中年成功隆昌之字
천성이 총명하고 공명정대하다. 기가 빼어나고 재주 많다. 나라를 떠나는 격. 중년에 성공번창한다.

(꼬리 미, 끝 미·水)

憂心勞神或刑偶傷子, 薄幸多災厄, 中年小心, 不幸之字
마음과 정신이 수고롭고 근심한다. 혹은 처와 자손이 상한다. 행복하기 어렵고 재액이 많으니 중년에 조심하라. 불행한 글자.

伴 (짝 반·水)
精神失常或性剛口快, 中年多災厄, 一生難幸福, 抱恨九泉之字
정신이 이상하거나 혹은 성격이 강직하다. 언변은 좋으나 중년에 재액이 많다. 일생 행복하기 어렵다. 한을 품고 죽는 글자.

坊 (동네 방·水土)
外觀幸福, 內心多憂, 有才能無運, 中年多勞, 晩運吉祥之字
외양은 행복해 보이지만 내심은 근심이 많다. 재능은 있지만 운이 없다. 중년에 애쓰나 만년운은 길하고 상서롭다.

防 (막을 방·水)
貴人明現, 一生淸雅多才, 刑偶傷子, 晩年吉昌之字
귀인이 돕는다. 일생 아름답고 재주 많다. 처와 자식을 해친다. 만년에 길하고 번창하다.

妨 (방해할 방·水)
秀氣巧妙, 淸雅怜悧, 中年吉祥, 晩年勞神多厄之字
기가 빼어나고 지혜롭다. 청아·영리하고 중년에 길하고 상서롭다. 만년에 정신이 수고로우니 액이 많은 글자.

伯 (맏 백·水)
多才巧智, 義利分明, 克己助人, 英俊佳人, 一生幸福之字
재주가 많고 지혜롭다. 의리가 분명하니 자신보다 남을 돕는다. 영화롭고 아름답다. 일생 행복한 글자.

采 (나눌 변·水)
秀氣怜悧, 淸雅榮貴, 中年勞, 成功隆昌, 晩年勞神之字
기가 빼어나고 영리하다. 청아하고 귀하다. 중년에 수고롭고 성공번창한다. 만년에는 정신이 수고롭다.

(다를 별·水)

刑偶傷子晚婚吉, 淸雅怜悧, 中年有離亂之厄, 晚年安祥之字
처와 자손을 상케하니 늦은 결혼이 길하다. 청아하고 영리하다. 중년에 이별의 액이 있다. 만년에 편안하고 상서롭다.

(군사 병·水)

二子吉祥, 內心多憂, 中年多災厄, 晚年吉祥之字
두 아들이 길하고 상서롭다. 내심으론 근심이 많다. 중년에 재액이 많다. 만년에 길하고 상서로운 글자.

(클 보·水)

多才巧智, 淸雅怜悧, 中年難成功, 多災厄, 晚年吉祥之字
재주가 많고 지혜롭다. 청아하며 영리하다. 중년에 성공하기 어렵다. 재액이 많다. 만년에 길하고 상서로운 글자.

(걸음 보·水)

福祿雙收, 剋父命, 中年成功隆昌, 二子吉祥, 晚年勞神或身弱之字
복과 록을 두루 갖춘다. 아버지의 운명을 극한다. 중년에 성공번창한다. 두 아들이 길하고 상서롭다. 만년에 정신이 수고롭거나 혹은 몸이 약하다.

(받들 봉·水)

義利分明, 淸雅榮貴, 出國逢貴, 成功隆昌, 英俊之字
의리가 분명하다. 청아하고 귀하니 나라를 떠나면 귀인을 만난다. 성공번창하고 빼어난 글자.

부 孚
(믿을 부·水)

精明公正, 智勇雙全, 福壽興家, 中年成功隆昌, 欠子雙妻
총명하며 공명정대하다. 지혜와 용기를 두루 갖춘다. 복과 장수가 집안에 가득하다. 중년에 성공번창한다. 자손이 적고 두 처를 얻는다.

획수별 자(字)의 길흉과 운세―7획 147

부 扶 (도울 부·水)
幼年辛苦, 身瘦多才, 中年奔波, 晚年成功隆昌, 女人剋夫之字
유년에 몹시 고생한다. 몸은 마르나 재주가 많다. 중년에 파란이 있다. 만년에 성공번창한다. 여자는 남편을 극하는 글자.

부 否 (아니 부·水)
憂心勞神或事勞無功, 中年多災厄, 晚年吉祥之字
마음과 정신이 수고롭고 근심스러우니, 일은 힘써도 공은 없다. 중년에 재액이 많으나, 만년에 길하고 상서롭다.

분 汾 (물 굽이쳐 흐를 분·水)
帶刀字, 多刑剋, 晚婚吉, 中年勞, 晚年吉祥之字
칼(刀)자가 끼었으니 형극이 많다. 만혼이 길하다. 중년에 노고하나 만년에 길하고 상서롭다.

분 体 (용렬할 분·水)
憂心勞神或事勞無功, 中年多災厄, 晚年吉祥子福之字
마음과 정신이 수고로우며 근심한다. 일을 열심히 해도 공이 없다. 만년은 길하고 상서롭고 자식이 복되다.

분 坌 (모일 분·水土)
憂心勞神或病弱短壽, 中年多災厄, 晚年吉祥之字
마음과 정신이 수고롭고 근심스러워 혹은 병약하고 단명한다. 중년에 재액이 많으나 만년에 길하고 상서롭다.

불 佛 (부처 불·水)
溫和慈祥, 淸雅榮貴, 中年成功隆昌, 晚年勞神, 多災之字
온화자상하다. 청아하며 영귀하다. 중년에 성공하여 번창한다. 만년에 마음 고생하며, 재액이 많은 글자.

(어미 비·水)

義利分明, 秀氣巧妙, 勤儉起家, 中年隆昌, 榮華之字
의리가 분명하다. 기가 빼어나고 지혜롭다. 근검하여 집안을 일으킨다. 중년에 번창하며 영화로운 글자.

(악할 비·水)

憂心勞神或事勞無功, 中年多災厄, 晚年吉祥之字
마음과 정신이 수고롭고 근심스러우니, 일은 힘써도 공은 없다. 중년에 재액이 많으나, 만년에 길하고 상서롭다.

(모래 사·金水)

淸秀怜悧, 多才溫和, 中年成功隆昌, 淸閒幸福之字
청수하고 영리하다. 재주가 많고 온화하다. 중년에 성공번창한다. 맑고 한가하여 행복하다.

(엿볼 사·金)

理智充足, 淸雅怜悧, 貴人明現, 刑偶或傷子, 榮貴之字
이지가 족하다. 청아하고 영리하다. 귀인이 나타나 돕는다. 처와 자손을 상케한다. 영화롭고 귀한 글자.

(사사 사·金)

刑偶傷子或憂心勞神, 忍耐力强, 身閒心勞, 晚年吉慶之字
처와 자손을 상케한다. 혹은 마음과 정신이 수고롭다. 인내력이 강하다. 몸은 한가하고 마음은 수고롭다. 만년에 길하고 경사스런 글자.

(같을 사·金)

有才兼有能淸雅榮貴, 中年成功隆昌, 出國之字
재주있고 유능함을 겸비하니 중년에 성공번창한다. 나라를 떠나는 글자.

삼 杉
(삼나무 삼·金木)

口快心直, 多才巧智, 配合吉卽吉, 凶卽殺人被殺或牢獄短壽之字
언변이 있고 마음은 곧다. 재주가 많고 지혜가 있다. 배합하여 길하면 길하고, 흉하면 살인, 피살, 수감되거나 단명한다.

서 序
(차례 서·金)

溫和賢淑, 淸雅秀氣, 福祿雙收, 中年多災, 環境良好, 出國之字
온화하고 현숙한 글자. 청아하고 기가 빼어나다. 복록을 두루 갖춘다. 중년에 재액이 많다. 환경양호하다. 나라를 떠나는 글자.

성 成
(이룰 성·金)

淸秀多才, 出外或出國大吉晩婚隆昌, 中年成功之字, 忌水厄
맑고 빼어나니 재주가 많다. 외지로 나가거나 혹은 나라를 떠나서 대길하다. 만혼이 번창한다. 중년에 성공한다. 물조심하라.

속 束
(묶을 속·金)

刑偶傷子, 二子吉祥, 中年吉慶幸福, 晩年勞神多厄之字
처와 자손을 상케한다. 두 아들이 길하고 상서롭다. 중년에 길하고 경사스롭고 행복하다. 만년에 근심하고 재액이 많은 글자.

송 宋
(송나라 송·金木)

一生淸雅, 智勇雙全, 中年奔波或潦倒, 晩年隆昌之字
일생 청아하고 지혜와 용기를 두루 갖춘다. 중년에 파란이 있거나 영락한다. 만년에 번창하는 글자.

(빼어날 수·金木)

有愛情煩惱, 秀氣巧妙, 吉凶分明配合吉卽吉, 凶卽凶榮幸之字
애정으로 번뇌한다. 기가 빼어나고 지혜롭다. 길흉이 분명하니 배합하여 길하면 길하고, 흉하면 흉하나 행복한 글자.

(순행할 순·金)

奔波勞苦, 或身閒心苦, 中年成功隆昌, 晚年三子興旺之字
파란과 노고가 있거나 혹은 마음은 한가해도 몸은 고생한다. 중년에 성공번창한다. 만년에 세 아들이 번성한다.

(펼 신·金)

智勇雙全, 名利雙收, 中年勞或災厄, 晚年吉昌, 榮幸之字
지혜와 용기를 두루 갖춘다. 명예와 이익을 두루 갖추고 중년에 애쓰거나 혹은 재난이 있다. 만년에 길하고 번창하고 영화롭고 행복한 글자.

(몸 신·金)

性剛果斷或憂心勞神或病弱短壽, 中年勞, 晚年吉祥之字
성격이 강작하고 결단력이 있다. 혹은 마음에 근심한다. 혹은 병약하고 단명한다. 중년이 노고하나 만년에 길하고 상서롭다.

(매울 신·金)

多才巧智, 淸雅榮貴, 中年成功隆昌, 晚年勞神之字
재주많고 지혜롭다. 청아·영귀하다. 중년에 성공번창한다. 만년에 정신이 수고롭다.

(물적실 심·金水)

溫和賢淑, 有成人之美德, 中年勞但吉祥, 晚年勞神或多厄之字
온화하고 현숙하다. 성인의 미덕이 있다. 중년에 노고하나 길하다. 만년에 근심하거나 액이 많다.

多刑剋, 性剛果斷, 忌車怕水, 中年多災厄, 難幸福之字
형극이 많다. 성격이 강직하고 결단력이 있다. 차와 물을 조심하라. 중년에 재액이 많다. 행복하기 어려운 글자.

奔波勞苦, 或憂心勞神, 多才巧智, 刑偶傷子, 晚年吉祥之字
파란과 노고한다. 마음과 정신이 수고롭고 근심한다. 재주가 많고 지혜롭다. 처와 자손을 상케한다. 만년에 길하고 상서로운 글자

憂心勞神或事勞無功, 中年有不幸晚年吉
마음에 근심하고 수고롭다. 혹은 일은 수고롭고 공은 없다. 중년에 불행하나 만년에 길하다.

重義信用, 溫和聰穎, 中年成功隆昌, 晚年倍加昌盛之字
의리를 중히 여기고 신용이 있다. 온화하고 총명하다. 중년에 성공번창한다. 만년에 배로 번창한다.

秀氣巧妙, 淸雅怜俐, 福祿雙收, 榮貴隆昌, 但欠子之字
기가 빼어나고 지혜롭다. 청아하고 영리하니 복록을 두루 거둔다. 영귀하고 번창한다. 단, 자손이 부족하다.

天生聰穎, 名利有分, 中年成功隆昌, 晚年享福之字
천성이 총명하다. 명예와 이익에 분수가 있다. 중년에 성공번창하고 만년에 복을 누린다.

多刑剋, 刑偶傷子, 出外吉慶, 中年潦倒, 晚年吉祥之字
형극이 많고 처와 자손을 상케한다. 외지로 나가면 길하다. 중년에 영락한다. 만년에 길하고 상서로운 글자.

英俊豪傑, 奔波後成功, 多才多能, 有官格, 中年隆昌之字
빼어난 영웅호걸이다. 파란후에 성공한다. 재주 많고 유능하여 관운이 있다. 중년에 번창한다.

智勇雙全, 義利分明, 重情失敗, 中年多勞, 晚年吉慶之字
지혜와 용기를 두루 갖춘다. 의리가 분명하다. 정 때문에 실패한다. 중년에 수고하나 만년에 길하고 경사스런 글자.

一生淸雅多才怜悧, 重情失敗, 有短壽之厄, 晚年吉祥之字
일생 청아하고 재주가 많고 영리하다. 정 때문에 실패한다. 단명의 액이 있다. 만년에 길하며 상서로운 글자.

幼年辛苦, 多刑剋, 淸雅怜悧或秀氣巧妙, 但刑偶傷子之字
유년에 몹시 고생한다. 형극이 많고, 청아하며 영리하고 기가 빼어나고 지혜롭다. 단, 처와 자손이 상하는 글자.

淸雅怜悧, 出外逢貴隆昌, 中年有災, 晚年吉祥之字
청아하고 영리하다. 외지로 나가 귀인을 만나 재물을 얻는다. 중년에 재액이 있으나 만년에 길하고 상서롭다.

(도울 우·土)

精明公正, 克己助人, 環境良好, 工程界吉, 成功隆昌, 名利之字
총명하며 공명정대하다. 자신을 이기고 남을 도우니, 환경이 양호하다. 공업계통에서 길하고 성공번영한다. 명예와 이익이 있다.

(물이름 원·土水)

出國之字, 多才多能, 秀雅英敏, 中年成功隆昌
나라를 떠나는 글자. 재주가 많아서 빼어나 영민하다. 중년에 성공번창한다.

(자리 위·土)

義利分明, 多才巧智但身弱短壽之厄, 晚年成功隆昌之字
의리가 분명하다. 재주가 많고 지혜롭다. 단, 몸이 약하고 단명의 액이 있다. 만년에 성공번창한다.

(닭 유·土)

病弱短壽, 晚婚遲見子大吉, 中年多災厄, 晚年隆昌之字
병약하고 단명하다. 만혼에 늦자식 둠이 길하다. 중년에 재액이 많으나 만년에 번창하는 글자.

(아들한 모양 유·土)

天生聰穎, 溫和賢淑, 中年吉祥, 身弱多厄, 晚年隆昌多災
천성이 총명하며 온화하고 현숙하다. 중년에 길하고 상서롭다. 몸이 약하고 액이 많다. 만년에 번창하나 재액이 많다.

(읊을 음·土)

溫和賢淑, 勤儉勵業, 福祿雙收, 成功隆昌, 忠厚善良, 名利之字
온화하고 현숙하다. 근검하여 일에 힘쓰니 복과 록을 두루 거둔다. 성공하여 번창한다. 충직하고 선량하다. 명예와 이익의 글자.

(고을 읍·土)

一生淸雅, 秀氣溫和, 中年潦倒或災厄, 晩年吉昌之字
일생 청아하다. 기가 빼어나고 온화하다. 중년에 영락하거나 혹은 재액이 있다. 만년에 길하고 번창한다.

(참을 인·土)

有愛情煩惱, 或憂心勞神身弱多厄, 中年吉祥, 晩年多災厄之字
애정으로 번뇌한다. 혹은 마음과 정신에 근심하고, 몸약하며 액이 많다. 중년에 길하고 상서롭다. 만년에 재액이 많은 글자.

임 妊
(아이밸 임·土)

良善積德, 溫和賢淑, 名利雙收, 成功隆昌, 名利之字
선량하고 덕을 쌓으니 온화하고 현숙하다. 명예와 이익이 두루 갖춘다. 성공하여 번창하니 명리가 있는 글자.

자 孜
(부지런할 자·金)

秀氣多才, 出國之格, 有愛情厄小心, 中年成功隆昌之字
기가 빼어나고 재주가 많다. 나라를 떠나는 격이다. 애정액이 있으니 조심하라. 중년에 성공번창하는 글자.

(지을 작·金)

憂心勞神, 刑偶或欠子, 中年隆昌, 晩年勞神, 一生勞苦短壽之字
마음과 정신에 근심있고 수고하니 처를 극하거나 자손이 부족하다. 중년에 번창하나 만년에 정신이 수고롭다. 일생 곤고하고 단명한다.

(봉우리 잠·金土)

福祿雙收, 多刑剋之字, 晩婚吉, 中年勞苦, 晩年昌盛之字
복록을 모두 갖춘다. 형극이 많은 글자. 늦은 결혼이 길하다. 중년에 노고하나 만년에 번창한다.

장 妝
(단정할 장·金)

不祥之字, 多災厄, 忌車怕水, 或病弱短壽惡死凶亡之字
상서롭지 못한 글자. 재액이 많다. 차와 물을 피하라. 혹은 병약하고 단명하니 흉하게 죽는 글자.

장 杖
(지팡이 장·金木)

志氣高, 抱負大, 欠仁和, 中年隆昌, 家庭不和, 晩年勞神之字
뜻이 높고 포부가 크나 인화에 흠이 있다. 중년에 번창하나 가정이 불화한다. 만년에 정신이 수고롭다.

(씩씩할 장·金)

雙妻之格, 刑偶傷子, 晚婚吉, 中年成功隆昌, 晩年勞神, 忌車怕水
두 처를 두는 격. 처와 자손에게 해가 있다. 만혼이 길하다. 중년에 성공하고 번창하나 만년에 정신이 수고롭다. 물과 차를 조심하라.

(재목 재·金木)

智勇雙全, 刑偶欠子, 淸雅榮貴, 官運旺, 環境良好之字
지혜와 용기를 모두 갖춘다. 처를 극하고 자식이 부족하다. 청아하고 영귀하니 관운이 왕성하다. 환경양호한 글자.

저 低
(낮을 저·金)

親誠機敏, 克己助人, 中年有厄, 晩年隆昌, 榮幸之字
친절하고 성실하며 기민하다. 자신보다 남을 먼저 돕는다. 중년에 액이 있으나 만년에 번창하며, 영화롭고 행복한 글자.

(붉을 적·金)

口快心直性剛, 出外吉, 身弱, 晩婚吉, 中年隆昌, 晩年勞神之字
언변이 좋고 마음이 곧으니 성품이 강직하다. 외지로 나가면 길하다. 몸이 약하다. 만혼이 길하다. 중년에 번창하나 만년에 근심이 있는 글자.

(경기 전·金)

晩婚遲得子大吉, 小心愛情厄, 中年成功隆昌, 出國之字
만혼에 늦자식을 두면 대길하다. 애정으로 액이 있으니 조심하라. 중년에 성공번창한다. 나라를 떠나는 글자.

(밭갈 전·金)

福祿雙收, 環境良好, 溫和賢淑, 中年成功隆昌, 榮貴之字
복과 록을 두루 거두니 환경양호하다. 온화하며 현숙하다. 중년에 성공번창하며 영귀하다.

(꺾을 절·金)

孤寡或孤獨, 多愁善感, 中年多勞, 晩年吉昌之字
과부 혹은 고독한 팔자이니 근심 많고 감상적이다. 중년에 근심이 많으나 만년에 길하고 번창한다.

(조정 정·金)

智勇雙全, 名利雙收, 出外逢貴, 中年奔波, 官格, 成功隆昌
지혜와 용기를 모두 갖춘다. 명예와 이익을 거둔다. 외지로 나가면 귀인을 만난다. 중년에 파란이 있으나 관운이 있고 성공번창한다.

정呈
(드릴 정·金)

學識淵博, 淸雅榮貴, 官或財旺, 但常人難受之字
학식이 풍부하다. 청아하고 영귀하니 관과 재물이 왕성하다. 단, 보통사람은 받기 어려운 글자.

획수별 자(字)의 길흉과 운세—7획 157

(밭두둑 정·金)

淸秀多才, 溫和怜悧, 中年隆昌, 幸福, 晩年多憂之字
외모가 깨끗하고 빼어나며 재주가 많다. 온화하고 영리하다. 중년에 번창하니 행복하다. 만년에는 근심이 많다.

(아우 제·金)

英俊秀氣, 出外吉慶, 中年勞或奔波, 晩年隆昌之字
아름답고 빼어나다. 외지로 나가면 길하고 상서롭다. 중년에 수고롭거나 파란이 있다. 만년에 번창한다.

(도울 조·金)

淸雅榮貴, 有雙妻之格, 中年成功隆昌, 晩年茶憂之字
청아하고 귀하다. 두 처를 얻는 격. 중년에 성공번창한다. 만년에 근심이 많은 글자.

(뾸 족·金)

刑偶傷子, 或身弱短壽, 中年隆昌幸福, 晩年勞神多厄之字
처와 자식을 극한다. 혹은 몸이 약하고 단명한다. 중년에 번창하고 행복하다. 만년에 마음 고생하고 재액이 많다.

(도울 좌·金)

學識豊富, 智勇雙全, 淸雅榮貴, 一生享福溫和長壽之字
학식이 풍부하다. 지혜와 용기를 모두 갖춘다. 청아하고 영귀하다. 일생 복을 누리고 온화하며 장수하는 글자.

(앉을 좌·金)

刑剋父母, 精誠和睦, 中年多災厄, 或奔波, 晩年吉祥之字
부모를 형극한다. 정성되고 화목하다. 중년에 재액이 많거나 혹은 파란이 있다. 만년에 길하고 상서로운 글자.

(살 주·金)

重義信用, 多才溫和, 中年多災或勞苦, 晚年隆昌之字
의리를 중히 여기고 신용이 있다. 재주가 많고 온화하다. 중년에 재액이 많거나 노고한다. 만년에 번창하는 글자.

(달릴 주·金)

奔波勞苦, 淸雅怜悧, 中年勞苦, 晚年吉昌, 雙妻之格
파란과 노고있다. 청아·영리하다. 중년에 노고하고 만년에 길하고 번창한다. 두 처를 두는격이다.

(뜻 지·金)

口快心直, 或性剛勞心, 中年奔波或勞, 晚年成功隆昌之字
언변이 좋고 마음이 곧다. 혹은 성격이 강직하나 마음이 수고롭다. 중년에 파란이 있고 혹은 고생한다. 만년에 성공번창하는 글자.

(물가 지·金水)

淸雅怜悧, 多才巧智, 中年勞或奔波, 晚年吉慶之字
청아하고 영리하다. 재주가 많고 지혜롭다. 중년에 수고롭고 파란이 있다. 만년에 길하고 상서로운 글자.

(지초 지·金木)

英雄豪爽, 多才巧智, 緣和四海出外成功, 淸雅榮幸之字
영웅호걸이다. 재주가 많고 영리하다. 사해의 인연과 화합하니 외지로 나가 성공한다. 청아하고 행복한 글자.

(별 진·金)

英俊才人, 理智充足, 一生淸雅出外吉, 成功榮幸之字
빼어난 재주가 있는 사람이다. 이지가 족하다. 일생 청아하다. 외지로 나가면 길하다. 성공하고 영화로운 글자.

(수레 차·金)

口快心直, 或性剛果斷, 中年勞或奔波, 晚年吉祥之字
언변이 좋고 마음이 곧다. 혹은 성격은 강하고 과단하다. 중년에 노고하고 혹은 파란이 있다. 만년이 길하고 상서롭다.

(꿸 천·金)

多愁多憂, 事勞無功, 身弱多病或中年多災, 晚福之字
수심과 근심이 많으니 일은 애써도 공은 없다. 몸이 약하고 병이 많다. 혹은 중년에 재액이 많다. 늦게 복이 있는 글자.

(몸 체·金)

憂心勞神或事勞無功, 中年多災厄, 晚年吉祥子福之字
마음과 정신이 수고로우며 근심한다. 일을 열심히 해도 공이 없다. 만년은 길하고 상서롭고 자식이 복되다.

(닮을 초·金)

刑偶傷子, 或事勞無功, 中年多厄, 晚年隆昌, 欠子之字
처와 자식을 상케한다. 혹은 애써 일해도 공은 없다. 중년에 액이 많다. 만년에 번창하나 자손이 적은 글자.

(노략질할 초·金)

憂心勞神或愛情煩惱, 中年勞或潦倒, 晚年吉祥之字
마음과 정신이 수고롭고 근심스럽다. 혹은 애정으로 번뇌한다. 중년에 수고롭거나 혹 실패한다. 만년에 길하고 상서롭다.

(처음 초·金)

刑偶傷子, 淸雅榮貴, 婚遲吉, 中年奔波勞苦, 晚年隆昌之字
처와 자손을 해친다. 청아·영귀하여 늦은 혼인이 길하다. 중년에 분파하고 노고하며, 만년에 번창한다.

(마을 촌·金木)

憂心勞神或奔波勞苦, 中年吉祥多勞, 晚年隆昌之字
마음과 정신이 수고롭고 근심하거나 파란과 노고를 겪는다. 중년에 길하고 상서로우나, 힘든 일이 많다. 만년에 번창하는 글자.

(벌레 충·金)

一生淸雅平凡, 保守之格, 聰明才幹, 中年困苦, 晚福之字
일생 청아하고 평범하다. 분수를 지키는 격이다. 총명하고 재간이 있다. 중년에 고생한다. 만년에 복된 글자.

(화할 충·金水)

不祥多災厄或多刑剋, 潦倒一生或忌車怕水, 難幸福之字
상서롭지 못하고 재액과 형극이 많은 글자. 일생을 영락한다. 혹은 물과 차를 피해야한다. 행복하기 어려운 글자.

(불 취·金)

憂心勞神或奔波勞苦, 中年多災厄, 晚年子福之字
마음과 정신에 근심하거나 파란과 노고가 있다. 중년에 재액이 많으나 만년에 자식복이 있다.

(잠길 침·金水)

淸雅怜悧, 多才巧智, 中年奔波勞苦, 晚年隆昌之字
청아·영리하다. 재주많고 지혜롭다. 중년에 파란과 노고가 있다. 만년에 번창한다.

(쾌활 쾌·木)

天生聰穎, 多才有能, 中年勞, 晚年吉昌, 有愛情厄小心
천생이 총명하니, 재주가 많고 능력있다. 중년에 수고롭고 만년에 번창한다. 애정으로 인한액이 있으니 조심하라.

(온당할 타 · 火)

淸秀怜俐, 多才溫和, 秀氣巧妙, 中年成功隆昌, 晚年倍加昌盛
맑고 빼어나다. 영리하며 재주 많고 온화하다. 기운이 빼어나고 지혜롭다. 중년에 성공번창한다. 만년에 더욱 더 번창한다.

(삼킬 탄 · 火)

口快心直, 欠仁和饒舌之災, 中年多難, 晚年吉祥之字
언변이 좋고 마음이 곧다. 인화에 부족하니 구설의 액이 있다. 중년에 어려움이 많으나 만년에 길하고 상서롭다.

(바꿀 태 · 火)

福祿雙收, 淸雅榮貴, 二子吉祥, 貴人明現, 晚年吉慶
복과 록을 두루 갖추고 청아하며 영귀한다. 두 아들이 길하고 상서롭다. 귀인이 나타나서 만년에 길하고 상서롭다.

(던질 투 · 火)

出外逢貴, 但常有禍端, 浮沈多厄或內心多憂, 晚年吉祥之字
외지로 나가면 귀인을 만나니, 단, 항상 화의 단서가 된다. 부침에 재액이 많으니 혹은 내심에 근심이 많다. 만년에 길하고 상서롭다.

(성 퉁 · 火)

不祥勞苦之字, 暗淡無光, 一生多勞困苦但子孫興旺之字
상서롭지 못하고 힘들고 고생하는 글자. 암담하니 빛이 없다. 일생 노고가 많고 고생한다. 단, 자손은 부흥한다.

(틀릴 특 · 火)

多才巧智, 溫和賢能, 中年多災, 晚年隆昌, 榮幸之字
재주 많고 영리하다. 온화하고 어질다. 중년에 재액이 많다. 만년에 번창하고 영화롭고 행복한 글자.

(판단할 판·水)

憂心勞神, 百事苦勞, 中年多災厄, 晩年吉祥之字
마음과 정신이 수고롭고 근심한다. 온갖 일에 고생한다. 중년에 재액이 많다. 만년에 길하고 상서로운 글자.

판 坂
(비탈 판·水土)

淸雅多才, 英敏怜悧, 重情失敗, 晩年吉慶隆昌之字
청아하고 재주가 많으며 영민하고 영리하다. 정 때문에 실패한다. 만년에 길하고 경사가 있고 번창한다.

(조개 패·水)

出外吉慶, 多才巧智, 中年隆昌, 二子吉祥, 晩年勞神過房之字
밖으로 나가면 길하고 경사스럽다. 재주가 많고 지혜롭다. 중년에 번창하고 두 아들이 길하다. 만년에 노고한다.

패 沛
(못 패·水)

性剛口快, 淸雅英俊, 中年成功隆昌, 英雄好漢之字
성격이 강직하고 언변이 좋다. 청아하고 빼어나니 중년에 성공번창한다. 영웅호걸의 글자.

하 何
(어찌 하·土)

福祿雙收但憂心勞神, 中年多災或身弱多病, 晩年吉祥之字
복록을 두루 갖춘다. 단, 마음과 정신이 수고롭고 근심한다. 중년에 재액이 많거나 혹은 신약하고 병이 많다. 만년에 길하고 상서롭다.

(가물 한·土火)

不祥之字, 忌車怕水之災, 中年奔波或多災, 晩年吉祥之字
상서롭지 못한 글자, 차와 물의 재액이 있다. 중년에 파란이 있고 재액이 많다. 만년에 길하고 상서로운 글자.

(그물 한·土)

一生多災厄或刑偶傷子, 憂心勞神或潦倒命途多舛之字
일생 재액이 많고 혹은 처와 자손을 상케한다. 마음과 정신이 수고롭다. 혹은 운명을 망치고 일생 어그러진다.

(머금을 함·土)

福祿雙收, 名利有分, 多才巧智, 中年成功隆昌之字
복록이 두루 갖추니, 명예와 이익의 분수가 있다. 재주가 많고 지혜롭다. 중년에 성공하고 번창한다.

(대항할 항·土)

憂心勞神或事勞無功, 中年多災, 晚年吉祥之字
마음과 정신이 수고하고 근심한다. 혹은 일은 힘써도 공은 없다. 중년에 재액이 많으나 만년엔 길하고 상서롭다.

(살구 행·土木)

有愛情煩惱, 刑偶傷子, 中年平凡, 晚年勞神, 但安祥之字
애정으로 인한 번뇌가 많다. 처와 자손에 해가 있다. 중년에 평탄하다. 만년에는 정신이 수고로우나 단, 편안하고 상서롭다.

(형통할 형·土)

多才怜悧, 晚婚吉, 中年雖勞, 成功隆昌, 幸福清閒之字
재주가 많고 영리하다. 만혼이 길하다. 중년에 비록 노고하나 성공번창한다. 행복하고 맑고 한가한 운명.

(형상 형·土)

清雅怜悧, 多刑剋父母妻子憂, 中年勞, 晚年隆昌之字
청아하고 영리하다. 부모에게 형극이 있고 처자에게 근심이 있다. 중년에 수고하나 만년에 번창하는 글자.

(효도 효·土)

多才巧智, 一生淸雅榮貴, 中年有災厄, 晩年吉昌幸福
재주가 많고 지혜롭다. 일생 청아영귀하다. 중년에 재액이
많으나 만년에 길하고 행복하다.

(바랄 희·土)

雖淸雅榮貴, 多才巧智但運不通, 中年有災厄, 晩婚吉,
晩年吉慶
비록 청아영귀하며 재주가 많고 지혜로우나 운이 통하지
않는다. 중년에 재액이 많다. 만혼이 길하다. 만년에 길하고
경사스롭다.

{ 8획 음(陰) }

가 佳
(아름다울 가·木土)

勤儉建業, 家聲克振, 溫和多才, 中年成功, 晚年勞神, 欠子之字
근검하여 가업을 세운다. 가문을 떨치고 온화하고 재주가 많다. 중년에 성공하나 만년에 근심이 있다. 자손이 적은 글자.

각 刻
(새길 각·木)

帶刀厄, 多刑剋, 病弱短壽或困苦一生, 晚年子福吉祥
칼로 인한 액이 있다. 형극이 많다. 병약하고 단명한다. 혹은 일생 곤고하다. 만년에 자손이 복되고 길하다.

(강직할 간·木)

懷才不遇, 命途多舛, 中年多災厄, 晚年吉祥之字
재주를 품고도 때가 오지 않는다. 운명이 어긋나니, 중년에 재액이 많다. 만년에 길하고 상서롭다.

(뜨물 감·木水)

良善積德, 克己助人, 中年成功隆昌, 環境良好, 子孫興旺之字
선량하여 덕을 쌓으니, 자신을 이기고 남을 돕는다. 중년에 성공번창한다. 환경양호하다. 자손이 크게 번성하는 글자.

강 岡 (산등성이 강·木)

性剛果斷, 或憂心勞神, 清雅多才, 中年奔波勞苦, 晚年吉祥
성격이 강하고 과단하거나 혹은 마음과 정신이 수고롭거나 청아하여 재주 많다. 중년에 파란과 노고가 있으나 만년에 길하고 상서롭다.

개 玠 (홀 개·木)

二子吉祥, 溫和多才英俊佳人, 中年成功隆昌榮貴之字
두 아들이 길하고 상서롭다. 온화하고 다재하니 영준하고 아름다운 사람이다. 중년에 성공번창하고 귀하게 되는 글자.

거 拒 (막을 거·木)

智勇雙全, 福祿雙收, 性剛豪爽, 中年勞晚年隆昌之字
지혜와 용기를 두루 갖추고 복록을 두루 갖추었다. 성격이 강직하고 호걸의 인물이다. 중년에 수고로우나 만년에 번창하는 글자.

거 居 (살 거·木)

多刑剋, 刑偶傷子, 少年干難, 中年吉祥隆昌, 欠子之厄
형극이 많고 처와 자손을 상케한다. 소년기엔 가난하다. 중년에 길하고 번창한다. 자손에게 액이 있다.

견 肩 (어깨 견·木)

刑偶傷子, 或憂心勞神, 中年勞或身弱, 晚年吉祥
처와 자손에게 해가 있다. 혹은 마음에 근심과 힘겹다. 중년에 힘들거나 혹 몸이 약하다. 만년에 길하고 상서롭다.

결 玦 (패옥 결·木)

憂心勞神或百事苦勞, 中年吉祥, 晚年勞神
마음과 정신이 근심하고 수고롭다. 혹은 온갖 일이 괴롭다. 중년에 길하고 상서롭다. 만년에 정신이 수고롭다.

庚 (길 경·木)
一生安穩, 天生聰穎, 多才怜悧, 中年成功隆昌, 環境良好之字
일생 편안하다. 천성이 총명하여 재주가 많고 영리하다. 중년에 성공하고 번창한다. 환경양호한 글자.

京 (서울 경·木)
秀氣多才, 淸雅榮貴, 中年成功隆昌, 二子吉祥
기가 빼어나고 재주가 많으니, 청아하고 귀하다. 중년에 성공번창한다. 두 아들이 길하고 상서롭다.

秀氣怜悧, 溫和賢淑, 內心多憂, 晩婚吉祥, 一生淸雅平凡
기가 빼어나고 영리하다. 온화현숙해도 내심으론 근심이 많다. 만혼이 길하고 상서롭다. 일생 청아하고 평범하다.

姑 (시어미 고·木)
溫和慈祥, 外祥內憂, 中年多災或勞苦, 晩年吉祥之字
온화하고 자상하다. 외적으론 좋아도 내적으론 근심한다. 중년에 재액이 많고 혹은 노고한다. 만년엔 길하고 상서로운 글자.

環境良好, 福祿雙收, 名利有分, 中年吉祥, 晩年勞神
환경양호하다. 복록을 두루 거두니, 명예와 이익에 분수가 있다. 중년에 길하고 상서로우나 만년에 정신이 수고롭다.

不祥之字, 暗淡無光, 或孤苦一生, 難望幸福多災厄
상서롭지 못한 글자. 암담하여 빛이 없다. 혹은 일생 고생한다. 행복을 바라기 어려우며 재액이 많다.

淸雅怜悧, 刑偶傷子, 多才多能, 中年有災厄, 晚年吉慶幸福
청아하고 영리하다. 처와 자손을 해친다. 재주가 많고 유능하다. 중년에 재액이 많고 만년에야 길하고 행복해진다.

英俊才人, 淸雅多才, 中年成功隆昌, 名利雙收榮貴之字
영준하고 빼어나다. 청아하고 재주가 많아서 중년에 성공 번창한다. 명예와 이익을 두루 거두니 귀하다.

刑偶或欠子, 多才怜悧, 中年成功隆昌, 晚年多勞之字, 二子吉祥
처와 자손을 극하고 재주가 많고 영리하다. 중년에 성공하고 번창한다. 만년에 고생이 많다. 두 아들이 길하고 상서롭다.

身弱多病, 或潦倒一生, 中年多災厄晚年吉祥
신약하고 병이 많다. 혹 일생 망하고 중년에 재액이 많다. 만년에 길하고 상서롭다.

二子吉祥, 淸雅榮貴, 中年多厄, 晚年如意發達
두 아들이 길하고 상서롭다. 청아하고 귀하니 중년에 액이 많다. 만년엔 뜻대로 발달한다.

智勇雙全, 刑偶傷子, 一生淸雅平凡, 中年勞晚年吉祥忌水
지혜와 용기를 두루 갖춘다. 처와 자손이 해가 있다. 일생 청아하고 평범하다. 중년에 애쓰나 만년엔 길하고 상서롭다. 물을 피하라.

(미칠 광·木)

出外逢貴隆昌, 中年成功隆昌, 子孫興旺, 晩年勞神
외지로 나가면 귀인을 만나고 번창한다. 중년에 성공번창한다. 자손이 번성한다. 만년은 마음고생이 있다.

(급할 광·木)

命硬, 膽識豊富, 淸閒榮貴, 中年成功隆昌, 享福之字
강한 운명이다. 담력과 지혜가 풍부하다. 여유있고 귀하다. 중년에 성공번창한다. 복을 누리는 글자.

(점괘 괘·木土)

英敏至才, 淸雅平凡, 福祿有分, 中年平, 晩年吉昌
영민하고 재주가 있다. 청아하며 평범하다. 복록에 분수가 있다. 중년엔 평범하고 만년엔 길하고 상서롭다.

(속일 괴·木)

少年干難, 忌車怕水, 父母無緣, 出外吉祥, 晩年隆昌之字
소년기엔 가난하다. 물과 차를 피하라. 부모와 인연이 없다. 외지로 나가면 길하고 상서롭다. 만년에 번창한다.

(괴이할 괴·木土)

憂心勞神或病弱短壽, 多災厄難幸福, 刑偶傷子
마음에 근심하고 힘겨우니 병약하고 단명한다. 재액이 많고 행복하기 어렵다. 처와 자손에게 해가 있다.

(어그러질 괴·木)

多相剋, 多才多藝, 雅氣怜悧, 中年吉祥, 晩年勞神
상극이 많다. 다재다예하다. 아름답고 영리하다. 중년에 길하고 상서롭다. 만년에 마음 고생한다.

구 具
(갖출 구·木)

二子吉祥, 淸雅榮貴, 多才怜悧, 中年多災, 晩年隆昌之字
두 아들이 길하고 번창한다. 청아하고 귀하고 재주 많고 영리하다. 중년에 재액이 많으나 만년에 번창하는 글자.

(잡을 구·木)

暗淡無光, 雖成功難幸福, 病弱短壽, 多災厄之字
암담하여 빛이 없어 비록 성공해도 행복하기 어렵다. 병약하고 단명한다. 재액이 많은 글자.

(허물 구·木)

奔波勞苦, 口才怜悧, 福祿有分, 中年勞, 晚年吉祥
파란과 노고가 있다. 언변이 있고 영리하다. 복록에 분수가 있다. 중년에 힘겹고 만년에 길하고 상서롭다.

(굽을 굴·木)

一生淸雅, 義利分明, 中年勞或潦倒, 晚年吉祥
일생 청아하고 의리가 분명하다. 중년에 힘들거나 혹은 망한다. 만년에 길하고 상서롭다.

(하늘 궁·木)

懷才不遇, 或潦倒一生, 性剛口快, 中年多厄, 晚年吉昌
재주를 품어도 때를 만나지 못한다. 혹은 일생 망치거나 중년에 액이 많다. 만년에 길하고 번창한다.

(살필 규·木)

有愛情煩惱, 或憂心勞神身弱短壽, 晚年吉祥
애정으로 번뇌한다. 혹은 마음의 근심으로 힘겹다. 몸은 약하고 단명한다. 만년에 길하고 상서롭다.

(책권 권·木)

奔波勞苦或憂心勞神, 二子吉祥, 中年多災, 晚年吉祥
파란과 노고가 있으니 혹은 마음이 근심하고 애쓴다. 두 아들이 길하고 상서롭다. 중년에 재액이 많다. 만년에 길하고 상서롭다.

多刑剋之字, 幼年多災, 中年多勞, 晚年吉祥但多疾
형극이 많은 글자. 유년에 재액이 많고 중년에 힘들다. 만년에 길하고 상서롭다. 단, 질병이 많다.

奔波勞苦, 多才巧智, 淸雅怜悧, 中年勞, 晚年隆昌
파란이 있고 노고한다. 재주 많고 지혜롭다. 청아하고 영리하다. 중년에 힘들고 만년에 번창한다.

有愛情厄, 多才秀氣, 淸雅怜悧, 中年勞, 晚年成功隆昌之字
애정으로 액이 있다. 재주가 많고 기가 빼어나니 청아영리하다. 중년에 애쓰고 만년에 성공번창한다.

刑偶傷子, 或事勞無功, 憂心勞神, 晚年吉祥
처와 자손에게 해가 있다. 혹은 일은 해도 공은 없다. 마음에 근심하고 힘들다. 만년에 길하고 상서롭다.

多才多能, 淸雅榮貴, 中年勞成功隆昌, 女人有愛情煩惱之字
다재다능하다. 청아영귀하다. 중년에 수고로우나 성공번창한다. 여자는 애정번뇌가 있다.

天生聰穎, 多才有能, 二子吉祥, 中年成功隆昌
천성이 총명하다. 재주가 많고 유능하다. 두 아들이 길하고 상서롭다. 중년에 성공번창한다.

(비역 기·火)

憂心勞神或事勞無功, 一生多勞困苦難幸福, 短壽多勞
마음에 근심하고 힘겹거나 혹은 일이 힘들어도 공은 없다.
일생 힘들고 곤고하니 행복하기 어렵다. 단명하고 노고가
많다.

길 佶
(건장할 길·木)

福祿雙收, 溫和怜悧, 中年成功隆昌, 環境良好, 刑偶欠
子之字
복록을 두루 갖추고 온화영리하다. 중년에 성공번창한다.
환경이 좋아도 자손과 처를 해친다.

(수라 나·火)

身弱病疾, 或潦倒一生, 有才無能, 中年勞晚年福
신약하고 병이 많다. 혹은 일생 망치고 재능이 있어도 무능
하다. 중년엔 힘겹고 만년엔 복이 있다.

(어찌 내·火)

多才秀氣, 淸雅榮貴, 中年成功隆昌, 二子吉祥
재주가 많고 빼어나니 청아하고 귀하다. 중년엔 성공하고
번창한다. 두 아들이 길하고 상서롭다.

(생각 념·火)

出外大吉貴人明現, 中年成功隆昌, 晚年憂心勞神
외지로 나가면 대길하니 귀인이 나타난다. 중년에 성공번
창한다. 만년에 마음과 정신이 근심하고 힘들다.

노 孥
(처자 노·火)

多愁勞苦, 或刑偶傷子, 中年勞, 晚年吉祥
근심과 고생이 많고, 처와 자손을 해친다. 중년엔 노고해도
만년엔 길하고 상서롭다.

(처자 노·火)

憂心勞神或事勞無功, 中年多災厄, 晚年吉祥
근심많고 힘들다. 혹은 애써 일해도 공은 없다. 중년에 재액이 많다. 만년엔 길하고 상서롭다.

(쇠뇌 노·火)

憂心勞神或病弱短壽, 一生多災厄難幸福
마음에 근심하고 힘겹거나 병약하고 단명한다. 일생 재액이 많아 행복하기 어렵다.

(감탕나무 뉴·火木)

憂心勞神或刑偶傷子, 懷才不遇, 潦倒一生晚年子福之字
근심이 많고 우울하다. 혹은 처와 자손에게 해가 있다. 재주를 품고도 운이 없다. 일생 망치고 만년에야 자식이 복되다.

(종 니·火)

淸雅怜悧, 多才秀氣, 中年成功隆昌, 環境良好, 出國之格
청아영리하니 재주가 많고 빼어나다. 중년에 성공번창한다. 환경양호하다. 나라를 떠나는 격이다.

(대산 대·火土)

智勇雙全, 武官大吉, 福祿雙收, 溫和有德, 成功榮貴之字
지혜와 용기를 두루 갖추니, 무관이 대길하고 복록을 두루 거둔다. 온화하여 덕이 있어 성공하는 귀한 글자.

(이를 도·火)

淸雅平凡, 忌車怕水, 中年多災小心, 晚年隆昌, 二子吉祥
청아하고 평범하다. 차와 물을 멀리하라. 중년에 재액이 많으니 조심하라. 만년에 번창하니 두 아들이 길하고 번창한다.

(정성 동·火)

刑偶傷子, 一生淸雅榮貴, 中年勞苦或奔波, 晚年吉昌之字
처와 자손을 해친다. 일생 청아하고 귀하다. 중년에 수고롭다. 혹은 분파하고 노고 혹은 파란이 있다. 만년에야 길하고 번창한다.

(동녘 동·火木)

多才巧智, 義利分明, 中年成功隆昌, 刑偶晩婚吉祥
재주가 많고 영리하다. 의리가 분명하다. 중년에 성공번창하다. 배우자를 형극하니, 만혼이 길하고 상서롭다.

(수라 라·火)

身弱病疾, 或潦倒一生, 有才無能, 中年勞晩年福
신약하고 병이 많다. 혹은 일생 망치고 재능이 있어도 무능하다. 중년엔 힘겹고 만년엔 복이 있다.

(올 래·火)

晚婚遲得子大吉, 出外吉祥, 中年多勞或牢獄, 晚年隆昌, 不幸之字
만혼에 늦자식을 봄이 대길하다. 외지로 나감이 길하고 상서롭다. 중년에 수고로움이 많거나 수감의 액이 있다. 만년에 번창하나 행복한 글자는 아니다.

(두 량·火)

剋父母, 多才怜俐, 幼年辛苦, 中年成功隆昌, 福壽興家
부모를 극한다. 재주는 많고 영리하다. 유년에 몹시 고생한다. 중년에 성공번창한다. 복과 장수가 집안에 가득하다.

(찰 렬·火)

口快性剛, 身健多疾淸雅多才, 中年多勞, 晚年吉昌, 欠子之字
언변이 좋고 성격이 강직하다. 몸은 건강해도 질병은 많다. 청아하고 재주가 많다. 중년에 노고가 많다. 만년엔 길하고 번창한다. 자손이 적은 글자.

(법식 례·火)

性剛口快, 或多愁困苦, 中年多勞或潦倒, 晚年吉祥之字
성격이 강직하고 언변이 좋다. 혹은 근심이 많고 고생한다. 중년에 고생하거나 망한다. 만년에 길하고 상서러운 글자.

림 林
(수풀 림·火木)

一生平凡淸雅多才, 肯作肯勞, 重義信用, 中年勞, 晚年吉祥
일생 평범하고 청아하다. 재주가 많아서 열심히 일하고 수고한다. 의리를 중히 여겨 신용이 있다. 중년에 수고하고 만년에 길하고 상서롭다.

(없을 망·水)

幼年辛苦, 少年干難, 中年吉祥, 晚年勞神, 暗淡之字
유년에 몹시 고생한다. 소년기에 가난하고 중년기에 길하고 상서롭다. 만년에 마음 고생하니 암담하다.

(낱 매·水木)

奔波勞苦, 有才能理智但中年重情失敗, 晚年吉昌之字
파란있고 고생한다. 재주있고 지식있으나 다만 중년엔 정 때문에 실패한다. 만년에 행복하고 번창한다.

매 妹
(손아래누이 매·水)

有愛情煩惱, 一生多才勞苦, 重信義, 但多厄, 晚年吉祥之字
애정으로 인한 번뇌가 있다. 일생 재주는 많으나 고생한다. 신의를 중히 여긴다. 재액이 많다. 만년에야 길하고 번창한다.

(매괴 매·水)

多才巧智, 天生聰穎, 中年成功隆昌, 淸雅榮貴, 出國之字祥
재주가 많고 지혜롭다. 천성이 총명하니 중년에 성공번창한다. 청아하고 귀하다. 나라를 떠나는 글자.

(맏 맹·水)

刑剋父母, 慈祥有德, 淸雅怜悧, 中年多厄晚年吉昌之字
부모를 형극하나 자상하고 덕이 있다. 청아영리하다. 중년에 액이 많고 만년에 길하고 번창한다.

(백성 맹·水)

多災厄, 病弱短壽或潦倒一生, 困苦勞神有牢獄之字
재액이 많으니 병약하고 단명한다. 혹은 일생 영락한다. 힘들고 고생하며 수감액이 있다.

(소경 맹·水)

不祥之字多災厄, 忌車怕水, 或一貧如洗난幸福
상서롭지 못하다. 재액이 많다. 물과 차를 피하라. 혹은 일생 씻은 듯 가난하며 행복하기 어렵다.

(면할 면·水)

刑偶欠子, 出外吉祥, 中年有災厄, 晚年吉祥, 不幸之字
처와 자손에게 해가 있다. 외지로 나가면 길하고 상서롭다. 중년에 재액이 있다. 만년에 길하고 상서롭다. 불행한 글자.

(뒤섞일 면·水)

多才巧智, 天生聰穎, 一生操守廉正, 官格成功隆昌之字
재주가 많고 영리하고 천성이 총명하여 일생 분수를 지키며 올바르다. 관운이 있어 성공번창한다.

(목숨 명·水)

多刑剋, 多能賢淑苦中得甘, 有刑偶傷子之厄, 晚福之字
형극이 많다. 다능하고 현숙하다. 괴로운 중에 기쁨이 있다. 처와 자손을 해치는 액이 있으나 만년엔 복되다.

(밝을 명·水火)

多才巧智, 淸雅怜悧, 中年多災或愛情厄, 晚年吉祥
재주가 많고 지혜롭다. 청아영리하다. 중년에 재액이 많거나 혹은 애정액이 있다. 만년에 길하고 상서롭다.

(같을 모·水)

性剛口快, 有牢獄之厄, 中年多災, 晚年吉祥之字
성격이 강직하고 언변이 좋다. 수감의 액이 있다. 중년에 재액이 많다. 만년에 길하고 상서롭다.

(칠 목·水)

刑偶傷子, 或奔波勞苦, 中年多勞, 晚年吉祥之字
처와 자손을 상케한다. 혹은 분파노고한다. 중년에 수고가 많다. 만년에 길하고 상서롭다.

(호반 무·水)

吉凶分明吉卽成功隆昌, 凶卽病弱短壽, 刑偶傷子多災厄
길흉이 분명하니, 길하면 성공번창하고 흉하면 병약단명하고, 처와 자손에게 재액이 있다.

(글 문·水)

浮沈不定, 一生多勞或困苦, 中年多災晚年吉祥
부침이 정해지지 않으니, 일생 수고하며 혹은 고생한다. 중년에 재액이 많다. 만년에 길하고 상서롭다.

(어둑새벽 물·水火)

天生聰穎, 學識淵博, 淸雅榮貴, 成功隆昌, 名利雙收
천성이 총명하다. 학문이 박식하며 청아하고 영귀하다. 성공하여 번창한다. 명예와 이익을 두루 거둔다.

물 物
(만물 물·水)

剋母命, 有愛情厄, 肯作肯勞, 中年平, 晚年吉祥
어머니를 극한다. 애정액이 있다. 열심히 일하고 힘쓴다. 중년엔 평이하나 만년엔 길하고 상서롭다.

(맛 미·水)

福祿雙收, 淸榮多才, 出外吉慶, 貴人明現成功隆昌, 忌水火之字
복록을 두루 거둔다. 영화롭고 재주가 많으니 외지로 나가면 길하고 경사스럽다. 귀인이 나타나 도우니, 성공하고 번창한다. 물과 불을 피하라.

(빠질 민, 망할 민·水)

多才巧智, 天生聰穎, 一生操守廉正, 官格成功隆昌之字
재주가 많고 영리하고 천성이 총명하여 일생 분수를 지키며 올바르다. 관운이 있어 성공번창한다.

(하늘 민·水火)

天生聰穎, 多才能幹, 中年成功隆昌, 一生享福祿
천성이 총명하며 재능이 많다. 재간이 좋다. 중년에 성공번창한다. 일생 행복을 누린다.

(배댈 박·水)

智勇雙全, 淸雅榮貴, 福壽興家, 中年成功隆昌之字
지혜와 용기를 두루 갖추다. 청아하고 귀하니 복과 수명이 집안에 가득하다. 중년에 성공하고 번창하는 글자.

(손뼉칠 박·水)

技術吉祥, 肯作肯勞, 重義信用, 中年多勞晩年隆昌之字
기술로 길하고 상서러우니, 열심히 일하고 애쓴다. 의리를 중히 여겨 신용이 있다. 중년에 애쓰고 만년에 번창하는 글자.

(방 방·水)

福祿雙收, 多才多能, 中年勞苦, 晩年吉祥
복록을 두루 거두니, 다재다능하다. 중년에 고생하나 만년엔 길하고 상서롭다.

방 放 (놓을 방·水)
奔波勞苦或病弱短壽, 或愛情厄, 中年勞晚年吉祥
파란있고 고생한다. 혹은 병약하고 단명하다. 혹은 애정으로 인한 액이 있다. 중년에 힘드나 만년에 길하고 상서롭다.

방 芳 (꽃다울 방·水)
英敏雅氣, 多才溫和, 出外吉慶, 榮貴隆昌, 環境良好
영민하고 아름답다. 재주가 많고 온화하니, 외지로 나가면 길하고 경사스럽다. 영화롭고 번창하니 환경양호하다.

방 肪 (기름 방·水)
淸雅秀氣溫和賢淑, 中年成功隆昌, 環境良好
청아하고 기가 빼어나니 온화하고 현숙하다. 중년에 성공번창하고 환경이 아주 좋다.

(잔 배·水木)
淸雅秀氣, 溫和賢淑一生淸閒, 中年隆昌, 晩年吉昌之字
청아하고 빼어나다. 온화현숙하여 일생 여유롭다. 중년과 만년 모두 번창한다.

백 帛 (비단, 백·水)
有愛情厄或刑偶傷子, 中年多災厄, 晩年吉昌
애정으로 액이 있거나 처와 자손에게 해가 있다. 중년에 재액이 많으나 만년에 길하고 번창한다.

법 法 (법 법·水)
剋偶或欠子, 一生淸雅多才, 中年成功隆昌, 晩年吉慶之字
배우자를 극하고 자손에게 흠이 있다. 일생 청아하고 재주가 많다. 중년에 성공번창하고, 만년에 길하고 경사스럽다.

(잡을 병·水)
義利分明, 名利雙收, 淸雅榮貴, 操守廉正, 出國之字
의리가 분명하다. 명리를 두루 거두어 청아영귀하다. 분수를 지켜 올바르다. 나라를 떠나는 글자.

(나란할 병·水)

多才多能, 義利分明, 克己助人, 中年成功隆昌, 二子吉祥
다재다능하다. 의리가 분명하고 자기를 이기고 남을 돕는다. 중년엔 성공번창하니, 두 아들이 길하고 상서롭다.

(어우를 병·水)

忌車怕水, 一生多災厄或病弱短壽, 中年勞, 晚年吉祥之字
물과 차를 피하라. 일생 재액이 많거나 혹은 병약하고 단명한다. 중년에 노고한다. 만년에 길하고 상서로운 글자.

(옷 복·水)

憂心勞神或事勞無功, 有才能理智, 晚年成功吉昌
마음과 정신이 근심하고 힘드니 일을 애써 해도 공은 없다. 재능과 이지가 있다. 만년에 성공번창한다.

(사람이름 복·水)

勤儉肯勞家聲克振, 中年成功隆昌, 欠子之字
근검하고 기꺼이 일하니 가문의 명성을 날린다. 중년에 성공번창한다. 자손이 적다.

(벗 봉·水)

刑偶傷子, 晚婚吉祥, 智勇雙全, 中年勞, 晚年隆昌之字
처와 자식을 상케한다. 만혼이 길하고 상서롭다. 지혜와 용기를 두루 갖춘다. 중년에 수고롭고 만년에 번창한다.

봉奉
(받들 봉·水)

刑剋父母或刑偶傷子, 中年勞或病疾, 或潦倒, 晚年成功隆昌
부모를 형극하고 처와 자손을 상케한다. 중년에 수고롭고 혹은 질병이 있다. 혹은 망하더라도 만년에 성공번창한다.

(마을 부·水)

溫和賢淑, 淸雅多才中年成功隆昌, 環境良好之字
온화현숙하다. 청아하고 재주가 많으니 중년에 성공번창한다. 환경이 아주 좋다.

(연꽃 부·水)

秀氣巧妙, 淸雅怜悧, 中年勞, 晩年吉祥, 環境良好
기가 빼어나고 지혜롭다. 청아하고 영리하니 중년이 수고롭다. 만년에 길하고 상서롭다. 환경이 아주 좋다.

(붙을 부·水)

智勇雙全, 淸雅聰明, 中年成功隆昌, 晩年子孫興旺
지혜와 용기를 두루 갖추니 청아하고 총명하다. 중년에 성공번창하고 만년에 자손이 번창한다.

(도끼 부·水)

生在富家敗亡, 勞苦或奔波, 中年潦倒, 晩年吉祥
부잣집에 태어나서 망하니, 노고 혹은 파란이 있다. 중년에 영락한다. 만년에 길하고 번창한다.

(언덕 부·水)

口快性剛, 事勞無功, 中年多災厄, 晩年吉祥
언변이 좋고 성격이 강하다. 일은 애써도 공은 없다. 중년에 재액이 많으나, 만년에 길하고 상서롭다.

(향기 분·水)

帶刀厄幼年辛苦, 少年干難, 中年吉祥淸雅怜悧, 短壽之字
칼로 인한 재액이 있고, 유년에 몹시 고생한다. 소년시절에 가난하다. 중년에 길하고 상서롭다. 청아하고 영리하다. 단명의 글자.

(살찔 비·水)

憂心勞神或事勞無功, 中年多災, 晚年吉祥
근심있고 우울하거나 일은 고되도 공은 없다. 중년에 재액이 많으나 만년에 길하고 상서롭다.

(아닐 비·水)

淸雅秀氣, 怜悧多才, 義利分明, 中年平凡, 晚年吉昌
청아하고 기가 빼어나니 영리하고 재주가 많고 의리가 분명하다. 중년은 평범하고 만년에 길하니 번창한다.

些
(적을 사·金)

二子吉祥, 多才巧智, 淸雅怜悧, 中年勞, 晚年吉祥之字
두 아들이 길하다. 재주가 많고 지혜로우며 청아하고 영리하다. 중년에 노고하나 만년에 길하고 상서롭다.

(하여금 사·金)

出外逢貴得財, 溫和賢淑, 但憂心勞神, 上下敦睦, 晚年吉祥
외지로 나가면 귀인을 만나고 재물을 얻는다. 온화하고 현숙하여 단지 마음과 정신을 수고롭고 근심스럽게 한다. 상하가 화목하니 만년에 길하고 상서롭다.

(일 사·金)

多愁多憂, 事勞無功, 一生淸雅多災晚年吉祥之字
근심많고 우울하니, 애써 일해도 공은 없다. 일생 청아하고 재액이 많다. 만년에야 길하고 상서롭다.

舍
(집 사·金)

福祿雙收, 名利有分, 中年吉昌, 環境良好榮貴之字, 忌車怕水
복록을 두루 거둔다. 명예와 이익에 분수가 있으니 중년엔 길하다. 환경이 좋고 귀한 글자. 단, 차와 물을 피하라.

(헐뜯을 산·金)

多才巧智, 淸雅怜悧, 秀氣巧妙, 中年成功隆昌, 出國之字
재주가 많고 지혜롭다. 청아영리하여 기가 빼어나고 지혜롭다. 중년에 성공번창한다. 나라를 떠나는 격이다.

(적삼 삼·金)

二子吉祥, 一生淸雅平凡, 中年吉祥, 晩年勞神
두 아들이 길하고 상서롭다. 일생 청아하고 평범하다. 중년에 길하고 상서로우나 만년에 마음 고생한다.

(오히려 상·金)

理智充足, 溫和淸雅, 福祿雙收, 榮貴隆昌, 二子吉祥
이지가 족하니, 온화하고 청아하여 복록이 두루 거둔다. 영귀하여 두 아들이 길하고 상서롭다.

(모양 상·金)

憂心勞神或懷才不遇, 中年多災厄, 晩年吉祥子福
심신이 근심하고 우울하니 재주를 품어도 때를 만나지 못한다. 중년에 재액이 많고 만년은 길하고 상서롭다.

(쪼갤 석·金木)

口快心直, 性剛果斷, 中年多災, 晩年吉祥幸福之字
언변좋고 마음이 곧다. 성격이 강직하여 과단하다. 중년에 재액이 많고 만년에야 길하고 행복해지는 글자.

(옛 석·金火)

刑偶傷子, 晩婚遲得子大吉, 淸雅秀氣, 溫和賢淑幸福之字
처와 자손을 상케한다. 늦은 결혼에 늦자식을 둠이 대길한다. 청아하고 기가 빼어나다. 온화현숙하고 행복한 글자.

(성 성·金)

多才巧智, 淸雅怜悧, 中年隆昌, 吉祥環境良好, 榮貴之字
재주가 많고 지혜롭다. 청아하고 영리하니, 중년에 번창한다. 환경양호하니 길하다. 영화롭고 귀한 글자.

(성품 성·金)

幼年多災, 中年成功或隆昌, 環境良好, 溫和賢淑, 老運勞神多疾
유년에 재액이 많다. 중년에 성공번창한다. 환경양호하고 온화현숙하다. 노운은 마음 고생하고 병이 많다.

(늪 소·金水)

智勇雙全, 學識豊富, 官格之字, 中年成功隆昌, 帶刀厄刑偶或欠子
지혜와 용기를 두루 갖춘다. 학식이 풍부하고 관운이 있다. 중년에 성공번창한다. 칼로 인한 액이 있다. 배우자를 해치거나 자손이 적다.

(바 소·金)

多愁多憂, 多刑剋, 中年多災厄, 忌車怕水, 晩年吉祥
근심과 걱정이 많다. 형극이 많다. 중년에 재액이 많으니 차와 물을 피하라. 만년에 길하고 상서롭다.

(먼지떨 솔·金)

帶血字多刑剋或多災厄, 惡死凶亡病弱短壽難幸福
혈자를 가지고 있으면 형극이 많고 재액이 많다. 비명횡사하니 병약하고 단명한다. 행복하기 어렵다.

(솔 송·金木)

精明公正, 智勇雙全, 一生淸雅榮貴, 成功隆昌, 出國之格
총명하며 공명정대하다. 지혜와 용기를 두루 갖추니, 일생 청아영귀하다. 성공번창한다. 나라를 떠나는 격.

(인쇄할 쇄·金)

性剛或怪性, 晚婚吉祥, 中年多災厄, 晚年子福
성격이 강직하거나 괴상한 성격이니 만혼이 길하고 상서롭다. 중년에 재액이 많으나 만년에 자손이 복되다.

(받을 수·金)

憂心勞神或病弱短壽, 中年勞或多災厄, 晚年吉祥
근심있어 우울하거나 혹은 병약하고 단명하다. 중년에 힘들고 혹은 재액이 많다. 만년에 길하고 상서롭다.

(드리울 수·金)

義利分明, 天生聰明, 中年成功隆昌, 清雅榮貴
의리가 분명하니 천성이 총명하며 중년에 성공번창한다. 청아하고 귀하다.

(아재비 숙·金)

多才巧智, 清雅怜悧, 出外吉祥, 中年勞, 晚年吉慶
재주가 많고 지혜롭다. 청아하고 영리하다. 외지로 나가면 크게 길하다. 중년에 힘들고 만년에 길하고 경사가 있다.

(이슬·金)

過房之字, 幼年辛苦中年隆昌, 雙妻之格有短壽之厄
여자를 여럿 거느린다. 유년에 몹시 고생하고 중년에 번창한다. 두 처를 거느리는 격이며 단명하다.

(오를 승·金火)

天生聰穎, 一生清雅榮貴, 操守廉正, 安富尊榮之字
천성이 총명하여 일생 청아하고 귀하다. 분수를 지키고 올바르니, 편안히 부귀하고 영화롭다.

(이을 승·金)

精明公正, 多才多能中年成功隆昌, 環境良好
총명하며 공명정대하다. 다재다능하니 중년에 성공번창한다. 환경이 양호하다.

(모실 시·金)

多相剋, 一生多才淸雅, 中年有厄, 晩年隆昌, 欠子之字
상극이 많다. 일생 재주가 많고 청아 하나 중년엔 재액이 있다. 만년엔 번창한다. 자손이 적은 글자.

(비로소 시·金)

刑偶傷子, 秀氣巧妙, 中年多災或潦倒, 晩年吉祥
처와 자손을 상케한다. 기가 빼어나고 지혜롭다. 중년에 재액이 많다. 혹은 망한다. 만년에 길하고 상서롭다.

(골풀 심·金木)

有愛情厄, 秀氣怜悧, 多才溫和, 晩婚吉榮貴吉祥
애정으로 인한 액이 있다. 기가 빼어나고 영리하다. 재주가 많고 온화하다. 만혼이 길하고 귀하며 상서롭다.

(언덕 아·土)

下賤之字, 有憂心勞神或身弱之厄, 中年勞, 晩年吉祥子福之字
낮고 천한 글자. 근심과 우울함이 있으니 혹은 신액이 있다. 중년에 힘드나 만년에 길하고 상서러운 글자. 자식이 복된 글자.

(버금 아·土)

智勇雙全多才有能, 中年成功隆昌, 女人少年干難或不幸之災
지혜와 용기를 두루 갖추고 재주가 많고 유능하다. 중년에 성공번창한다. 여인은 소년기엔 가난하거나 혹은 불행한 재액이 있다.

(아이 아·土)

奔波勞苦, 淸雅幸福, 中年勞, 成功隆昌, 晩年子孫隆昌
파란이 있고 고생해도 청아하고 행복하다. 중년엔 수고롭고 성공번창한다. 만년엔 자손이 번창한다.

(싹 아·土木)

憂心勞神或有愛情厄, 淸雅秀氣, 中年吉祥, 晩年勞神
마음의 근심으로 힘이 든다. 혹은 애정으로 인한 액이 있다. 청아하고 기가 빼어나다. 만년에 마음 고생한다.

(큰산 악·土)

淸雅榮貴, 一生福祿雙收, 中年勞, 晩年吉慶
청아하고 귀하니 일생 복과 록을 두루 거둔다. 중년에 수고로우나 만년에 길하고 경사있다.

(언덕 안·土)

上下敦睦, 快樂待人, 有才能理智, 中年成功隆昌
상하가 화목하고 남대하기를 즐거워한다. 재능과 지식이 있다. 중년에 성공번창한다.

(바위 암·土)

身犯破性剛口快內心慈祥, 出外吉祥, 享福祿之字
몸으론 망침이 있으나 성격은 강직하고 언변이 좋아서 내심은 자상하다. 외지로 나가면 길하고 상서롭다. 복록을 누리는 글자.

(누를 압·土)

憂心勞神或病弱短壽, 或有牢獄之厄, 一生難幸福之字
마음과 정신이 수고로우니, 혹은 병약하여 단명한다. 혹은 수감의 액이 있다. 일생 행복하기 어려운 글자.

(깊을 앙·土水)

秀氣巧妙, 淸雅怜悧, 中年吉慶, 晩年子孫鼎盛之字
기가 빼어나고 영리하다. 맑고 지혜롭다. 중년에 길하고 경사가 있다. 만년에 자손이 자리잡고 번성한다.

(밤 야·土)

憂心勞神或事勞無功, 中年吉祥, 晩年多苦, 子孫吉慶之字
근심많고 수고롭거나, 혹은 열심히 일을 해도 공은 없다. 중년에 길하고 상서롭다. 만년에 고생이 많으나 자손이 길하고 경사가 있다.

(어조사 어·土)

憂心勞神或多災厄, 晩婚大吉, 二子吉祥, 中年隆昌, 晩年勞神
마음의 근심으로 고생한다. 혹은 재액이 많다. 만혼이 대길하다. 두 아들이 길하고 상서롭다. 중년에 번창한다. 만년에 정신이 힘들다.

(가릴 엄·土)

憂心勞神或事勞無功, 口快心直, 中年多災. 晩年隆昌之字
근심있어 우울하거나 혹은 애쓴 일에 공이 없다. 언변이 좋고 마음이 곧다. 중년에 재액이 많다. 만년에 번창하는 글자.

(바꿀 역·土火)

子孫興旺, 多才巧智勤儉白手成家, 成功隆昌之字
자손이 번창하고 재주가 많고 지혜로우니 근검하여 자수성가한다. 성공번창하는 글자.

(물 따라내려갈 연·土水)

福祿雙收, 名利有分, 口快心直, 貴人明現, 晩年隆昌之字.
복록을 두루갖추니, 명예와 이익이 분수가 있다. 언변이 좋고 마음이 곧다. 귀인이 나타나서 돕는다. 만년에 성공번창한다.

(불꽃 염·土火)

口快心直或英雄豪爽, 中年牢獄或病災, 常人難受之字
언변이 좋고 마음이 곧고 혹은 영웅호걸 격이다. 중년엔 수감 혹은 질병이 있다. 보통 사람은 얻기 어렵다.

(헤엄칠 영·土水)

剋父傷子, 幼年辛苦, 早出社會, 中年成功隆昌榮幸之字
아버지와 자식을 극한다. 유년엔 몹시 고생하고 일찌기 사회로 나간다. 중년엔 성공번창하고 영화롭고 행복하다.

(맞이할 영·土)

奔波勞苦 或憂心勞神, 或潦倒一生, 晩年子福
파란과 노고 혹은 마음의 근심과 힘겨우니 혹은 일생 망하거나 만년에 자식이 복되다.

(누울 와·土)

憂心勞神或事勞無功, 中年多災厄, 晩年吉祥
마음의 근심으로 힘겨우니 혹은 일은 힘들어도 공은 없다. 중년에 재액이 많다. 만년에 길하고 상서롭다.

(희롱할 완·土)

出外吉祥, 幼年辛苦, 中年成功隆昌, 晩年憂心勞神
외지로 나가면 길하고 상서롭다. 유년기엔 몹시 고생하나 중년에 성공번창한다. 만년엔 근심하고 우울하다.

(굽을 완·土)

秀氣巧妙, 多才恰悧, 溫和賢能, 出外吉祥, 一生英敏幸福
기가 빼어나고 지혜롭다. 재주가 많고 영리하니 온화현숙하다. 외지로 나가면 길하고 상서롭다. 일생 영민하고 행복하다.

(갈 왕·土)

一生淸雅多才, 勤儉勵業, 中年勞, 但隆昌, 晩年吉昌之字
일생 청아하고 재주가 많다. 근검하여 일에 힘쓴다. 중년에 노고하나 번창한다. 만년에 길하고 번창한다.

(굽을 왕·土木)

出外逢貴隆昌, 中年成功隆昌, 子孫興旺, 晩年勞神
외지로 나가면 귀인을 만나고 번창한다. 중년에 성공번창한다. 자손이 번성한다. 만년은 마음 고생이 있다.

(왕성할 왕·土火)

性剛口快, 刑偶欠子, 中年奔波, 成功隆昌, 環境良好
성격이 강직하고 언변이 좋다. 처와 자식에 해가 있고, 중년에 파란이 있다. 성공번창하고 환경이 좋다.

(향풀 운·土)

溫和賢淑, 多才能幹, 中年成功隆昌, 淸雅榮貴, 出國之字
온화하고 현숙하다. 재주가 많고 재능이 있으니 중년에 성공번창한다. 청아하고 귀하다. 나라를 떠나는 글자.

(맡길 위·土)

憂心勞神或病弱短壽, 中年多災厄, 晩年吉祥子福之字
근심하고 우울하다. 혹은 병약하고 단명하니, 중년에 재액이 많다. 만년에 길하고 상서로우며 자식에게 복이 있다.

(기름 유·土水)

刑偶或傷子, 雙妻之格, 出外吉祥, 中年勞晩年吉昌之字
배우자와 자손을 해치고 두 처를 얻는격이다. 외지로 나가면 길하고 상서롭다. 중년에 수고롭고 만년에 번창하는 글자.

(도울 유·土)

口快心直, 出外吉祥, 中年多災厄, 晚年隆昌, 多才豪傑之字
언변이 좋고 마음이 곧다. 외지로 나가면 길하고 상서러워도 중년에 재액이 많으나 만년에 번창한다. 재주많고 호걸의 상이다.

(젖 유·土)

淸雅怜悧, 秀氣巧妙, 晚婚吉, 中年隆昌晚年勞神
청아영리하다. 기가 빼어나고 지혜롭다. 만혼이 길하다. 중년에 번창하고 만년에 마음 고생이 있다.

(감당나무 유·土木)

憂心勞神或刑偶傷子, 懷才不遇, 潦倒一生晚年子福之字
근심이 많고 우울하다. 혹은 처와 자손에게 해가 있다. 재주를 품고도 운이 없다. 일생 망치고 만년에야 자식이 복되다.

(기를 육·土)

精明公正, 義利分明, 英俊才人, 淸雅榮貴, 中年成功隆昌
총명하며 공명정대하다. 의리가 분명하니, 영준하고 재주가 있다. 청아하고 귀하다. 중년에 성공번창한다.

(의지할 의·土)

外觀幸福, 內心多憂, 刑偶傷子, 中年多災, 晚年吉祥或短壽
외견으론 행복하나 내심 근심이 많다. 처와 자손을 해친다. 중년에 재액이 많다. 만년에 길하고 상서롭거나 혹은 단명한다.

(마땅할 의·土)

溫和賢淑, 慈祥有德, 中年成功隆昌, 淸雅榮貴, 環境良好之字
온화현숙하다. 자상하여 덕이 있다. 중년에 성공번창한다. 청아영귀하고 환경양호하다.

(쉬울 이·土火)

子孫興旺, 多才巧智勤儉白手成家, 成功隆昌之字
자손이 번창하고 재주가 많고 지혜로우니 근검하여 자수성가한다. 성공번창하는 글자.

(기쁠 이·土)

刑偶傷子, 淸雅秀氣, 溫和賢淑, 中年有厄, 晩年吉祥
처와 자식을 상케한다. 청아하고 기가 빼어나고 온화현숙하다. 중년에 액이 많으나, 만년에 길하고 상서롭다.

(찌를 자·金)

身弱病疾, 或潦倒一生, 有才無能, 中年勞晩年福
신약하고 병이 많다. 혹은 일생 망치고 재능이 있어도 무능하다. 중년엔 힘겹고 만년엔 복이 있다.

(누이 자·金)

口快心直, 淸雅怜悧, 中年多災, 晩年吉祥子孫旺盛之字
언변좋고 마음이 곧다. 청아하고 영리하나 중년에 재액이 많다. 만년에 길하고 상서롭고 자손이 왕성하여 번창한다.

(길 장·金)

過房之字, 口快心直, 幼年多災, 中年吉祥, 晩年隆昌, 女人多夫之字
여자를 여럿 거느린다. 언변 좋고 마음이 곧다. 유년에 재액이 많다. 중년에 길하고 상서롭다. 만년에 번창한다. 여자는 여러 남편을 둔다.

(다툴 쟁·金)

淸雅多才, 理智充足, 一生淸閒, 中年成功隆昌
청아하고 재주가 많다. 지식이 풍부하니, 일생 여유가 있다. 중년에 성공번창한다.

(막을 저·金)

常生禍端, 多災厄, 刑偶傷子, 中年勞苦, 晚年享福之字
항상 화의 단서가 된다. 재액이 많고 배우자와 처를 극한다. 중년에 노고하나, 만년에 복을 누린다.

저杵
(공이 저·金木)

憂心勞神, 或事勞無功, 中年多勞, 晚年吉祥之字
근심많고 우울하다. 혹은 열심히 일은 해도 공은 없다. 중년에 고생이 많으나 만년에 길하고 상서롭다.

(북 저·金木)

刑偶傷子, 淸雅多才, 中年有災厄, 晚年吉祥, 配硬命大吉
처와 자손을 상케한다. 청아하고 재주가 많아도 중년엔 재액이 있다. 만년엔 길하고 상서롭다. 강한 운명의 짝을 만나면 대길하다.

(누이 저·金)

溫和賢淑, 勤儉持家, 福祿雙收, 名利有分成功隆昌之字
온화현숙하다. 근검하여 가문을 지키니 복록을 두루 갖춘다. 명리에 분수가 있으며 성공하여 번창하는 격이다.

(밑 저·金)

多愁怜悧, 肯作肯勞, 中年病疾, 晚年吉祥
근심은 많으나 영리하다. 기꺼이 일하고 힘쓴다. 중년에 질병이 있다. 만년엔 길하고 상서롭다.

적的
(과녁 적·金)

勤儉建業, 家聲克振, 中年成功隆昌, 女人勞神之字
근검하여 일을 세운다. 가문의 명성이 떨쳐지니 중년에 성공번창한다. 여자는 마음 고생의 글자.

전 典 (법 전·金)

智勇雙全, 膽識豊足, 中年成功或隆昌, 二子吉祥, 出國之格
지혜와 용기를 두루 갖춘다. 담식이 풍족하여 중년성공 혹은 번창한다. 두 아들이 길하고 상서롭다. 나라를 떠나는 격이다.

점 店 (점방 점·金)

名利雙收, 福祿有進, 事業隆昌, 淸雅刑偶傷子
명예와 이익을 두루 거둔다. 복록이 쌓여 사업이 번창한다. 청아하나 처와 자손에게 해가 있다.

정 征 (칠 정·金)

刑偶傷子, 智勇雙全, 重情失敗, 成功隆昌精誠之字
처와 자손을 상케한다. 지혜와 용기를 모두 갖추고도 정 때문에 실패한다. 성공번창하고 정성스럽다.

정 定 (정할 정·金)

刑偶傷子, 多才樸素溫和慈祥中年成功隆昌晩年勞神多疾
처와 자손을 해친다. 재주가 많고 소박하니 자상하고 온화하다. 중년에 성공하고 번창한다. 만년에 정신이 수고롭고 병이 많다.

제 制 (억제할 제·金)

淸雅怜俐, 中年雖勞, 苦中得甘, 晩年吉祥
청아하고 영리하다. 중년이 비록 수고로와도 괴로움중에 기쁨이 있다. 만년에 길하고 상서롭다.

조 佻 (구차할 조·金)

有愛情煩惱, 淸雅秀氣, 中年有厄, 晩年吉祥, 榮幸之字
애정으로 인한 번뇌가 많다. 청아하고 기가 맑다. 중년에 액이 있다. 만년에 길하고 상서롭다. 행복하고 영화롭다.

(갈 조·金)

環境良好, 上下敦睦, 多才多能, 中年忌車怕水, 晚年吉祥之字
환경양호하다. 상하가 화목하여 재주가 많고 유능하다. 중년에 차와 물을 멀리하라. 만년에 길하고 상서롭다.

(졸할 졸·金)

多愁多憂, 事勞無功, 一生中年苦勞, 晚年吉祥之字
근심많고 우울하니 일은 힘들어도 공은 없다. 일생의 중년은 고생하나 만년은 길하고 상서롭다.

(군사 졸·金)

不祥之字, 暗淡無光惡死凶亡, 病弱短壽之字
상서롭지 못하다. 암담하여 빛이 없으니, 횡사나 비명에 죽는다. 병약하고 단명한다.

(ㅁ루 종·金)

英俊聰穎, 淸雅多才, 福祿雙收, 成功隆昌, 環境良好之字
영준하고 총명하다. 청아하여 재주가 많으니 복록을 두루 갖춘다. 성공융창하고 환경양호하다.

(물결 주·金水)

多能溫和, 重義信用, 中年多災或勞苦, 晚年吉祥之字
재주많고 온화하다. 의리를 중히여긴다. 중년에 재액이 많고 혹은 노고가 많다. 만년에 길하고 상서로운 글자.

(두루 주·金)

聰明怜悧, 多才多能, 中年成功但晚年勞神之字
총명하고 영리하다. 재주 많고 유능하니 중년에 성공한다. 단지 만년에 정신이 수고로운 글자.

(하늘 주·金)

多才巧智, 秀氣怜悧, 肯作肯勞, 重信義, 成功隆昌
재주가 많고 지혜롭다. 기가 빼어나고 기꺼이 일하고 기꺼이 수고한다. 신의를 중히 여긴다. 성공번창한다.

(가지 지·金木)

刑偶傷子, 多才淸雅, 中年吉祥有以外之災, 欠子, 無妨晚年隆昌
처와 자식을 해치니, 재주가 많고 청아하다. 중년에 길하고 상서로워도 외부로부터 재액이 있다. 자손이 적다. 만년엔 방해 없이 번창한다.

(알 지·金)

理智充足, 多才巧智中年成功隆昌, 官或財旺淸雅榮貴
이지가 충족하다. 재주가 많고 영리하니 중년에 성공번창한다. 관운 혹은 재운이 왕성하니 청아하고 귀하다.

(어수리 지·金)

溫和賢淑, 多才多能, 中年成功隆昌, 環境良好
온화하고 현숙하다. 다재다능하다. 중년에 성공번창하고 환경이 아주 좋다.

(곧을 직·金)

一生向上, 智勇雙全, 多才怜悧, 成功隆昌, 環境良好之字
일생 향상한다. 지혜와 용기는 두루 갖춘다. 재주가 많고 영리하니 성공번창한다. 환경양호한 글자.

(옷깃 차·金)

多愁多憂, 刑偶傷子, 中年多災, 出外吉祥, 晚年隆昌
근심많고 우울하다. 처와 자손을 해치고 중년에 재액이 많다. 외지로 나가면 길하고 상서롭다. 만년에 번창한다.

(절 찰·金)

不祥之字, 暗淡無光, 一生多災厄, 難幸福, 病弱短壽
상서롭지 못한 글자. 암담하여 빛이 없다. 일생 재액이 많고 행복하기 어렵다. 병약하고 단명한다.

(창성할 창·金火)

口快心直或性剛, 忌車怕水, 中年勞, 晚年成功隆昌, 榮貴官旺
언변이 좋고 마음이 곧으니, 혹은 성격이 강직하다. 물과 차를 피하라. 중년에 수고로우나 만년에 성공번창한다. 귀하고 관운이 왕성하다.

(풍채 채,캘 채,참나무 채·金木)

淸雅怜悧, 身瘦多才, 中年平凡, 晚年隆昌勞神
청아하고 영리하다. 몸은 쇠약하나 재주는 많다. 중년엔 평범하나 만년엔 번창하며 마음 고생이 있다.

(아내 처·金)

憂心勞神或百事苦勞, 刑偶傷子或薄幸暗淡之字
마음과 정신이 근심하고 힘드니 혹은 온갖 일이 고생스럽다. 처와 자손에 해가 있거나 혹은 행복하기 어렵고 암담한 글자.

(찌를 척·金)

身弱病疾, 或潦倒一生, 有才無能, 中年勞晚年福
신약하고 병이 많다. 혹은 일생 망치고 재능이 있어도 무능하다. 중년엔 힘겹고 만년엔 복이 있다.

(더럽힐 첨·金)

孤獨格, 兄弟無緣, 幼年辛苦, 中年勞, 晚年隆昌
고독하다. 형제의 인연이 없으니 유년에 몹시 고생한다. 중년에 노고하나 만년에 번창한다.

첩 帖 (문서 첩·金)

福祿有分, 緣和四海, 中年吉祥, 晚年勞神多疾
복록에 분수가 있다. 사해에 인연이 있다. 중년에 길하고 상서롭다. 만년에 마음 고생하고 병이 많다.

첩 妾 (작은집 첩·金)

刑偶或欠子, 或有愛情厄, 中年吉祥, 晚年勞神
처나 혹은 자손에게 해가 있다. 혹은 애정으로 인한 액이 있다. 중년에 길하고 상서롭다. 만년에 마음이 힘들다.

청 靑 (푸를 청·金)

刑偶欠子, 口快性剛, 中年吉祥隆昌, 晚年憂心勞神
처와 자손을 해친다. 언변이 좋고 성격은 강직하다. 중년에 길하고 번창한다. 만년에 근심하고 힘들다.

체 刺 (비방할 체·金)

身弱病疾, 或潦倒一生, 有才無能, 中年勞晚年福
신약하고 병이 많다. 혹은 일생 망치고 재능이 있어도 무능하다. 중년엔 힘겹고 만년엔 복이 있다.

초 招 (부를 초·金)

晚婚大吉, 忌車怕水或多災勞神, 中年多厄, 晚年吉祥, 帶刀之字
늦은 결혼이 대길하다. 차와 물을 피하라. 혹은 재액이 많아서 정신이 수고롭다. 중년에 액이 많다. 만년에 길하고 상서롭다. 칼로 인한 액이 있다.

추 抽 (뺄 추·金)

出外逢貴得財, 中年吉祥, 晚年子孫隆昌, 雙妻之格
외지로 나가면 귀인을 만나 재물을 얻는다. 중년에 길하고 상서롭다. 만년에 자손이 번창한다. 두 처를 얻는격이다.

(수갑 추·金木)

憂心勞神或刑偶傷子, 懷才不遇, 潦倒一生晚年子福之字
근심이 많고 우울하다. 혹은 처와 자손에게 해가 있다. 재주를 품고도 운이 없다. 일생 망치고 만년에야 자식이 복되다.

(나라이름 축·金)

多才多能, 精明公正, 中年勞苦, 晚年吉祥, 二子之字
다재다능하다. 총명하며 공명정대하다. 중년에 애쓰고 고생한다. 만년엔 길하고 상서롭다. 두 아들을 둔다.

(충성 충·金)

性剛英雄豪傑, 一生少年干難, 中年勞晚年吉祥隆昌, 忌車怕水
성격이 강직하고 영웅호걸이다. 일생 소년시절이 가난하다. 중년에 수고로우나 만년에 길하고 상서로와 번창한다. 차와 물을 피하라.

(불땔 취·金火)

刑偶傷子或憂心勞神, 一生難幸福, 中年多災隆昌之人, 欠子之格
처와 자손을 해치니 혹은 근심과 수고로움이 있다. 일생 행복하기 어렵다. 중년에 재액이 많으나 번창한다. 자손이 적은 격이다.

취 取
(취할 취·金)

刑偶欠子, 出外逢貴得財雙妻命, 中年勞晚年隆昌
처와 자식을 해치고 흠이 있다. 외지로 나가면 귀인을 만나서 재물을 얻는다. 두 처를 얻으며 중년에 힘들고 만년에 번창한다.

(다스릴 치·金水)

淸雅榮貴, 多才多能, 中年成功隆昌, 女人薄幸多災, 再嫁欠子
청아하고 귀하다. 재주가 많고 유능하여 중년에 성공번창한다. 여자는 행복하기 어렵고 재액이 많다. 재가하고 자손이 적다.

(사치할 치·金)

溫和怜悧, 多才巧智, 中年勞神或奔波, 晚年吉祥之字
온화하고 영리하다. 재주가 많고 중년에 수고롭고 근심스럽거나 혹은 파란이 있다. 만년에 길하고 상서롭다.

(터질 탁·火)

有才能理智, 但無運懷才不遇一生勞苦, 晚年子福之字
재주와 지식이 풍부하니, 단지 재주를 품고도 운이 없어 일생 고생한다. 만년에 자손이 복된 글자.

(높을 탁·火)

刑偶傷子或憂心勞神, 中年多災厄, 晚年吉祥之字
처와 자손에게 해가 있다. 마음과 정신이 수고롭고 근심한다. 중년에 재액이 많다. 만년에 길하고 상서로운 글자.

(평탄할 탄·火)

英俊多才, 學問豊識, 淸雅榮貴, 成功隆昌之字
영준하여 재주가 많고 학식이 풍부하다. 맑고 귀하여 성공번창한다.

(나라금고 탕·火)

憂心勞神或事勞無功, 中年多災厄, 晚年吉祥
근심많고 힘들다. 혹은 애써 일해도 공은 없다. 중년에 재액이 많다. 만년엔 길하고 상서롭다.

투妬 (투기할 투·火)

多愁多憂或身弱短壽難幸福多災厄, 晚年子福之字
근심많고 우울하여 혹은 몸이 약하고 단명하다. 행복하기 어렵고 일생재액이 많다. 만년에 자식이 복되다.

파波 (물결 파·水)

自手成家, 出外大吉, 中年勞或潦倒, 晚年成功隆昌榮貴之字
자수성가하니, 외지로 나가면 크게 길하다. 중년에 고생하거나 망친다. 만년에 성공번창하고 귀하게 되는 글자.

파坡 (고개 파·水土)

晚婚吉祥, 多愁苦勞, 病弱短壽或難幸福, 破相之字
만혼이 길하고 상서로우나, 근심많고 고생한다. 병약하여 목숨이 짧다. 혹은 행복하기 어려우니, 주의에 돕는 이를 해친다.

파杷 (비파나무 파·水木)

淸雅秀氣, 多才賢能, 中年勞, 晚年隆昌環境良好之字
청아하고 빼어나다. 재주가 많고 어질지만 중년에 노고한다. 만년에 번창하고 환경이 좋다.

판板 (널 판·水木)

幼年多災, 少年干難, 中年成功隆昌, 環境良好, 富貴, 二子之字
유년에 재액이 많고 소년기에 가난하고 중년엔 성공번창한다. 환경이 좋고 부귀하다. 두 아들을 둔다.

판版 (판목 판·水)

一生奔波勞苦, 或身弱短壽, 有不幸之災, 或牢獄之厄
일생 파란과 노고가 있다. 혹은 신약하고 단명하다. 불행한 글자. 수감액이 있다.

(찰 패·水)

智勇雙全, 名利雙收, 淸雅榮貴, 女人有愛情煩惱, 小心注意
지혜와 용기를 두루 갖춘다. 명예와 이익을 둘다 얻어 청아하고 귀하다. 여자는 애정으로 인한 번뇌가 있으니 조심주의하라.

평 坪
(땅평평할 평·水土)

理智充足, 文雅秀氣, 中年有厄, 或身閒心勞, 晩年隆昌之字
이지가 족하다. 문채가 아름답고 기가 빼어나다. 중년에 액이 있거나 혹 몸은 한가해도 마음은 수고롭다. 만년에야 번창한다.

(안을 포·水)

一生平凡, 身弱短壽, 有牢獄之厄, 中年多災, 晩年子福之字
일생 평범하다. 몸이 약하고 명이 짧거나, 수감되는 액이 있다. 중년에 액이 있고 만년에 자손이 복되다.

표 表
(거죽표·水)

出外吉祥, 溫和誠實中年勞, 晩年吉祥, 刑偶或欠子
외지로 나가면 길하고 상서롭다. 온화하고 성실하다. 중년에 수고로우나 만년에 길하고 번창한다. 처나 자손에게 해가 있다.

(저 피·水)

晩婚吉祥, 出外大吉, 中年勞苦或多災, 晩年吉祥之字
만혼이 길하다. 외지로 나가면 대길하고 중년에 노고하거나 혹은 액이 많다. 만년에 길하고 상서롭다.

(방즉 피·水)

晩婚吉慶, 早婚不利, 一生多災厄, 難幸福晩年吉祥
만혼이 길하고 경사스럽다. 이른 결혼은 이롭지 못하니 일생 재액이 많다. 행복하기 어려우나 만년에 길하고 상서롭다.

(물 하·土水)

英雄或英敏, 多才多能, 二子吉祥, 中年勞晩年隆昌忌水之字
영웅이거나 영민하다. 재주가 많고 유능하다. 두 아들이 길하고 상서롭다. 중년에 수고로우나, 만년에 번창한다. 물을 멀리하라.

(건널 항·土木)

溫和多才, 淸雅怜悧, 中年有災厄, 忌車怕水, 晩年吉昌之字
온화하고 재주가 많으며 청아하고 영리하다. 중년에 재액이 많으니 차와 물을 피하라. 만년에 번창한다.

(다행 행·土)

秀氣怜悧, 多才美雅, 一生淸閒, 中年平, 晩年幸福吉祥
기가 빼어나고 영리하니, 재주가 많고 아름다우며 일생 한가롭다. 중년이 평범하고 만년이 행복하고 길하다.

(누릴 향·土)

晩婚吉祥多才, 出外吉, 淸雅怜悧, 中年勞, 晩年隆昌
만혼이 길하며 상서롭고 재주 많다. 외지로 나가면 길하니 청아영리하다. 중년에 수고롭고 만년엔 번창한다.

(활시위 현·土)

多才巧智, 性剛口快, 中年勞或奔波, 晩年吉慶
재주가 많고 지혜롭다. 성격이 강직하고 언변이 좋다. 중년에 수고롭고 파란이 있다. 만년에 길하고 경사스럽다.

(화할 협·土)

刑偶或欠子, 淸雅多才, 中年勞苦, 晩年隆昌吉祥
처와 자손이 해로우나 청아하고 재주가 많다. 중년에 노고하나 만년에 번창하고 길하고 상서롭다.

(배두레박 호·土)

一生多才多藝, 中年奔波或勞苦, 晩年隆昌榮幸之字
일생 다재다예하다. 중년에 파란있고 혹은 노고한다. 만년에 번창하고 영화로우며 행복하다.

(범 호·土)

性剛果斷或身弱多疾, 中年多災厄, 晩年吉祥
성격이 강하고 과감하다. 혹은 몸이 약하고 병이 많다. 중년에 재액이 많으나, 만년에 길하고 상서롭다.

(부를 호·土)

口快心直, 忌車怕水, 福祿雙收, 中年吉祥, 晩年勞神
언변이 좋고 마음이 곧다. 차와 물을 피하라. 복록을 두루 거둔다. 중년에 길하고 상서롭다. 만년에 마음 고생한다.

(혹 혹·土)

刑偶傷子或奔波勞苦, 中年多災, 福祿有分, 晩年吉祥
처와 자손을 해치니 혹은 분파노고한다. 중년에 재액이 많다. 복록에 분수가 있다. 만년에 길하고 상서롭다.

(어두울 혼·土火)

晩婚遲得子吉, 溫和怜悧, 秀雅多才, 中年平, 晩年隆昌
만혼에 늦자식 둠이 길하다. 온화하고 영리하다. 수기가 있고 재주가 많다. 중년엔 평범하나 만년엔 번창한다.

(어둑새벽 홀·土火)

天生聰穎, 學識淵博, 淸雅榮貴, 成功隆昌, 名利雙收
천성이 총명하다. 학문이 박식하며 청아하고 영귀하다. 성공하여 번창한다. 명예와 이익을 두루 거둔다.

(문득 홀·土)

憂心勞神或刑偶傷子, 中年多災厄, 晚年吉祥
마음이 근심하며 힘겹고 혹은 처와 자손을 해친다. 중년에 재액이 많으나 만년이 길하고 상서롭다.

(물속깊을 홍·土水)

義利分明, 福祿雙收, 中年雖勞, 成功隆昌官旺成功之字
의리가 분명하다. 복록을 두루 갖추었다. 중년에 비록 수고로와도 성공번창하고 관운이 왕성하여 성공하는 글자.

(화할 화·土木)

上下敦睦, 妻賢子貴中年勞或病疾, 晚年隆昌
상하가 화목하니, 처는 어질고 자식은 귀하다. 중년에 애쓰고 혹은 질병이 있다. 만년에 번창한다.

(꽃 화·土木)

虛榮心强, 或有愛情厄, 中年吉祥, 晚年勞神或病疾
허영심이 강하다. 혹은 애정으로 인한 액이 있다. 중년에 길하고 상서롭다. 만년에 근심스럽고 혹은 질병이 있다.

(하물며 황, 상황 황 ·土水)

奔波勞苦, 或病弱短壽, 中年多災或潦倒, 晚年吉祥之字
파란과 노고가 있으니, 병약하고 단명한다. 중년에 재액이 많고 영락한다. 만년에는 길하고 상서롭다.

(본받을 효·土)

多才巧智, 淸雅怜悧, 中年成功隆昌, 晚年吉祥, 環境良好
재주가 많고 지혜롭다. 청아하고 영리하니 중년에 성공번창한다. 만년에 길하고 상서로우니 환경양호하다.

(안주 효·土)

身弱多病, 或口快性剛, 晚婚吉祥, 中年勞, 晚年吉祥
신약하고 병이 많다. 혹은 언변이 좋고 성격은 강직하다. 만혼이 길하고 상서롭다. 중년에 수고롭다. 만년에 길하고 상서롭다.

(진휼할 휼·土)

帶血字多刑剋或多災厄, 惡死凶亡病弱短壽難幸福
혈자를 가지고 있으면 형극이 많고 재액이 많다. 비명횡사하니 병약하고 단명한다. 행복하기 어렵다.

(화끈거릴 흔·土火)

英俊佳人, 一生淸雅榮貴, 有愛情厄, 成功隆昌, 雙妻之格
영준하고 아름다운 사람이다. 일생 청아영귀하다. 애정액이 있다. 성공번창고도 두 처를 얻는다.

(기뻐할 흔·土)

淸雅怜悧, 多才巧智中年奔波勞, 但成功隆昌之格
청아영리하다. 재주가 많고 지혜로와도 중년에 파란으로 애쓴다. 단, 성공번창한다.

{ 9획 양(陽) }

가柯 (가지 가·木)

淸雅怜悧, 智勇雙全, 福祿有分, 中年平, 晚年吉昌
청아하고 영리하다. 지혜와 용기를 두루 갖추니 복록에 분수가 있다. 중년에 평범하고 만년에 길하고 번창한다.

가架 (시렁 가·木)

刑剋父母或身弱多厄有才能理智無運, 晚年吉祥
부모를 형극하니 혹은 신약하고 재액이 많다. 재능과 이지는 있으나 운이 없다. 만년엔 길하고 상서롭다.

가珈 (머리꾸미개 가·木)

一生多福, 福祿雙收, 中年成功隆昌, 環境良好
일생 복이 많고 복록을 두루 갖춘다. 중년에 성공번창하고 환경양호하다.

간竿 (장대 간·木)

性剛果斷, 有牢獄之厄, 中年多災, 晚年子福吉祥
성격이 강직하고 과감하다. 수감의 액이 있다. 중년에 재액이 많다. 만년에 자식에 복이 있으니 길상이다.

간看 (볼 간·木)

淸雅怜悧, 秀氣多才, 中年吉祥, 晚年勞神多疾
청아하고 영리하다. 기가 빼어나고 재주가 많다. 중년에 길하고 상서롭다. 만년에 힘겹고 병이 많다.

(분별할 간·木)

憂心勞神, 刑偶傷子, 中年吉祥, 晩年勞神多病疾
마음에 근심하고 힘겹다. 처와 자손에게 해가 있다. 중년이 길하고 만년에 마음 고생하고 병이 많다.

(감자 감·木)

有愛情煩惱或身瘦多疾, 中年吉祥, 晩年勞神剋偶傷子
애정으로 번뇌한다. 혹은 몸이 쇠약하고 병이 많다. 만년에 마음 고생하고 처와 자손에게 해가 있다.

(내릴 강·木)

憂心勞神, 出外吉祥, 中年多勞, 晩年隆昌
마음에 근심이 있고 걱정한다. 외지로 나가면 길하고 상서롭다. 중년은 많이 애쓰고 만년은 융창한다.

(성 강·木)

多才巧智, 淸雅溫和, 中年勞, 晩年吉祥
재주가 많고 지혜롭다. 청아하고 온화하여 중년엔 힘들고 만년엔 길하고 상서롭다.

(모두 개·木)

晩婚遲得子大吉, 出外吉祥, 中年勞苦, 晩年吉慶
만혼에 늦자식을 둠이 길하다. 외지로 나가면 길하고 상서롭다. 중년에 노고하고 만년에 길하고 경사있다.

(손 객·木)

福祿雙收, 淸雅怜悧, 中年多勞, 晩年吉祥, 短壽之字
복록을 두루 거둔다. 청아하고 영리하다. 중년에 힘겨우나 만년에 길하고 상서롭다. 단명하는 글자.

거 炬
(햇불 거, 홰 거, 등불 거
·木火)

多才有能, 官運旺盛刑偶或傷子, 一生淸雅榮貴
재주가 많고 능력이 있다. 관운이 왕성하고 처와 자손에게 해가 있다. 일생 청아하고 귀하다.

건 建
(세울 건·木)

出外吉祥, 兄弟不和, 中年成功隆昌, 環境良好
외지로 나가면 길하다. 형제가 불화하다. 중년에 성공번창한다. 환경이 아주 좋다.

경 勁
(굳셀 경·木)

刑剋父母或刑偶傷子, 中年多災厄, 晩年隆昌
부모를 형극하거나 혹은 처와 자손을 해친다. 중년에 재액이 많고 만년에 번창한다.

계 係
(걸릴 계·木)

刑偶或欠子, 一生淸雅多才, 晩婚吉祥, 中年隆昌
처와 자손에게 해가 있다. 일생 청아하고 재주가 많다. 만년에 길하고 상서롭다. 중년에 번창한다.

계 契
(맺을 계·木)

帶刀厄刑偶傷子或病弱短壽, 中年多災厄晩年吉祥
칼로 인한 액을 조심하라. 처와 자손에게 해가 있다. 혹은 병약하고 단명한다. 중년에 재액이 많고 만년엔 길하고 상서롭다.

계 計
(셈할 계·木)

口才怜悧, 多才賢能, 中年吉祥, 刑偶傷子, 晩年勞神多疾
언변과 재주가 있고 영리하다. 재주가 많고 어질어서 중년엔 길하고 상서롭다. 처와 자손에게 해가 있다. 만년엔 마음고생하고 병이 많다.

(열째천간 계·木)

刑偶傷子, 多才淸雅, 中年勞, 官運旺, 成功隆昌
처와 자손에게 해가 있다. 재주가 많고 청아하다. 중년에 애쓰고 관운이 왕성하니 성공번창한다.

(지경 계·木)

剋父命, 兄弟無靠, 英敏怜悧, 溫和賢淑, 二子吉祥
부명을 극한다. 형제와 인연이 없다. 영민하고 영리하며 온화하고 현숙하다. 두 아들이 길하고 상서롭다.

(마을 고·木)

溫和賢淑, 淸雅怜悧, 有成人之美德, 中年平, 晩年吉祥
온화하고 현숙하다. 청아하고 영리하니 성인의 미덕이 있다. 중년은 평이하고 만년은 길하고 상서롭다.

(연고 고·木)

出外吉祥, 刑偶傷子, 中年勞或有災, 晩年吉祥, 淸雅多才
외지로 나가면 길하다. 처와 자손에게 해가 있다. 중년에 애쓰고 혹은 재액이 있다. 만년엔 길하며 상서롭고 청아하며 재주가 많다.

(괴로울 고·木)

命途多舛, 一生貧賤難幸福, 病弱短壽惡死凶亡
운명이 어그러지니 일생 빈천하고 행복하기 어렵다. 병약하고 단명하여 비명횡사한다.

(과목 과·木)

多才美俊, 淸雅榮貴, 中年成功隆昌, 出外吉祥, 榮幸享福
재주가 많고 아름답다. 청아하고 귀하니 중년에 성공번창한다. 외지로 나가면 길하고 상서로우니 행복을 누린다.

(아름다울 과·木)

憂心勞神, 刑偶傷子, 中年多災厄, 一生難幸福, 不祥之字
마음에 근심하고 힘겹다. 처와 자손에게 해가 있다. 중년에 재액이 많고 일생 행복하기 어려우니 상서롭지 못한 글자.

冠
(갓 관·木)

一生淸雅秀氣, 幼年辛苦, 中年開泰吉祥, 出外隆昌
일생 청아하고 기가 빼어나다. 유년에 몹시 고생한다. 중년은 크게 길해지니 외지로 나가면 번창한다.

(묶을 괄·木)

淸雅平凡, 福祿雙收, 晚婚遲得子吉, 中年多災, 晚年吉祥
청아하고 평범하다. 복록을 두루 거둔다. 만혼에 늦자식을 둠이 길하다. 중년에 재액이 많다. 만년에 길하고 상서롭다.

(아름다울 교·木)

秀氣多才, 淸雅溫和, 有愛情厄小心, 中年成功隆昌
기가 빼어나고 재주 많다. 청아하고 온화하다. 애정으로 인한 액을 조심하라. 중년에 성공번창한다.

郊
(들 교·木)

有愛情厄, 或身弱短壽, 中年勞, 晚年吉祥
애정으로 인한 액이 있다. 혹은 신약하고 단명한다. 중년에 애쓰나 만년에 길하고 상서롭다.

(군사 군·木)

義利分明, 智勇雙全, 中年勞或奔波成功隆昌
의리가 분명하다. 지용을 두루 갖춘다. 중년에 힘겹고 혹은 파란이 있으나 성공번창한다.

(굴대 궤·木)

教育界大吉, 溫和賢淑, 有美德雅量, 中年勞, 晚年隆昌
교육계가 대길하다. 온화하고 현숙하다. 미덕과 아량이 있다. 중년에 힘드나 만년에 번창한다.

(걸을 귀·木土)

一生福祿有進, 智勇雙全, 中年吉祥, 晚年隆昌
일생 복록이 쌓인다. 지혜와 용기가 두루 갖춘다. 중년에 길하고 상서롭다. 만년엔 번창한다.

(별 규·木土)

一生福祿有進, 智勇雙全, 中年吉祥, 晚年隆昌
일생 복록이 쌓인다. 지혜와 용기가 두루 갖춘다. 중년에 길하고 상서롭다. 만년엔 번창한다.

(이길 극·木)

不祥之字, 一生貧賤, 忌車怕水, 終世事不成, 幼年喪父母吉
상서롭지 못한 글자. 일생 빈천하며 차와 물을 피하라. 일생을 마치도록 이루지 못한다. 유년기에 부모를 잃는 것이 길하다.

(옷깃 금·木)

溫和怜悧, 多才巧智身弱多勞, 中年有厄晚年吉祥
온화하고 영리하니 재주가 많고 지혜로와 몸은 약하고 일만 많다. 중년에 액이 있다. 만년에 길하며 상서롭다.

(급할 급·木)

憂心勞神或事勞無功, 中年多災, 晚年吉祥
마음에 근심하고 힘겹다. 혹은 일은 애써도 공은 없다. 중년에 재액이 많다. 만년에 길하고 상서롭다.

智勇雙全, 義利分明, 克己助人, 中年奔波或勞晚年吉慶
지혜와 용기를 두루 갖춘다. 의리가 분명하고 자기를 극복하고 남을 돕는다. 중년에 파란이 있고 혹은 힘겹다. 만년에는 길하고 경사스롭다.

口快性剛剋父命多才巧智, 中年潦倒, 晚年吉祥環境良好, 傷子之字
언변이 좋고 성격이 강직하다. 부명을 극한다. 재주가 많고 지혜롭다. 중년에 영락하나 만년에 길하고 상서롭다. 환경이 좋다. 자손을 해친다.

憂心勞神, 孤獨大吉, 中年多勞或潦倒, 晚年吉祥隆昌
마음에 근심하고 힘겹다. 고독하고 대길하다. 중년에 힘겹고 혹은 망한다. 만년은 길하고 상서롭고 번창한다.

溫和賢淑, 具有美德, 中年勞或潦倒, 晚年吉祥
온화하고 현숙하다. 미덕을 갖추었으니, 중년에 힘겹고 망한다. 만년엔 길하고 상서롭다.

憂心勞神或事勞無功, 淸雅多才, 中年勞晚年吉祥
마음에 근심이 있고 힘겹다. 일은 애써도 공은 없다. 청아하고 재주가 많다. 중년에 힘들고 만년은 길하고 상서롭다.

身閒心苦, 或病弱短壽, 中年多災, 晚年吉祥
몸은 한가로워도 마음은 고생한다. 혹은 병약하고 단명한다. 중년에 재액이 많고 만년에 길하고 상서롭다.

단 段 (층계 단·火)

奔波勞苦, 或性剛果斷, 中年潦倒, 晚年吉祥
파란과 노고로 고생한다. 혹은 성격이 강하고 과감하다. 중년에 망한다. 만년은 길하고 상서롭다.

대 待 (기다릴 대·火土)

秀氣怜悧, 多才雅氣, 中年勞神, 晚年吉祥
기가 빼어나고 영리하다. 재주가 많고 아름답다. 중년에 근심하나 만년은 길하다.

대 玳 (대모 대·火)

秀氣巧妙, 淸雅怜悧, 出外吉祥, 中年平, 晚年隆昌, 一生多福
기가 빼어나고 지혜롭다. 청아하고 영리하다. 외지로 나가면 길하다. 중년에 평이하고 만년에 번창한다. 일생 복이 많다.(대모 거북 종류)

도 度 (법도 도·火)

出外吉祥, 中年奔波勞苦, 晚年成功隆昌
외지로 나가면 길하고 상서롭다. 중년엔 파란과 노고가 있으나 만년엔 성공번창한다.

돌 突 (부딪칠 돌·火)

自尊心强, 欠仁和或懷才不遇, 中年勞災, 晚年吉祥
자존심이 강하다. 인화에 흠이 있어 혹은 재주를 품고도 때를 못만난다. 중년에 애쓰고 만년에 길하고 상서롭다.

동 洞 (마을 동·火水)

刑偶傷子, 中年奔波, 多才巧智, 晚年成功隆昌
처와 자손에게 해가 있다. 중년에 파란이 있고 재주가 많으며 영리하다. 만년에 성공번창한다.

락 洛 (물 락·火水)

天生聰穎, 多才巧智, 中年成功吉祥, 子孫興旺, 出國之字
천성이 총명하니 재주 많고 지혜롭다. 중년에 성공하여 길하다. 자손이 번창한다. 나라를 떠나는 글자.

량 亮 (밝을 량·火)

義利分明, 多才能幹小心愛情厄, 成功隆昌, 女人薄幸難幸福
의리가 분명하다. 재주가 많고 재간이 있으나 애정엔 조심하라. 성공하고 번창하나 여자는 행복하기 어려운 글자.

려 侶 (짝 려·火)

福祿雙收, 名利有分, 中年平凡, 晚年吉祥二子興旺
복록을 두루 거둔다. 명예와 이익에 분수가 있으니 중년에 평범하다. 만년에 길하고 상서롭고 두 아들이 번성한다.

령 玲 (옥소리 령·火)

淸秀巧妙, 多才有能, 中年成功隆昌但有愛情厄, 出國之字
맑고 빼어나 지혜롭다. 재주가 많고 유능하다. 중년에 성공 번창하나 단, 애정으로 인한 액이 있다. 나라를 떠나는 글자.

류 柳 (버들 류·火木)

溫和賢淑, 秀氣多才, 多情重恩, 中年成功自成家業
온화현숙하다. 기가 빼어나고 재주가 많고 다정하며 은혜를 중시여긴다. 중년에 성공번창하니 맨손으로 가업을 이룬다.

률 律 (법률 률·火)

秀氣怜悧, 理智充足, 中年有愛情厄, 但吉祥, 晚年隆昌
기가 빼어나고 영리하다. 이지가 충족하다. 중년에 애정액이 있다. 단, 길하고 상서롭다. 만년에 번창한다.

(어두울 매·水火)

暗淡無光, 命途多舛, 中年多災, 晩年吉祥
암담하여 빛이 없다. 운명이 어그러지니 중년에 재액이 많다. 만년에 길하고 상서롭다.

(길 맥·水)

才識卓絶, 器度恢宏, 淸雅榮貴成功隆昌享福終世
재주와 지식이 탁월하다. 그릇됨이 크고 넓으니 청아하고 귀하다. 성공번창하니 죽을 때까지 복을 누린다.

(낯 면·水)

淸雅榮幸, 中年勞, 但吉祥, 晩年隆昌勞神多疾
청아하고 영화롭다. 중년에 노고한다. 단, 길하고 상서롭다. 만년에 번창하고 마음 고생하거나 질병이 많다.

면勉
(힘쓸 면·水)

多愁多憂或刑偶傷子, 或有愛情煩惱多災厄, 難幸福短壽之字
근심과 걱정이 많다. 혹은 처와 자손에게 해가 있다. 애정번뇌가 있다. 재액이 많고 행복하기 어렵고 단명한다.

(아무 모·水木)

多才巧智, 淸雅榮貴, 中年成功隆昌, 二子吉祥, 女人不幸再嫁之字
재주가 많고 지혜롭다. 청아하고 귀하니 중년에 성공번창한다. 두 아들이 길하니 여자는 불행하여 재가한다.

묘秒
(까끄라기 묘·水木)

刑剋父母或刑偶傷子, 貴人明現, 中年勞晩年吉祥
부모를 형극하거나 처와 자손을 해친다. 귀인이 나타나서 돕는다. 중년에 힘겨우나 만년에 길하고 상서롭다.

(애꾸눈 묘·水)

有愛情煩惱, 或身弱多厄, 中年勞神, 晩年吉祥
애정으로 인한 번뇌가 있다. 혹은 신약하고 액이 많다. 중년엔 마음 고생하나 만년엔 길하고 상서롭다.

(싹 묘·水)

秀氣巧妙, 淸雅賢淑, 中年吉祥, 晩年隆昌
기가 빼어나고 재치가 있다. 청아하고 현숙하다. 중년에 길하고 상서롭다. 만년에 번창한다.

무 茂
(무성할 무·水)

刑偶傷子, 雙妻之格, 淸雅多才, 中年勞, 晩年隆昌忌車怕水
처와 자손을 상케한다. 두 처를 둔다. 청아하고 재주가 많다. 중년에 힘겨우나 만년에 번창한다. 차와 물을 피하라.

미 美
(아름다울 미·水)

淸雅秀氣, 多才賢能, 中年吉祥, 晩年隆昌, 淸秀之字
청아하고 기가 빼어나다. 재주가 많고 어질어서 중년엔 길하고 상서롭다. 만년엔 번창하다. 맑고 빼어난 글자.

(눈섭 미·水)

溫和賢淑, 淸雅秀氣, 小心愛情厄, 中年成功隆昌
온화하고 현숙하다. 청아하고 기가 빼어나다. 애정을 조심하라. 중년에 성공번창한다.

(호박 박·水)

學識豊富, 溫和賢能, 英俊才人, 成功隆昌, 忌車怕水, 女人愛情厄
학식이 풍부하고 온화현숙하다. 영준하고 재주가 있는 사람이다. 성공번창한다. 차와 물을 피하라. 여자는 애정의 액을 조심하라.

(닥칠 박·水)

奔波勞苦, 或有愛情厄, 中年勞, 晚年吉祥
파란과 노고가 있다. 애정으로 인한 액이 있다. 중년에 노고하나, 만년엔 길하고 상서롭다.

(희생 반·水)

刑偶傷子, 或憂心勞神, 中年潦倒, 晚年吉祥
처와 자식을 해친다. 혹 마음에 근심하니 힘겹다. 중년에 망치나, 만년에 길하다.

반盼
(예쁠 반·水)

淸雅伶利, 帶刀厄, 刑偶傷子, 中年吉祥, 晚年隆昌環境良好
청아하고 영리하다. 칼로 인한 액이 있다. 처와 자손을 해친다. 중년에 길하고 만년에 번창하니 환경양호하다.

(발끈할 발·水)

懷才不遇, 有才能無統率之才幹, 中年勞晚年吉祥
재주를 품고도 때를 만나지 못한다. 재능이 있으나 통솔의 재능이 없다. 중년에 힘겹고 만년에 길하고 상서롭다.

(절 배·水)

天生聰明, 多才怜悧, 晚婚吉祥, 重情失敗, 晚年吉祥
천성이 총명하다. 재주가 많고 영리하다. 만혼이 길하고 상서롭다. 정 때문에 실패한다. 만년엔 길하고 상서롭다.

배盃
(잔 배·水)

帶血字, 刑偶傷子或身弱多病, 中年多災厄, 一生難幸福
혈자와 같이 있으면 처와 자손에게 해가 있고 혹은 몸이 약하고 병이 많다. 중년에 재액이 많고 일생 행복하기 어렵다.

배 背
(등 배 · 水)

刑偶傷子, 或憂心勞神或身弱多厄, 晚年吉祥
처와 자손에게 해가 있다. 혹은 마음에 근심하고 힘들거나 몸이 약하고 액이 많다. 만년에 길하고 상서롭다.

백 柏
(잣나무 백 · 水木)

淸雅榮貴, 多才溫和, 中年成功隆昌, 英俊幸福
청아하고 귀하다. 재주가 많고 온화하다. 중년에 성공번창한다.

병 炳
(밝을 병 · 水火)

兄弟無緣, 淸雅榮貴, 中年成功隆昌, 環境良好, 醫界大吉
형제간에 인연이 없다. 청아하고 귀하니 중년에 성공번창한다. 환경양호하고 의학계로 진출하면 대길하다.

병 柄
(자루 병 · 水木)

多才巧智, 環境良好淸雅榮貴, 中年成功隆昌
재주가 많고 지혜롭다. 환경양호하며 청아하고 귀하다. 중년에 성공번창한다.

보 保
(보호할 보 · 水)

天生聰穎, 理智充足, 中年成功隆昌, 晚年忌車怕水之字
천성이 총명하다. 이지가 충족하니 중년에 성공번창하다. 만년에 차와 물을 피하라.

봉 封
(봉할 봉 · 水土)

外觀幸福, 內心多憂淸雅平凡, 一生少樂多憂, 晚年吉祥
외관은 행복해 보이나 내심은 우울하다. 청아하고 평범하니 일생 즐거움은 적고 근심이 많다. 만년에 길하고 상서롭다.

(짐질 부·水)

帶刀厄, 多相剋淸雅多才, 無運二子吉祥, 晩年安祥
칼로 인한 액이 있다. 상극이 많고 청아하고 재주가 많다. 운은 없으나 두 아들이 길하고 상서롭다. 만년이 편안하고 길하다.

(다다를 부·水)

保守之格一生淸雅平凡, 中年勞, 晩年吉祥, 子孫隆昌
보수적이다. 일생이 청아하고 평범하다. 중년에 애쓰고 만년에 길하니 상서롭다. 자손이 번창한다.

(동이 분·水)

帶血字多災厄, 少樂多憂或身弱短壽多厄, 有薄幸之字
혈자를 가지고 있어 재액이 많다. 즐거움은 적고 근심은 많다. 혹은 몸은 약하고 단명한다. 재액이 많고 행복하기 어려운 글자.

(날 비·水)

英雄豪爽, 義利分明, 智勇雙全, 但常人難受之字忌車怕水
영웅호걸이다. 의리가 분명하고 지혜와 용기를 두루 갖춘다. 단, 보통사람은 받기 어렵고, 물과 차를 피하라.

(도울 비·水)

勤儉建業, 家聲克振, 中年勞, 成功隆昌, 自手成家
근검하여 일을 세우니 가문의 명성을 울린다. 중년에 힘겨우니 성공번창한다. 자수성가한다.

(용솟음쳐 빛날 광·木水火)

學識淵博, 多才巧智, 中年奔波, 成功隆昌, 名利雙收
학식이 해박하다. 재주가 많고 지혜롭다. 중년에 파란이 있다. 성공번창하니 명예와 이익을 두루 거둔다.

(기다릴 사 · 金)

憂心勞神或懷才不遇, 二子吉祥, 中年平, 晚年隆昌
마음에 근심이 있고 힘겹다. 혹은 재주를 품고도 때를 만나지 못한다. 두 아들이 길하고 상서롭다. 중년은 평이하고 만년에 번창한다.

(생각 사 · 金)

有才能理智, 勤儉勵業, 家聲克振, 名利雙收, 晚年勞神
재능과 이지가 있다. 근검하여 일에 힘쓴다. 가문의 명성이 울리니 명리를 두루 거둔다. 만년엔 마음 고생한다.

(모래 사 · 金)

命硬多刑剋, 晚婚吉祥, 中年勞, 晚年吉祥
운명이 강하여 형극이 많다. 만혼이 길하다. 중년에 힘겹다. 만혼이 길하고 상서롭다.

(사실 사,
풀명나무 사 · 金木)

刑偶欠子, 多才巧智, 清雅怜悧, 中年勞, 晚年吉祥
처와 자손에게 해가 있다. 재능이 많고 지혜로우며 청아하고 영리하다. 중년에 애쓰고 만년에 길하고 상서롭다.

(깎을 삭 · 金)

刑偶傷子, 百事苦勞, 一貧如洗, 潦倒一生, 苦勞之字
처와 자손에게 해가 있다. 온갖 일이 고생스럽다. 아무것도 없이 가난하니 일생 망친다. 애쓰고 고생하는 글자.

산 珊
(산호 산 · 金)

秀氣怜悧, 多才巧智, 中年成功隆昌, 出國之字
기가 빼어나고 영리하다. 재주가 많고 지혜가 있으니 중년에 성공번창한다. 나라를 떠나는 글자.

(서로 상·金木)

有才能理智, 刑偶傷子, 雙妻之格, 中年成功隆昌
재능과 이지가 있다. 처와 자손을 상케한다. 두 처를 둔다. 중년에 성공번창한다.

(희생 생·金)

性剛果斷或口快心直, 中年勞, 或有災, 晩年吉祥
성격이 강하고 과감하나 혹은 언변은 좋고 마음은 곧다. 중년에 힘겨우니 혹은 재액이 있다. 만년에 길하고 상서롭다.

(펼 서·金)

精明公正, 雅量多才, 出外吉慶, 成功隆昌, 榮貴之字
총명하며 공명정대하다. 아량이 있고 재주가 많아서 외지로 나가면 길하다. 성공번창한다. 영화롭고 귀한 글자.

(베풀 선·金火)

學識淵博, 膽智雙收, 淸雅榮貴, 中年成功隆昌官旺之字
지식이 해박하다. 담력과 지혜를 두루 갖춘다. 청아하고 귀하다. 중년에 성공번창한다. 관운이 왕성하다.

(엄숙할 선·金水)

多才巧智, 英俊佳人, 中年成功隆昌, 出國之格榮貴之字
재주가 많고 지혜롭다. 영준하고 아름답다. 중년에 성공번창한다. 나라를 떠나는 격에 귀한 글자.

(살필 성·金)

刑偶傷子或性剛多災, 中年勞苦, 晩年吉祥女人薄幸多災
처와 자손에게 해가 있다. 혹은 성격이 강직하나 재액이 많다. 중년에 노고가 있다. 만년에 길하고 상서롭다. 여자는 행복하기 어렵고 재액이 많다.

(별 성·金火)

有才幹理智, 淸雅榮貴, 中年成功隆昌, 英俊佳人
재간과 이지가 있다. 청아하고 귀하다. 중년에 성공번창한다. 영준하고 아름답다.

(씻을 세·金水)

出外吉祥, 刑偶傷子, 淸雅多才, 中年多災, 晩年隆昌
외지로 나가면 길하고 상서롭다. 처와 자손에게 해가 있다. 청아하고 재주가 많다. 중년에 재액이 많다. 만년에 번창한다.

(씻을 세·金水)

多才巧智, 英俊佳人, 中年成功隆昌, 出國之格榮貴之字
재주가 많고 지혜롭다. 영준하고 아름답다. 중년에 성공번창한다. 나라를 떠나는 격에 귀한 글자.

(밝을 소·金火)

帶刀厄, 刑偶傷子, 多才巧智, 中年成功隆昌, 晩年勞神
칼로 인한 액이 있다. 처와 자손에게 해가 있다. 재주 많고 지혜롭다. 중년에 성공번창한다. 만년에 근심이 있다.

(밝을 소·金火)

刑偶或欠子, 淸雅多才, 智勇雙全, 官運旺, 晩年吉昌多才榮貴
처와 자손에게 해가 있다. 청아하고 재주가 많다. 지혜와 용기를 갖추니 관운이 좋아서 만년에 길하고 번창한다. 재주가 많고 귀하다.

속 俗
(풍속 속·金)

溫和怜悧, 福祿雙收, 淸雅, 欠子, 中年勞, 晩年吉祥
온화하고 영리하다. 복록을 두루 거둔다. 청아하나 자손이 적다. 중년에 힘겨우나 만년에 길하고 상서롭다.

多才巧智, 英俊佳人, 中年成功隆昌, 出國之格榮貴之字
재주가 많고 지혜롭다. 영준하고 아름답다. 중년에 성공번창한다. 나라를 떠나는 격에 귀한 글자.

憂心勞神或事勞無功, 二子吉祥, 中年多災, 晩年吉祥
마음에 근심과 힘겨움이 있거나 애써 일해도 공은 없다. 두 아들이 길하다. 중년에 재액이 많고 만년에 길하고 상서롭다.

刑剋父母或性剛果斷, 中年成功隆昌, 晩年勞神
부모를 형극하거나 혹 성격이 강직하고 결단력이 있다. 중년에 성공하여 번창한다. 만년에 마음 고생한다.

刑偶傷子, 淸雅怜悧, 中年奔波, 晩年吉祥
처와 자손에게 해가 있다. 청아하고 영리하다. 중년에 파란이 있으나 만년은 길하고 상서롭다.

一生技術吉, 多勞少樂, 中年勞苦, 晩年隆昌
일생 기술계가 길하다. 많이 일해도 즐거움이 적다. 중년에 애쓰고 고생하며 만년엔 번창한다.

福祿雙收, 多才賢能, 淸雅榮貴, 成功隆昌環境良好
복록을 두루 거둔다. 재주가 많고 유능하며 청아영귀하다. 성공번창하며 환경이 아주 좋다.

획수별 자(字)의 길흉과 운세—9획 225

(감 시·金木)

忌車怕水, 淸秀多才, 中年有災厄, 晩年吉祥
차와 물을 피하라. 기가 빼어나고 재주가 많다. 중년에 재액이 많다. 만년에 길하고 상서롭다.

시是
(이 시·金火)

淸雅秀氣, 多才溫和, 身瘦勤儉, 中年吉祥, 晩年多疾
청아하고 기가 빼어나다. 재주가 많고 온화하다. 몸은 수척하고 근검하다. 중년에 길하고 상서롭다. 만년에 병이 많다.

(베풀 시·金)

一生多福少勞, 福祿豊厚, 中年吉祥, 晩年勞神
일생 행복하고 노고가 적다. 복록은 풍부하다. 중년은 길하고 상서롭고 만년에 근심걱정한다.

(이 시·金火)

精明公正, 義利分明, 重義氣, 淸雅榮貴, 官旺, 成功隆昌
총명하며 공명정대하다. 의리가 분명하다. 의기가 두텁다. 청아하고 영귀하다. 관운이 왕성하니 성공하여 번창한다.

식食
(밥 식·金)

奔波勞苦, 口快性剛或中年多災, 晩年吉祥勞神
파란과 노고가 있다. 언변이 좋고 성격이 강직하다. 혹은 중년에 재액이 많다. 만년에 길하고 상서로우나 마음 고생한다.

(믿을 신·金)

多才能幹淸雅英敏, 配合吉成功隆昌, 配合凶卽牢獄多災厄
재주가 많고 재간있으니 청아하고 영민하다. 길하면 성공하고 번창하며 흉하면 수감 혹은 재액이 많다.

一生向上, 貴人明現, 多福多才, 中年成功隆昌
일생 향상한다. 귀인이 나타나 돕는다. 복이 많고 재주가 많다. 중년에 성공번창한다.

口快心直, 欠子或多子, 中年吉祥隆昌, 晚年勞神
언변이 좋고 마음이 곧다. 자손이 적거나 많은 자손을 둔다. 중년에 길하고 번창하나 만년에 마음 고생한다.

自尊心强, 意氣大出外吉祥, 中年多災, 晚年吉祥
자존심이 강하다. 의기가 크므로 외지로 나가면 길하고 상서롭다. 중년에 재액이 많으나 만년에 길하고 상서롭다.

子孫興旺, 淸雅榮貴, 中年成功隆昌, 出國之格
자손이 번성한다. 청아하고 귀하니 중년에 성공번창한다. 나라를 떠나는 격이다.

暗淡無光, 病弱短壽惡死凶亡, 命途多舛難幸福多災
암담하여 빛이 없으니 병약하고 단명하여 비명횡사한다. 운명이 어그러져 행복하기 어렵다.

刑偶傷子, 百事勞苦或性剛口快, 中年平, 晚年吉祥
처와 자손에게 해가 있다. 온갖 일이 고생스럽다. 혹은 성격이 강직하고 언변이 좋다. 중년은 평이하다. 만년엔 길하고 상서롭다.

(대략 약·土)

多才巧智, 淸雅榮貴, 中年成功隆昌, 女人有愛情小心注意, 敎育界吉
재주가 많고 지혜롭다. 청아하고 귀하다. 중년에 성공하고 번창한다. 여자는 애정을 조심하고 주의하라. 교육계가 좋다.

(같을 약·土)

福祿雙收, 孤獨格, 刑偶傷子, 中年潦倒晩年吉祥
복록을 두루 거두니 고독하다. 처와 자손에게 해가 있다. 중년에 영락하나 만년엔 길하고 상서롭다.

(큰바다 양·土水)

淸雅怜悧, 多能多才, 中年吉祥隆昌, 女人有薄幸, 欠子, 幸福之字
청아하고 영리하다. 다재다능하여 중년에 길하고 번창한다. 여자는 행복하기 어렵다. 자손은 적으나 행복한 글자.

(선비 언·土)

操守廉正, 名利雙收, 官運旺, 成功隆昌
분수를 지켜 올바르다. 명리를 두루 갖춘다. 관운이 왕성하다. 성공번창한다.

(넓을 연,흐를 연,넉넉할 연·土水)

一生淸雅, 多才巧智, 中年勞, 晩年隆昌, 名利雙收
일생 청아하다. 재주가 많고 지혜롭다. 중년은 힘겨우나 만년에 번창한다. 명예와 이익을 두루 거둔다.

(고울 연·土)

多才巧智, 淸雅怜悧, 刑偶傷子, 中年多災, 晩年吉祥之字, 忌車怕水
재주가 많고 지혜로우며 청아하고 영리하다. 처와 자손에게 해가 있다. 중년에 재액이 많고 만년에 길하고 상서롭다. 차와 물을 피하라.

(물들 염·土水木)

一生淸雅平凡, 多才巧智, 中年成功或隆昌, 晩年勞神
일생청아하고 평범하다. 재주가 많고 지혜롭다. 중년에 성공번창하나 만년에 마음 고생한다.

(꽃부리 영·土)

天生聰明, 器度恢宏, 中年成功隆昌, 小心愛情厄, 出國之格
천성이 총명하다. 됨됨이가 깊고 넓다. 중년에 성공번창한다. 애정액을 조심하라. 나라를 떠나는 격이다.

(비칠 영·土火)

智勇雙全, 名利雙收, 中年成功隆昌, 一生安祥怜悧
지혜와 용기를 두루 갖춘다. 명예와 이익이 있다. 중년에 성공번창하니 일생 편안히 지내며 영리한다.

(찰 영·土)

帶血字多刑剋, 薄幸多災, 或愛情厄, 晩年吉祥
혈자를 만나면 형극이 많다. 행복하기 어렵고 재액이 많다. 혹은 애정으로 인한 액이 있고 만년은 길하고 상서롭다.

(사람이름 예·土)

操守廉正, 勤儉忠誠, 中年吉祥, 忌車怕水, 女人有愛情厄
분수를 지켜 올바르다. 근검하고 충직하다. 중년에 길하고 상서로우나, 차와 물을 꺼린다. 여자는 애정액이 있다.

(집 옥·土)

多愁多憂, 晩婚遲見子, 中年吉祥, 晩年勞神
근심걱정이 많다. 만혼에 늦자식을 두는 것이 길하다. 중년에 길하고 상서롭다. 만년에 마음 고생한다.

(비뚤 왜·土)

憂心勞神或常有禍端, 中年多災厄, 一生難幸福或短壽
마음에 근심하고 힘겹다. 혹은 항상 화의 발단이 된다. 중년에 재액이 많고 일생 행복하기 어렵거나 단명한다.

(두려워할 외·土)

憂心勞神或事勞無功, 一生多災厄, 晚年吉祥
마음에 근심하고 힘겨우니 혹은 일을 애써도 공은 없다. 일생 재액이 많다. 만년에 길하고 상서롭다.

(기울 외·土)

憂心勞神或常有禍端, 中年多災厄, 一生難幸福或短壽
마음에 근심하고 힘겹다. 혹은 항상 화의 발단이 된다. 중년에 재액이 많고 일생 행복하기 어렵거나 단명한다.

(중요할 요·土)

性剛或口快, 淸雅怜悧, 中年吉祥, 晚年勞神
성격이 강직하거나 혹은 언변이 좋다. 청아하고 영리하다. 중년에 길하고 상서롭다. 만년에 마음 고생한다.

(날랠 용·土)

晚婚吉祥, 多才賢能, 中年多勞, 晚年吉祥, 忌車怕水
늦은 결혼이 길하고 상서롭다. 재주가 많고 어질고 유능하다. 중년에 힘들고 만년에 길하고 상서롭다. 차와 물을 피하라.

(하으씨 우·土)

刑剋父母, 天生聰明, 有才無運, 有傷子之厄, 晚年吉祥
부모를 극한다. 천성이 총명하고 재주는 있으나 운이 없다. 자손을 해치는 액이 있으나 만년엔 길하고 상서롭다.

(긴꼬리원숭이 우·土)

多刑剋, 或刑偶傷子, 淸雅平凡, 中年多勞, 晩年吉祥
형극이 많다. 혹은 처와 자손에게 해가 있다. 청아하고 평범하다. 중년엔 힘들게 일하나 만년엔 길하고 상서롭다.

(성할 욱·土)

淸雅怜悧, 口快心直, 中年成功隆昌, 晩年昌盛安穩
청아하고 영리하다. 언변이 좋고 마음곧다. 중년에 성공번창한다. 만년에 번창하며 편안히 산다.

(빛날 욱·土)

淸雅榮貴, 溫和賢能, 中年成功隆昌, 出國之格
청아하고 귀하다. 온화하고 어질다. 중년에 성공번창한다. 나라를 떠나는 격이다.

(담 원·土火)

義利分明, 性樸素溫和賢淑, 中年成功隆昌
공과 사가 분명하다. 성격 바탕이 온화하고 현숙하다. 중년에 성공번창한다.

(동산 원·土)

秀氣英敏, 義利分明貴人明現, 中年成功隆昌享福之字
기가 빼어나고 영민하다. 공과 사가 분명하니 귀인이 돕는다. 중년에 성공번창하니 복을 누리는 글자.

(원망할 원·土)

剋父命, 一生淸雅怜悧, 中年吉祥但有愛情厄, 晩年安穩
부명을 극하니 청아영리하다. 중년에 길하나 단, 애정액이 있다. 만년에야 편안하다.

(위엄 위·土)

口快性剛, 智勇雙全, 中年勞或奔波, 晚年成功隆昌
언변이 좋고 성격은 강직하다. 지혜와 용기를 두루 갖춘다. 중년엔 애쓰거나 혹 파란이 있으니 만년에 성공번창한다.

(밥통 위·土)

憂心勞神或事勞無功, 中年多災, 晚年吉祥
마음의 근심으로 힘겨우며 혹은 일은 애써도 공은 없다. 중년에 재액이 많고 만년에 길하고 상서롭다.

(유자나무 유·土木)

福祿雙收, 名利有分, 中年奔波吉祥, 晚年勞神多疾
복록을 두루 거둔다. 명예와 이익에 분수가 있다. 중년에 파란이 있으나 길하고 상서롭게 된다. 만년에 마음 고생하고 병이 많다.

(성 유·土)

一生淸閒, 理智充足, 中年吉祥, 晚年隆昌
일생 여유가 있고 한가롭다. 이지가 충족하다. 중년에 길하고 상서롭고 만년에 번창한다.

(그윽할 유·土)

有愛情煩惱, 或病弱短壽, 暗淡無光常有禍端
애정액이 있다. 혹은 병약하고 단명하다. 암담하여 빛이 없다. 항상 화의 근원이다.

(동산 유·土)

官或財旺, 一生福祿雙收, 中年吉祥隆昌, 淸榮享福
관운과 재물이 왕성하니 일생 복과 록을 누린다. 중년은 길하고 번창하며 행복하고 영화롭다.

(용서할 유·土)

安祥享福, 慈祥有德, 中年吉祥, 晚年隆昌
편안히 복을 누리니 자상하고 덕이 있다. 중년은 길하고 상서롭고 만년은 번창한다.

(부드러울 유·土木)

出外吉祥, 福祿雙收, 中年成功隆昌, 晚年倍加昌盛
외지로 나가면 길하고 상서롭다. 복록을 두루 거두니, 중년엔 성공번창한다. 만년엔 두 배로 번창한다.

(맏아들 윤·土)

淸雅榮貴, 福壽綿長, 學識豊富, 成功隆昌
청아하고 귀하다. 복과 수명이 오래오래 지속된다. 학식이 풍부하다. 성공번창한다.

(소리 음·土火)

晚婚遲得子大吉, 出外吉祥, 中年勞或奔波, 晚年吉祥, 雙妻格
늦은 결혼에 늦자식을 둠이 대길하다. 외지로 나가면 길하고 상서롭다. 중년에 힘겹거나 파란이 있고 만년에 길하며 상서롭다. 두 처를 두는 격이다.

(율무 이·土)

多才秀雅, 上下敦睦, 中年成功隆昌, 出國之字
재주가 많고 빼어나게 아름답다. 상하가 서로 화목한다. 중년에 성공번창한다. 나라를 떠나는 글자.

(혼인 인·土)

有愛情厄小心, 淸雅怜悧, 多才肯勞, 中年平, 晚年吉祥
애정액을 조심하라. 청아하고 영리하니 재주가 많고 일을 잘한다. 중년에 평범하고 만년에 길하고 상서롭다.

(범할 일·土)

暗淡無光, 淸雅溫和, 有愛情厄小心, 中年成功隆昌
암담하여 빛이 없다. 청아하고 온화하다. 애정으로 인한 액을 조심하라. 중년에 성공번창한다.

(물을 자·金)

福祿雙收, 淸雅榮貴, 中年成功隆昌, 晩年倍加昌盛
복록을 두루 거둔다. 청아하고 영귀하다. 중년에 성공번창하니 만년에 성공이 배가 된다.

(산뽕나무 자·金木)

刑剋父母, 多才多能, 懷才不遇, 中年多勞晩年成功隆昌
부모를 형극한다. 다재다능하여 재주를 품고도 불우하다. 중년에 힘겨우나 만년에 성공번창한다.

(맵시 자·金)

秀氣巧妙, 賢能曉事, 溫和怜悧, 成功隆昌幸福
기가 빼어나고 지혜롭다. 어질고 일에 밝다. 온화하고 영리하니 성공번창하고 행복하다.

(젤 작·金)

多刑剋, 損丁破財或病弱短壽, 或困苦一生, 終生不幸
형극이 많다. 힘을 축내고 재산을 축내거나 혹은 병약하고 단명하다. 혹은 일생 곤고하고 일생을 마치도록 불행하다.

(어지 작·金火)

一生勞苦, 孤獨性格, 中年多災或潦倒, 老而得榮欠子
일생 고생한다. 고독한 성격에 중년은 재액이 많고 혹은 망한다. 늙어 영화를 얻으나 자손이 적다.

재 哉
(어조사 재·金)

學識淵博, 操守廉正, 中年成功隆昌, 出國之字
학식이 해박하다. 분수를 지켜서 올바르니 성공번창한다. 나라를 떠나는 격이다.

(앞 전·金)

出外逢貴成功, 中年多災潦倒, 晩年吉祥隆昌
외지로 나가면 귀인을 만나서 성공한다. 중년에 재액이 많고 망친다. 만년엔 길하고 번창한다.

(훔칠 절·金)

清雅秀氣, 或有愛情厄, 中年勞, 晩年吉祥
청아하고 기가 빼어나다. 혹은 애정액이 있다. 중년에 노고하나 만년에 길하다.

(곧을 정·金)

秀氣怜悧, 溫和賢淑, 中年成功隆昌, 二子吉祥榮貴之字
기가 빼어나고 영리하다. 온화현숙하다. 중년에 성공번창한다. 두 아들이 길하고 상서롭고 귀한 글자.

(정자 정·金)

多才巧智, 清雅怜悧小心愛情厄, 中年吉祥, 晩年隆昌
재주가 많고 지혜롭다. 청아하고 영리하나 애정으로 인한 액을 조심하라. 중년은 길하고 상서롭고 만년은 번성한다.

(고칠 정·金)

清雅英俊, 多才怜悧, 萬事如意, 刑偶傷子, 晩年吉昌
청아하고 영민하다. 재주가 많고 영리하다. 만사가 뜻과 같다. 처와 자손에게 해가 있다. 만년이 길하며 번창한다.

(다스릴 정·金)

英敏多才, 出外吉祥, 中年成功或隆昌, 但有厄, 晩年勞神
영민하여 재주가 많다. 외지로 나가면 길하니 중년에 성공하고 혹은 번창한다. 단, 재액이 있으니 만년에 마음 고생한다.

(임금 제·金)

英雅多才, 福祿雙收英俊佳人, 中年吉慶, 榮貴隆昌
아름답고 재주가 많다. 복록을 두루 갖추니 아름답고 빼어나다. 중년엔 길하고 경사스러우며 귀하고 영예가 번창한다.

(섬 주·金水)

尅父命, 刑偶欠子, 中年奔波勞苦, 或身有暗病, 晚年隆昌雙妻
부친을 극한다. 처와 자손에게 해가 있다. 중년에 파란이 있고 노고가 있다. 혹은 몸에 지병이 있다. 만년은 번창하고 두 처를 둔다.

(껑거리끈 주·金)

刑偶傷子-或愛情厄, 中年多災厄, 晚年隆昌但勞神
처와 자손에게 해가 있다. 혹은 애정으로 인한 액이 있다. 중년에 재액이 많으나 만년에 번창한다. 단, 마음 고생이 있다.

(아뢸 주·金)

有愛情厄, 多才巧智, 清雅怜悧, 中年成功隆昌
애정으로 인한 액이 있다. 재주가 많고 지혜로우니, 청아하고 영리하다. 중년에 성공번창하다.

주姝
(예쁠 주·金)

清雅秀氣, 多才巧智, 中年成功隆昌, 榮貴賢淑
기가 맑고 아름답다. 재주가 많고 지혜롭다. 중년에 성공번창하니, 영화롭고 귀하고 현숙하다.

준俊
(준걸 준·金)

英敏之才, 上下敦睦, 中年成功隆昌, 出外吉祥, 名利雙收
영민한 재주가 있다. 상하가 서로 화목하니 중년에 성공번창한다. 외지로 나가면 길하고 상서롭다. 명예와 이익을 모두 얻는다.

(무거울 중·金)

淸雅榮貴, 家聲克振, 安享尊榮, 成功隆昌, 富貴雙全
청아하고 귀하다. 가문의 명예가 울리니 높은 영광을 누린다. 성공번창한다. 부귀를 두루 갖춘다.

(복 지·金)

一生淸雅英敏, 多才雅量, 中年平, 晩年隆昌
일생 청아하고 영민하다. 재주가 많고 아량이 있다. 중년에 평이하고 만년에 번창한다.

(가질 지·金)

刑偶傷子, 天生聰明, 淸雅怜悧, 中年勞, 晩年吉祥
처와 자손을 해친다. 천성이 총명하고 청아하고 영리하다. 중년에 힘겨우나 만년엔 길하고 상서롭다.

(손가락 지·金)

晩婚吉祥, 憂心勞神或身弱多勞, 晩年吉祥
만혼이 길하고 상서롭다. 마음에 근심있고 힘겹다. 혹은 몸은 약하고 고생이 많다. 만년엔 길하고 상서롭다.

(나루 진·金水)

秀氣巧妙, 理智充足, 晩婚吉祥, 中年吉祥隆昌
기가 빼어나고 지혜롭다. 이지가 족하다. 만혼이 길하고 상서롭다. 중년에 길하고 번창한다.

(보배 진·金)

口快多才, 兄弟無故, 中年勞成功隆昌, 女人孤獨淸秀怜悧晩吉
언변이 좋고 재주가 많다. 형제의 연고가 없다. 중년에 힘겨우나 성공번창한다. 여자는 고독하고 빼어나게 아름답고 만년에 길하다.

(바꿀 질, 번갈아들 질·金)

暗淡無光, 淸雅溫和, 有愛情厄小心, 中年成功隆昌
암담하여 빛이 없다. 청아하고 온화하다. 애정으로 인한 액을 조심하라. 중년에 성공번창한다.

姹
(소녀 차·金)

溫和賢淑, 淸雅怜俐, 中年吉祥, 晩年隆昌
온화현숙하다. 청아하고 영리하다. 중년에 길하고 상서롭다. 만년에 번창한다.

(밝을 창·金火)

子孫興旺, 多才巧智, 中年成功隆昌, 晩年勞神
자손이 번성한다. 재주가 많고 지혜로와 중년에 성공번창한다. 만년에 마음 고생한다.

(샘 천·金水)

英俊佳人, 溫和多才淸雅榮貴, 中年成功, 雙妻晩年勞神
영준하고 아름답다. 온화하고 재주가 많고 청아하며 귀하다. 중년에 성공한다. 두 처를 두니 만년에 마음 고생한다.

(초초·金)

刑剋父母或刑偶傷子, 貴人明現, 中年勞晩年吉祥
부모를 형극하거나 처와 자손을 해친다. 귀인이 나타나서 돕는다. 중년에 힘겨우나 만년에 길하고 상서롭다.

(완두 초, 우뚝할 초·金)

帶厄厄運纏身, 刑偶傷子, 中年吉祥, 福祿雙收
액운을 갖고 있으니 몸에 액운 뿐이다. 처와 자손을 해친다. 중년엔 길하고 경사있고 복록을 두루 갖춘다.

(멀초·金)

出外貴人明現, 淸雅榮貴, 刑偶或傷子, 成功隆昌官旺
외지로 나가면 귀인이 나타나 돕는다. 청아하고 귀하다. 처와 자손에게 해가 있다. 성공번창하고 관운이 좋다.

(재촉할 촉·金)

刑偶傷子, 或有愛情厄, 中年吉祥, 晩年勞神
처와 자손에게 해가 있다. 혹은 애정액이 있다. 중년엔 길하고 상서롭다. 만년에 마음 고생한다.

(험할 최·金水)

多才巧智, 英俊佳人, 中年成功隆昌, 出國之格榮貴之字
재주가 많고 지혜롭다. 영준하고 아름답다. 중년에 성공번창한다. 나라를 떠나는 격에 귀한 글자.

(가을추·金)

多才巧智, 淸雅榮貴, 中年成功隆昌, 女人虛榮或愛情厄, 晩吉祥
재주가 많고 지혜롭다. 청아하고 귀하니 중년에 성공번창한다. 여자는 허영스럽고 혹은 애정액이 있다. 만년에 길하다.

(봄 춘·金火)

淸雅怜悧, 少樂多, 憂出外大吉, 中年有災厄榮貴, 欠子, 勞神之字
청아하고 영리하다. 즐거움은 적고 근심이 많다. 외지로 나가면 대길하다. 중년은 재액이 많고 영화롭고 귀하나, 자손이 부족하고, 마음 고생하는 글자.

(산우뚝설 치·金土)

一生淸閒, 刑偶傷子, 中年多災或潦倒, 晩年吉祥
일생 청아하고 한가롭다. 처와 자손에게 해가 있다. 중년에 재액이 많거나 혹은 망친다. 만년에야 길하고 번창한다.

(법 칙·金)

精明公正, 克己助人, 中年成功隆昌, 一生榮貴享福
총명하며 공명정대하다. 자기를 이기고 남을 돕는다. 중년에 성공번창하니 일생 영화롭게 복을 누린다.

(신칙할 칙·金)

刑剋父母, 孤獨奔波, 中年多災厄, 晩年吉祥
부명을 극한다. 고독하고 파란있으니 중년엔 재액이 많다. 만년에 길하고 상서롭다.

(침노할 침·金)

憂心勞神或奔波勞苦, 中年多災, 晩年吉祥子福
마음과 정신에 근심이 있어 힘겹다. 혹은 파란과 노고가 있다. 중년에 재액이 있으니 만년에 길하고 상서롭다. 자손에게 복이 있다.

(헤아릴 탁·火)

出外吉祥, 中年奔波勞苦, 晩年成功隆昌
외지로 나가면 길하고 상서롭다. 중년엔 파란과 노고가 있으나 만년엔 성공번창한다.

(숯 탄·火)

多才巧智, 性剛口快, 晩婚吉祥, 中年勞, 晩年吉祥
재주가 많고 지혜롭다. 성격이 강직하고 언변이 좋다. 만혼이 길하고 상서롭다. 중년에 애쓰나 만년에 길하고 상서롭다.

(아이밸 태·火)

淸雅怜悧, 多才賢能, 中年吉祥, 成功隆昌, 欠子之字
청아하고 영리하다. 다재하고 어질고 유능하다. 중년에 길하고 상서롭다. 성공번창하나 자손이 부족한 글자.

(게으를 태·火)

憂心勞神或事勞無功, 中年多災厄, 晚年吉祥
마음에 근심이 있고 힘겹다. 혹은 일은 애써도 공은 없다. 중년에 재액이 많고 만년에 길하다.

(갈라질 파·水)

性剛英雄豪爽, 出外逢貴, 中年勞, 晚年隆昌, 淸榮
성격이 강직하고 영웅호걸이다. 외지로 나가면 귀인을 만난다. 중년에 힘드나 만년에 번창한다.

(편할 편·水)

福祿雙收, 出外吉祥, 中年勞, 成功隆昌, 晚年吉祥但欠子
복록을 두루 거둔다. 외지로 나가면 길하다. 중년에 힘겨우나 만년은 길하고 상서롭다. 단, 자손이 적다.

(작을 편·水)

一生聰明怜俐, 口快中年平, 晚年吉祥, 女人多災厄病弱短壽
일생 총명하고 영리하다. 언변이 좋고 중년은 평이하다. 만년에 길하다. 여자는 재액이 많고, 병약하고 단명한다

(태보 포·水)

刑偶傷子, 或身弱多厄, 淸雅怜俐, 中年勞晚年吉祥
처와 자손에게 해가 있다. 혹은 신약하고 액이 많다. 청아하고 영리하다. 중년에 노고하고 만년에 길하고 상서롭다.

(품수 품·水)

性剛, 秀氣多才, 溫和怜俐, 福祿雙收, 中年隆昌榮華之字
성격이 강직하고 온화하고 영리하다. 복록을 두루 거둔다. 중년은 번창하고 영화로운 글자.

(바람 풍·水)

身弱多疾或奔波勞苦, 中年吉祥, 晚年勞神或, 中年勞晚年吉
신약하고 병이 많으며 혹은 파란있고 고생하나 중년엔 길하고 상서롭다. 만년엔 마음 고생하고 혹은 중년엔 힘겹고 만년엔 길하다.

(여름 하·土火)

精明公正, 義利分明, 重義氣, 淸雅榮貴, 官旺, 成功隆昌
총명하며 공명정대하다. 의리가 분명하다. 의기가 두텁다. 청아하고 영귀하다. 관운이 왕성하니 성공하여 번창한다.

(한할 한·土)

憂心勞神或事勞無功或有愛情厄, 中年吉祥, 晚年勞神
마음에 근심이 힘겹다. 일은 애써도 공은 없다. 혹은 애정으로 인한 액이 있다. 중년에 길하고 상서롭다. 만년에 마음 고생한다

(모두 함, 같을 함·土)

剋父命, 淸雅怜悧, 中年吉祥, 晚年勞神, 身閒心苦
부명을 극한다. 청아하고 영리하다. 중년에 길하고 상서롭다. 만년에 정신이 수고롭고, 몸이 한가롭지만 마음은 괴롭다.

(거리 항·土)

憂心勞神, 一生勞苦多災, 晚婚吉, 中年勞, 晚年吉祥
마음에 근심이 있어 힘겹다. 일생 노고하고 재액이 많다. 만혼이 길하다. 중년은 노고하며 만년은 길하고 상서롭다.

(항상 항·土火)

一生多福, 淸雅榮貴, 多才能幹, 中年成功隆昌, 欠子之字
일생 다복하다. 청아하고 귀하며 재능과 재간이 많다. 중년에 성공번창하나 자손이 부족한 글자.

(향기 향·土木火)

身弱多災或憂心勞神, 中年災厄, 晩年吉祥, 短壽, 多災之字
신약하고 재액이 많다. 혹은 마음에 근심하고 힘겹다. 중년에 재액이 있고 만년에 길하고 상서롭다. 단명하고 재액이 많은 글자.

(가죽 혁·土)

性剛口快, 多才淸雅, 中年吉昌, 晩年勞神
성격이 강직하고 언변이 좋다. 재주가 많고 청아하다. 중년에 번창하고 만년에 마음 고생한다.

(밝을 현·土火)

多福多才, 淸雅榮貴, 官緣祿得, 成功隆昌出國之格
복많고 재주가 많다. 청아하고 귀하니 관운으로 록을 얻는다. 성공번창하여 나라를 떠나는 격이다.

(머리 혈·土)

二子吉祥, 義利分明, 中年成功隆昌, 淸雅榮貴
두 아들이 길하고 상서롭다. 의리가 분명하니 중년에 성공번창한다. 청아하고 귀하다.

(호협할 협·土)

口快心直, 英雄豪爽, 中年多災或事勞無功, 晩年吉祥
언변이 좋고 마음이 곧다. 영웅호걸이다. 중년에 재액이 많다. 혹은 일은 힘써도 공은 없다. 만년에 길하고 상서롭다.

(거푸집 형·土)

憂心勞神或少樂多憂, 中年多災厄, 晩年吉祥
마음에 근심하고 힘겹다. 혹은 즐거움은 적고 근심은 많다. 중년에 재액이 많고 만년에 길하고 상서롭다.

(어찌 호·土)

多才巧智, 淸雅怜悧, 中年雖勞, 成功隆昌, 晚年子孫吉慶
재주가 많고 지혜롭다. 청아하고 영리하다. 중년엔 비록 수고하나 성공번창한다. 만년에 자손이 길하고 경사스럽다.

(클 홍·土水)

一生淸雅, 溫和怜悧, 中年潦倒或困苦, 晚年隆昌
일생 청아하다. 온화하고 영리하다. 중년에 영락하거나 혹 곤고하다. 만년에 번창한다.

(붉을 홍·土)

剋父命多才巧智, 淸雅榮貴, 中年勞, 晚年吉祥
부친을 극한다. 재주가 많고 지혜로우니 청아하고 귀하다. 중년에 힘겨우나 만년에 길하고 상서롭다.

(떠들 홍·土)

福祿雙收, 二子吉祥, 中年雖勞, 成功隆昌短壽之字
복록을 두루 거둔다. 두 아들이 길하고 상서롭다. 중년에 비록 애써도 성공번창하고 단명한다.

(무지개 홍·土)

晚婚大吉, 淸雅多才, 中年成功隆昌出國之格
만혼이 대길하다. 청아하고 재주많다. 중년엔 성공번창한다. 나라를 떠나는 격이다.

(살 활·土水)

福祿雙收, 秀氣怜悧, 中年成功或隆昌, 晚年勞神
복록을 두루 거둔다. 기가 빼어나고 영리하다. 중년에 성공번창하나 만년에 마음 고생한다.

英敏之才, 特有人緣, 中年勞或奔波, 晩年吉祥
영민하고 재주가 많다. 특별히 사람들과 인연이 있다. 중년에 힘겹고 혹은 파란이 있다. 만년엔 길하고 상서롭다.

一生淸雅平凡, 淸雅怜悧, 有口舌之厄, 晩年吉祥
일생 청아하고 평범하다. 청아하고 영리하다. 구설수가 있다. 만년에 길하고 상서롭다.

義利分明, 溫和賢淑, 中年成功隆昌, 晩年子孫旺盛
의리가 분명하다. 온화하고 현숙하다. 중년에 성공번창한다. 만년에 자손이 번창한다.

淸雅多才, 理智充足, 中年平凡, 晩年吉祥
청아하고 재주가 많다. 이지가 충족한다. 중년에 평범하다. 만년에 길하고 상서롭다.

出外逢貴得財, 刑偶欠子, 有破相之厄, 福祿雙收之字
외지로 나가면 귀인을 만나고 재물을 얻는다. 처와 자손에게 해가 있다. 주변을 해치는 액이 있다. 복록을 모두 얻는 글자.

溫和賢淑, 一生淸雅榮貴, 中年成功隆昌安富尊榮
온화하고 현숙하다. 일생 청아하고 귀하다. 중년에 성공번창하니 편안히 부귀하며 영화를 누린다.

(근심할 휼·土)

帶血字不祥多災, 一生病弱短壽或有不幸難幸福
혈자가 있어 좋지 않으니 재액이 많다. 일생 병약하고 단명하거나 혹 불행하니 행복하기 어렵다.

(젖을 흡·土水)

福祿雙收, 多才怜悧, 中年成功隆昌, 雙妻之格, 名利之字
복록을 두루 거두니 재주가 많고 영리하다. 중년에 성공번창한다. 두 처를 두는 격이다. 명예와 이익이 있다.

(아씨 희·土)

少年干難, 有愛情厄, 中年多勞, 晚年吉祥隆昌
소년기에 가난하고 애정으로 인한 액이 있다. 중년에는 힘겨우나 만년에는 길하고 번창한다.

{ 10획 음 (陰) }

(집 가·木)

出外吉祥, 多才巧智, 淸雅怜悧, 忌車怕水, 晩年吉祥
외지로 나가면 길하고 상서롭다. 재주가 많고 지혜로우니 청아영리하다. 물과 차를 피하라. 만년엔 길하다.

(노래 가·木)

福祿雙收, 口才怜悧, 天生聰穎, 中年勞, 晩年吉祥
복록을 모두 거둔다. 언변이 좋고 영리하다. 천성이 총명하다. 중년에 애쓰나 만년에 길하다.

(굳셀 강·木)

智勇雙全, 武官大吉, 中年勞, 晩年成功隆昌, 淸雅榮貴, 二子吉祥
지혜와 용기를 두루 갖추니 무관이 대길하다. 중년에 애쓰나 만년엔 성공한다. 청아하고 귀하다. 두 아들이 길하고 상서롭다.

(북두성 강·木)

智勇雙全, 義利分明, 中年吉祥, 晩年隆昌, 武將大吉
지용을 겸비한다. 공과 사가 분명하다. 중년에 길하다. 만년에 번창하다. 장군이 대길하다.

(낱 개·木)

智勇雙全, 義利分明, 中年吉祥, 晩年隆昌多勞神
지혜와 용기를 두루 갖춘다. 의리가 분명하고 중년에 길하다. 만년에 번창하나 마음 고생한다.

(개선가 개·木)

英敏怜悧, 多才巧智, 淸雅榮貴, 中年吉祥, 出國之字
영민하고 영리하다. 재주가 많고 지혜롭다. 청아하고 귀하다. 중년에 길하다. 나라를 떠나는 글자.

격 格
(격식 격·木)

一生多福少勞, 淸雅怜悧, 中年吉祥, 晩年勞神
일생 다복하고 노고는 적다. 청아영리하다. 중년에 길하나 만년엔 마음 고생한다.

(삼갈 건·木)

憂心勞神或事勞無功, 中年多災厄, 晩年吉祥, 不幸之字
마음에 근심이 있고 힘겹다. 혹은 일을 해도 공은 없다. 중년에 재액이 많으나 만년에 길하고 상서롭다. 불행한 글자.

(성급할 견·木)

有愛情煩惱, 或不幸少年干難, 中年吉祥, 晩年勞神, 欠子
애정으로 번뇌한다. 혹은 불행하여 소년기에 가난하다. 중년에 길하고 만년에 마음 고생한다. 자손이 부족하다.

(모자랄 결·木)

多愁多勞, 或事勞無功, 中年多災厄, 晩年子福吉祥
근심이 많고 애쓴다. 일을 해도 공이 없다. 중년에 재액이 많다. 만년에 자식이 복되고 길하다.

겸 兼
(겸할 겸·木)

英敏之才, 特有人緣, 上下敦睦, 中年勞, 晩年隆昌
영민한 재주가 있다. 사람과 특별한 인연이 있어 상하가 화목하다. 중년에 애쓰나 만년에 번창한다.

(지름길 경·木)

有愛情厄或刑偶傷子, 或身弱多災, 中年勞, 晚年吉祥
애정액이 있거나 혹은 처와 자손에게 해가 있다. 혹은 몸이 약하고 재액이 많다. 중년에 애쓰고 만년에 길하다.

(빛 경·木)

一生淸雅緣和四海, 中年勞或潦倒, 晚年吉祥
일생 청아하고 사해에 인연이 있다. 중년에 애쓰고 혹은 망한다. 만년에 길하다.

(밭갈 경·木)

淸雅怜悧, 理智充足, 中年成功隆昌, 環境良好, 官運旺
청아하고 영리하다. 이지가 족하다. 중년에 성공번창하니 환경양호하다. 관운이 좋다.

(계수나무 계·木土)

淸雅怜悧, 多才秀氣, 中年吉祥, 成功隆昌, 女人不幸多災厄之字
청아영리하다. 재주가 많고 기가 빼어나다. 중년에 길하고 성공번창한다. 여자는 행복하지 않고 재액이 많은 글자.

고庫
(곳집 고·木)

安穩守己, 溫和怜悧, 中年有災厄, 晚年吉祥
편안히 제 분수를 지킨다. 온화하고 영리하다. 중년에 재액이 있다. 만년에 길하다.

고高
(높을 고·木)

一生淸雅, 福祿雙收, 中年勞, 晚年吉祥
일생 청아하니 복록을 두루 거둔다. 중년에 애쓰니 만년에 길하다.

(뼈 골·木)

不祥多災, 病弱短壽或困苦一生, 多災厄之字
상서롭지 못해 재액이 많다. 병약하고 단명한다. 혹은 곤고한 일생이니 재액이 많다.

(공손할 공·木)

幼年辛苦, 或身有暗病, 中年吉祥, 晩年勞神多災
유년에 몹시 고생한다. 혹은 지병이 있다. 중년에 길하나, 만년엔 마음 고생하고 재액이 많다.

(바칠 공·木)

二子吉祥多子短壽, 中年吉祥, 晩年勞神多疾
두 아들이 길하고 상서롭다. 자식이 많으면 단명한다. 중년에 길하다. 만년에 마음 고생하고 병이 많다.

(학교 교·木)

暗路長行, 出外吉祥, 中年有災厄, 晩年吉祥
어두운 길을 계속 간다. 외지로 나가면 길하다. 중년에 재액이 있다. 만년에 길하다.

(옥산통 교·木)

秀氣怜悧, 淸雅榮貴, 中年吉祥, 晩年隆昌, 福壽興家
기가 빼어나고 영리하다. 청아하고 귀하니 중년에 길하다. 만년에 번창하니 복과 장수가 집안에 가득하다.

구 矩
(곱자 구·木)

多才巧智, 淸雅榮貴, 中年成功, 出國之字
재주가 많고 지혜롭다. 청아하고 귀하다. 중년에 성공한다. 나라를 떠나는 격이다.

구 俱
(함께 구·木)

二子吉祥, 多才怜悧, 中年勞或奔波, 晩年吉慶
두 아들이 길하고 상서롭다. 재주가 많고 영리하다. 중년에 수고롭고 혹은 파란이 있다, 만년에 길하고 경사있다.

군 郡 (고을 군·木)
一生出外吉祥, 奔波勞苦, 中年多勞, 晚年吉祥隆昌
일생 외지로 나가면 길하다. 파란과 노고가 있다. 중년에 애쓰나 만년에 길하고 번창한다.

궁 宮 (집 궁·木)
智勇雙全, 福祿雙收, 義利分明, 二子吉祥, 晚年隆昌, 勞神
지혜와 용기를 모두 갖춘다. 복록을 두루 거둔다. 의리가 분명하다. 두 아들이 길하다. 만년에 성공번창하나 마음 고생한다.

궁 躬 (몸 궁·木)
身弱短壽或憂心勞神, 難幸福多災厄, 抱恨九泉
신약하고 단명하다. 혹은 마음에 근심이 있고 힘겹다. 행복하기 어렵고 재액이 많다. 구천에 원한이 있다.

권 拳 (주먹 권·木)
多災厄或病弱短壽或牢獄之災, 中年勞苦晚年子福
재액이 많고 혹은 병약하며 단명한다. 혹은 수감의 액이 있다. 중년에 애쓰나 만년에 자식 복이 있다.

귀 鬼 (귀신 귀·木)
不祥之字, 多災厄, 病弱短壽, 一生困苦難幸福
상서롭지 못한 글자. 재액이 많으니 병약하고 단명하다. 일생 고생하고 행복하기 어렵다.

(서옥 규·木土)
精明公正, 多才溫和, 官運旺, 中年成功隆昌, 刑偶傷子, 雙妻命
총명하며 공명정대하다. 재주가 많고 온화하다. 관운이 왕하다. 중년에 성공번창한다. 처와 자손에게 해가 있고 두처를 거느린다.

(나막신 극·木)

刑偶傷子 或有愛情厄, 中年多勞, 晚年吉祥, 出外大吉
처와 자손에게 해가 있다. 혹은 애정액이 있다. 중년에 노고가 많다. 만년에 길하고 외지로 나가면 대길하다.

(뿌리 근·木)

英敏之才, 特有人緣, 上下敦睦, 中年勞, 晚年吉祥父母無緣
영민하고 재주 있다. 특히 사람들과 인연이 있으니 상하가 화목한다. 중년에 애쓰나 만년엔 길하다. 부모와는 인연이 없다.

(이불 금·木)

溫和慈祥, 淸雅怜悧, 中年勞, 奔波, 晚年吉祥
온화하고 자상하다. 청아영리하다. 중년에 애쓴다. 파란있다. 만년에야 길하다.

(책살자 급·木)

出外逢貴, 淸雅怜悧, 中年多災, 或事勞無功, 晚年吉祥
외지로 나가 귀인을 만난다. 청아하고 영리하다. 중년에 재액이 많다. 혹은 일을 해도 공은 없다. 만년엔 길하다.

(일어날 기·木)

憂心勞神, 暗淡無光, 中年多災厄或困苦, 晚年吉祥
마음에 근심있고 힘겹다. 암담하여 빛이 없다. 중년엔 재액이 많고 혹은 고생한다. 만년에야 길하다.

(적을 기·木)

過房之格, 淸雅秀氣, 中年吉昌, 晚年憂心勞神
처가 여럿 있는격이다. 청아하고 기가 빼어나다. 중년엔 번창한다. 만년엔 마음에 근심있다.

英敏怜悧, 多才巧智, 淸雅榮貴, 中年吉祥, 出國之字
영민하고 영리하다. 재주가 많고 지혜롭다. 청아하고 귀하다. 중년에 길하다. 나라를 떠나는 글자.

有愛情厄或不幸而亂離, 中年多災厄, 晩年吉祥, 小姨之命
애정액이 있고 혹은 불행히 헤어진다. 중년에 재액이 많다. 만년에 길하다. 작은 이모의 명이다.

阿娜多姿, 秀氣怜悧, 晩婚吉祥, 小心愛情厄, 晩年隆昌
아름답고 자태가 곱다. 기가 빼어나고 영리하니 만혼이 길하다. 애정액을 조심하라. 만년에 번창한다.

刑偶傷子, 或身弱多疾, 中年有災厄, 晩年吉祥
처와 자손에게 해가 있다. 혹은 병약하고 병이 많다. 중년에 재액이 많으나 만년에 길하고 상서롭다.

溫和賢能, 肯作肯勞, 勤儉持家, 中年吉祥, 晩年隆昌
온화하고 어질다. 즐겨 일하고 애쓰니 근검하여 집안을 지킨다. 중년에 길하니 만년에 번창한다.

智勇雙全, 義利分明, 淸雅榮貴, 出國之字, 成功隆昌
지혜와 용기를 갖춘다. 공과 사가 분명하다. 청아하고 귀하다. 나라를 떠나는 격이다. 성공번창한다.

(끈 뉴·火)

有愛情煩惱, 或身弱短壽, 中年勞, 晚年吉祥, 多災厄之字
애정으로 번뇌하니 혹은 몸이 약하고 단명한다. 중년에 애쓴다. 만년에 길하고 번창한다. 재액이 많은 글자.

(능할 능·火)

敗肺之字, 刑偶傷子, 中年奔波或勞, 晚年吉祥, 有愛情厄短壽
폐부가 상하는 글자. 처와 자손에게 해가 있다. 중년에 분파하고 애쓴다. 만년에 길하다. 애정액이 있고 단명한다.

(차 다·火)

刑偶傷子, 中年多勞或多災, 晚年吉祥隆昌
처와 자손에게 해가 있다. 중년에 애쓰고 혹은 재액이 많다. 만년에 길하고 번창한다.

(당나라 당·火)

福祿雙收, 謀爲出衆, 中年不利有災厄, 晚年吉祥
복록을 두루 거둔다. 지모가 출중하다. 중년에 이롭지 않고 재액이 있다. 만년엔 길하다.

(넘어질 도·火)

不祥之字, 消極多災, 或憂心勞神, 病弱短壽難幸福
상서롭지 못한 글자. 소극적이며 재액이 많다. 혹은 마음에 근심하고 힘겹다. 병약하고 단명하며 행복하기 어렵다.

(무리 도·火)

憂心勞神或事勞無功, 中年多災, 晚年吉祥
마음에 근심이 있어 힘겹다. 혹은 애써 일해도 공은 없다. 중년에 재액이 많다. 만년에 길하고 상서롭다.

(복숭아 도·火木)

刑偶欠子或有愛情厄, 秀氣多才, 淸雅怜悧, 中年平, 晩年吉祥
처와 자손에 해가 있다. 혹은 애정액이 있다. 기가 빼어나고 재주가 많다. 청아영리하다. 중년은 평범하고 만년엔 길하다.

(섬 도·火)

天生聰穎, 一生淸雅多才, 中年勞或奔波, 晩年吉祥
천성이 총명하다. 일생 청아하고 재주가 많다. 중년에 애쓰거나 혹은 파란이 있다. 만년에 길하다.

(얼 동·火水木)

淸雅平凡, 多才巧智, 中年吉祥, 晩年隆昌, 有刑偶傷子之厄
청아하고 평범하다. 재주가 많고 지혜롭다. 중년에 길하고 만년에 번창한다. 처와 자손에게 해가 있다.

(오동나무 동·火木)

刑偶傷子, 有雙妻之格, 中年勞, 晩年隆昌, 榮華之字
처와 자손에 해가 있다. 두 처를 둔다. 중년에 애쓰나 만년엔 번창하니 영화롭다.

랑 浪
(물결 랑·火水)

性剛果斷, 奔波勞苦, 晩婚吉祥, 中年多勞, 晩年吉祥
성격이 강직하고 과감하다. 파란과 노고한다. 만혼이 길하다. 중년에 애쓰나 만년에 길하다.

랑 郞
(사내 랑·火)

性剛英雄氣魄, 晩婚吉祥, 中年平, 晩年吉祥, 淸雅多才, 忌車怕水
성격이 강직하고 영웅의 기백이 있다. 만혼이 길하고 상서롭다. 중년에 평이하다. 만년엔 길하고 상서롭다. 청아하고 재주가 많다. 물과 차를 피하라.

렬 烈 (매울 렬·火)

口快豪傑, 出外大吉, 刑偶欠子, 中年勞, 晩年吉昌, 官旺之字
언변좋고 호걸이다. 외지로 나가면 대길하다. 처와 자손에게 해가 있다. 중년에 애쓰고 만년에 번창하니 관운이 왕성한 글자.

(헤아릴 료·火木)

淸雅怜悧, 有愛情厄, 中年勞, 晩年隆昌, 環境良好
청아하고 영리하다. 애정액이 있다. 중년에 노고한다. 만년에 번창하니 환경이 아주 좋다.

(흐를 류·火水)

晩婚遲得子或欠子, 貴人明現, 中年奔波勞苦, 晩年榮幸
만혼에 늦자식을 둠이 길하다. 혹은 자손이 부족하다. 귀인이 와서 돕는다. 중년에 파란과 노고가 있다. 만년에 영화롭다.

(머무를 류·火)

肯作肯勞, 重義信用, 溫和有德, 中年吉祥, 晩榮幸
즐겨 일하고 즐겨 애쓴다. 의리와 신용이 깊다. 온화하여 덕이 있다. 중년에 길하니 만년에 영화롭다.

륜 倫 (인륜 륜·火)

學識淵博, 官運旺盛, 安富尊榮, 出國之字, 成功隆昌, 孤獨格
학식이 풍부하다. 관운이 좋으니 편안하고 영화롭다. 나라를 떠나는 글자. 성공번창한다. 고독하다.

(밤 률·火木)

有愛情厄, 一生淸雅怜悧, 中年多災, 晩年吉祥
애정액이 있다. 일생 청아영리하다. 중년에 재액이 많다. 만년에 길하다.

(말 마·水)

淸雅榮貴, 多才怜悧, 中年勞或奔波, 晩年吉祥
청아하고 귀하다. 재주가 많고 영리하다. 중년에 힘겹고 혹은 파란이 있다. 만년에 길하다.

(묻을 매·水土)

有愛情厄或憂心勞神, 懷才不遇, 中年多災, 晩年吉祥
애정액이 있고 혹은 마음에 근심있고 힘겹다. 재주를 품어도 불우하다. 중년에 재액이 많고 만년에 길하다.

(맥 맥·水)

口快心直, 常有禍端, 刑偶傷子或命途多舛, 晩年吉昌
언변이 좋고 마음이 곧다. 항상 화의 발단이 된다. 처와 자손에게 해가 있다. 혹은 운명이 어긋나니 만년에야 길하다.

(잠잘 면·水)

一生淸雅, 多才巧智, 溫和賢能, 中年勞, 晩年吉祥
일생 청아하다. 재주가 많고 지혜롭고 온화하고 어질다. 중년엔 애쓰나 만년엔 길하다.

(어두울 명·水火)

子孫興旺, 刑剋父母, 中年多災厄, 晩年吉祥, 但有不幸之災
자손이 번성하나 부모를 극한다. 중년에 재액이 많다. 만년엔 길하다. 단, 불행한 재액이 있다.

(늙을 모·火)

孤獨格怪性或刑偶傷子, 病弱短壽, 多災厄難幸福
고독하고 괴상한 성격이다. 혹은 처와 자손에게 해가 있다. 병약하고 단명한다. 재액이 많고 행복하기 어려운 글.

憂心勞神, 清雅怜悧, 中年勞, 晚年吉祥
마음에 근심이 있어 힘겹다. 중년에 애쓰고 만년에 길하다.

多才巧智, 清雅怜悧, 中年吉祥, 晚年隆昌環境良好
재주가 많고 지혜롭다. 청아하고 영리하다. 중년에 길하고 만년에 번창하며 환경양호하다.

小巧怜悧, 清雅秀氣小, 心愛情厄, 晚年吉祥, 欠子之字
지모가 있고 영리하다. 청아하고 기가 빼어나다. 애정액을 조심하라. 만년에 길하니 자손이 적은 글자.

多才巧智, 清雅怜悧, 中年吉祥, 晚年隆昌環境良好
재주가 많고 지혜롭다. 청아하고 영리하다. 중년에 길하고 만년에 번창하며 환경양호하다.

刑偶欠子, 肯作肯勞, 重義信用, 再嫁之厄晚年隆昌
처와 자손에게 해가 있다. 즐겨 일하고 힘쓰니 의리를 중히 여겨 신용이 있다. 두 번 결혼의 재액이 있고 만년에 번창한다.

清雅怜悧, 肯作肯勞重信義, 中年離難, 晚年吉祥刑偶傷子之厄
청아하고 영리하다. 즐겨 일하고 즐겨 애쓰니 신의를 중히 여긴다. 중년에 이별수가 있다. 만년에 길하고 상서롭다. 처와 자손에게 해가 있다.

반 班
(나눌 반·水)

溫和賢能懷才不遇, 中年勞, 晚年吉祥, 欠子之字
온화하고 어질다. 재주를 품고도 불우하다. 중년에 애쓴다. 만년에 길하나 자손이 부족하다.

반 畔
(물가 반·水)

刑偶傷子, 或奔波勞苦, 中年吉祥, 晚年勞神多疾
처와 자손에게 해가 있다. 파란과 노고가 있다. 중년엔 길하나 만년엔 마음 고생하고 병이 많다.

방 倣
(본뜰 방·水)

出外吉祥, 淸雅多才, 仁義分明, 中年多災, 晚年吉祥
외지로 나가면 길하다. 청아하고 재주가 많으니 인의가 분명하다. 중년에 재액이 많고 만년에 길하고 상서롭다.

방 旁
(곁 방·水)

憂心勞神或事勞無功, 中年勞苦, 晚年吉祥
마음에 근심이 있어 힘겹다. 일을 애써 해도 공은 없다. 중년에 노고하고 만년에 길하다.

배 倍
(곱 배·水)

天生聰穎, 福祿雙收, 名利有分, 中年成功隆昌, 出國之格
천성이 총명하니 복록이 두루 거둔다. 명예와 이익에 분수가 있다. 중년에 성공번창한다. 나라를 떠나는 격이다.

배 配
(짝 배·水)

憂心勞神或遲得子, 二子吉祥, 中年勞, 晚年吉祥
마음에 근심이 있고 힘겹다. 혹은 늦자식을 둔다. 두 아들이 길하다. 중년에 힘들고 만년에 길하다.

병 倂
(나란히할 병·水)

貴人明現, 淸雅怜悧, 中年多災厄或病疾, 晚年吉祥之字
귀인이 나타나서 돕는다. 청아하고 영리하다. 중년에 재액이 많다. 혹은 질병이 있다. 만년에 길한 글자.

病 (병들 병·水)
不祥之字, 不取名爲吉, 命途多舛或困苦一生
상서롭지 못하다. 이름을 취하지 않음이 길하다. 운명이 어긋나서 혹은 일생 곤고하다.

俸 (녹 봉·水)
刑剋父母, 淸雅怜悧, 中年多災或病苦, 晩年隆昌
부모를 두 아들한다. 청아영리하다. 중년에 재액이 많거나 병고가 있다. 만년에 번창한다.

峯 (봉우리 봉·水)
天生聰穎, 多才巧智, 中年奔波或勞, 晩年吉祥, 出國成功之字
천성이 총명하다. 재주가 많고 지혜로와 중년엔 파란과 노고가 있다. 만년엔 길하고 상서롭다. 나라를 떠나면 성공하는 글자.

峰 (산봉우리 봉·水)
多才巧智, 淸雅怜悧, 中年勞但吉祥, 晩年隆昌榮貴
재주가 많고 지혜롭다. 청아하고 영리하다. 중년에 노고하나 길하다. 만년에 번창하고 귀하다.

浮 (뜰 부·水)
虛榮心强, 淸雅怜悧, 中年多勞或有災, 晩年子福
허영심이 강하다. 청아하고 영리하다. 중년에 애쓰고 혹은 재액이 있다. 만년에 자식에게 복이 있다.

俯 (숙일 부·水)
淸雅怜悧, 刑偶欠子, 中年吉祥, 晩年勞神環境良好
청아하고 영리하다. 처와 자손에게 해가 있다. 중년에 길하다. 만년에 마음 고생한다. 환경이 아주 좋다.

(쪼갤 부·水)

福祿雙收, 二子吉祥, 中年多勞, 或有災厄晚年吉祥
복록을 두루 거둔다. 두 아들이 길하고 상서롭다. 중년에 노고가 많다. 혹은 재액은 있으나 만년엔 길하다.

(가마 부·水金)

一生福祿雙收, 名利有分, 中年吉祥, 晚年隆昌, 環境良好
일생 복록을 두루 얻는다. 명예와 이익에 분수가 있다. 중년에 길하고 만년에 번창하니 환경양호하다.

(어지러울 분·水)

帶刀厄, 多刑剋, 刑偶傷子, 中年多災, 晚年吉祥
칼로 인한 재난이 있다. 형극이 많다. 처와 자손에게 해가 있다. 중년에 재액이 많으나 만년에 길하다.

(가루 분·水木)

帶刀厄, 有愛情厄或刑偶傷子, 中年有災厄, 晚年吉祥短壽
칼로 인한 액이 있다. 애정액이 있거나 혹은 처와 자손에게 해가 있다. 중년에 재액이 있다. 만년에 길하고 상서로우나 단명한다.

비 秘
(숨길 비·水)

一生向上, 智勇雙全, 勤儉建業, 家聲克振, 成功隆昌
일생 향상한다. 지혜와 용기를 두루 갖추었다. 근검하여 가업을 세우니 가문의 명성을 날린다. 성공번창한다.

방 紡
(실뽑을 방·水)

肯作肯勞, 重義信用, 中年吉祥, 子孫精誠, 晚年隆昌
즐겨 일하고 애쓴다. 의리를 중히 여겨 중년에 길하다. 자손이 정성스러워서 만년에 번창한다.

(춤출 사·金)

多相剋, 或事勞無功, 中年有災厄或不幸, 晚年難幸福
상극이 많다. 혹은 일이 수고로와도 공이 없다. 재액이 많고 혹은 불행하다. 만년에 행복하기 어렵다.

(비단 사·金)

小巧怜悧, 淸雅秀氣小, 心愛情厄, 晚年吉祥, 欠子之字
지모가 있고 영리하다. 청아하고 기가 빼어나다. 애정액을 조심하라. 만년에 길하니 자손이 적은 글자.

(스승 사·金)

刑剋父母, 少年干難, 中年多災或潦倒, 晚年吉祥
부모를 형극한다. 소년기에 가난하다. 중년기에 재액이 많거나 망하다. 만년에 길하다.

(쏠 사·金)

有破相之厄, 多刑剋命硬, 中年多災, 晚年吉祥但短壽
돕는 주변을 해치는 액이 있다. 형극이 많고 강한 운명이다. 중년에 재액이 많다. 만년에 길하나 단명한다.

(사당 사·金)

多才巧智, 淸雅榮貴, 智勇雙全, 中年成功隆昌, 幸福之字
재주가 많고 지혜롭다. 청아영귀하다. 지혜와 용기를 갖추었다. 중년에 성공번창한다. 행복한 글자.

(초하루 삭·金)

英俊佳人, 一生淸雅多才, 中年成功隆昌, 出國, 欠子之字
영준하고 아름답다. 일생 청아하고 재주가 많다. 중년에 성공번창한다. 나라를 떠난다. 자손이 부족한 글자.

(헐뜯을 산·金土)

一生淸雅多才, 兄弟無緣, 中年吉祥, 晚年隆昌, 環境良好
일생 청아하고 재주가 많다. 형제의 인연이 없다. 중년에 길하고 만년에 번창하고 환경양호하다.

(뽕나무 상·金)

憂心勞神或事勞無功, 中年有災厄, 晩年勞神忌車怕水
마음에 근심이 있고 힘겹다. 혹은 일을 애써도 공이 없다. 중년에 재액이 있다. 만년에 마음 고생한다. 차와 물을 피하라.

(찾을 색·金)

有愛情煩惱, 暗淡無光, 中年多舛, 晩年吉祥勞神
애정액이 있다. 암담하여 빛이 없다. 중년에 어그러진다. 만년에 길하여도 마음 고생한다.

(깃들일 서·金木)

多才巧智, 淸雅榮貴, 中年有災厄, 晩年成功隆昌
재주가 많고 지혜롭다. 청아하고 영귀하다. 중년에 재액이 많다. 만년에 성공번창한다.

(용서할 서·金)

懷才不遇或潦倒, 一生淸雅多才, 無運之格, 晩年吉祥
재주가 품고도 불우하다. 혹은 일생 망친다. 청아하고 재주가 많다. 운이 없는 격이다. 만년엔 길하다.

(글 서·金)

淸雅榮貴, 多才巧智, 精明公正, 義利分明, 英敏成功之字
청아하고 귀하다. 재주가 많고 지혜롭다. 총명하며 공명정대하다. 공과 사가 분명하다. 영민하여 성공하는 글자.

(천천히할 서·金)

一生淸雅榮貴, 多才巧智, 中年成功隆昌晩年勞神
일생 청아영귀하다. 재주가 많고 지혜롭다. 중년에 성공번창하나 만년에 마음 고생한다.

석席
(자리 석·金)

聰明怜悧, 淸雅多才, 中年有災厄, 晩年吉祥環境良好
총명하고 영리하다. 청아하고 재주가 많다. 중년에 재액이 많다. 만년에 길하고 환경양호하다.

획수별 자(字)의 길흉과 운세—10획 263

(번쩍거릴 섬·金)

上下敦睦, 溫和多才, 中年吉祥, 環境良好, 淸雅享福
상하가 화목하다. 온화하고 재주가 많다. 중년에 길하다. 환경양호하고 청아하니 행복을 누린다.

(높은 산 고개, 성 성·金土)

多才巧智, 淸雅溫和, 中年成功或隆昌, 晩年憂心勞神
재주가 많고 지혜롭다. 청아하고 온화하니 중년에 성공 혹은 번창한다. 만년에 마음이 근심하고 힘겹다.

(사라질 소·金水)

暗淡無光, 或憂心勞神, 或刑偶傷子, 中年勞, 晩年吉祥
암담하여 빛이 없다. 혹은 마음에 근심하여 힘겹다. 혹은 처와 자손에게 해가 있다. 중년에 애쓰고 만년에 길하다.

(흴 소·金)

身瘦多疾, 晩婚吉祥, 中年幸福, 有災厄, 晩年吉祥多病, 忌水之字
몸이 약하고 병이 많다. 만혼이 길하다. 중년에 행복하나 재액이 많다. 만년에 길하나 병이 많다. 물을 피하라.

(웃을 소·金)

刑偶傷子, 少年干難, 中年吉祥, 有個執, 晩年勞神
처와 자손에게 해가 있다. 소년기에 가난하다. 중년기에 길하다. 고집이 있다. 만년에 마음 고생한다.

(손자 손·金)

淸雅怜悧, 多才巧智, 中年多災或奔波, 晩年吉祥
청아영리하다. 재주가 많고 지혜롭다. 중년에 재난이 많거나 혹은 파란이 있다. 만년에 길하고 상서롭다.

(보낼 송·金)

吉凶分明, 吉則成功隆昌, 淸雅榮貴, 凶則一貧如洗忌車怕水
길흉이 분명하니, 길하면 성공번창하고 청아영귀하다. 흉하면 가난해서 아무것도 없고 차와 물을 꺼린다.

(힘쓸 쇠, 쇠 쇠·金)

帶刀厄, 禮誠待人安穩守己, 中年勞苦, 晩年隆昌
칼로 인한 액이 있다. 남 대하기를 예의 있게 하며 편안히 분수를 지킨다. 중년에 노고하고 만년에 번창한다.

(닦을 수·金)

英秀怜悧, 溫和賢能, 上下敦睦, 中年成功, 晩年隆昌
빼어나고 영리하다. 온화하고 어질다. 상하가 화목하다. 중년에 성공하고 만년에 번창한다.

(다룰 수·金)

有愛情厄小心, 或憂心勞神, 中年有災厄, 晩年吉祥, 不幸之字
애정액을 조심하라. 혹은 마음에 근심이 있고 힘겹다. 중년에 재액이 있으나 만년에 길하다. 불행한 글자.

(따를 수·金)

憂心勞神或事勞無功, 中年多災, 晩年吉祥
마음에 근심이 있거나 혹은 일은 해도 공은 없다. 중년에 재액이 많으나 만년은 길하고 상서롭다.

(수유나무 수·金木)

秀氣怜悧, 溫和多才, 中年成功隆昌, 淸雅榮貴, 二子吉祥
기가 빼어나고 영리하다. 온화하고 재주가 많아서 중년에 성공번창한다. 청아영귀하며 두 아들이 길하다.

(소매 수·金)

出外大吉, 勤儉持家, 淸雅怜悧, 中年平, 晩年吉祥
외지로 나가면 대길하다. 근검하여 가문을 지킨다. 청아하고 영리하다. 중년에 평범하고 만년엔 길하다.

(순수할 순·金)

有愛情煩惱或憂心勞神, 淸雅怜悧或身弱多疾, 晩福之字
애정에 번뇌하고 혹은 마음에 근심하고 힘겹다. 청아영리하다. 혹은 몸이 약하고 병이 많아서 늦게 발복한다.

(옥이름 순·金火)

有愛情厄或遲得子, 中年身弱或勞神, 晩年吉祥
애정액이 있거나 늦자식을 본다. 중년에 몸약하거나 마음 고생한다. 만년에 길하다.

(따라죽을 순·金火)

暗淡無光, 身弱短壽或欠子, 中年吉祥, 晩年多災厄
암담하여 빛이 없다. 신약하고 단명하거나 혹은 자식이 적다. 중년엔 길하고 만년엔 재액이 있다.

(오를 승·金土)

一生淸雅榮貴, 精明公正, 中年成功隆昌, 環境良好
일생 청아하고 귀하다. 총명하며 공명정대하다. 중년에 성공하고 번창하다. 환경양호하다.

(탈 승·金)

有刑偶傷子或憂心勞神, 肯作肯勞難幸福, 多災厄
처와 자손에 해가 있거나 혹은 마음에 근심과 힘겨움이 있다. 즐겨 일하고 애쓰나 행복하기 어렵고 재액이 많다.

(때 시·金火)

刑偶傷子, 性剛口快, 中年成功隆昌, 環境良好, 晩年勞神
처와 자손에 해가 있다. 성격이 강직하고 언변이 좋다. 중년에 성공번창한다. 환경이 아주 좋고 만년에 마음 고생한다.

(숨쉴 식·金)

憂心勞神或刑偶傷子, 中年勞或潦倒, 晚年吉祥
마음에 근심이 있어 힘겹다. 혹은 처와 자손에게 해가 있다. 중년에 애쓰고 혹은 영락한다. 만년에 길하다.

(애밸 신·金)

秀氣多才賢能溫和, 中年吉祥, 晚年隆昌榮貴
기가 빼어나고 재주가 많다. 어질고 온화하다. 중년에 길하니 만년에 번창하고 귀하다.

(집 신·金)

一生清雅榮貴, 溫和賢能, 中年成功隆昌, 環境良好
일생 청아하고 귀하다. 어질고 온화하다. 중년에 성공번창한다. 환경이 아주 좋다.

(귀신 신·金)

清雅英敏, 多才巧智, 中年吉祥, 晚年隆昌
청아하고 영민하다. 재주가 많고 지혜롭다. 중년에 길하니 만년에 번창하다.

(예쁠 아·土)

天生聰穎, 一生清雅怜悧, 自尊心强, 中年吉祥, 晚年勞神
천성이 총명하여 일생 청아영리하다. 자존심이 강하다. 중년에 길하나 만년에 마음 고생한다.

(산높을 아·土)

口快心直或身瘦多厄中年勞, 晚年成功隆昌, 出國之字
언변이 좋고 마음이 곧다. 혹은 몸이 수척하고 액이 많고 중년에 수고롭다. 만년에 성공번창한다. 나라를 떠나는 글자.

(늦을 안·土火)

英敏之才, 上下敦睦, 出外貴人明現, 官運旺成功隆昌
영민하고 재주가 있다. 상하가 화목한다. 외지로 나가면 귀인이 돕는다. 관운이 왕성하여 성공번창한다.

(책상안·土木)

憂心勞神或事勞無功, 一生困苦, 多災厄難幸福
마음에 근심이 있고 힘겹다. 일을 해도 공은 없다. 일생 곤고하니 재액은 많고 행복하기 어렵다.

(동이앙·土)

帶血字, 出外吉祥, 刑偶傷子或身弱短壽, 中年勞, 晚年吉祥
혈자가 들어있다. 외지로 나가면 길하다. 처와 자손에게 해가 있거나 혹은 몸이 약하고 단명한다. 중년에 애쓰고 만년엔 길하다.

(약할 약·土)

不祥之字, 暗淡無光病弱短壽, 多災厄難幸福
상서롭지 못한 글자. 암담하여 빛이 없으니 병약하고 단명한다. 재액이 많으니 행복하기 어렵다.

(침 연·土水)

精明公正, 克己助人, 中年成功隆昌, 官運旺, 享福奔波
총명하며 공명정대하다. 자기를 이기고 남을 돕는다. 중년에 성공번창한다. 관운이 왕성하여 복을 누리나 파란이 있다.

(가릴 연·土水)

淸雅怜悧, 多才巧智, 有愛情厄, 中年吉祥, 晚年勞神
청아영리하다. 재주가 많고 지혜롭다. 애정액이 있다. 중년에 길하다. 만년에 마음 고생한다.

(아름다울 연·土)

有愛情厄, 或事勞無功, 中年有災厄, 晚年吉祥, 刑偶傷子
애정난이 있다. 혹, 일이 수고로와도 공은 없다. 중년에 재액이 있다. 만년에 길하고 상서롭다. 처와 자손에게 해가 있다.

(잔치 연·土火)

子孫興旺, 秀氣多才, 中年勞或有災, 晚年吉祥
자손이 번성한다. 기가 빼어나고 재주가 많다. 중년에 애쓰나 혹은 재액이 있다. 만년에 길하다.

(연기 연·土火)

淸雅怜悧, 多才巧智, 中年平有災厄, 晚年吉祥, 有惡災之字
청아하고 영리하다. 재주가 많고 똑똑하다. 중년이 평범하나 재액이 있다. 만년에 길하나 재액이 있는 글자.

(기뻐할 열·土)

淸雅吉祥, 多才巧智, 出外吉祥, 刑偶傷子, 成功隆昌
청아하고 길하다. 재주가 많고 지혜롭다. 외지로 나가면 길하다. 처와 자손에게 해가 있다. 성공번창한다.

(어린아이 예·土)

出外吉祥, 多才巧智, 淸雅怜悧, 出國之字, 成功隆昌, 孤獨格
외지로 나가면 길하다. 재주가 많고 지혜로우며 청아영리하다. 나라를 떠나면 성공번창하고 고독하다.

(즐거워할 오·土)

虛榮心强, 有不幸之厄或中年多災, 晚年吉祥
허영심이 강하다. 불행하며 혹은 중년에 재난이 있다. 만년에 길하다.

(깨달을 오·土)

性剛口快, 豪爽怜悧, 福祿雙收, 名利有分, 成功隆昌
성격이 강직하고 언변이 좋다. 호걸의 상이니 영리하고 복록을 갖추었다. 명예와 이익에 분수가 있다. 성공번창한다.

(늙은이 옹·土)

多才有能, 溫和怜悧, 中年苦中甘, 晚年吉祥
재주가 많고 유능하다. 온화하고 영리하다. 중년에 고생중 낙이 있다. 만년에 길하다.

(미역감을 욕·土水)

福祿雙收, 義利分明, 中年吉祥, 雙妻之格, 晚年勞神
복과 녹을 모두 거둔다. 의리가 분명하다. 중년에 길하고 상서롭다. 두 아내를 얻는다. 만년에 마음 고생한다.

(얼굴 용·土)

福祿雙收, 多才怜悧, 二子吉祥, 中年隆昌晚年淸閒
복록을 두루 거둔다. 재주가 많고 영리하다. 두 아들이 길하다. 중년에 번창하고 만년에 한가하다.

(우거질 용·土)

勤儉起家, 淸雅榮貴, 多才有能, 成功隆昌, 女人不幸, 再嫁之厄
근검하여 가문을 일으킨다. 청아영귀하고 다재다능하다. 성공번창한다. 여자는 불행하고 재가의 액이 있다.

(도울 우·土)

學識豊富, 淸雅榮貴, 中年成功隆昌, 名利雙收
학식이 풍부하다. 청아하고 귀하여 중년에 성공번창한다. 명예와 이익을 거둔다.

(어지러울 운·土)

多才巧智, 淸雅怜悧, 中年成功隆昌, 出國之格
재주가 많고 지혜롭다. 청아영리하니 중년에 성공번창한다. 나라를 떠나는 격이다.

(김맬 운·土)

天生聰明, 多才巧智, 中年吉祥, 晩年勞神
천성이 총명하니 재주가 많고 지혜롭다. 중년에 길하나 만년에 마음 고생한다.

(관원 원·土)

二子吉祥, 多才賢能, 中年吉祥, 福祿雙收, 晩年隆昌, 欠子之字
두 아들이 길하다. 재주가 많고 어질다. 중년에 길하니 복록을 두루 거둔다. 만년에 번창하나 자손이 적은 글자.

(근원 원·土)

淸雅榮貴, 多才巧智, 中年吉祥, 晩年隆昌
청아하고 귀하다. 재주가 많고 지혜롭다. 중년에 길하고 만년에 번창한다.

(성 원·土)

吉祥於出外, 多才無運, 中年勞苦, 晩年隆昌
외지로 나가면 길하다. 재주가 많으나 운은 없다. 중년에 힘들고 만년에 번창한다.

(집 원·土)

淸雅怜悧, 多才巧智, 中年吉祥, 晩婚吉, 晩年勞神
청아영리하다. 재주가 많고 지혜롭다. 중년에 길하다. 만혼이 길하다. 만년에 마음 고생한다.

(맺을 유·土)

有愛情煩惱, 或身弱短壽, 中年勞, 晚年吉祥, 多災厄之字
애정으로 번뇌하니 혹은 몸이 약하고 단명한다. 중년에 애쓴다. 만년에 길하고 번창한다. 재액이 많은 글자.

(은혜 은·土)

淸雅怜悧, 多才多能, 中年吉祥, 晚年勞神, 有雙妻之厄
청아하고 영리하다. 다재다능하다. 중년에 길하다. 만년에 마음 고생하니 두 처를 둔다.

(은나라 은·土)

出外吉祥, 淸雅多才, 中年勞或奔波, 晚年隆昌
외지로 나가면 길하다. 청아하고 재주가 많다. 중년에 애쓰고 파란있다. 만년에 번창한다.

(기댈 의·土)

有個執之字, 福祿雙收, 中年有災厄或愛情厄, 晚福
고집이 강하고 복록을 두루 거둔다. 중년에 재액이 있거나 혹은 애정액이 있다. 늦게 복되다.

(더할 익·土)

身弱或目疾, 淸雅怜悧, 中年有災, 晚年吉祥, 剋父帶血之字
신약하거나 눈병이 있다. 청아영리하다. 중년에 재액이 있다. 만년에 길하고 상서롭다. 아버지를 극하는 혈자가 있다.

(들깨 임·土)

精明公正, 多才榮貴, 中年吉祥, 晚年吉祥出國之格
총명하며 공명정대하다. 재주가 많고 귀하다. 중년에 길하다. 만년에 길하다. 나라를 떠나는 격이다.

(방자할 자·金)

一生多福少勞, 淸雅多才, 中年吉祥, 晩年勞神
일생 복은 많고 노고가 적다. 청아하고 재주가 많다. 중년에 길하고 만년에 마음 고생한다.

(검을 자·金)

有愛情煩惱, 溫和賢能, 中年平, 晩年吉祥
애정으로 번뇌한다. 온화현숙하다. 중년에 평이하고 만년에 길하다.

(잔질할 작·金)

一生淸雅怜俐, 多才巧智, 中年勞, 晩年吉祥, 福祿之字
일생 청아영리하다. 재주가 많고 지혜롭다. 중년에 수고롭고 만년에 길하다. 복록이 있는 글자.

(재상 재·金)

身弱或短壽, 或事勞無功, 忌車怕水, 中年有災, 晩年吉祥
몸이 약하고 단명한다. 혹은 일을 애써도 공은 없다. 물과 차를 피하라. 중년에 재난이 있으나 만년에 길하고 상서롭다.

재財
(재물 재·金)

憂心勞神, 刑偶傷子, 事勞無功, 忌車怕水, 中年吉晩年多災厄
마음에 근심이 있어 힘겹다. 처와 자손에게 해가 있다. 일은 해도 공은 없다. 차와 물을 피하라. 중년에 길하고 만년에 재액이 많다.

재栽
(심을 재·金木)

多才怜俐, 淸雅榮貴, 中年成功隆昌, 晩年勞神多災
재주가 많고 영리하다. 청아영귀하니 중년에 성공번창한다. 만년에 마음 고생하고 재액이 많다.

(나무못 전·金木)

多才巧智, 淸雅性剛, 中年勞, 晚年吉祥
재주가 많고 지혜롭다. 청아하고 성격이 강하다. 중년에 애쓰고 만년에 길하다.

(펼 전·金)

多才賢能, 聰明怜悧, 中年成功隆昌, 出國之字
재주가 많고 어질다. 총명하고 영리하다. 중년에 성공번창한다. 나라를 떠난다.

전㫋
(기 전·金)

口快心直, 多才有能, 中年吉祥, 晚年隆昌, 環境良好
언변이 좋고 마음이 곧다. 다재다능하다. 중년에 길하고 만년에 번창한다. 환경양호하다.

(물이름 절·金水)

憂心勞神或事勞無功, 中年有災厄, 晚年隆昌
마음에 근심이 있어 힘겹다. 혹은 일은 애써도 공은 없다. 중년에 재액은 있으나 만년에 번창한다.

(뜰 정·金)

精明公正, 義利分明, 淸雅榮貴, 中年成功隆昌, 出國之字
총명하며 공명정대하다. 공과 사가 분명하다. 청아하고 귀하다. 중년에 성공번창한다. 나라를 떠나는 격이다.

정釘
(못 정·金)

多刑剋, 性剛口快, 中年困苦潦倒, 命途多舛或多災厄
형극이 많다. 성격이 강직하고 언변이 좋다. 중년에 곤고하고 망친다. 운명이 어긋나고 재액이 많다.

제 娣 (손아래누이 제·金)

淸雅多才, 英敏怜悧, 福祿雙收, 淸雅榮貴, 成功隆昌, 出國之字
청아하고 재주가 많아 영민하고 영리하다. 복록을 두루 거둔다. 청아하고 귀하여 성공번창한다. 나라를 떠나는 글자.

제 悌 (공손할 제·金)

智勇雙全, 天生聰穎, 中年成功隆昌, 淸雅榮貴出國之格
지혜와 용기를 두루 갖추었다. 천성이 총명하니 중년에 성공번창하다. 청아하고 귀하고 나라를 떠나는 격이다.

제 除 (덜 제·金)

勤儉肯勞, 二子吉祥, 忌車怕水, 中年勞, 晩年吉祥
근검하여 즐겨 일한다. 두 아들이 길하다. 차와 물을 피하라. 중년에 애쓰나 만년에 길하다.

조 祖 (할아비 조·金)

淸雅榮貴, 官格之字, 中年吉祥隆昌, 晩年勞神多災忌水厄
청아하고 귀하다. 관운이 있다. 중년에 길하고 번창한다. 만년에 마음 고생하고 재액이 많다. 물난리를 조심하라.

조 晁 (아침 조·金火)

天生聰穎, 智勇雙全, 中年成功隆昌 出國之字忌車怕水
천성이 총명하다. 지혜와 용기를 모두 갖추고 중년에 성공번창하다. 나라를 떠나는 글자. 물과 차를 피하라.

조 租 (구실 조·金)

一生淸雅多才巧智, 中年吉祥, 環境良好福壽興家
일생 청아하고 재주가 많고 지혜롭다. 중년에 길하다. 환경이 아주 좋고 복과 장수가 집안에 가득하다.

(복 조·金)

刑偶傷子, 肯作肯勞, 勤儉持家, 中年勞, 晚吉祥
처와 자손을 해친다. 즐겨 일하고 즐겨 애쓴다. 근검하여 가문을 지킨다. 중년에 노고하고 만년에 길하다.

(자리 좌·金)

淸雅溫和, 多才怜悧, 中年多災或奔波, 晚年吉祥
청아하고 온화하다. 재주가 많고 영리하다. 중년엔 재액이 많고 혹은 파란이 있다. 만년에 길하다.

(술 주·金水)

身弱短壽, 或多憂少樂, 中年多災厄, 晚年吉祥
신약하고 단명한다. 혹은 근심이 많고 즐거움이 적다. 중년에 재액이 많다. 만년에 길하다.

(그루 주·金木)

病弱短壽, 賢能溫和, 中年有災厄或病疾, 二子吉祥
병약하고 단명한다. 어질고 온화하다. 중년에 재액이 있고 혹은 질병있다. 두 아들이 길하다.

(구슬 주·金)

有愛情煩惱或不幸或病弱短壽, 多災厄, 晚年吉祥
애정으로 인한 번뇌가 있거나 혹은 불행하고 혹은 병약하고 단명한다. 재액이 많으나 만년에 길하다.

(깊을, 칠 준·金水)

英敏多才淸雅榮貴, 中年成功或隆昌, 出國富貴之字
영민하여 재주가 많다. 청아영귀하다. 중년에 성공번창한다. 나라를 떠나는 글자.

(승인할 준·金)

多才巧智, 淸雅怜悧, 二子吉祥, 中年成功隆昌
재주가 많고 지혜롭다. 두 아들이 길하고 상서롭다. 중년에 성공번창한다.

(높을 준·金土)

孤獨格, 英俊佳人, 多才賢能, 中年隆昌, 出國之格
고독하다. 영준하고 아름답다. 재주가 많고 어질다. 중년에 번창한다. 나라를 떠난다.

(송골매 준·金)

秀氣巧妙, 少年干難, 中年吉祥, 先苦後甘, 晩年隆昌
기가 빼어나고 지혜롭다. 소년기에 가난하고 중년에 길하다. 먼저 고생하고 나중에 기쁨이 오니 만년에 번창한다.

(김오를 증·金火)

理智充足, 天生聰穎, 中年成功隆昌, 子孫興旺, 出國之字
이지가 족하다. 천성이 총명하니 중년에 성공번창한다. 자손이 번성한다. 나라를 떠나는 글자.

(종이 지·金)

憂心勞神或事勞無功, 中年勞苦, 晩年吉祥多疾
마음에 근심이 있고 힘겹다. 일은 애써도 공은 없다. 중년에 노고하고 만년에 길하나 병이 많다.

(비계 지·金火)

刑偶傷子, 淸雅怜俐, 中年多災, 晩年吉祥隆昌
처와 자손에게 해가 있다. 청아하고 영리하다. 중년에 재액이 많다. 만년에 길하고 번창한다.

(진칠 진·金)

憂心勞神事勞無功, 中年吉祥, 晩年多災厄, 不幸短壽
마음에 근심하고 힘겹다. 일에 애써도 공이 없다. 중년에 길하나 만년에 재액이 많다. 불행하고 단명한다.

(떨칠 진·金)

淸雅多才溫和賢淑, 雙妻之格, 中年成功隆昌, 二子吉祥
청아하고 재주가 많고 온화하며 현숙하다. 두 처를 두는 격이다. 중년에 성공번창한다. 두 아들이 길하다.

획수별 자(字)의 길흉과 운세—10획

진 晉
(진나라 진·金木)

孤獨格, 晚婚吉祥, 中年隆昌, 環境良好, 晚年勞神
고독하다. 만혼이 길하다. 중년에 번창한다. 환경이 아주 좋다. 만년엔 마음 고생한다.

진 眞
(참 진·金)

淸雅多才, 溫和怜悧, 中年成功隆昌, 榮貴淸閒, 二子吉祥
청아하고 재주가 많다. 온화하고 영리하다. 중년에 성공번창한다. 엉귀하고 한가롭다. 두 아들이 길하다.

진 秦
(진나라 진·金)

淸秀巧妙, 多才巧智, 中年成功隆昌, 出國之字
청수하고 지혜롭다. 재주가 많고 영리하다. 중년에 성공번창한다. 나라를 떠나는 격이다.

질 秩
(차례 질·金木)

病弱短壽或憂心勞神, 中年吉祥, 晚年多病疾
병약하고 단명하다. 혹은 마음에 근심이 있고 힘겹다. 중년에 길하다. 만년에 질병이 많다.

질 疾
(병 질·金)

災禍重重難成功, 不祥之字, 多災厄惡死凶亡之字
재앙과 화가 거듭 있어 성공하기 어렵다 상서롭지 못한 글자. 재액이 많고 비명횡사하는 글자.

짐 朕
(나 짐·金)

刑偶傷子或出外吉祥, 中年勞, 吉祥, 晚年隆昌勞神
처와 자손에게 해가 있다. 혹은 외지로 나가면 길하다. 중년에 애쓰나 길하다. 만년에 번창하나 마음 고생한다.

차 差
(어긋날 차·金)

淸雅平凡技術隆昌, 中年勞或奔波, 晚年吉祥
청아하고 평범하니 기술로 번창한다. 중년엔 힘겹고 파란이 있다. 만년엔 길하고 상서롭다.

(빌 차·金火)

溫和賢能, 多才怜悧, 中年勞, 成功隆昌, 遲見子吉祥
온화하고 어질다. 재주가 많고 영리하다. 중년에 애쓰고 성공번창한다. 늦자식을 둠이 길하다.

(곳집 창·金)

福祿雙收, 淸雅怜悧, 晩婚吉祥, 中年勞, 晩年吉祥
복록을 두루 갖춘다. 청아하고 영리하다. 만혼이 길하다. 중년에 애쓰고 만년에 길하다.

채差
(버금 채·金)

淸雅平凡技術隆昌, 中年勞或奔波, 晩年吉祥
청아하고 평범하니 기술로 번창한다. 중년엔 힘겹고 파란이 있다. 만년엔 길하고 상서롭다.

(예쁠 천·金)

刑偶欠子或身弱多憂, 一生淸雅, 中年吉祥, 晩年勞神
처와 자손에게 해가 있다. 혹은 신약하고 근심이 많다. 일생 청아하다. 중년에 길하나 만년에 마음 고생한다.

천茜
(꼭두서니 천·金)

淸雅秀氣, 智勇雙全, 安富尊榮, 榮貴出國之字
청아하고 빼어나다. 지혜와 용기를 갖춘다. 편안하고 부귀영화하다. 나라를 떠나는 격이다.

철哲
(밝을 철·金)

福祿雙收, 工程界吉, 中年勞, 成功隆昌, 晩年吉祥
복록을 두루 거둔다. 공정계가 길하다. 중년에 애쓰나 성공번창한다. 만년에 길하다.

(고요할 청·金)

刑偶欠子或身弱多憂, 一生淸雅, 中年吉祥, 晩年勞神
처와 자손에게 해가 있다. 혹은 신약하고 근심이 많다. 일생 청아하다. 중년에 길하나 만년에 마음 고생한다.

秀氣多才, 溫和賢能, 中年吉祥, 一生安祥幸福
기가 빼어나고 재주가 많다. 온화하고 어질다. 중년에 길하다. 일생 편안하고 행복하다.

外觀幸福, 內心多憂, 中年忌車怕水, 晩年吉祥
겉으론 행복해 보이나 내심 근심이 많다. 중년에 차와 물을 피하라. 만년이 길하다.

憂心勞神或事勞無功, 中年多災, 晩年吉祥
마음에 근심이 있거나 혹은 일을 해도 공은 없다. 중년에 재액이 많으나 만년은 길하고 상서롭다.

一生淸雅, 怜悧多才, 有能, 中年吉祥, 晩年隆昌, 環境良好
일생 청아하고 영리하며 재주가 많다. 유능하다. 중년에 길하다. 만년에 번창하고 환경양호하다.

憂心勞神或刑偶傷子, 中年多災厄, 晩年吉祥
마음에 근심이 있고 힘겹다. 처와 자손에게 해가 있다. 중년에 재액이 많으나 만년에 길하다.

義利分明, 名利雙收, 溫和賢能, 成功隆昌, 環境良好
의리가 분명하다. 명예와 이익을 두루 거둔다. 온화하고 현숙하다. 성공번창하고 환경이 아주 좋다.

(이를 치·金)

理智充足, 淸雅榮貴, 中年奔波成功, 晩年吉祥
이지가 족하다. 청아하고 귀하다. 중년에 파란이 있으나 성공한다. 만년에 길하다.

(부끄러울 치·金)

三心兩意, 或內心多憂, 事有心違, 欠勇氣, 至晩年吉祥
삼심이 뜻이 다르다. 내심 근심이 많고 일마다 마음이 어긋나고 용기는 없다. 만년에 이르러야 길하다.

(차별 치·金)

淸雅平凡技術隆昌, 中年勞或奔波, 晩年吉祥
청아하고 평범하니 기술로 번창한다. 중년엔 힘겹고 파란이 있다. 만년엔 길하고 상서롭다.

(적실 침·金水)

憂愁困苦, 一生貧賤, 或病弱短壽, 多災厄, 難幸福
근심하고 곤고하다. 일생 빈천하다. 혹은 병약하고 단명한다. 재액이 많으니 행복하기 어렵다.

(다듬잇돌 침·金)

憂心勞神而且多刑剋, 一生多災厄難幸福不祥之字
마음에 근심하고 힘겹고 또한 형극이 많다. 일생 재액이 많으니 행복하기 어렵다. 상서롭지 못한 글자.

(바늘 침·金)

刑偶傷子, 晩婚遲得子大吉, 中年多災, 晩年吉祥
처와 자손에게 해가 있다. 늦게 결혼하여 늦자식을 둠이 길하다. 중년에 재액이 많다. 만년이 대길하다.

(저울 칭·金木)

教育界大吉, 一生淸雅平凡, 名利雙收, 女人有愛情厄或不幸
교육계가 대길하다. 일생청아하고 평범하다. 명예와 이익을 거둔다. 여자는 애정액이 있거나 불행하다.

(클 탁·火)

懷才不遇, 出外吉祥, 一生有能, 多災難成功, 晩年吉祥
재주를 품어도 불우하다. 외지로 나가면 길하다. 일생 유능해도 재액이 많고 성공하기 어렵다. 만년에 길하고 상서롭다.

(부탁할 탁·火)

義利分明, 淸雅多才, 中年勞或奔波, 晩年吉祥隆昌
공과 사가 분명하다. 청아하고 재주가 많다. 중년에 애쓰고 혹은 파란이 있다. 만년에 길하다.

(클 태·火)

多才巧智, 淸雅榮貴, 中年成功隆昌, 晩年倍加昌盛
재주가 많고 지혜롭다. 청아하고 귀하다. 중년에 성공번창한다. 만년엔 두 배로 번창한다.

(갈 퇴·火)

憂心勞神或事勞無功, 中年多災, 晩年吉祥
마음에 근심이 있거나 혹은 일은 해도 공은 없다. 중년에 재액이 많으나 만년은 길하고 상서롭다.

(칠 토·火)

口快性剛, 出外吉祥, 中年勞或潦倒, 晩年吉祥
언변이 좋고 성격이 강하다. 외지로 나가면 길하다. 중년에 애쓰거나 혹 영락한다. 만년에 길하다.

退 (물러날 퇴·火)

奔波勞苦, 或一貧如洗, 中年潦倒, 或多災, 短壽之字
파란과 노고가 있다. 혹은 한결같이 가난하다. 중년에 망한다. 혹은 재액이 많다. 단명하는 글자.

特 (특별할 특·火)

口快心直, 刑偶傷子, 中年吉祥, 晚年多災, 忌車怕水
언변이 좋고 마음이 곧다. 처와 자손에게 해가 있다. 중년에 길하나 만년에 재액이 많다. 차와 물을 피하라.

破 (깨트릴 파·水)

不祥之字, 病弱短壽或多災困苦, 一生難幸福
상서롭지 못한 글자. 병약하여 단명하거나 혹은 재액이 많고 곤고하다. 일생 행복하기 어렵다.

珮 (패물 패·水)

秀氣巧妙, 多才巧智, 中年成功隆昌, 淸雅榮貴
기가 빼어나고 지혜롭다. 재주가 많고 영리하다. 중년에 성공번창하며 귀하다. 청아하고 영귀하다.

浦 (물가 포·水)

勤儉建業, 家聲克振, 中年有災厄, 出國吉祥成功隆昌
근검하여 일을 세운다. 가문의 명성을 떨친다. 중년에 재액이 있다. 나라를 떠나면 길하고 성공번창한다.

捕 (잡을 포·水)

貧苦暫進, 自手成家, 中年吉祥, 晚年勞神多疾
빈곤해도 나감이 있으니 자수성가한다. 중년에 길하나 만년에 마음 고생하고 병이 많다.

圃 (채마밭 포·水)

精明公正, 智勇雙全, 一生淸雅榮貴, 成功隆昌
총명하며 공명정대하다. 지혜와 용기를 모두 갖추니 일생 아름답고 귀하다. 성공번창하다.

(대포 포·水)

刑剋父母或刑偶傷子, 中年多災厄, 晚年吉祥
부모를 형극하거나 처와 자손에게 해가 있다. 중년에 재액이 많으나 만년에 길하다.

(두루마기 포·水)

出外逢貴得財, 中年多災厄, 身弱短壽, 晚年吉祥
외지로 나가면 귀인을 만나 재물을 얻는다. 중년에 재액이 많다. 몸이 약하고 단명한다. 만년에 길하다.

(나누어줄 표·水)

出外逢貴得財, 一生淸雅平凡, 保守之格, 晚年吉祥隆昌
외지로 나가면 귀인을 만나 재물을 얻는다. 일생 청아하고 평범하다. 보수적이다. 만년에 길하고 번창한다.

(표범 표·水)

口快性剛, 多才怜悧, 中年勞, 晚年吉祥, 刑偶傷子, 武將吉
언변이 좋고 성격이 강하다. 재주가 많고 영리하다. 중년에 애쓰나 만년에 길하다. 처와 자손에게 해가 있다. 장군감이다.

(피곤할 피·水)

身弱短壽, 懷才不遇, 中年多災厄, 一生難幸福
신약하고 단명한다. 재주를 품고도 불우하다. 중년에 재액이 많고 일생 행복하기 어렵다.

피 被
(입을 피·水)

口快或性剛或事勞無功, 或身弱短壽, 一生幸福
언변이 좋고 혹은 성격이 강직하다. 혹은 일은 애써도 공은 없다. 혹은 신약하고 단명한다. 일생 행복하다.

(여름 하·土火)

出外吉祥, 有愛情厄, 中年有災或勞, 晩年吉祥
외지로 나가면 길하다. 애정액이 있다. 중년에 재액이 있거나 혹은 노고한다. 만년에 길하다.

(사나울 한·土火)

性剛果斷, 通姦害夫, 被殺, 殺人不祥, 惡死凶亡之字
성격이 강하고 과감하다. 통간하여 남편을 죽이니 피살 또는 살인의 불상사가 있다. 비명횡사의 글자.

(배로물건널 항·土)

溫和賢淑, 一生淸雅平凡, 中年勞, 晩年隆昌
온화현숙하다. 일생 청아하고 평범하다. 중년에 애쓰나 만년에 번창한다.

(바다 해·土水)

憂心勞神, 多才淸雅, 中年吉祥, 晩年勞神多病疾
마음에 근심하고 힘겹다. 재주가 많고 청아하니 중년에 길하다. 만년에 마음 고생하고 질병이 많다.

(해칠 해·土)

忌車怕水, 福祿雙收, 刑偶欠子, 中年勞苦, 晩年吉祥
차와 물을 피하라. 복록을 두루 갖춘다. 처와 자손에게 해가 있다. 중년에 애쓰고 노고하나 만년에 길하다.

(씨 핵·土木)

奔波勞苦, 或多愁少樂, 中年多災, 晩年吉祥
분파가 있고 노고한다. 혹은 근심이 많고 즐거움은 적다. 중년에 재액이 많으나 만년에 길하다.

(다행 행·土)

淸秀怜悧, 多才巧智, 中年吉祥, 晩年隆昌, 勞神
청수하고 영리하다. 재주가 많고 지혜롭다. 중년에 길하고 상서롭다. 만년에 번창하나 마음 고생한다.

(추녀 헌·土)

淸秀巧妙, 多才怜悧, 忌車怕水, 中年吉祥隆昌
청수하고 지혜롭다. 재주가 많고 영리하다. 차와 물을 피하라. 중년에 길하고 번창한다.

(골짜기 협·土)

不祥多災厄, 病弱短壽或一貧如洗, 一生難幸福
상서롭지 못하니 재액이 많다. 병약하여 단명하거나 혹은 너무 가난하다. 일생 행복하기 어렵다.

(넓을 호·土水)

學問豊富, 淸雅榮貴, 福祿雙收, 官運旺成功隆昌
학문이 풍부하고 청아영귀하다. 복록을 두루 갖춘다. 관운이 왕성하여 성공번창한다.

(복 호·土)

溫和怜悧, 福祿雙收, 中年多災或潦倒, 晩年吉祥
온화하고 영리하다. 복록을 두루 거둔다. 중년에 재액이 많고 혹은 망한다. 만년에 길하다.

(홀 홀·土)

不祥之字, 多災厄暗淡無光, 中年潦倒, 晩年子福
상서롭지 못한 글자. 재액이 많고 암담하여 빛이 없다. 중년에 망하고 만년에 자손의 복이 있다.

(땔 홍·土火)

性剛果斷, 秀氣巧妙, 多才有能, 中年吉祥, 晩年勞神多疾
성격이 강하고 과감하다. 기가 빼어나고 지혜롭다. 재주가 많고 유능하다. 중년에 길하고 만년엔 마음 고생하고 병이 많다.

(굳셀 화·土木火)

一生安富尊榮, 多才廉正, 中年成功隆昌, 出國享福之字
일생 평안하고 영화로우며 재주가 많고 올바르다. 중년에 성공번창하니 나라를 떠나 행복을 누린다.

(밝을 황·土火)

出外逢貴得利, 智勇雙全, 官運旺, 中年成功隆昌, 出國之字
외지로 나가면 귀인을 만나 이롭다. 지용을 모두 갖춘다. 관운이 좋아서 중년엔 성공번창한다. 나라를 떠나는 글자.

(본받을 효·土)

出外逢貴得財, 少年干難, 中年有災, 晩年吉祥, 忌車怕水
외지로 나가면 귀인을 만나고 재물을 얻는다. 소년기엔 가난하고 중년기엔 재액이 있다. 만년엔 길하다. 차와 물을 조심하라.

(물을 후·土)

一生淸雅多才, 中年勞苦或潦倒, 晩年吉祥
일생 청아하고 재주가 많다. 중년에 힘들고 혹은 망한다. 만년에 길하고 상서롭다.

(가르칠 훈·土)

一生淸雅平凡, 晩婚大吉, 雙妻之格, 多災厄之字, 懷才不遇
일생 청아하고 평범하다. 만혼이 대길이다. 두 처를 둔다. 재액이 많은 글자. 재주를 품어도 때를 얻지 못한다.

(마를 훤·土火)

學問豊富, 有才能理智, 中年成功隆昌, 出國之字
학문이 풍부하고 재능과 이지가 있다. 중년에 성공번창한다. 나라를 떠나는 글자.

{ 11획 양(陽) }

가 袈 (가사 가·木)

性剛果斷或刑偶傷子, 中年勞苦, 晚年吉祥, 勞神之字
성격이 강직하고 과감하다. 혹은 처와 자손에게 해가 있다. 중년에 노고한다. 만년에 길하나 근심이 있는 글자.

감 淦 (물이름 감·木水)

天生聰明, 多才有能, 淸雅榮貴, 中年成功隆昌, 環境良好
천성이 총명하다. 재주가 많고 유능하다. 청아하고 귀하니 중년에 성공번창한다. 환경양호하다.

감 勘 (살필 감·木)

欠子或多子刑憂之字, 中年吉慶, 環境良好, 晚年身閒心勞
자손이 부족하거나 자손이 많아도 근심이 있다. 중년에 길하고 경사가 있다. 환경양호하다. 만년에 몸이 한가하나 마음에 근심이 있다.

강 康 (편안할 강·木)

一生淸雅怜悧, 多才有能, 中年身弱或多災, 晚年吉祥
일생 청아하고 영리하다. 재주가 많고 영리하다. 중년에 몸이 약하거나 혹은 재난이 많다. 만년이 길하다.

건 健 (건강할 건·木)

智勇雙全, 操守廉正, 中年成功隆昌, 淸雅榮貴, 出外大吉, 官旺
지혜와 용기를 두루 갖춘다. 분수를 지키고 올바르다. 중년에 성공번창한다. 청아영귀하다. 외지로 나가면 대길하다. 관운이 좋다.

(하늘 건·木火)

淸雅榮貴, 長壽多才, 克己助人, 中年吉, 晚隆昌, 女人刑偶傷子, 晚婚大吉
청아하고 귀하다. 장수하고 재주가 많다. 자기를 이기고 남을 돕는다. 중년에 길하고 만년에 번창한다. 여자는 처와 자손에게 해가 있다. 만혼이 길하다.

(반걸음 규·木)

有愛情厄小心, 二子吉祥, 中年勞, 晚年吉祥隆昌
애정액을 조심하라. 두 아들이 길하고 상서롭다. 중년에 애쓴다. 만년에 길하고 번창한다.

(굳을 견·木土)

淸雅榮貴, 智勇雙全, 中年成功隆昌, 出國之格, 官旺之字
청아하고 영귀하다. 지혜와 용기를 갖춘다. 중년에 성공번창한다. 나라를 떠나는 격에 관운이 좋은 글자.

(홑옷 경·木)

刑偶傷子, 重情失敗, 淸雅有愛情厄, 晚年吉祥
처와 자식을 상케한다. 정 때문에 실패한다. 청아하나 애정으로 인한 액이 있다. 만년에야 길하고 상서롭다.

(잠깐 경·木)

有愛情厄小心, 二子吉祥, 中年勞, 晚年吉祥隆昌
애정액을 조심하라. 두 아들이 길하고 상서롭다. 중년에 애쓴다. 만년에 길하고 번창한다.

(대개 경·木)

刑偶欠子, 剋父命, 一生溫和怜悧, 中年勞晚年吉祥, 短壽之字
처와 자손에게 해가 있다. 아버지의 운명을 극한다. 일생 온화영리하다. 중년에 애쓰고 만년에 길하나 단명하는 글자.

획수별 자(字)의 길흉과 운세—11획 **289**

竟 (마침내 경·木)

工程界大吉, 英敏多才, 出外吉祥, 晚年隆昌
공정계가 대길하다. 영민하고 재주가 많다. 외지로 나가면 길하다. 만년에 번창한다.

械 (기계 계·木)

口快性剛, 忌車怕水或病弱短壽, 刑剋父母, 晚年吉祥
언변이 좋고 성격이 강직하다. 차와 물을 조심하라. 혹 병약하고 단명하고 부모를 형극한다. 만년에 길하고 상서롭다.

啓 (열 계·木)

刑偶傷子, 少年辛難, 中年吉祥, 出國之格, 福祿雙收, 雙妻短壽
처와 자손에게 해가 있다. 소년기엔 가난하고 중년엔 길하다. 나라를 떠나면 길하고 복과 록을 거둔다. 두 처를 두며 단명한다.

斛 (열말들이휘 곡·木)

性剛或口快, 出外吉祥, 中年隆昌, 環境良好
성격이 강직하고 언변이 좋다. 외지로 나가면 길하다. 중년에 번창하고 환경양호하다.

崑 (산이름 곤·木土火)

一生淸雅榮貴, 義利分明, 中年奔波, 晚年吉昌
일생 청아하고 영귀하다. 이익과 명분이 분명하다. 중년에 파란이 있다. 만년이 길하다.

郭 (바깥성 곽·木)

一生淸雅, 智勇雙全, 中年勞或奔波, 晚年吉祥隆昌
일생청아하고 지혜와 용기가 있다. 중년에 애쓰거나 혹은 파란이 있다. 만년에 길하고 번창한다.

(꿸 관·木)

一生淸雅, 環境良好, 中年有災厄, 或破相, 晩年吉祥, 二子之字
일생 청아하고 환경이 좋다. 중년에 재액이 있고 혹은 망친다. 만년에 길하고 두 아들을 둔다.

(걸 괘·木土)

智勇雙全, 淸雅怜悧, 中年成功隆昌, 雙妻之格, 榮貴之字
지혜와 용기를 갖췄다. 청아하고 영리하니 중년에 번창한다. 두 처를 둔다. 영귀한 글자.

(가르칠 교·木)

吉凶分明, 吉卽成功隆昌, 環境良好, 凶卽一生多疾子孫一身
길흉이 분명하니 길하면 성공번창하고 환경양호하다. 흉하면 일생 자손의 일신에 병이 많다.

(달 밝을 교·木)

少年秀氣怜悧, 中年多災, 名利雙收隆昌, 晩年環境良好
소년에 기가 빼어나고 영리하다. 중년에 재액이 많으나 명예와 이익을 두루 거두어 번창한다. 만년에 환경양호하다.

(구원할 구·木)

出外吉祥, 晩婚遲得子吉, 中年隆昌, 晩年吉祥
외지로 나가면 길하고 상서롭다. 만혼에 늦자식을 둠이 길하다. 중년에 번창한다. 만년이 길하고 상서롭다.

(구슬 구·木)

貴人明現, 淸雅多才, 精明公正, 中年成功隆昌, 榮貴之字
귀인이 나타나서 돕는다. 청아하고 재주가 많다. 총명하며 공명정대하다. 중년에 성공번창한다. 영귀한 글자.

(두역구·木)

憂心勞神或身弱多厄, 中年多難, 晚年吉祥
마음에 근심하고 애쓴다. 혹은 몸이 약하고 액이 많다. 중년에 어려움이 많다. 만년에 길하다.

(공구·木)

多才巧智, 清雅怜悧, 中年勞或奔波, 晚年吉祥
재주가 많고 지혜롭다. 청아하고 영리하다. 중년에 애쓰고 혹은 파란 있다. 만년에 길하다.

(도둑구·木)

一生多災厄或性剛果斷, 中年奔波勞苦, 晚年吉祥
일생 재액이 많고 혹은 성격이 강직하고 과감하다. 중년에 파란이 있고 노고한다.

(나라국·木)

多才巧智, 清雅怜悧, 忌車怕水, 教育界吉, 成功隆昌, 官旺之字
재주가 많고 지혜롭다. 청아하고 영리하다. 차와 물을 피하라. 교육계가 길하다. 성공하여 번창한다. 관운이 왕성하다.

(팔굴·木)

憂心勞神或事勞無功, 中年多災厄, 晚年吉祥, 但勞神
마음에 근심하니 힘겹다. 혹은 일은 애써도 공이 없다. 중년에 재액이 많다. 만년에 길하고 상서로우나 근심이 있다.

굴 堀
(굳굴·木土)

憂心勞神或事勞無功, 中年多災厄, 晚年吉祥子福
마음에 근심하고 힘겹다. 일은 애써도 공이 없다. 중년에 재액이 많다. 만년에 길하고 상서로우며 자손에게 복이 있다.

一生怪性或破相, 多災厄難幸福, 一貧如洗或身弱短壽
일생 괴팍한 성격에 주변을 상케한다. 재액이 많고 행복하기 어렵다. 가난하여 씻은듯 하다. 혹은 신약하고 단명하다.

少樂多憂, 或身弱多疾, 忌車怕水, 中年多勞, 晩年子福
즐거움은 적고 근심은 많으니 혹은 몸은 약하고 병은 많다. 차와 물을 피하라. 중년에 고생이 많으나 만년에 자식복이 있다.

清雅榮貴, 重義信用, 中年吉祥, 環境良好
청아하고 영귀하다. 의리를 중시하여 신용이 있다. 중년에 길하고 환경양호하다.

理智充足, 性剛口快, 一生清雅, 中年勞晩年吉祥
이지가 충족하다. 성격이 강하고 언변이 좋다. 일생 청아하다. 중년에 수고로우나 만년에 길하고 상서롭다.

多才賢能, 精明公正, 中年平凡, 晩年隆昌, 榮華之字
재주가 많고 어질다. 총명하며 공명정대하다. 중년에 평범하고 만년에 번창한다. 영화로운 글자.

英俊佳人, 上下敦睦, 二子吉祥, 義利分明, 成功隆昌, 官運旺盛
영준하고 아름답다. 상하가 화목하다. 두 아들이 길하고 상서롭다. 의리가 분명하고 성공번창한다. 관운이 왕성하다.

(터 기·木土)

口快性剛, 配合吉成功隆昌, 官運旺, 配合凶殺人被殺, 有牢獄之字
언변이 좋고 성격이 강직하다. 길하면 성공번창하고 관운이 왕성해지나, 흉과 만나면 살인 피살 혹은 수감의 운명이다.

(산길험할 기·木土)

憂心勞神或有以外之厄, 多才怜悧, 福祿有分, 晩年吉祥
마음에 근심하고 힘겹다. 혹은 외부로부터 액이 있다. 재주가 많고 영리하니 복록이 있다. 만년에 길하다.

(부칠 기·木)

赴人快樂, 內心多憂或身弱多厄, 中年勞晩年吉祥
사람을 따르면 즐겁다. 내심은 근심이 많고 혹은 몸약하거나 액이 많다. 중년에 애쓰고 만년에 길하다.

(이미 기·木)

淸雅多才, 理智充足, 有愛情厄, 雙妻之格, 刑偶之字
청아하고 재주가 많다. 이지가 충족한다. 애정액이 있다. 두 처를 두며 배우자를 해치는 글자.

(묽을 담·火水)

晩婚遲得子大吉, 暗淡無光不幸或多災厄, 難幸福
만혼에 늦자식을 둠이 대길하다. 암담하여 빛이 없으니 불행하여 재액이 많다. 행복하기 어렵다.

당 堂
(집 당·火土)

刑偶傷子, 多才有能, 中年成功隆昌, 晩年損丁破財, 勞神之字
처와 자손에게 해가 있다. 재주가 많고 유능하다. 중년에 성공하여 번창한다. 만년에 힘도 없고 재산도 없애니 마음 고생하는 글자.

身犯破或身弱多疾, 或愛情煩惱, 再嫁守寡, 晩年吉祥
몸소 망치니 혹은 몸이 약하고 병이 많다. 애정난이 있으며 재가 하거나 과부의 운명이다. 만년에 길하다.

奔波勞苦或身弱多疾, 短壽或孤寡一生, 中年困苦, 晩年福
파란과 노고가 있거나 혹은 몸이 약하고 다병하다. 단명 혹은 일생 고독 과부의 운명이다. 중년에 곤고하고 만년에 복이 있다.

溫和賢淑, 良善積德, 福祿雙收, 名利有分, 環境良好
온화하고 어질다. 선량하여 덕을 쌓는다. 복록을 두루 갖춘다. 명예와 이익에 분수가 있다. 환경이 아주 좋다.

多才怜悧, 溫和賢能, 中年吉祥, 晩年隆昌
재주가 많고 영리하다. 온화하고 어질다. 중년에 길하고 만년에 번창한다.

福祿雙收, 多才怜悧, 中年平凡, 晩年吉祥, 榮幸之字
복록을 두루 거둔다. 재주가 많고 영리하다. 중년은 평범하다. 만년에 길하고 상서롭다. 영화로운 글자.

刑偶或欠子, 出外吉祥, 中年多勞, 晩年吉祥
처와 자손에게 해가 있다. 외지로 가면 길하다. 중년에 애쓰고 만년에 길하다.

刑剋父母或刑偶傷子口快性直, 中年勞, 晚年吉祥
부모를 극하거나 혹은 처와 자손에게 해가 있다. 언변이 좋고 성격이 강직하다. 중년에 힘겹고 만년에 길하다.

晚婚或遲得子大吉, 中年多勞或有官厄, 晚年吉祥
만혼에 늦자식이 길하다. 중년에 애많이 쓴다. 혹은 관액이 있다. 만년에 길하고 상서롭다.

口快心直, 淸雅榮貴, 中年勞或奔波, 晚年成功隆昌
언변이 좋고 마음이 곧다. 청아하고 영귀하다. 중년에 수고롭고 혹은 파란이 있다. 만년에 성공번창한다.

天生聰明, 上下敦睦, 多才巧智, 中年成功隆昌, 幸福之字
천성이 총명하고 상하가 화목한다. 재주가 많고 지혜롭다. 중년에 성공번창한다. 행복한 글자.

出外吉祥, 天生聰穎, 中年吉祥, 晚年隆昌幸福之字
외지로 나가면 길하다. 천성이 총명하다. 중년에 길하니 만년에 번창하고 행복하다.

義利分明, 天生聰穎, 福祿雙收, 成功隆昌, 環境良好
공과 사가 분명하다. 천성이 총명하며 보록을 두루 거둔다. 성공번창하며 환경양호하다.

(들보 량·火水木)

一生淸雅, 多才口快性剛, 中年奔波勞苦, 晩年吉祥
일생 청아하다. 재주가 많고 언변이 좋다. 성격이 강직하다. 중년에 파란이 있으니 노고한다. 만년에 길하고 상서롭다.

連
(연할 련·火)

出外大吉, 貴人明現, 福祿雙收, 名利永在, 女人不幸多災之字
외지로 나가면 대길하다. 귀인이 나타나 돕는다. 복록을 두루 얻는다. 재물과 명예가 영원히 있다. 여자는 불행하여 재난이 많은 글자.

翎
(깃 령·火)

學問豊富, 操守廉正, 官運旺, 淸雅榮貴, 出國之字
학문이 풍부하다. 분수를 지켜 바르다. 관운이 왕성하니 청아하며 영귀하다. 나라를 떠나는 글자.

(들을 령·火)

淸雅秀氣, 多才賢能, 中年吉祥, 晩年隆昌, 幸福之字
청아하고 기가 빼어나다. 재주가 많고 어질다. 중년에 길하고 상서롭다. 만년에 번창한다. 행복한 글자.

(영양 령·火)

淸榮怜悧, 學識豊富, 中年成功隆昌, 官運旺出國之字
청아하고 영리하다. 학식이 풍부하다. 중년에 성공번창한다. 관운이 좋고 나라를 떠나는 글자.

(사슴 록·火)

秀氣多才, 淸雅榮貴, 重情失敗, 中年勞, 晩年吉祥
기가 빼어나고 재주가 많다. 청아하고 영귀하다. 정을 중시하니 실패한다. 중년에 애쓰나 만년에 길하다.

(구울료·火)

一生淸雅平凡, 保守之格, 中年勞, 晩年吉祥
일생 청아하고 평범하다. 분수를 지키는 격이다. 중년에 애쓰고 만년에 길하다.

(여러루·火)

忌車怕水或家庭不和一生中年勞, 晩年隆昌, 女人多勞晩年身弱
차와 물을 조심하라. 혹은 가정에 불화하다. 일생 중년에 애쓰고 만년에 번창한다. 여자는 고생이 많고 만년에 몸이 약하다.

(유리류·火)

淸雅榮貴, 多才賢能, 中年成功隆昌, 出國之字
청아하고 귀하다. 재주가 많고 중년에 성공번창한다. 나라를 떠나는 글자.

(뭍륙·火土)

性剛口快, 少年干難, 中年吉祥, 或奔波晩年隆昌
성격이 강하고 언변이 좋다. 소년기에 가난하고 중년기에 길하다. 파란이 있으나 만년에 번창한다.

(산이름륜·火)

剋夫之字, 淸雅多才, 中年有離難之厄, 晩年吉祥
남편을 이기는 글자. 청아하고 재주가 많다. 중년에 이별의 액이 있다. 만년에 길하고 상서롭다.

(달릴릉·火水)

有愛情煩惱, 淸雅多才, 中年成功隆昌, 晩年吉祥
애정으로 인한 번뇌가 있다. 청아하고 재주가 많다. 중년에 성공번창한다. 만년에 길하고 상서롭다.

(언덕 릉·火)

常有禍端, 智勇雙全, 中年成功隆昌, 晩年多災厄
항상 화의 단서다. 지혜와 용기를 모두 갖춘다. 중년에 성공 번창한다. 만년에 재액이 많다.

(다스릴 리·火)

淸雅榮貴, 多才巧智, 成功隆昌, 女人有不幸多災之字
청아하고 영귀하다. 재주가 많고 지혜롭다. 성공번창한다. 여인은 불행하고 재액이 많은 글자.

(배 리·火木)

刑偶傷子, 淸雅多才, 中年有厄運, 晩年吉昌環境良好
처와 자손에게 해가 있다. 청아하고 재주가 많다. 중년에 액운이 있다. 만년에 길하고 환경양호하다.

(말리꽃 리·火木)

秀氣巧妙, 多才巧智, 中年成功隆昌, 出國之字, 榮貴之命
기가 빼어나고 교묘하다. 재주가 많고 지혜롭다. 중년에 성공하여 번창한다. 나라를 떠나는 글자. 귀하게 되는 명이다.

(뿌릴 림·火水木)

官緣得祿, 操守廉正, 官運旺, 成功隆昌, 環境良好
관에 인연이 있어 록을 얻는다. 분수를 지켜 올바르다. 관운이 왕성하니 성공번창한다. 환경양호하다.

(삿갓 립·火)

刑偶傷子或病弱短壽, 淸秀多才, 晩年吉祥
처와 자손에게 해가 있다. 혹은 병약하고 단명한다. 맑고 깨끗하니 재주가 많다. 만년에 길하다.

(낱알 립·火木)

憂心勞神或身弱短壽或離亂不幸, 再嫁守寡之字
마음에 근심하고 힘겹다. 혹은 신약하고 단명하다. 혹은 헤어져 흩어지고 불행하다. 재가 혹은 과부의 글자.

마 麻 (삼 마·水)
淸雅多才, 一生福祿雙收, 中年勞苦, 晩年吉祥, 環境良好
청아하고 재주가 많다. 일생 복록을 두루 갖춘다. 중년에 노고한다. 만년에 길하고 상서롭다. 환경양호하다.

만 曼 (끌 만·水)
理智充足, 淸雅榮貴, 出國之格, 中年成功隆昌
이지가 충족하니 청아영귀하다. 나라를 떠나는 격이다. 중년에 성공번창한다.

망 望 (바랄 망·水)
淸雅榮貴, 多才怜悧, 官格旺, 中年勞, 晩年吉祥
청아하고 귀하다. 재주가 많고 영리하다. 관운이 왕성하다. 중년에 애쓰나 만년에 길하다.

매 梅 (매호- 매·水木)
小心愛情厄, 吉凶分明, 吉卽出國成功隆昌, 凶卽自殺不幸多災厄
애정액을 조심하라. 길흉이 분명하니 길하면 나라를 떠나서 성공번창한다. 흉하면 자살하거나 불행하고 재액이 많다.

맹 猛 (사나울 맹·水)
雄壯厚重, 少年干難, 中年成功隆昌, 子孫興旺, 帶血字短壽
웅장하고 중후하다. 소년시절엔 가난하다. 중년엔 번창하고 자손이 흥왕한다. 혈자가 들어가면 단명한다.

무 嫵 (아리따울 무·水)
多才巧智, 淸雅伶利, 中年吉祥, 晩年隆昌, 忌車怕水之字
재주가 많고 지혜로우며 청아하고 영리하다. 중년에 길하고 만년에 번창한다. 차와 물을 꺼리는 글자.

(힘쓸 무·水)

刑剋父母或刑偶傷子, 中年多災厄, 晩年吉祥, 短壽之字
부모를 형극하고 혹은 자손과 처에게 해가 있다. 중년에 재액이 많다. 만년에 길하나 단명하는 글자.

(물을 문·水)

福祿雙收, 多才恰悧, 命硬, 有破相之厄或忌車怕水, 晩年吉祥
복록을 두루 거둔다. 재주가 많고 영리하다. 거센 운명이니 돕는이를 망치는 재액이 있다. 혹은 차와 물을 피하라. 만년에는 길하다.

(민첩할 민·水)

有愛情厄小心, 多才溫和, 淸雅榮貴, 出國之格, 勞神之字
애정액을 조심하라. 재주가 많고 온화하다. 청아하고 영귀하다. 나라를 떠나는 격이다. 마음 고생하는 글자.

(빽빽할 밀·水)

刑偶或傷子, 口快心直, 中年潦倒或勞, 晩年吉祥身胖勞苦
처와 자손에게 해가 있다. 언변이 좋고 마음이 곧다. 중년에 망하고 혹은 애쓴다. 만년에 길하나 몸을 희생하여 고생한다.

(지게미 박·水木)

秀氣端正, 溫和賢淑, 夫妻相和, 一門鼎盛, 成功隆昌
기가 빼어나고 단정하다. 온화하고 어지니 부부가 서로 화합하고 가문이 번성한다. 성공하여 번창한다.

(얽을 반·水)

有愛情厄小心, 多才巧智, 淸雅怜悧, 中年有厄, 晩年吉祥
애정으로 인한 액이 있으니 조심하라. 재주가 많고 지혜롭다. 청아하고 영리하다. 중년에 액이 많다. 만년에 길하고 상서롭다.

방訪
(찾을 방 · 水)

勤儉建業, 家聲克振, 福祿雙收, 環境良好, 晩年勞神
근검하고 가업을 세우니 가문을 떨친다. 복과 록을 두루 얻는다. 환경양호하나 만년에 근심이 있다.

배排
(물리칠 배 · 水)

憂心勞神或事勞無功, 或忌車怕水, 中年多災, 晩年吉祥
마음에 근심이 많고 힘겹다. 일은 애써도 공은 없다. 차와 물을 피하라. 중년에 재액이 많고 만년에 길하고 상서롭다.

(북돋을 배 · 水土)

勤儉建業, 家聲克振, 中年吉祥, 出國之字, 名利雙收官旺
근검하여 일을 세우니 가문의 명성을 날린다. 중년에 길하고 상서롭다. 나라를 떠나는 글자. 명예와 이익을 두루 거두니 관운이 왕성하다.

(어정거릴 배 · 水)

一生淸雅平凡, 保守之格, 中年潦倒, 晩年安祥
일생 청아하고 평범하다. 분수를 지키는 격이다. 중년에 망하고 만년에 편안하다.

배陪
(도울 배 · 水)

理智充足, 一生淸雅怜悧, 福祿雙收, 一生平凡, 保守之字
이지가 충족하다. 일생 청아하고 영리하다. 복록을 두루 거둔다. 일생 평범하다. 분수를 지키는 글자.

병屛
(병풍 병 · 水)

多才淸雅, 榮貴安富, 成功隆昌, 出國之字, 小心愛情厄
재주가 많고 청아하다. 귀하고 부귀하며 성공번창한다. 나라를 떠나는 글자. 애정으로 인한 액을 조심하라.

(만날 봉·水)

貴人明現, 出外吉祥, 中年吉祥, 晩年隆昌, 榮貴之字
귀인이 나타나 돕는다. 외지로 나가면 길하다. 중년에 길하다. 만년에 번창하고 영귀하다.

(봉화 봉·水火)

多才巧智, 溫和賢能, 工程界大吉, 中年平凡, 晩年成功隆昌
재주가 많고 지혜롭다. 온화하고 어질다. 공정계가 대길하다. 중년에 평범하며 만년에 성공하여 번창한다.

(며느리 부·水)

秀氣溫和, 暗淡之字, 中年有災厄或身弱, 晩年吉祥
기가 빼어나고 온화하다. 암담한 글자. 중년에 재액이 있거나 몸이 약하다. 만년에 길하다.

(나눌 부·水)

刑偶傷子, 中年勞苦, 家庭不和, 晩年吉祥
처와 자손을 해친다. 중년에 노고한다. 가정이 불화하다. 만년에 길하다.

(버금 부·水)

多才巧智, 內心多憂, 懷才不遇或中年勞, 晩年隆昌
재주가 많으며 지혜롭다. 내심으로 근심이 많다. 재주를 품고도 불우하다. 혹은 중년에 애쓰나 만년에 번창하다.

부 符
(증거 부·水)

刑偶傷子, 淸雅身瘦, 中年奔波勞苦, 晩年吉祥
처와 자손에게 해가 있다. 맑고 깨끗하나 몸이 약하다. 중년에 파란과 노고가 있다. 만년에 길하다.

(산무너질 붕·水)

刑偶傷子或刑剋父母, 一生多災厄, 難幸福病弱短壽, 再嫁守寡

처와 자손에게 해가 있다. 혹은 부모를 형극하니 일생 재액이 많다. 행복하기 어려우니 병약하고 단명한다. 재가하여 과부의 운명이다.

(빛날 빈·水)

多才伶利, 淸雅榮貴, 中年吉祥, 成功隆昌, 忌車怕水, 短壽之字

재주가 많고 영리하다. 청아하고 영귀하다. 중년에 길하니 성공하여 번창한다. 차와 물을 꺼린다. 단명의 글자.

(빛날 빈·水木)

淸雅榮貴, 多才巧智, 智勇雙全, 有官格之字但此字陰藏不祥之字

청아하고 영귀하다. 재주가 많고 지혜롭다. 지혜와 용기를 갖춘다. 관운이 있다. 단, 이글자는 상서롭지 못함이 숨겨져 있다.

(향부자 사·金水)

溫和怜悧, 勤儉多才, 中年吉祥, 晩年隆昌, 榮貴之字

온화하고 영리하다. 근검하고 재주가 많다. 중년에 길하고 상서롭다. 만년에 번창한다. 영화롭고 귀한 글자.

(비낄 사·金)

出外吉祥, 貴人明現, 中年多勞或多災, 晩年吉祥

외지로 나가면 길하니 귀인이 나타나 돕는다. 중년에 많이 애쓰고 혹은 재액이 많다. 만년에 길하다.

(상자 사·金)

智勇雙全, 淸雅榮貴, 中年平凡, 晩年隆昌, 環境良好

지혜와 용기를 모두 갖춘다. 청아하고 영귀하다. 중년에 평범하나 만년에 융창하니 환경양호하다.

(용서할 사·金)
奔波勞苦或性剛口快, 中年多勞, 晚年吉祥
파란과 노고가 있거나 혹은 성격이 강직하고 언변이 좋다. 중년에 애쓴다. 만년에 길하고 상서롭다.

(낳을 산·金)
幼年辛苦, 中年吉祥, 晚年隆昌, 環境良好淸榮之字
유년에 매우 고생한다. 중년에 길하고 만년에 번창한다. 환경양호하고 귀하다.

(상서 상·金)
英俊怜悧, 天生聰穎, 刑偶欠子, 或暗藏不幸, 晚年吉祥
영준하고 영리하다. 천성이 총명하다. 처와 자손에게 해가 있다. 혹 불행이 잠재하나 만년엔 길하다.

(떳떳할 상·金)
機謀多變, 心性易動, 中年吉祥, 晚年勞神多疾之字
지모가 변화무쌍하고 심성이 쉬이 변한다. 중년에 길하고 상서롭다. 만년엔 마음 고생하고 병이 많은 글자.

(장사 상·金)
福祿有進, 名利有分, 中年勞苦, 晚年吉祥榮幸, 剋父之字
복록이 점점 더하니 명예와 이익에 구분이 있다. 중년에 노고한다. 만년에 길하며 행복하나 아버지를 극하는 글자.

(시원할 상·金)
性格複雜, 有能無運, 中年吉祥, 晚年勞神多疾
성격이 복잡하다. 유능하나 운이 없다. 중년에 길하나 만년에 마음 고생하고 병이 많다.

획수별 자(字)의 길흉과 운세—11획 305

생 笙
(생황 생·金)

子孫興旺, 一生淸雅榮貴, 中年平凡, 晩年吉祥
자손이 번성한다. 일생 청아하고 영귀하다. 중년에 평범하고 만년에 길하다.

서 庶
(여럿 서·金火)

勤儉建業, 家聲克振, 官運旺, 中年平凡, 晩年吉祥, 淸雅榮貴
근검하여 일을 이루니 가문의 명성이 떨치고 관운이 왕성하다. 중년에 평범하다. 만년에 길하고 상서롭다. 청아하고 귀하다.

서 敍
(펼 서·金)

義利分明, 克己助人, 淸雅榮貴, 出國之字, 成功隆昌官運旺
공과 사가 분명하다. 자신을 이기고 남을 돕는다. 청아하고 영귀하다. 나라를 떠난다. 성공번창하며 관운이 좋다.

석 惜
(아낄 석·金火)

溫和慈祥, 多才淸雅, 晩婚遲得子大吉, 環境良好之字
온화하고 자상하다. 재주가 많고 청아하다. 만혼에 늦자식을 둠이 대길하다. 환경이 아주 좋다.

선 船
(배 선·金)

奔波勞苦, 或刑偶傷子, 中年奔波, 晩年吉祥
파란과 노고가 있다. 혹은 처와 자손에게 해가 있다. 중년에 분파가 있으나 만년이 길하다.

선 旋
(돌 선·金)

才智出衆, 福祿雙收, 出外吉祥, 刑偶之字, 晩年隆昌子福
재지가 출중하다. 복록을 두루 거둔다. 외지로 나가면 길하다. 처에게 해가 있는 글자. 만년에 번창하고 자손에게 복이 있다.

(눈 설·金)

薄幸多災, 再嫁守寡或自殺, 短壽中年多災, 晚年吉祥
행복하기 어렵고 재액이 많다. 재가하여 홀아비 과부팔자다. 혹은 자살한다. 단명하고 중년에 재액이 많다. 만년이 길하다.

(베풀 설·金)

一生淸雅多才, 刑偶傷子, 出外吉祥或有愛情厄, 自殺, 短壽
일생 청아하고 재주가 많다. 처와 자손에게 해가 있다. 외지로 나가면 길하다. 혹은 애정액이 있다. 자살 또는 단명한다.

(밝을 성·金火)

一生安祥多才, 子孫興旺, 中年吉祥, 官運旺, 出國之格
일생 편안하고 재주가 많다. 자손이 번성한다. 중년에 길하고 관운이 왕성하다. 나라를 떠나는 격이다.

세 細
(가늘 세·金)

智勇雙全, 淸雅怜悧, 中年成功隆昌, 環境良好有愛情厄
지혜와 용기를 두루 갖춘다. 청아하고 영리하다. 중년에야 성공번창한다. 환경양호하고 애정으로 인한 액이 있다.

(이을 소·金)

義利分明, 智勇雙全, 帶刀厄刑偶欠子, 官旺晩年隆昌
의리가 분명하다. 지혜와 용기가 모두 갖추었다. 칼로 인한 액이 있다. 처를 극하고 자손을 해친다. 관운이 왕성하여 만년에 번창한다.

소 巢
(새집 소·金水)

早成功早失敗之字, 中年成功, 晚年勞苦, 一生保守爲吉
일찍 성공하고 일찍 망할 글자. 중년에 성공하고 만년에 노고한다. 일생 분수를 지켜야 길하다.

速 (빠를 속·金)
出外吉祥, 一生多才淸雅怜悧, 中年勞, 晩年吉祥小心愛情厄
외지로 나가면 길하다. 일생 재주가 많고 청아영리하다. 중년에 애쓰고 만년에 길하다. 애정액을 조심하라.

率 (거느릴 솔·金)
身弱短壽或一貧如洗, 中年多災厄, 晩年吉祥
신약하고 단명한다. 혹은 씻긴 듯이 가난하다. 중년에 재액이 많고 만년에 길하다.

淞 (물이름 송·金水木)
學識淵博, 勤儉建業, 中年成功隆昌, 出國之格, 榮貴之字
학식이 해박하다. 근검하여 일을 이루니, 중년에 성공번창한다. 나라를 떠나는 격이다. 영화롭고 귀한 글자.

訟 (송사할 송·金)
口才怜悧, 天生聰明, 一生淸雅榮貴, 成功隆昌環境良好
언변이 좋고 영리하다. 천성이 총명하니 일생 청아하고 영귀하다. 성공번창하며 환경양호하다.

琇 (옥돌 수·金)
秀氣巧妙, 溫和賢能, 小心愛情厄, 成功吉祥, 出國之格
기가 빼어나고 영리하다. 온화하고 현숙하다. 애정으로 인한 액을 조심하라. 성공하니 상서롭다. 나라를 떠나는 글자.

授 (줄 수·金)
肯作肯勞, 重義信用, 中年多災厄, 晩年吉祥, 短壽之字
즐겨 일하고 애쓴다. 의리를 중히여기니 신용이 있다. 중년에 재액이 많다. 만년에 길하고 상서롭다. 단명하는 글자.

(부끄러워할 수·金)

憂心勞神或身弱多疾, 中年多災厄, 晚年子福
마음에 근심하고 힘겹다. 혹은 몸이 약하고 병이 많다. 중년에 재액이 많다. 만년에 자손에게 복이 있다.

(맑을 숙·金水)

天生聰穎, 多才巧智, 中年成功隆昌榮華富貴, 出國之字
천성이 총명하고 재주가 많다. 중년에 성공 번창하니 영화하고 부귀하다. 나라를 떠나는 글자.

(잘 숙·金)

憂心勞神或事勞無功, 中年吉祥, 晚年勞神, 守寡之字
마음에 근심하고 힘겹거나 혹은 일을 애써도 공이 없다. 중년에 길하고 상서로우나 만년에 마음 고생한다. 과부나 홀아비 글자.

(순박할 순·金水)

一生淸雅怜悧, 勤儉勵業, 福壽興家, 環境良好
일생 청아영리하다. 근검하여 일에 힘쓰니 복과 수명이 집에 가득하다. 환경이 아주 좋다.

(우뚝솟을 숭·金木土)

福壽興家, 福祿雙收, 淸雅榮貴, 官旺成功隆昌
복과 수명이 집안에 가득하다. 복과 록을 두루 거둔다. 청아하고 귀하니 관운이 있고 성공번창한다.

숭 崇
(높일 숭·金土)

英俊多才, 淸雅榮貴, 中年小心愛情厄, 成功環境良好
영준하고 재주가 많다. 청아하고 영귀하다. 중년에 애정액을 조심하라. 성공하며 환경양호하다.

(익힐 습·金)

天生聰明, 勤儉建業, 成功隆昌, 女人不幸多災或短壽之字
천성이 총명하다. 근검하여 일을 이룬다. 성공하여 번창한다, 여자는 불행하여 재액이 많거나 혹은 단명한다.

(숟가락 시·金)

淸雅秀氣, 多才怜悧, 中年吉祥, 晩年勞神多疾
청아하고 기가 빼어나다. 재주가 많고 영리하다. 중년에 길하다. 만년에 마음 고생하며 병이 많다.

(큰띠 신·金)

有愛情小心, 淸雅多才, 溫和慈祥, 晩年隆昌
애정을 조심하라. 청아하고 재주가 많다. 온화하고 자상하다. 만년에야 번창한다.

(새벽 신·金火)

天生聰穎, 淸雅榮貴, 中年成功隆昌, 出國之格幸福之字
천성이 총명하다. 청아하고 영귀하다. 중년에 성공번창한다. 나라를 떠나는 격이니 행복하다.

(다할 실·金)

憂心勞神, 肯作肯勞無運多災或愛情厄, 再嫁守寡之字
마음에 근심하고 힘겹다. 즐겨 일하고 애써도 운이 없고 재액이 많다. 혹은 애정액이 있고 재가 하거나 과부의 운명이다.

(깊을 심·金水木)

刑偶傷子, 一生淸雅榮貴, 中年成功隆昌, 環境良好
처와 자손을 해친다. 일생 청아영귀하다. 중년에 성공번창하다. 환경양호하다.

(힘쓸 욱·土)

智勇雙全, 敎育界大吉, 官運旺, 中年吉祥, 環境良好
지혜와 용기를 갖춘다. 교육계가 대길하다. 관운이 왕성하다. 중년에 길하니 환경양호하다.

(눈 안·木)

憂心勞神或事勞無功, 或潦倒一生, 晩年子福
마음에 근심하고 힘겹다. 혹은 일을 애써서 해도 공이 없다. 혹은 일생 망하거나 만년에 자손에게 복이 있다.

(초막 암·土)

憂心勞神, 或事勞無功, 中年多災厄, 晩年吉祥
마음에 근심하고 힘겹다. 혹은 애써 일해도 공이 없다. 중년에 재액이 많다. 만년에 길하다.

(물가 애·土水)

一生淸雅平凡, 中年勞或奔波, 晩年吉祥
일생 청아하고 평범하다. 중년에 노고하고 파란이 있다. 만년에 길하고 상서롭다.

(진 액·土水)

口快性剛或事勞無功, 中年多災, 晩年吉祥
언변이 좋고 성격이 강하다. 혹은 일을 애써서 해도 공이 없다. 중년에 재액이 많으나 만년에 길하고 상서롭다.

(들 야·土木)

天生聰穎, 敎育界大吉, 淸雅榮貴, 中年勞晩年吉祥
천성이 총명하니 교육계가 대길하다. 청아하고 영귀하다. 중년에 애쓰나 만년에 길하다.

(들 야·土)

一生淸雅溫和賢能, 中年吉祥, 晩年隆昌, 勞神多疾
일생 청아하고 온화하며 어질다. 중년에 길하고 상서롭다. 만년에 번창하나 마음 고생하고 병이 많다.

(거느릴 어·土)

秀氣怜俐, 理智充足, 貴人明現, 但常人難受之字, 武官吉
기가 빼어나고 영리하다. 이지가 충족한다. 귀인이 드러난다. 단, 보통사람은 받기 어렵다. 무관이 길하다.

(물고기 어·土火)

一生淸雅多才, 溫和賢能福祿雙收, 中年勞, 晩年吉祥
일생 청아하고 재주가 많다. 온화하고 현숙하다. 복록을 두루 갖춘다. 중년에 애쓰고 만년에 길하다.

(쓰러질 언·土)

刑偶傷子, 晩婚遲得子吉, 中年勞, 晩年吉祥
처와 자손을 해친다. 만혼에 늦자식을 둠이 길하다. 중년에 애쓰고 만년에 길하다.

(담글 엄·土水)

外觀幸福, 內心多憂, 中年勞苦, 晩年吉祥
외적으로 행복해도 내면으로는 근심이 많다. 중년엔 노고하나 만년에는 길하고 번창한다.

(지경 역·土)

懷才不遇或多病弱短壽, 中年多災厄, 晩年吉祥, 勞苦之字
재주를 품었으나 불우하다. 혹은 병약하고 단명한다. 중년에 재액이 많다. 만년에 길하고 상서롭다. 노고와 고생의 글자.

(갈 연·土)

刑剋父母, 淸雅多才, 有愛情厄小心, 中年晩年吉祥
부모를 극한다. 청아하고 재주가 많다. 애정액을 조심하라. 중년과 만년이 길하고 상서롭다.

(연할 연·土)

一生淸雅秀氣, 保守平凡, 中年勞, 苦中得甘, 晩年吉祥
일생 청아하고 기가 빼어나다. 분수를 지키며 평범하다. 중년에 수고한다. 고생 중에 낙이 있으니 만년에 길하다.

(오동나무 오·土木)

淸雅多才, 義利分明, 中年吉祥, 晩年隆昌, 環境良好
청아하고 재주가 많다. 의리가 분명하다. 중년에 길하다. 만년에 번창하고 환경양호하다.

(만날 오·土火)

淸雅怜悧, 多才有能, 中年吉祥, 環境良好, 名利雙收
청아하고 영리하다. 재주가 많고 유능하다. 중년에 길하고 상서롭다. 환경이 좋다. 명예와 이익을 거둔다.

(거짓말 와·土)

憂心勞神或身弱多厄, 中年奔波, 晩年吉祥
마음에 근심하고 힘겹다. 혹은 몸이 약하고 액이 많다. 중년에 파란이 있다. 만년에 길하다.

(물구비쳐흐를 완·土水)

秀氣怜悧, 溫和賢能, 勤儉持家, 成功隆昌, 環境良好
기가 빼어나고 영리하다. 온화하고 어질며 근검하니 가문을 지킨다. 성공하여 번창한다. 환경양호하다.

(아름다울 완·土)

淸雅秀氣, 有才能理智, 中年成功隆昌, 出國之格
청아하고 기가 빼어나다. 재능과 이지가 있다. 중년에 성공번창한다. 나라를 떠난다.

淸秀巧妙, 淸雅溫和, 中年成功隆昌, 出國之字, 有愛情
厄小心
청수하고 똑똑하다. 청아하고 온화하다. 중년에 성공번창
한다. 나라를 떠나는 글자. 애정액을 조심하라.

刑偶傷子或奔波勞苦, 晩婚大吉, 中年勞, 晩年吉祥
처와 자손에게 해가 있거나 혹은 파란과 노고가 있다. 만혼
이 대길하다. 중년에 애쓰나 만년에 길하다.

義利分明, 溫和賢能, 事業吉昌, 環境良好, 欠子之字
이익과 명분이 분명하다. 온화하고 현숙하다. 사업이 번창
하니 환경양호하다. 자손이 부족한 글자.

憂心勞神或懷才不遇, 命途多舛, 中年多災, 晩年吉祥
마음에 근심하고 힘겹다. 재주를 품어도 불우하다. 운명이
어긋나니 중년에 재액이 많다. 만년에 길하고 상서롭다.

憂心勞神, 少年干難, 中年平凡, 晩年吉祥, 怜悧之字
마음에 근심하고 힘겹다. 소년시절 가난하고 중년에 평범
하다. 만년에 길하고 상서롭다. 영리한 글자.

憂心勞神或身弱多厄, 中年多難, 晩年吉祥
마음에 근심하고 애쓴다. 혹은 몸이 약하고 액이 많다. 중년
에 어려움이 많다. 만년에 길하다.

(위대할 위·土)

多才巧智, 淸雅怜悧, 小心愛情厄, 中年成功隆昌, 晩年勞神
재주가 많고 지혜롭다. 청아하고 영리하다. 애정액을 조심하라. 중년에 성공번창한다. 만년에 마음 고생한다.

(벼슬이름 위·土)

多才巧智, 天生怜悧, 中年吉祥, 晩年隆昌, 榮幸之字
재주가 많고 지혜롭다. 천성이 영리하다. 중년에 길하다. 만년에 번창하니 영화롭고 행복한 글자.

(멀 유·土)

淸雅怜悧, 多才巧智, 中年勞, 但吉祥, 晩年隆昌, 勞神之字
청아하고 영리하다. 재주가 많고 지혜롭다. 중년에 애쓰나 길하다. 만년에 번창하나 마음 고생이 있는 글자.

(생각할 유·土)

溫和賢淑, 多才怜悧, 中年勞神或多災, 晩年吉昌
온화하고 현숙하다. 재주가 많고 영리하다. 중년에 마음 고생한다. 혹은 재액이 많다. 만년에 길하다.

(오직 유·土)

衣食豊足, 淸雅賢能, 福祿雙收, 成功隆昌, 幸福之字
의식이 풍족하다. 청아하고 어질다. 복록을 모두 거둔다. 성공하여 번창한다. 행복한 글자.

(뭍 육·火土)

性剛口快, 少年干難, 中年吉祥, 或奔波晩年隆昌
성격이 강하고 언변이 좋다. 소년기에 가난하고 중년기에 길하다. 파란이 있으나 만년에 번창한다.

(그늘 음·土)

一生淸雅多才, 福祿雙收, 環境良好, 女人有不幸多災守寡之字
일생 청아하고 재주가 많다. 복록을 두루 거둔다. 환경이 아주 좋다. 여자는 불행하니 재난이 많고 과부의 운명이다.

(옮길 이·土)

有愛情厄或刑偶傷子, 命途多舛, 中年勞晩年吉祥
애정액이 있거나 혹은 처와 자손에게 해가 있다. 운명이 어긋난다. 중년에 애쓰고 만년에 길하다.

(다를 이·土)

智勇雙全, 二子吉祥, 克己助人, 內心多憂, 晩年吉祥
지혜와 용기를 갖춘다. 두 아들이 길하다. 자기를 이기고 남을 돕는다. 내심 근심이 많고 만년엔 길하다.

(도울 익·土)

多才伶利, 淸秀賢能, 英俊官運旺中年成功, 出國之字
재주가 많고 영리하다. 청수하며 어질다. 영준하여 관운이 왕성하니 중년에 성공한다. 나라를 떠나는 글자.

(이튿날 익·土)

有愛情厄小心, 淸秀巧妙, 多才但中年多厄, 晩年吉祥
애정액을 조심하라. 청수하며 총명하다. 재주는 많으나 중년에 액이 많다. 만년에 길하고 상서롭다.

(동방 인·土木)

一生淸雅多才, 保守之格, 官旺, 中年吉祥, 晩年勞神多疾
일생 청아하며 재주가 많다. 분수를 지킨다. 관운이 왕성하니 중년에 길하다. 만년에는 근심이 있고 병이 많다.

작 雀 (참새 작·金)	身瘦秀氣, 剋父命, 小心愛情厄, 中年吉祥, 晩年勞神, 短壽之字 몸이 마르나 기는 빼어나다. 아버지를 극한다. 애정액을 조심하라. 중년에 길하고 만년에 마음 고생한다. 단명하는 글자.
장 將 (장수 장·金)	病弱短壽或少樂多憂, 環境良好, 忌車怕水, 榮貴隆昌之字 병약하고 단명하다. 혹은 즐거움이 적고 근심은 많다. 환경이 좋다. 차와 물을 피하라. 귀하고 번창하는 글자.
장 章 (글 장·金)	出外貴人明現, 晩婚大吉, 雙妻之厄, 中年勞, 晩年吉祥 榮貴之字 외지로 나가면 귀인이 나타나 돕는다. 늦은 결혼이 대길하다. 두 처를 두는 액이 있다. 중년에 힘겹고 만년이 길하고 상서롭다. 영귀한 글자.
장 莊 (장중할 장·金)	一生淸雅多才, 賢能溫和, 中年勞, 晩年吉祥 일생 청아하고 재주가 많다. 어질고 온화하다. 중년에 애쓰고 만년에 길하다.
장 張 (베풀 장·金)	性剛或口快, 剋父命中年潦倒或奔波, 晩年吉祥 성격이 강직하고 언변이 좋다. 아버지 운명을 극하고 중년에 망하거나 혹은 파란이 있다. 만년에 길하다.
장 帳 (휘장 장·金)	過房之格, 一生淸雅多才, 中年勞, 晩年吉祥 양자될 팔자다. 일생 청아하고 재주가 많다. 만년에 길하다.

(가래나무 재·金木)

一生淸雅榮貴, 智勇雙全, 官運旺, 成功隆昌, 環境良好
일생 청아하고 영귀하다. 지혜와 용기를 모두 갖추니 관운이 왕성하다. 성공번창하고 환경양호하다.

(가파를 쟁·金土)

外觀幸福, 內心多憂, 一生淸雅平凡, 多才怜俐, 成功吉祥
겉은 행복해 보여도 내심은 근심이 많다. 일생 청아하고 평범하다. 재주가 많고 영리하다. 성공하니 길하고 상서롭다.

(고요할 적·金)

溫和賢淑, 勤儉怜俐, 名利雙收, 出外吉祥榮貴之字
온화하고 어질다. 근검하고 영리하니 명예와 이익을 두루 거둔다. 외지로 나가면 길하니 귀한 운명이다.

(피리 적·金)

淸雅多才, 理智充足, 中年吉祥, 晩年吉昌, 榮貴之字
청아하고 재주가 많다. 이지가 충족하다. 중년에 길하고 상서롭다. 만년에 길하고 번창한다. 영귀한 글자.

(오로지 전·金)

淸雅秀氣, 事勞無功, 刑偶多災, 中年勞, 晩年吉祥
청아하고 기가 빼어나다. 일에 애쓰고도 공은 없다. 배우자에게 형이 있고 재난이 많다. 중년에 노고하고 만년에 길하다.

(사귈 접·金)

憂心勞神或百事苦勞, 中年勞或多厄, 晩年吉祥
마음이 근심하고 힘겹다. 혹은 온갖 일이 괴롭다. 중년에 노고하거나 혹은 액이 많다. 만년에 길하고 상서롭다.

(깨끗할 정·金水)

淸雅榮貴, 克己助人, 中年成功隆昌, 出國之格
청아하고 영귀하다. 자기를 이겨 남을 돕는다. 중년에 성공번창한다. 나라를 떠나는 격이다.

정 停
(머무를 정·金)

有愛情煩惱或病弱短壽或刑偶傷子, 中年多災, 晩年吉祥
애정으로 번뇌하거나 혹은 병약하고 단명하거나 혹은 처와 자손을 해친다. 중년에 재액이 많고 만년에 길하다.

(정탐할 정·金)

福祿雙收, 名利永在二子吉祥, 淸雅榮貴, 中年成功隆昌
복록을 두루 거두니 명예와 재물이 영원하다. 두 아들이 길하고 상서롭다. 청아하고 영귀하다. 중년에 성공번창하다.

정 情
(뜻 정·金)

刑偶傷子, 一生淸雅怜悧, 有愛情厄, 晩年吉祥
처와 자손을 해친다. 일생 청아영리하다. 애정액이 있다. 만년이 길하다.

(똑대기 정·金)

身弱短壽或刑偶欠子, 中年勞苦, 晩年吉祥
신약하고 단명한다. 혹은 처와 자손에게 해가 있다. 중년에 노고하나 만년에 길하다.

(기 정·金)

英俊佳人, 上下敦睦, 溫和慈祥, 成功隆昌環境良好
영준하고 아름답다. 상하가 화목하니 온화자상하다. 성공번창하니 환경이 아주 좋다.

(사닥다리 제·金木)

一生淸雅怜悧, 理智充足, 英雄豪爽, 中年成功隆昌
일생 청아하고 영리하다. 이지가 충족하다. 영웅호걸이다. 중년에 성공번창하다.

획수별 자(字)의 길흉과 운세—11획 319

제 祭
(제사 제·金)

刑偶傷子, 或有愛情厄, 中年離亂或以外, 晚年安祥
처와 자손에게 해가 있다. 혹은 애정액이 있으니 조심하라.
중년에 헤어져 흩어지거나 혹은 밖으로 돈다. 만년에 길하다.

조 組
(끈 조·金)

福祿雙收, 淸雅榮貴, 中年勞, 晚年吉祥
복록을 두루 갖춘다. 청아하고 영귀하다. 중년에 노고한다.
만년에 길하고 상서롭다.

조 措
(둘 조·金)

溫和賢淑, 福壽興家, 中-年吉祥, 晚年隆昌, 慈祥之字
온화하고 현숙하다. 복과 수명이 집안에 가득하다. 중년에
길하고 상서롭다. 만년에 번창한다.

조 條
(가지 조·金木)

英俊佳人, 淸雅多才, 中年成功隆昌, 環境良好
영준하고 아름답다. 청아하고 재주가 많다. 중년에 성공번
창한다. 환경양호하다.

조 曹
(무리 조·金)

一生淸雅多才, 晚婚大吉, 中年勞, 晚年隆昌
일생 청아하고 재주가 많다. 만혼이 대길하다. 중년에 애쓰
고 만년이 번창한다.

조 造
(지을 조·金)

出外吉祥, 淸雅多才, 中年吉祥, 晚年隆昌, 福祿雙收
외지로 나가면 길하다. 청아하고 재주가 많다. 중년에 길하
고 만년에 번창하니 복록을 모두 거둬들인다.

조 彫
(새길 조, 꾸밀 조·金)

三子吉祥, 淸雅多才, 中年勞或奔波, 成功隆昌, 福分之字
세 아들이 길하다. 청아하고 재주가 많다. 중년에 애쓰거나
혹은 파란이 있으나 성공번창한다. 복받을 글자.

(안존할 조·金)

秀氣怜悧, 溫和賢淑, 小心愛情厄, 出外吉祥, 晩年幸福
기가 빼어나고 영리하다. 온화하고 어질다. 애정액을 조심하라. 외지로 나가면 길하다. 만년에 행복하다.

(낚시 조·金)

學識豊富, 操守廉正, 官運旺, 中年成功隆昌, 出國之字
학식이 풍부하다. 분수를 지켜 바르다. 관운이 왕성하다. 중년에 성공하여 번창한다. 나라를 떠나는 격이다.

(바라볼 조·金)

常有禍端, 或身弱短壽, 中年多災厄, 晩年子福之字
항상 화의 단서가 된다. 혹은 신약하여 단명한다. 중년에 재액이 많으나 만년에 자식복이 있다.

(거칠 조·金木)

秀氣巧妙, 多才怜悧, 中年勞, 但勤儉, 晩年吉祥
기가 빼어나고 지혜롭다. 재주가 많고 영리하다. 중년에 애쓰고 근검하다. 만년에 길하고 상서롭다.

(마칠 종·金)

暗淡無光, 不祥之字, 難成功, 多災厄, 不幸之字
암담하여 빛이 없다. 상서롭지 못한 글자. 성공하기 어렵다. 재액이 많아 불행한 글자.

(좇을 종·金)

離祖成功, 淸雅多才, 中年成功隆昌, 環境良好, 福壽興家
조상을 떠나면 성공한다. 청아하고 재주가 많다. 중년에 성공번창하고 환경양호하다. 복과 수를 누리며 집안을 일으킨다.

주 紬
(명주 주·金)

多才怜悧, 有能幹理智, 但中年有厄或懷才不遇, 晩年吉祥
재주가 많고 영리하다. 이지적이고 재간이 있다. 다만 중년에 액이 있어 재주를 품고도 불우하다. 만년에 길하고 상서롭다.

주 晝
(낮 주·金火)

晩婚或遲得子大吉, 秀氣怜悧, 中年勞, 晩年吉祥
만혼 혹은 늦자식을 둠이 대길하다. 기가 빼어나고 영리하다. 중년에 애쓰나 만년에 길하다.

(불땔 준·金火)

理智充足, 淸雅榮貴, 外交界大吉, 官運旺, 成功隆昌, 出國之字
이지가 충족하다. 청아하고 영귀하다. 외교관이 대길하다. 관운이 왕성하다. 성공번창한다. 나라를 떠나는 글자.

지 趾
(발가락 지·金)

秀氣多才, 賢能怜悧, 中年有災厄, 晩年幸福吉祥
기가 빼어나며 재주가 많다. 어질고 영리하다. 중년에 재액이 있다. 만년에 행복하고 길하다.

(베풀 진·金木)

口快性剛, 淸雅多才, 中年勞苦, 晩年隆昌
언변이 좋고 성격이 강직하다. 청아하고 재주가 많다. 중년에 고생하고 만년에 번창한다.

집 執
(잡을 집·金)

性剛果斷或身弱短壽, 出外吉祥, 忌車怕水, 晩福之字
성격이 강직하고 과감하거나 혹은 몸이 약하고 단명한다. 외지로 나가면 길하다. 차와 물을 피하라. 늦게 복이 있는 글자.

(비녀 차·金)

多才溫和, 淸雅怜悧, 中年或愛情厄, 晩年吉祥
재주가 많고 온화하다. 청아하고 영리하다. 중년에 혹은 애정액이 있다. 만년에 길하다.

착 措
(섞을 착·金)

溫和賢淑, 福壽興家, 中-年吉祥, 晩年隆昌, 慈祥之字
온화하고 현숙하다. 복과 수명이 집안에 가득하다. 중년에 길하고 상서롭다. 만년에 번창한다.

(머무를 찰·金木)

有愛情厄, 溫和賢能, 中年勞或酸痛, 晩年吉祥
애정액이 있다. 온화하고 어질다. 중년에 수고롭거나 혹은 매우 고생한다. 만년에 길하고 상서롭다.

(참여할 참·金)

肯作肯勞, 重義信用, 三子吉祥, 出外吉, 中年勞晩年吉祥
즐겨 일하고 즐겨 애쓴다. 의리를 중시하니 신용이 있다. 세 아들이 길하다. 외지로 나가면 길하다. 중년에 애쓰고 만년에 길하다.

(노래 창·金火)

一生身弱短壽或刑偶傷子, 中年吉, 晩年隆昌
일생 몸이 약하고 단명한다. 혹은 처와 자손에게 해가 있다. 중년이 길하고 만년에 번창한다.

창 窓
(창 창·金)

憂心勞神, 多刑剋, 秀氣英俊, 中年多災, 晩年吉祥
마음에 근심하고 힘겹다. 형극이 많다. 기가 빼어나고 영민하다. 중년에 재액이 많다. 만년에 길하다.

(무늬 채·金木)

淸雅怜悧, 多才巧智, 中年平凡, 晩年吉祥, 雙妻之字, 刑妻之格
청아하고 영리하다. 재주가 많고 지혜롭다. 중년에 평범하다. 만년에 길하나 두 처를 두고 처를 극하는 격이다.

책 揩
(잡을 책·金)

溫和賢淑, 福壽興家, 中-年吉祥, 晩年隆昌, 慈祥之字
온화하고 현숙하다. 복과 수명이 집안에 가득하다. 중년에 길하고 상서롭다. 만년에 번창한다.

(꾸짖을 책·金)

智勇雙全, 一生淸雅榮貴, 二子吉祥, 成功隆昌, 環境良好
지혜와 용기를 두루 갖춘다. 일생 청아하고 귀하다. 두 아들이 길하다. 성공번창하며 환경이 좋다.

(곳 처·金)

出外大吉, 性格複雜, 重信義, 中年勞, 晩年吉祥
외지로 나가면 대길하다. 성격복잡하다. 신의를 중시하나 중년에 고생한다. 만년에 길하다.

(겨레 척·金)

一生淸雅多才, 淸閒享福, 但中年多勞, 晩年吉祥
일생 청아하고 재주가 많다. 청한하여 복을 누리니 단, 중년에 몹시 힘들다. 만년에는 길하다.

척 揩
(찌를 척·金)

溫和賢淑, 福壽興家, 中-年吉祥, 晩年隆昌, 慈祥之字
온화하고 현숙하다. 복과 수명이 집안에 가득하다. 중년에 길하고 상서롭다. 만년에 번창한다.

(팔가락지 천·金水)

憂心勞神或有愛情厄, 中年勞苦, 晚年吉祥
마음에 근심하고 힘겹다. 혹은 애정액이 있다. 중년에 노고하고 만년에 길하다.

(더할 첨·金水)

孤獨格, 父母無緣, 身弱短壽或忌車怕水, 晚年吉祥, 中年多災
고독하다. 부모와 인연이 없다. 신약하고 단명한다. 혹은 물과 차를 조심하라. 만년이 길하고 상서롭다. 중년에 재액이 많다.

(맑을 청·金水)

吉凶分明, 配合吉成功隆昌, 凶卽忌車怕水中年多災晚年吉祥
길흉이 분명하다. 길하면 성공번창한다. 흉하면 차와 물을 꺼리고, 중년에 재액이 많다. 만년에 길하고 상서롭다.

(나무끝 초·金木)

刑偶傷子, 一生淸雅多才, 中年多勞, 晚年吉祥, 欠子之字
처와 자손에게 해가 있다. 일생 청아하고 재주가 많다. 중년에 노고가 많다. 만년이 길하다. 자손이 부족한 글자.

최 崔
(높을 최·金土)

一生淸雅, 理智充足, 中年勞苦或奔波, 晚年吉祥
일생 청아하다. 이지가 충족하다. 중년에 노고하거나 혹은 파란이 있다. 만년에 길하다.

(옮길 추·金)

淸雅秀氣, 多才有能, 有損丁刑偶之厄, 晚年安祥
청아하고 기가 빼어나다. 재주가 많고 유능하다. 힘 해치고 처를 해친다. 만년에 편안하다.

(쫓을 축·金)

淸雅榮貴, 多才巧智, 中年成功隆昌, 出國之字
청아하고 영귀하다. 재주가 많고 지혜롭다. 중년에 성공번창한다. 나라를 떠난다.

(곁 측·金)

重義信用, 一生淸雅, 中年多勞或奔波, 晩年吉祥
의리를 중히 여겨 신용이 있다. 일생 청아하다. 중년에 고생이 많거나 혹은 파란있다. 만년에 길하고 상서롭다.

(칙서 칙·金)

奔波勞苦或事勞無功, 中年多災厄, 晩年吉祥
파란과 노고가 있거나 혹은 일은 애써도 공이 없다. 중년에 재액이 많으나 만년에 길하다.

(벗을 탈·火)

奔波勞苦, 或身弱多厄, 中年勞苦, 晩年吉祥
파란과 노고가 있다. 혹은 신약하고 액이 많으니 중년에 애쓰고 고생한다. 만년에 길하다.

(더듬을 탐·火木)

重情失敗, 或刑偶傷子, 中年勞, 晩年吉祥
정 때문에 실패한다. 혹 처와 자식을 해친다. 중년에 노고하나 만년에 길하다.

(매질할 태·火)

少樂多憂, 懷才不遇, 福祿雙收, 中年吉祥, 晩年隆昌
즐거움은 적고 근심은 많다. 재주를 품고도 불우하다. 복록을 두루 거둔다. 중년에 길하고 만년에 번창하다.

(통 통·火木)

離祖成功, 淸雅多才, 忌車怕水, 中年勞晩年隆昌
조상을 떠나면 성공한다. 청아하고 재주가 많다. 차와 물을 피하라. 중년에 애쓰고 만년에 번창한다.

(통할 통·火)

口快怜悧, 刑偶傷子, 出外大吉, 中年勞, 晚年吉祥
언변이 좋고 영리하다. 처와 자손에게 해가 있다. 외지로 나가면 대길하다. 중년에 애쓰고 만년에 길하고 상서롭다.

(통할 투·火)

奔波勞苦或有愛情厄, 中年多勞, 晚年吉祥
파란과 노고가 많다. 혹은 애정액이 있다. 중년에 애쓴다. 만년에 길하다.

(할미 파·水)

一貧如洗或憂心勞神, 中年多災, 或潦倒晚年子福
가난하여 아무것도 없거나 마음에 근심하고 힘겹다. 중년에 재난이 있다. 혹은 되는 일이 없어도 만년에 자손에게 복이 있다.

(팔 판·水)

一貧如洗或潦倒一生, 中年多災, 難幸福憂心勞神之字
씻은듯이 가난하다. 혹은 일생 망치거나 중년에 재난이 많다. 행복하기 어렵고 마음에 고생하고 힘겨운 글자.

(패할 패·水)

生在富家亦敗散或惡死凶亡, 不幸之災, 暗淡多災厄
부유한 가문에 태어나서 또한 패가 하니 혹은 악사하거나 흉망한다. 불행하며 암담하고 재액이 많다.

편 偏
(치우칠 편·水)

口快性剛, 淸雅多才, 中年多厄吉祥, 晚年勞神, 短壽之厄
언변이 좋고 성격이 강하다. 청아하고 재주가 많다. 중년에 재액이 많고 길하다. 만년에 근심이 있다. 단명하는 글자.

(박 포·木)

刑偶傷子, 一生多災厄, 或病弱短壽, 不幸再嫁, 守寡之字
처와 자손에게 해가 있다. 일생 재액이 많다. 혹은 병약하고 단명한다. 불행히 재가하고 과부의 운명이다.

(포도 포·水)

淸雅怜俐, 口快性剛, 中年吉祥, 晩年勞神, 環境良好, 雙妻命
청아하고 재주가 많다. 언변이 좋고 성격이 강직하다. 중년에 길하고 상서롭다. 만년에 근심이 잇다. 환경양호하다. 두 명의 처를 둔다.

(범 표·水)

智勇雙全, 淸雅多才, 中年勞, 晩年吉祥, 武官大吉
지혜와 용기를 두루 갖춘다. 청아하고 재주가 많다. 중년에 애쓰고 만년에 길하다. 군인이 대길하다.

(이문 한·土)

福祿雙收, 口快心直, 中年勞, 晩年隆昌, 環境良好
복록을 두루 거둔다. 언변이 좋고 마음이 곧다. 중년에 노고한다. 만년엔 번창하고 환경양호하다.

(함께 해·土)

出外吉祥, 晩婚或遲得子吉, 中年勞, 晩年吉祥, 福祿之字
외지로 나가면 길하고 상서롭다. 만혼에 늦자식이 길하다. 중년에 노고한다. 만년에 길하고 상서롭다. 복록이 있는 글자.

행 婞
(패려궂을 행·土)

小心愛情厄, 淸雅多才, 中年隆昌, 晩年勞神
애정액을 조심하라. 청아하고 재주가 많다. 만년에 마음 고생한다.

(허락할 허·土)

一生淸雅平凡, 多才恰悧, 中年勞或奔波, 晚年吉祥
일생 청아하고 평범하다. 재주가 많고 영리하다. 중년에 애쓰거나 혹은 파란이 있다. 만년에 길하고 상서롭다.

(나타날 현·土)

口快性剛, 多才恰悧, 中年吉祥, 晚年隆昌, 環境良好
언변이 좋고 성격이 강직하다. 재주가 많고 영리하다. 중년에 길하고 상서롭다. 만년에 번창한다. 환경양호하다.

(잔털 호·土)

多才巧智, 義利分明, 淸雅恰悧, 中年勞, 晚年吉祥
재주가 많고 지혜롭다. 의리가 분명하다. 청아하고 영리하다. 중년에 애쓰나 만년에 길하다.

(섞을 혼·土水火)

英俊佳人, 多才恰悧, 中年吉祥, 晚年隆昌, 有欠子之字
영준하고 아름답다. 재주가 많고 영리하다. 중년에 길하고 상서롭다. 만년에 번창하다. 자손이 부족하다.

(혼인할 혼·土火)

刑偶傷子, 一生淸雅, 多才恰悧, 晚婚吉, 中年勞, 晚年吉祥
처와 자손에게 해가 있다. 일생 청아하고 재주가 많고 영리하다. 만혼이 길하다. 중년에 애쓰나 만년에 길하다.

(재물 화·土)

憂心勞神或事勞無功, 一生中年勞, 晚年吉祥
마음에 근심하고 힘겹다. 혹은 애써 일해도 공은 없다. 일생 중년에 힘드나 만년에 길하다.

(봉황새 황·土)

天生聰穎, 淸雅榮貴, 中年成功隆昌, 官運旺, 榮富之字
천성이 총명하다. 청아하고 귀하다. 중년에 성공번창한다.
관운이 왕성하니 영화롭고 귀한 글자.

(그믐 회·土火)

英俊之才, 勤儉多才, 家聲克振, 中年成功隆昌榮貴之字
영준하며 근검하고 재주가 많다. 가문의 명성을 떨친다. 중
년에 성공하고 번창하며 영귀한 글자.

12획 음(陰)

가 街 (거리 가 · 木土)

一生多相剋, 或身弱多疾, 中年勞, 晚年吉祥之字
일생 형극이 많다. 혹 몸이 약하거나 병이 많다. 중년에 애쓰고 만년에 길하다.

각 殼 (껍질 각 · 木)

暗淡無光, 雨夜之花或身弱多疾, 一生難幸福之字
암담하여 빛이 없다. 비 내리는 밤의 꽃과 같다. 혹은 몸이 약하고 병이 많다. 일생 행복하기 어려운 글자.

간 間 (사이 간 · 木火)

刑偶傷子, 或憂心勞神, 晚婚大吉, 中年勞晚年吉祥
처와 자손에게 해가 있다. 혹 마음에 근심하고 수고롭다. 만혼이 대길하다. 중년에 애쓰나 만년에 길하다.

감 減 (덜 감 · 木水)

剋父命, 或刑偶傷子或出外吉祥, 中年吉祥, 晚年勞神
아버지의 운명을 극한다. 혹은 처와 자손에 해가 있다. 혹은 외지로 나가면 길하다. 중년에 길하고 만년에 마음 고생한다.

감 堪 (견딜 감 · 金土)

清雅怜悧, 刑偶傷子, 中年吉祥, 環境良好, 晚年勞神
청아하고 영리하다. 처와 자손에게 해가 있다. 중년에 길하고 상서롭다. 환경양호하다. 만년엔 마음 고생한다.

감 敢
(감히 감 · 木)

性剛口快, 意志强抱負大, 中年多災或奔波, 晚年吉祥
성격이 강직하고 언변이 좋다. 의지가 강하고 포부 또한 크다. 중년에 재액이 많고 파란이 있다. 만년에 길하다.

감 嵌
(아로새길 감 · 木土)

刑剋父母或刑偶傷子, 晚婚吉, 中年奔波, 晚年隆昌, 幸福之字
부모를 형극하거나 처와 자손에게 해가 있다. 만혼이 길하다. 중년에 파란이 있다. 만년에 번창하고 행복한 글자.

강 强
(굳셀 강 · 木)

淸雅榮貴, 有才能理智, 中年勞或奔波, 晚年吉祥官旺
청아하고 귀하다. 재능이 있고 이지적이다. 중년에 수고롭거나 혹 파란이 있다. 만년에 길하고 관운이 왕하다.

개 開
(열 개 · 木)

刑剋母命孤獨格, 一生少年難, 中年奔波勤儉, 晚年吉祥
어머니 운명을 극하고 고독하다. 일생 소년엔 가난하다. 중년에 파란이 있으나 근검하다. 만년엔 길하다.

개 剴
(낫 개 · 木土)

帶刀厄, 刑偶或傷子, 淸雅榮貴, 官運旺出國之字, 二子吉祥
칼로 인한 액이 있으니, 처 또는 자식을 해친다. 청아하고 영귀하다. 관운이 왕성하며 나라를 떠나는 글자. 두 아들이 길하다.

개 凱
(개선할 개 · 木土)

性剛, 智勇雙全, 出外吉祥, 中年隆昌, 環境良好, 多才之字
성격이 강직하다. 지혜와 용기를 모두 갖춘다. 외지로 나가면 길하다. 중년에 번창하니 환경양호하고 재주가 많은 글자.

걸 傑 (뛰어날 걸·木)

智勇雙全, 淸雅榮貴, 中年吉祥, 英雄格, 晚年隆昌, 二子吉祥

지혜와 용기를 모두 갖춘다. 청아하고 귀하다. 중년에 길하고 상서롭다. 영웅이다. 만년에 번창하고 두 아들이 길하다.

걸 揭 (세울 걸·木)

幼年大災厄, 中年吉祥隆昌多勞, 忌車怕水, 有破相之厄, 晚年成功

유년엔 재액이 많다. 중년에 길하고 상서롭고 번창하나 많이 애써야한다. 차와 물을 피하라. 주변을 해치며 만년엔 성공한다.

게 揭 (높이 들 게·木)

幼年大災厄, 中年吉祥隆昌多勞, 忌車怕水, 有破相之厄, 晚年成功

유년엔 재액이 많다. 중년에 길하고 상서롭고 번창하나 많이 애써야한다. 차와 물을 피하라. 주변을 해치며 만년엔 성공한다.

결 結 (맺을 결·木)

一生淸雅多才, 義利分明, 中年成功隆昌, 晚年勞神

일생 청아하고 재주가 많다. 공과 사가 분명하다. 중년에 성공하고 번창한다. 만년에 마음 고생한다.

경 景 (볕 경·木火)

多才賢能, 精明公正, 中年成功隆昌, 環境良好, 榮華之字

재주가 많고 어질다. 총명하며 공명정대하다. 중년에 성공 번창한다. 환경양호하다. 영화로운 글자.

경 卿
(벼슬 경·木)

有愛情厄或憂心勞神, 刑偶傷子, 性剛, 晚年吉祥, 不祥 短壽之字
애정액을 조심하라. 혹 마음에 근심하고 힘겹다. 처와 자손에게 해가 있다. 성격 강직하다. 만년에 길하다. 단명하고 상서롭지 못한 글자.

경 硬
(단단할 경·木)

剋父命, 或刑偶欠子, 出外貴人現, 福祿雙收, 晚年隆昌, 短壽之字
아버지의 운명을 극한다. 혹 처와 자손에게 해가 있다. 외지로 나가면 길하다. 귀인이 나타나 돕는다. 복록을 모두 얻는다. 만년이 번창하나 단명한 글자.

계 堦
(층계 계·木土)

晚婚或遲得子大吉, 中年奔波多勞, 晚年吉祥隆昌
늦은 결혼 또는 늦게 자식을 둠이 대길하다. 중년에 파란과 노고가 많다. 만년에 길하고 상서로우며 번창한다.

계 棨
(창 계·木)

學問淵博, 精明公正, 克己助人, 中年成功隆昌, 出國之格
학문이 높고 총명하며 공명정대하다. 자기를 희생하여 남을 돕는다. 중년에 성공번창한다. 나라를 떠나는 격이다.

곤 琨
(옥돌 곤·木火)

淸雅多才, 英俊勤儉, 中年吉祥, 晚年隆昌官旺財薄之字
청아하고 재주가 많다. 영준하고 근검하다. 중년에 길하고 상서롭다. 만년에 번창한다. 관운이 왕성하나 재물은 없는 글자.

곤 棍
(몽둥이 곤·木火)

英俊佳人, 多才巧智, 淸雅榮貴, 中年吉祥晚年隆昌
영준하고 아름답다. 재주가 많고 지혜롭다. 청아하고 영귀하다. 중년엔 길하고 만년엔 번창한다.

款
(정성 관·木)

偶心勞神或事勞無功, 刑偶欠子或身弱多災, 再嫁, 守寡之字
마음에 근심하여 힘겹거나 애써 일해도 공이 없다. 처와 자식을 극하거나 몸이 약하고 재액이 많다. 재가하거나 과부가 되는 글자.

絖
(솜 광·木)

一生淸雅怜悧, 克己助人, 出外吉祥, 中年平, 晩年吉昌
일생 청아영리하다. 자신을 이겨 남을 돕는다. 외지로 나가면 길하다. 중년에 평범하고 만년에 길하다.

筐
(광주리 광·木)

性剛果斷或病弱短壽, 中年多舛或多災, 晩年吉祥
성격 강직하고 과감하다. 혹 병약하고 단명한다. 중년에 어그러짐 많거나 혹은 재액이 많다. 만년이 길하고 상서롭다.

絞
(목맬 교·木)

有愛情煩惱或病弱短壽, 淸雅多才, 無運多災厄之字
애정으로 번뇌한다. 혹은 병약하고 단명한다. 운이 없으니 재액이 많다.

蛟
(교룡 교·木)

歡樂一生, 慷慨精誠, 有成人之美德, 中年吉祥, 出外大吉
일생 즐겁다. 강개하며 정성스러우니 성숙한 아름다움이 있다. 중년에 길하다. 외지로 나가면 대길하다.

喬
(높을 교·木)

淸雅多才, 福祿雙收, 中年吉祥, 晩年隆昌, 出國之字
청아하고 재주가 많다. 복록을 두루 거둔다. 중년에 길하고 상서롭다. 만년에 번창한다. 나라를 떠나는 글자.

국菊
(국화 국·木)

小心愛情煩惱, 淸秀怜悧, 多才富貴, 中年吉祥, 晩年隆昌
애정액을 조심하라. 청아하고 영리하다. 재주가 많고 부귀하다. 중년에 길하고 상서롭다. 만년에 번창하다.

군窘
(고생할 군·木)

淸雅多才, 但身弱短壽或刑偶傷子, 中年勞苦, 晩年吉祥
청아하고 재주가 많다. 단, 몸이 약하고 단명하거나 혹 처와 자손에게 해가 있다. 중년에 노고하고 만년에 길하다.

군裙
(치마 군·木)

刑偶傷子或身弱多厄, 淸雅平凡, 中年勞晩年吉祥
처와 자손에게 해가 있다. 혹 몸이 약하고 액이 많다. 청아하고 평범하다. 중년에 수고롭고 만년에 길하다.

귀貴
(귀할 귀·木)

一生多才巧智, 身瘦怜悧, 中年勞, 晩年吉祥隆昌, 名利雙收
일생 재주가 많고 지혜롭다. 몸이 수척하나 영리하니 중년에 노고한다. 만년에 길하고 번창한다. 명예와 이익을 두루 얻는다.

규逵
(길거리 규·木土)

學識淵博, 安富尊榮, 福壽興家成功隆昌, 出國之字, 官旺
학문이 넓다. 편안히 부귀롭고 영화롭다. 복과 수명으로 집안을 일으키니 성공하여 번창한다. 나라를 떠나는 글자. 관운이 좋다.

균鈞
(고를 균·木金)

學識淵博, 操守廉正, 克己助人, 淸雅榮貴, 官旺, 富貴享福
학식이 풍부하다. 분수를 지켜 바르다. 자기를 이겨 남을 돕는다. 청아하고 귀하니 관운이 왕성하고 부귀하여 복을 누린다.

琴 (거문고 금 · 木)

命硬剋父命, 少年干勤或中年奔波勞苦, 晩年吉慶, 女人薄幸多災
운명이 강하여 아버지의 운명을 극한다. 소년기에 가난하거나 혹은 중년에 파란있고 노고한다. 만년에 길하고 경사스럽다. 여자는 행복하기 어렵고 재액이 많다.

給 (넉넉할 급 · 木)

淸雅榮貴, 中年成功隆昌, 晩年勞神, 環境良好
청아하고 귀하다. 중년에 성공번창한다. 만년에 마음 고생한다. 환경양호하다.

琦 (옥 기 · 木)

有愛情厄, 或身弱短壽, 福祿雙收, 中年吉祥, 晩年勞神
애정액이 있다. 혹은 신약하고 단명하다. 복록을 두루 갖춘다. 중년에 길하고 상서롭다. 만년에 마음 고생한다.

琪 (옥 기 · 木)

智勇雙全, 淸雅榮貴, 官運旺, 中年成功隆昌, 淸秀之字
지혜와 용기를 두루 갖춘다. 청아하고 영귀하다. 관운이 왕성하다. 중년에 성공번창한다. 맑고 빼어난 글자.

棋 (바둑 기 · 木)

福祿雙收, 名利有分, 中年吉祥, 晩年隆昌, 環境良好, 英俊之字
복록을 두루 거둔다. 명예와 이익에 분수가 있다. 중년에 길하고 상서롭다. 만년에 번창한다. 환경양호하다. 영준한 글자.

期 (기약할 기 · 木)

英敏多才, 上下敦睦, 淸雅賢能, 中年吉祥, 晩年隆昌環境良好
영민하고 재주가 많다. 상하가 화목한다. 청아하며 어질다. 중년에 길하다. 만년에 번창한다. 환경양호하다.

기 幾
(몇 기·木)

多愁多憂, 百事苦勞一生, 中年多災, 晚年吉祥, 欠子之字
근심과 걱정이 많다. 일생 온갖 일이 어렵다. 중년에 재액이 많다. 만년에 길하고 상서로우나 자손이 부족한 글자.

기 欺
(속일 기·木)

少樂多勞, 或刑偶傷子, 中年多災厄或身弱短壽, 晚年勞神
즐거움은 적고 수고는 많다. 처와 자손에게 해가 있다. 중년에 재액이 많거나 혹 몸이 약하고 단명한다. 만년에 마음 고생한다.

녕 甯
(편안할 녕·火)

天生聰穎, 多才賢能, 中年吉祥, 晚年隆昌, 環境良好, 出國之格
천성이 총명하고 재주가 많으며 어질다. 중년에 길하고 만년에는 번창한다. 환경양호하고 나라를 떠나는 격이다.

눌 鈉
(망치 눌·火金)

天生聰穎, 淸雅榮貴, 中年平凡, 晚年吉昌, 環境良好
천성이 총명하다. 청아하고 영귀하다. 중년에 평범하고 만년에 길하다. 환경양호하다.

능 菱
(마름 능·火木)

出外逢貴得財, 中年吉祥, 晚年隆昌, 賢能多才, 老而勞神
외지로 나가면 귀인을 만나 재물을 얻는다. 중년에 길하고 만년에 번창한다. 어질고 재주가 많다. 늙어 마음고생한다.

단 湍
(여울 단·火水土)

膽識豐富, 淸雅榮貴, 中年成功隆昌, 環境良好, 出國之字
담력과 지혜가 있다. 청아하고 영귀하다. 중년에 성공번창하고 환경이 좋다. 나라를 떠나는 글자.

(홑 단·火)

福祿雙收, 多才賢能, 中年多災厄或潦倒, 晚年吉祥
복록을 두루 갖춘다. 재주가 많고 어질다. 중년에 재액 많거나 혹 망한다. 만년에 길하고 상서롭다.

(짧을 단·火)

憂心勞神或身弱短壽, 中年多災或勞, 晚年吉祥
마음에 근심이 있고 힘겹다. 혹 몸이 약하고 단명하다. 중년에 재액이 많다. 혹 노고한다. 만년이 길하다.

(대답할 답·火)

剋妻欠子, 溫和怜悧, 中年多災或奔波, 晚年吉祥, 雙妻格或孤獨
처와 자손에게 해가 있다. 온화하고 영리하다. 중년에 재액이 많고 혹 파란이 있다. 만년에 길하다. 두 처를 두거나 혹은 고독하다.

(떼 대·火)

出外逢貴得財, 淸雅怜悧, 中年勞, 晚年吉祥
외지로 나가 재물을 얻는다. 청아하고 영귀하다. 중년에 수고하고 만년에 길하다.

(건널 도·火水)

出外逢貴得財, 中年奔波勞苦, 夫妻和合欠子, 晚年隆昌
외지로 나가면 재물을 얻는다. 중년에 파란과 노고가 있다. 부부가 화합하나 자손이 부족하다. 만년에 번창한다.

(도둑 도·火水)

不祥之字, 憂心勞神, 一生潦倒或困苦, 晚年子福
상서롭지 못하다. 마음에 근심하고 힘겹다. 일생 망치거나 혹은 곤고하다. 만년에 자식 복이 있다.

도 都
(도읍 도·火)

淸雅多才, 溫和賢能, 中年平凡, 晩年吉祥, 淸閒之字
청아하고 재주가 많다. 온화하고 어질다. 중년에 평범하다. 만년에 길하고 상서롭다. 청한한 글자.

돈 敦
(도타울 돈·火)

出外吉祥, 淸雅英敏, 中年吉祥, 晩年隆昌幸福, 忌車怕水
외지로 나가면 길하다. 청아하고 영민하다. 중년에 길하고 상서롭다. 만년에 번창하고 행복하다. 차와 물을 피하라.

동 棟
(마룻대 동·火木)

憂心勞神, 刑偶傷子, 淸雅榮貴, 官運旺, 晩年勞神, 忌車怕水
마음에 근심이 있어 힘겹다. 처와 자손에게 해가 있다. 청아하고 영귀하다. 관운이 왕성하다. 만년에 마음 고생한다. 차와 물을 피하라.

동 童
(아이 동·火)

一生淸雅多才, 賢能聰敏, 中年勞但吉祥, 晩年勞神
일생 청아하고 재주가 많다. 어질고 총명하다. 중년에 애쓰나 단, 길하고 상서롭다. 만년엔 마음 고생한다.

동 衕
(거리 동·火)

刑偶或欠子, 一生淸雅多才, 中年平凡, 晩年吉祥隆昌
처를 극하거나 자식이 부족하다. 일생 청아하며 재주가 많다. 중년에 평범하고 만년에 길상이니 번창한다.

둔 鈍
(둔할 둔·火金)

淸雅多才, 秀氣英俊, 中年勞, 晩年吉祥, 環境良好
청아하고 재주가 많다. 기가 빼어나고 영리하다. 중년이 힘겹다. 만년에 길하다. 환경양호하다.

淸雅榮貴, 多才賢能, 中年多勞, 成功隆昌二子吉祥之字
청아하고 귀하다. 재주가 많고 어질다. 중년에 고생이 많다. 성공번창하고 두 아들이 길하다.

憂心勞神或刑偶傷子, 中年勞苦, 晩年吉祥, 忌車怕水之字
마음에 근심하고 힘겹다. 혹 처와 자손에게 해가 있다. 중년에 애쓰나 만년에 길하다. 차와 물을 피하라.

理智充足, 淸雅秀氣, 中年有災厄或離亂, 晩年吉昌
이지가 충족한다. 청아하고 기가 빼어나다. 중년에 재액이 많거나 혹은 이별한다. 만년에 길하다.

刑剋父母, 淸雅榮貴, 才智出衆, 但身弱短壽欠子不幸之字
부모를 형극한다. 청아하고 영귀하다. 지모가 뛰어나다. 단, 몸이 약하고 단명하며 자식이 부족하니 불행한 글자.

淸雅榮貴, 英俊佳人, 中年勞, 晩年吉祥, 小心愛情厄
청아하고 영귀하다. 영준하며 아름답다. 중년에 노고하나 만년에 길하다. 애정액을 조심하라.

溫和賢能, 享福一生, 中年吉祥, 晩年隆昌, 環境良好
온화하고 어질다. 일생 복을 누린다. 중년에 길하고 상서롭다. 만년에 번창하고 환경이 좋다.

憂心勞神, 忌車怕水, 中年勞苦, 晩年吉祥
마음에 근심하고 힘겹다. 차와 물을 피하라. 중년에 노고하고 만년에 길하다.

(수고로울 로·火)

憂心勞神或多相剋, 一生多災厄, 難幸福, 不祥多疾短壽 之字
마음에 근심하고 힘겹다. 혹은 상극이 많다. 일생 재액이 많고 행복하기 어렵다. 상서롭지 못하니 병이 많고 단명하는 글자.

(유황 류·火)

刑偶欠子, 或身弱短壽, 中年勞或奔波, 晚年吉祥
처와 자손에게 해가 있다. 혹 신약하고 단명한다. 중년에 애쓰거나 혹 파란이 있다. 만년에 길하고 상서롭다.

(땅이름 류·火)

意志用事或重情失敗, 性剛或中年勞苦, 晚年吉祥
의지로 일을 해도 정 때문에 실패한다. 성격은 강직하다. 혹은 중년에 애쓰고 고생한다. 만년에 길하고 상서롭다.

(높을 륭·火)

剋父命, 多才小巧, 淸雅怜悧, 中年勞或奔波, 晚年隆昌
아버지를 극한다. 재주는 많으나 지혜는 적다. 청아하고 영리하다. 중년에 애쓰거나 혹 파란있다. 만년에 번창한다

(마름 릉·火木)

出外逢貴得財, 中年吉祥, 晚年隆昌, 賢能多才, 老而勞神
외지로 나가면 귀인을 만나 재물을 얻는다. 중년에 길하고 만년에 번창한다. 어질고 재주가 많다. 늙어 마음 고생한다.

리 裡
(속 리·火)

天生聰明, 晚婚大吉, 刑偶或忌車怕水, 欠子之厄, 晚年 勞神或身弱
천성이 총명하다. 늦은 결혼이 대길하다. 처를 극한다. 혹은 차와 물을 조심하라. 자손에 액이 있다. 만년에 마음 고생하거나 혹 몸약하다.

림 琳 (옥 림·火木)

學識豊富, 溫和賢能, 官運旺, 克己助人, 出國榮達之字
학식이 풍부하다. 온화하고 어질다. 관운이 왕성하다. 자기를 이기고 남을 돕는다. 나라를 떠나 영달하는 글자.

만 晚 (늦을 만·水火)

刑偶或欠子, 中年吉祥, 有離亂之厄, 晚年隆昌之字
처와 자손에게 해가 있다. 중년에 길하나 이별의 재난이 있다. 만년에 번창한다.

매 買 (살 매·水)

憂心勞神或事勞無功, 刑偶欠子, 中年多災或牢獄, 晚年吉祥雙妻
마음에 근심이 있고 힘겹다. 혹 일을 해도 공은 없다. 처와 자손에게 해가 있다. 중년에 재액이 많고 혹은 수감액이 있다. 만년에 길하고 두 처를 둔다.

매 媒 (중매 매·水木)

有愛情煩惱, 一生淸雅多才, 中年勞, 晚年吉祥, 子孫興旺
애정으로 번뇌한다. 일생 청아하고 재주가 많다. 중년에 수고롭다. 만년에 길하고 상서롭고 자손이 번영한다.

맹 萌 (싹 맹·水木火)

幼年辛苦, 英雄之格, 忌車怕水, 中年小心, 晚年吉祥之字
유년에 몹시 고생한다. 영웅의 운명이다. 차와 물을 조심하라. 중년에 조심하라. 만년에 길하고 상서로운 글자.

면 棉 (목화 면·水木)

淸雅伶利, 天生多才, 中年吉祥, 晚年隆昌, 環境良好, 幸福之字
청아하고 영리하다. 본래 재주가 많다. 중년에 길하니 만년에 번창한다. 환경양호하니 행복한 글자.

(어두울 면·水火)

精明公正, 義利分明, 勤儉建業, 家聲克振, 官旺, 欠子之字
정명공정하며 의리가 분명하다. 근검하여 일을 이루니 가문의 이름을 떨친다. 관운이 좋다. 자식이 부족한 글자.

(두건모·水)

憂神勞神或事勞無功, 多災厄或短壽, 抱恨九泉之字
마음에 근심하여 힘겹거나 애써 일을 해도 공이 없다. 재액이 많거나 단명한다. 한을 품고 구천을 헤맨다.

(무역할 무·水)

二子吉祥, 淸雅榮貴, 中年吉祥, 晩年隆昌, 環境良好
두 아들이 귀하다. 청아하고 귀하다. 중년이 길하고 상서롭다. 만년에 번창하며 환경양호하다.

(없를 무·水火)

憂心勞神, 刑偶傷子, 一生困苦潦倒, 難幸福或短壽勞苦之字
마음에 근심하고 힘겹다. 혹 처와 자손에게 해가 된다. 일생 곤고하고 망친다. 행복하기 어렵거나 혹 단명하고 노고하는 글자.

미 媚
(아첨할 미·水)

小心愛情厄, 聰明怜俐, 秀氣多才, 溫和賢淑, 成功隆昌
애정액을 조심하라. 총명하고 영리하다. 기가 빼어나고 재주가 많다. 온화하며 어질다. 성공하여 번창한다.

(번민할 민·水)

內心多憂或身弱多疾, 淸雅怜俐, 中年吉祥, 晩年多災厄
내심 근심이 많거나 혹은 몸이 약하고 병이 많다. 청아하고 영리하다. 중년에 길하고 만년에 재액이 많다.

민 湣 (시호이름 민, 근심할 민·水火)
精明公正, 義利分明, 勤儉建業, 家聲克振, 官旺, 欠子之字
총명하며 공명정대하다. 의리가 분명하다. 근검하여 일을 이루니 가문의 이름을 떨친다. 관운이 좋다. 자식이 부족한 글자.

박 博 (넓을 박·水)
智勇雙全, 多才巧智, 中年奔波或勞, 晩年隆昌
지혜와 용기을 모두 갖춘다. 재주가 많고 지혜로다. 중년에 파란이 있거나 혹 노고한다. 만년에야 번창한다.

반 斑 (얼룩질 반·水)
一生淸雅多才, 但懷才不遇, 中年多災, 晩年吉祥
일생 청아하고 재주가 많다. 단, 재주를 품어도 불우하다. 중년에 재액이 많고 만년에 길하다.

발 發 (필 발·水)
刑偶傷子, 淸雅多才, 中年多勞, 晩年吉祥, 忌車怕水, 短壽破相
처와 자손에 해가 있다. 청아하고 재주가 많다. 중년에 애쓰고 만년에 길하다. 차와 물을 피하라. 단명하며 망한다.

방 傍 (곁 방·水)
憂心勞神, 淸雅怜悧, 有才無運, 難成功, 晩年吉祥
마음에 근심있고 힘겹다. 청아하고 영리하다. 재주가 있어도 운은 없다. 성공하기 어려우나 만년에 길하다.

배 焙 (불에 말릴 배·水火)
多才淸貴, 一生精明公正, 中年吉祥, 福祿雙收, 榮幸之字
재주가 많고 맑고 귀하다. 일생 총명하며 공명정대하다. 중년에 길하니 복록을 두루 갖춘다. 영화로운 글자.

(차례 번·水)

智勇雙全, 淸雅怜悧, 欠子或多子, 中年勞或奔波或潦倒, 晩年吉祥
지혜와 용기를 모두 갖춘다. 청아하고 영리하다. 자손이 부족하거나 혹 자손이 많으면 중년에 애쓰고 혹 파란이 있다. 혹 망하기도 하나 만년엔 길하다.

(떼 벌·水)

憂心勞神, 晩婚遲得子吉, 中年吉祥, 晩年勞神, 福祿之字
마음 고생하고 힘겹다. 만혼에 늦자식을 둠이 길하다. 중년에 길하다. 만년에 마음 고생한다. 복과 록이 있는 글자.

(갚을 보·水)

奔波勞苦, 少年干難, 中年勞苦或奔波, 忌車怕水, 短壽之字
파란과 노고가 있다. 소년에 가난하다. 중년에 애쓰거나 혹은 파란이 있다. 물과 차를 피해야한다. 단명하는 글자.

(도울 보·水)

貴人明現, 淸雅怜悧, 中年多災厄, 晩年吉祥, 子孫興旺
귀인이 돕는다. 청아하고 영리하다. 중년에 재액이 많다. 만년에 길하다. 자손이 번영한다.

(넓을 보·水火)

二子吉祥, 淸雅多才, 中年平凡, 晩年隆昌, 子孫興旺之字
두 아들이 길하다. 청아하고 재주 많다. 중년에 평범하다. 만년에 번창한다. 자손이 번영하는 글자.

(작은성 보·水木土)

一生淸雅怜悧, 福祿雙收, 忌車怕水, 或多病, 晩年吉祥
일생 청아영리하다. 복록을 모두 갖춘다. 차와 물을 피하라. 혹 병이 많다. 만년에 길하고 상서롭다.

(회복할 복·水火)

英俊佳人, 身瘦多才, 出外大吉, 中年平凡, 晩年吉祥, 榮幸之字
영준하고 아름답다. 몸이 마르고 재주가 많다. 외지로 나가면 대길하다. 중년에 평범하다. 만년에 길하고 상서롭다. 영화로운 글자.

(몽둥이 봉·水木)

刑剋父母, 少年干難, 中年多勞或多疾, 晩年吉祥隆昌, 榮幸之字
부모에게 형극이 있다. 소년시절에 가난하다. 중년에 힘겹고 혹 병이 많다. 만년에 길하고 번창한다. 영화롭고 행복한 글자.

(넉넉할 부·水)

一生淸雅榮貴, 中年吉祥, 晩年隆昌, 環境良好, 榮華之字
일생 청아하고 귀하다. 중년에 길하고 상서롭다. 만년에 번창한다. 환경양호하다. 영화로운 글자.

부復
(다시 부·水火)

英俊佳人, 身瘦多才, 出外大吉, 中年平凡, 晩年吉祥, 榮幸之字
영준하고 아름답다. 몸마르고 재주가 많다. 외지로 나가면 대길하다. 중년에 평범하다. 만년에 길하고 상서롭다. 영화로운 글자.

(날랠 분·水)

意志用事或重情失敗, 性剛或中年勞苦, 晩年吉祥
의지로 일을 해도 정 때문에 실패한다. 성격은 강직하다. 혹은 중년에 애쓰고 고생한다. 만년에 길하고 상서롭다.

(안개 분·水)

帶刀厄, 憂心勞神或刑偶傷子, 中年勞晚年吉祥, 榮幸之字
칼로 인한 액이 있다. 마음에 근심하여 힘겹거나 처와 자식을 해친다. 중년에 노고하나 만년에 길하니 영화롭고 행복하다.

棚
(선반 붕·水木)

刑偶傷子或有愛情厄, 忌車怕水, 中年多災, 晚年吉祥
처와 자손에게 해가 있다. 혹 애정액이 있다. 차와 물을 조심하라. 중년에 재액이 많다. 만년에 길하다.

琵
(비파 비·水)

二子吉祥, 淸雅多才, 命硬配硬命吉, 中年吉祥, 晚年隆昌
두 아들이 길하다. 청아하고 재주가 많다. 강한 명주끼리 만나면 길하다. 운명이 강한 사람끼리 만나면 길하다. 중년에 길하고 만년에 번창한다(命硬 : 잘참는 불굴의 강한 명).

(꾸밀 비·水)

意志用事或重情失敗, 性剛或中年勞苦, 晚年吉祥
의지로 일을 해도 정 때문에 실패한다. 성격은 강직하다. 혹은 중년에 애쓰고 고생한다. 만년에 길하고 상서롭다.

(문채날 비·水)

聰明伶利, 多才秀氣, 中年吉祥, 晚年隆昌, 環境良好
총명하고 영리하다. 재주가 많고 기가 빼어나다. 중년에 길하며 만년에는 번창하니 환경이 좋다.

(갖출 비·水)

智勇雙全, 出外大吉, 中年勞, 吉祥, 晚年隆昌, 名利之字
지혜와 용기를 모두 갖춘다. 외지로 나가면 대길하다. 중년에 수고로우나 길하다. 만년에 번창하니 명예와 이익의 글자.

一生淸雅多才賢能, 二子吉祥, 中年勞, 晚年隆昌, 淸雅之字
일생 청아하고 재주가 많고 어질다. 두 아들이 길하다. 중년에 노고한다. 만년에 번창한다. 청아한 글자.

淸雅平凡, 一生保守, 上下敦睦, 中年勞, 晚年吉祥
청아하고 평범하다. 일생 분수를 지킨다. 상하가 서로 화목하다. 중년에 수고하나 만년에 길하다.

少樂多愁, 或身弱短壽, 中年不幸或離亂, 不祥之字
즐거움은 적고 근심은 많다. 혹 몸이 약하고 단명한다. 중년에 불행하거나 혹 이별한다. 상서롭지 못한 글자.

一生淸雅, 福祿雙收, 中年勞或奔波, 晚年吉祥
일생 청아하고 복록을 두루 거둔다. 중년에 애쓰거나 혹은 파란이 있다. 만년에 길하다.

淸秀怜悧, 溫和賢能, 中年吉祥, 晚年隆昌, 安祥之字
청수하고 영리하다. 온화하고 어질다. 중년에 길하다. 만년에 번창하니 상서롭고 편한 글자.

一生淸雅名利雙收, 福壽榮貴, 中年隆昌環境良好
일생 청아하고 명예와 이익을 두루 갖춘다. 복과 수명을 갖추어 귀하다. 중년에 번창하니 환경양호하다.

사 詐 (속일 사·金)

一生困苦, 百事苦勞, 淸雅平凡, 出外吉祥, 晩年勞神
일생 곤고하고 온갖일이 괴롭다. 청아하고 평범하다. 외지로 나가면 길하다. 만년에 마음 고생한다.

사 斯 (이 사·金)

學識淵博, 淸雅榮貴, 官運旺, 福壽興家, 環境良好富貴
학식이 해박하다. 청아하고 귀하다. 관운이 좋다. 복과 장수가 집안에 가득하다. 환경이 좋고 부귀하다.

산 散 (흩어질 산·金)

刑偶傷子, 晩婚遲得子大吉, 中年勞晩年吉祥, 出外吉祥
처와 자손에게 해가 있다. 만혼에 늦자식 봄이 대길하다. 중년에 애쓰고 만년이 길하다. 외지로 나가면 길하다.

삼 森 (나무빽빽할 삼·金木)

凶死惡亡之厄, 配合吉亦生禍端或愛情厄, 身弱短壽, 不祥之字
비명횡사의 액이 있다. 길하여도 화의 단서가 되고 혹 애정액이 있으며 몸이 약하고 단명한다. 상서롭지 못한 글자.

(물이름 상·金水木)

精明公正, 淸雅榮貴, 中年成功隆昌, 女人有愛情煩惱, 欠子之字
총명하며 공명정대하다. 청아하며 영귀하다. 중년에 성공하여 번창한다. 여자는 애정액이 있고 자손이 부족한 글자.

상 翔 (날 상·金)

淸雅榮貴, 官運旺, 中年成功隆昌, 出國之字, 富貴之命
청아하고 귀하다. 관운이 왕성하다. 중년에 성공번창하고 나라를 떠난다. 부귀한 명이다.

(코끼리 상·金)

刑偶傷子, 英雄豪傑, 中年奔波或多勞, 晩年吉祥, 雙妻之格
처와 자손에게 해가 있다. 영웅호걸이다. 중년에 파란이 있고 혹은 고생이 많다. 만년에 길하고 두 처를 두는 격이다.

(생질 생·金)

一生淸雅多才, 英俊賢能, 中年勞, 晩年環境良好之字
일생 청아하고 재주가 많다. 영준하며 어질다. 중년에 노고하나 만년에 환경이 좋아진다.

(기장 서·金)

憂心勞神或事勞無功, 中年多勞困苦, 晩年吉祥
마음에 근심이 있어 힘겹다. 혹은 일을 애써 해도 공은 없다. 중년에 고생이 많고 괴롭다. 만년에 길하다.

(펼 서·金)

一生淸雅榮貴, 理智充足, 中年平凡, 晩年吉祥
일생 청아하고 영귀하다. 이지가 충족한다. 중년에 평범하고 만년이 길하다.

(착할 선·金)

福祿雙收, 名利有分, 溫和賢能, 中年吉祥, 晩年隆昌
복록을 두루 갖춘다. 명예와 이익에 분수가 있다. 온화하고 어질다. 중년에 길하고 만년에 번창하다.

(성할 성·金)

帶血字多相剋或愛情而以外自殺牢獄, 忌車怕水短壽, 女人長壽
혈자가 있는 글자가 있으면 상극이 많다. 혹은 애정이 외에 자살 수감액이 있다. 차와 물을 피하라. 단명하나 여자는 장수한다.

(세금 세·金)

出外或離祖吉祥, 一生淸雅多才, 中年勞, 晩年吉祥, 欠子之字
외지로 나가거나 혹은 조상을 떠나면 길하다. 일생 청아하고 재주가 많다. 중년에 애쓴다. 만년에 길하나 자손이 부족한 글자.

(하소연할 소·金)

憂心勞神, 淸雅多才, 中年多災, 晩年吉祥, 晩福之字
마음에 근심하고 힘겹다. 청아하고 재주가 많다. 중년에 재액이 많다. 만년에 길하고 복이 있는 글자.

(멀리할 소·金)

刑偶傷子, 一生淸雅怜悧, 小心愛情厄或身弱, 晩年吉祥
처와 자손에게 해가 있다. 일생 청아하고 영리하다. 애정액을 조심하라. 혹 몸약하다. 만년엔 길하다.

(소생할 소·金)

多才巧智, 精誠待人, 中年勞, 吉祥, 晩年隆昌, 環境良好
재주가 많고 지혜롭다. 정성으로 사람을 대한다. 중년에 노고하나 길함이 있다. 만년에는 번창하니 환경양호하다.

(조 속·金木)

秀氣巧妙, 多才淸雅, 中年勞, 或奔波, 晩年吉祥
기가 빼어나고 총명하다. 재주가 많고 청아하다. 중년에 노고하거나 파란이 있다. 만년에는 길하고 상서롭다.

(괘이름 손·金)

憂心勞神或忌車怕水, 命途多舛, 一貧如洗, 或病弱短壽
마음에 근심하니 힘겹다. 혹 차와 물을 피하라. 운명이 어그러져 가난하기가 씻긴 듯 하다. 혹 병약하고 단명한다.

(공경할 송·金)

刑偶傷子, 中年吉祥, 淸雅伶利, 晩年勞神多疾, 欠子之字
처와 자식을 극한다. 중년에 길하고 상서로우니 청아하고 영리하다. 만년에 마음 고생과 병이 많다. 자식이 부족한 글자.

(모름지기 수·金)

三子命中存, 有才能理智, 中年勞或多災厄, 晩年吉祥, 子孫隆昌
세 아들이 있을 운명이다. 재능이 있고 지적이다. 중년에 애쓰고 혹은 재액이 많다. 만년엔 길하고 자손 번영한다.

(죽순 순·金木火)

晩婚或遲得子吉, 小心愛情厄, 中年勞晩年吉祥
만혼에 늦자식을 둠이 길하다. 애정액을 조심하라. 중년에 애쓰고 만년에 길하다.

(순임금 순·金)

英俊佳人, 淸雅多才, 中年平凡或奔波, 晩年吉祥, 剋父之字
영준하고 아름답다. 청아하고 재주가 많다. 중년에 평범하거나 혹 파란이 있다. 아버지를 극하는 글자.

(순할 순·金水)

多才賢能, 淸雅榮貴, 中年平凡, 晩年吉祥, 忌車怕水之字
재주가 많고 어질다. 청아하고 영귀하다. 중년에 평범하다. 만년에 길하고 상서롭다. 차와 물을 조심하라.

(돌 순·金)

小心愛情厄, 一生淸雅平凡, 中年勞, 晩年吉祥隆昌, 出國之格
애정액을 조심하라. 일생 청아하고 평범하다. 중년에 애쓰고 만년에 길하다. 나라를 떠나는 격이다.

숭 菘 (배추 숭·金木)

淸雅榮貴, 操守廉正, 官運旺出國之格, 成功享福之字
청아하고 영귀하다. 분수를 지켜 올바르다. 관운이 왕성하고 나라를 떠나는 격이다. 성공하여 복을 누리는 글자.

승 勝 (이길 승·金)

英敏之才, 早婚短壽晩婚平靜, 中年有災晩年吉祥
영민하고 재주가 있다. 일찍 혼인하면 단명하나 만혼은 평정하다. 중년에 재액이 있으나 만년에 길하고 상서롭다.

시 視 (볼 시·金)

性剛口快, 英雄格, 出外吉祥, 中年勞但吉祥, 晩年勞神多疾
성격이 강직하고 언변이 좋다. 영웅격이다. 외지로 나가면 길하다. 중년에 수고로우나 길하다. 만년에 마음 고생하고 병이 많다.

식 植 (심을 식·火木)

一生信義可喜, 名利雙收, 中年吉祥, 晩年隆昌榮幸之字
일생 신의가 있어 기쁘다. 명예와 이익을 두루 거둔다. 중년에 길하고 상서롭다. 만년에 번창하니 영화로운 글자.

식 殖 (번식할 식·金)

淸雅怜悧, 多才巧智, 小心愛情厄, 中年勞晩年隆昌
청아하고 영리하다. 재주가 많고 지혜롭다. 애정액을 조심하라. 중년에 노고하나 만년에 번창한다.

(찾을 심·金)

憂心勞神, 百事苦勞, 刑偶欠子, 中年多災厄, 晩年吉祥
마음에 근심하니 힘겹다. 온갖 일이 고생스럽다. 처와 자손에게 해가 있다. 중년에 재액이 많고 만년에 길하고 상서롭다.

(맑을 아, 바를 아·土)

英俊多才, 或秀氣賢淑, 中年吉祥, 晚年隆昌, 出國之格, 榮貴之字
영준하고 재주가 많다. 혹 기가 빼어나고 현숙하다. 중년에 길하고 상서롭다. 만년에 번창한다. 나라를 떠나는 격이다. 영화롭고 귀한 글자.

(쥘 악·土)

憂心勞神或事勞無功, 中年吉祥, 晚年勞神多疾
마음에 근심이 있어 힘겹다. 혹은 일을 애써 해도 공은 없다. 중년엔 길하다. 만년엔 마음 고생하고 병이 많다.

(악할 악·土)

憂心勞神, 欠子之格, 中年吉祥, 晚年勞神多疾
마음에 근심하고 힘겹다. 자손이 부족하다. 중년에 길하다. 만년에 마음 고생하며 병이 많다.

(기러기 안·土)

出外或離祖吉祥, 中年奔波或勞, 晚年吉祥, 雙妻之格
외지로 나가거나 혹 조상과 이별하면 길하다. 중년엔 파란 혹은 노고가 있다. 만년엔 길하다. 두 처를 둔다.

(하늘 날을 양, 오를 양·土火)

智勇雙全, 多才賢能, 名利雙收, 榮貴出國, 官旺富貴之字
지혜와 용기를 모두 갖춘다. 재주가 많고 어질다. 명예와 이익을 모두 갖춘다. 영귀하며 나라를 떠나면 관운이 왕성하고 부귀한 글자.

(볕 양·土火)

多才巧智, 淸雅榮貴, 中年多勞, 晚年隆昌, 環境良好之字
재주가 많고 지혜롭다. 청아하고 영귀하다. 중년에 노고가 많다. 만년에 번창한다. 환경양호한 글자.

(방죽 언·土)

刑偶傷子, 晚婚或遲得子吉, 中年勞或奔波, 晚年吉祥
처와 자손에게 해가 있다. 만혼에 늦자식을 봄이 길하다. 중년에 애쓰거나 혹 파란이 있다. 만년에 길하다.

(못 연·土水)

福壽興家, 理智充足, 慈祥有德, 環境良好安享富貴
복과 수명이 집안에 가득하다. 이지가 충족하다. 자상하여 덕이 있다. 환경양호하고 부귀를 누린다.

(그러할 연·土火)

天生聰穎, 淸雅榮貴, 中年吉祥, 晚年隆昌, 環境良好之字
천성이 총명하다. 청아하고 영귀하다. 중년에 길하고 상서롭다. 만년에 번창한다. 환경이 좋은 글자.

(벼루 연·土)

一生淸雅怜俐, 福祿雙收, 刑偶傷子之厄, 晚年吉祥
일생 청아하고 영리하다. 복록을 두루 갖춘다. 처와 자손에게 해가 있다. 만년에 길하다.

(옥 염·土火)

性剛果斷, 一生淸雅多才, 中年吉祥隆昌, 晚年勞神多災
성격이 강직하고 과감하다. 일생 청아하고 재주가 많다. 중년에 길하며 번창한다. 만년에 마음 고생하며 재액이 많다.

(불꽃 염·土火)

通曉大義, 克己助人, 溫和賢能, 成功隆昌, 但常人難受之字
대의를 밝게 통달한다. 자기를 희생하여 남을 돕는다. 온화하고 어질다. 성공하여 번창한다. 단, 일반인은 받기 어려운 글자.

(읊을 영·土)

智勇雙全, 名利雙收, 淸雅榮貴, 中年隆昌官旺財弱之字
지혜와 용기를 두루 갖춘다. 명예와 이익을 얻어 청아하고 귀하다. 중년에 번창하고 관운이 왕성하나 재물운이 약한 글자.

(그림자 영·土火)

多才賢能, 精明公正, 中年成功隆昌, 環境良好, 榮華之字
재주가 많고 어질다. 총명하며 공명정대하다. 중년에 성공 번창한다. 환경양호하다. 영화로운 글자.

(개구리 와·土)

得天時地利天賜之福, 中年吉祥, 晩年勞神小心愛情厄
하늘이 돕고 땅이 도우니 하늘의 도움으로 복이 넘친다. 중년에 길하나 만년엔 마음 고생한다. 애정액을 조심하라.

(홀 완·土)

一生多福, 淸雅榮貴, 中年成功隆昌, 出國之字, 榮貴之格
일생 복이 많다. 청아하고 귀하다. 중년에 성공번창한다. 나라를 떠나는 글자. 영귀한 글자.

(요임금 요·土)

剋父傷妻, 一生淸雅多才, 官運旺, 中年吉祥, 晩年勞神
아버지를 극하고 처를 상한다. 일생 청아하고 재주가 많다. 관운이 왕하다. 중년에 길하고 상서롭다. 만년에 마음 고생한다.

(붙여살 우·土)

溫和怜悧, 天生聰穎, 一生淸雅平凡, 保守之格, 安祥之字
온화하고 영리하다. 천성이 총명하다. 일생 청아하고 평범하다. 분수를 지킨다. 편안한 글자.

운雲 (구름 운·土)

英敏榮貴, 官運旺成功隆昌, 女人薄幸有愛情厄或身弱短壽
영민하고 귀하다. 관운이 있고 성공번창한다. 여자는 행복하기 어려우니 애정액이 있거나 혹은 몸이 약하고 단명한다.

웅雄 (수컷 웅·土)

太壯雄, 配合善, 中年成功隆昌榮貴, 不善忌車怕水, 惡死强徒
대단한 영웅호걸이다. 길하면 중년에 성공번창하고 영귀한다. 흉하면 차와 물을 피해야 하고 횡사할 뿐이다.

원菀 (우거질 원·土)

淸雅伶俐, 多才賢能, 勤儉建業, 名利雙收, 榮幸之字
청아하고 영리하다. 재주가 많고 어질다. 근검하여 일을 이루니 명예와 이익을 모두 거둔다. 영화롭고 행복한 글자.

원媛 (예쁠 원·土)

秀氣怜俐, 溫和賢能, 中年吉祥, 晩年隆昌, 出外吉祥之字
기가 빼어나고 영리하다. 온화하고 어질다. 중년에 길하고 만년에 번창한다. 외지로 나가면 길한 글자.

월越 (넘을 월·土)

出外吉祥, 智勇雙全多才成功隆昌, 女人多災或身弱不幸之字
외지로 나가면 길하다. 지혜와 용기를 갖추니 재주가 많고 성공번창한다. 여자는 재액이 많거나 혹 몸이 약하고 불행하다.

위渭 (물이름 위·土水)

一生淸雅怜俐, 天生聰明, 中年成功隆昌, 女人助夫興家
일생 청아하고 영리하다. 천성이 총명하다. 중년에 성공번창한다. 여자는 남편을 도와 가문을 일으킨다.

(하 위 · 土)

英敏秀氣, 淸雅怜悧, 中年勞或潦倒, 晩年吉祥
영민하고 기가 빼어나다. 청아하고 영리하다. 중년에 애쓰거나 혹은 망한다. 만년에 길하고 상서롭다.

(둘레 위 · 土)

福祉綿遠, 榮貴多才, 中年勞或奔波, 晩年吉祥
복이 연면하니 귀하고 재주가 많다. 중년에 애쓰나 혹 파란이 있다. 만년에 길하고 상서롭다.

(넉넉할 유 · 土)

淸雅伶利, 多才賢能, 勤儉建業, 名利雙收, 榮幸之字
외지로 나가면 길하다. 복과 록을 두루 갖춘다. 중년에 길하고 처와 자손에게 해가 있다. 만년에 마음 고생한다.

(깨우칠 유 · 土)

智勇雙全, 名利雙收, 一生淸雅榮貴, 中年成功隆昌
지혜와 용기를 모두 갖춘다. 명리를 모두 갖춘다. 청아하고 귀하다. 중년에 성공하여 번창하다.

(즐거울 유 · 土)

一生淸雅榮貴, 謀爲出衆, 官運旺, 財弱但享福終世之字
일생 청아하고 귀하다. 일을 하면 출중하고 관운이 좋다. 재물은 없으나 단, 끝까지 행복을 누리고 산다.

(머뭇거릴 유 · 土)

多才榮貴, 英雄豪傑, 中年吉祥, 奔波, 晩年隆昌勞神
재주가 많고 영귀하다. 영웅호걸이다. 중년에 길하나 파란이 있다. 만년에 번창하나 마음 고생이 있다.

(팥 육·土木)

幼年辛苦, 中年吉祥, 名利雙收, 福祿永在, 晚年吉祥
유년에 고생한다. 중년에 길하니 명예와 이익을 두루 거둔다. 복록이 영원하니 만년에 길하다.

(윤 윤·火)

多才巧智, 淸雅榮貴, 中年成功隆昌, 環境良好之字
재주가 많고 지모가 있다. 청아하고 영귀하다. 중년에 성공하여 번창한다. 환경이 좋은 글자.

융絨
(융 융·土)

性剛淸雅, 少年干難或身犯厄, 或愛情厄, 中年勞, 晚年吉昌
성격이 강직하고 청아하다. 소년에 가난하거나 혹은 신액이 있다. 혹은 애정액이 있다. 중년에 노고하고 만년에 길하다.

(의나무 의·土木)

刑偶傷子, 福祿雙收, 中年多勞或奔波, 晚年吉祥
처와 자손을 해친다. 복과 녹을 모두 거둔다. 중년에 노고가 많거나 파란이 있다. 만년에 길하고 상서롭다.

(땅이름 이·土)

淸雅怜悧, 多才巧智, 刑偶傷子或愛情厄, 中年勞晚年吉祥
청아하고 영리하다. 재주가 많고 지혜롭다. 처와 자손에게 해가 있거나 혹은 애정액이 있다. 중년에 애쓰나 만년에 길하다.

이貳
(두 이·土)

二子吉祥, 一生淸雅多才, 中年勞, 晚年吉祥子孫興旺
두 아들이 길하다. 일생 청아하고 재주가 많다. 중년에 수고롭다. 만년에 길하니 자손이 번영한다.

(남길 이·土)

一生安穩秀氣, 福祿雙收, 中年吉祥, 晩年隆昌, 環境良好
일생 편안히 지내고 기가 빼어나다. 복록을 두루 갖춘다. 중년에 길하고 상서롭다. 만년에 번창하며 환경양호하다.

(앞지를 일·土)

憂心勞神或孤獨, 一生淸雅多才, 中年吉祥, 晩年勞神
마음에 근심하여 힘겹거나 혹 고독하다. 일생 청아하고 재주가 많다. 중년에 길하고 상서로우나 만년에 마음 고생한다.

(편안할 일·土)

一生奔波勞苦或懷才不遇, 智勇雙全, 中年勞晩年隆昌
일생 파란과 노고가 있거나 혹 재주를 품고도 불우하다. 지혜와 용기를 모두 갖추었다. 중년에 애쓰고 만년에 번창한다.

(한 일·土)

淸雅榮貴, 精明公正, 中年吉祥, 晩年隆昌, 二子吉祥
청아하고 귀하다. 총명하며 공명정대하다. 중년에 길하고 상서롭다. 만년에 번창하며 두 아들이 길하다.

(남을 잉·土)

帶刀厄, 暗淡無光, 一貧如洗或病弱短壽, 多災厄難幸福
도액이 있다. 암담하여 빛이 없으니 가난하기 짝이 없다. 혹 병약하거나 단명한다. 재액이 많고 행복하기 어렵다.

(자주빛 자·金)

有愛情厄, 秀氣怜悧, 中年吉祥, 晩年勞神多疾或短壽
애정액이 있다. 기가 빼어나며 영리하다. 중년이 길하다. 만년에 근심이 있거나 병이 많고 혹은 단명한다.

(불을 자·金)

溫和賢淑, 淸秀怜悧, 中年吉祥, 晩年隆昌環境良好, 賢能之字
온화하고 현숙하다. 청수하고 영리하다. 중년에 길하다. 만년에 번창하고 환경이 좋다. 어진 글자.

(옥잔 잔·金)

憂心勞神或事勞無功, 中年吉祥, 晩年勞神, 有愛情厄小心
마음에 근심하고 힘겹다. 혹 일은 고되도 해도 공은 없다. 중년에 길하나 만년에 마음 고생한다. 애정액을 조심하라.

(비계 잔, 사다리 잔·金木)

有愛情厄或刑偶傷子, 中年多災或潦倒, 晩年吉祥
애정액이 있거나 혹은 처와 자손에게 해가 있다. 중년에 재액이 많고 혹은 망한다. 만년에 길하다.

(남을 잔·金)

憂心勞神或事勞無功破相或身弱短壽, 女人再嫁守寡不幸之字
마음에 근심이 있어 힘겹다. 혹은 일은 애써도 공은 없으니 망하거나 몸이 약하고 단명한다. 여자는 재혼하거나 과부가 되니 불행하다.

(마당 장·金土火)

憂心勞神或事勞無功, 中年潦倒或多舛, 晩年吉祥
마음에 근심이 있어 힘겹거나 혹은 일을 해도 공은 없다. 중년에 망하고 혹은 어그러짐이 많다. 만년이 길하다.

(손바닥 장·金)

性剛英雄慷慨, 一生淸雅多才, 中年勞, 晩年吉祥
성격이 강하고 영웅에 강개하다. 일생 청아하고 재주가 많다. 중년에 수고롭고 만년에 길하다.

(단장할 장·金木土)

淸雅怜悧, 多才賢能, 中年吉祥, 晩年隆昌, 環境良好
청아하고 영리하다. 재주가 많고 어질다. 중년에 길하고 상서롭다. 만년에 번창하고 환경이 좋다.

(마를 재·金)

膽識豊富, 淸雅榮貴, 中年吉祥, 多才賢能, 晩年勞神多厄
담력과 지혜가 풍부하다. 청아하고 귀하다. 중년에 길하고 상서롭다. 재주가 많고 어질다. 만년에 마음 고생하고 재액이 많다.

(쌓을 저·金)

憂心勞神或刑偶傷子, 中年勞苦或潦倒, 晩年吉祥
마음에 근심하고 힘겹다. 혹 처와 자손에게 해가 있다. 중년에 노고하거나 혹 망한다. 만년에 길하고 상서롭다.

(통발 전, 향초 전·金)

多才怜悧, 淸雅賢能, 子孫興旺, 中年吉祥, 晩年隆昌
재주가 많고 영리하다. 청아하고 영귀하다. 자손이 번영한다. 중년에 길하며 만년에 번창한다.

전奠
(정할 전·金)

一生淸雅, 出外吉祥, 中年勞, 晩年吉祥, 多才二子吉祥
일생 청아하다. 외지로 나가면 길하다. 중년에 노고하나 만년에 길하다. 재주가 많은 두 아들이 길하다.

절絶
(끊을 절·金)

不祥之字多災厄或病弱短壽, 一生難幸福, 守寡, 再嫁之字
상서롭지 못하다. 재액이 많거나 혹 병약하고 단명한다. 일생 행복하기 어렵다. 과부 또는 재가하는 글자.

(엿볼 점·金)

天生聰穎, 淸雅榮貴, 中年勞或奔波, 晩年吉祥隆昌
천성이 총명하며 청아하니 영귀하다. 중년에 노고하거나 분파가 있다. 만년에 길하니 번창한다.

(간할 정·金)

義利分明, 言而必信, 操守廉正, 中年成功隆昌榮貴之字
공과 사가 분명하다. 말이 반드시 미덥다. 분수를 지켜 올바르다. 중년에 성공번창하며 영귀하다.

(법 정·金)

一生淸雅榮貴, 智勇雙全, 中年多勞或奔波, 晩年吉昌
일생 청아하고 영귀하다. 지혜와 용기를 모두 갖춘다. 중년에 많이 애쓰고 혹은 파란이 있다. 만년에 길하다.

(예쁠 정·金)

溫和賢淑, 口快心直, 多才淸雅, 中年隆昌, 一生安祥, 福壽之字
온화하고 현숙하다. 언변이 좋고 마음이 곧다. 재주가 많으며 청아하다. 중년에 번창하며 일생 편안하다. 복과 장수의 글자.

(수정 정·金火)

英俊之才, 多相剋之字, 中年勞或身弱, 晩年吉祥, 常人難受
영준하고 재기가 있다. 상극이 많은 글자. 중년에 수고롭거나 혹은 몸약하다. 만년에 길하나 평범한 사람은 받기 어려운 글자.

(화려할 정·金木)

溫和賢淑, 秀氣多才, 中年吉祥, 晩年勞神, 有愛情厄小心
온화하고 현숙하다. 기가 빼어나고 재주가 많다. 중년에 길하고 상서롭다. 만년에 마음 고생한다. 애정액을 조심하라.

(끌 제·金火)

天生聰穎, 淸雅榮貴, 出國之格, 中年成功隆昌, 榮華之字
천성이 총명하다. 청아하고 영귀하다. 나라를 떠난다. 중년에는 성공번창하며 영화롭다.

(방죽 제·金土火)

多才巧智, 淸雅榮貴, 出國之字, 中年成功隆昌厚分之字
재주가 많고 지혜롭다. 청아하고 영귀하다. 나라를 떠나는 글자. 중년엔 성공번창하고 역할에 충실하는 글자.

(조서 조·金)

帶刀厄, 一生淸雅榮貴, 官運旺但刑偶欠子之厄
칼로 인한 재액이 있다. 일생 청아하고 영귀하다. 관운이 왕성하나 단, 처와 자손에게 해가 있다.

(아침 조·金火)

智勇雙全, 名利雙收, 淸雅榮貴, 中年勞, 晩年成功隆昌
지혜와 용기를 모두 갖춘다. 명예와 이익을 모두 갖춘다. 청아하고 귀하다. 중년엔 노고하나 만년엔 성공번창한다.

(높을 존·金)

一生多才怜悧, 刑偶傷子, 中年多勞, 晩年吉祥, 淸平之字
일생 재주가 많고 영리하다. 배우자와 자식을 극한다. 중년에 노고가 많다. 만년에 길하고 상서롭다. 맑고 평범한 글자.

(서옥이름 종·金)

智勇雙全, 名利雙收, 英俊榮貴, 中年吉祥, 晩年隆昌官運旺
지혜와 용기를 두루 갖춘다. 명예와 이익을 두루 갖춘다. 영준하고 귀하다. 중년에 길하며 만년에 번창한다. 관운이 왕성하다.

(주낼 주·金)

性樸素有美德, 中年吉祥, 晩年隆昌, 榮貴, 環境良好
성품이 소박하고 미덕이 있다. 중년에 길하고 상서롭다. 만년에 번창하니 귀하다. 환경양호하다.

(죽 죽·金)

幼年辛苦, 中年吉祥, 名利雙收, 福祿永在, 晩年吉祥
유년에 고생한다. 중년에 길하니 명예와 이익을 두루 거둔다. 복록이 영원하니 만년에 길하다.

(마칠 준·金)

名利雙收, 出外貴人現, 官運旺, 出國之字, 成功隆昌
명예와 이익을 두루 갖춘다. 외지로 나가면 귀인이 돕는다. 관운이 왕성하다. 나라를 떠나는 글자. 성공하여 번창한다.

(무리 중·金)

一生福祿雙收, 榮貴吉祥, 出外大吉, 中年勞, 晩年隆昌
일생 복록을 갖춘다. 영귀하고 길하다. 외지로 나가면 대길하다. 중년에 애쓰고 만년에 번창한다.

(증거 증·金)

義利分明, 言而必信, 操守廉正, 中年成功隆昌榮貴之字
공과 사가 분명하다. 말이 반드시 미덥다. 분수를 지켜 올바르다. 중년에 성공번창하며 영귀하다.

증 曾
(일찍 증·金火)

一生淸雅多才, 賢能榮貴, 遲得子大吉, 成功隆昌, 環境良好
일생 청아하고 재주가 많다. 어질고 귀하다. 늦자식을 둠이 대길하다. 성공하여 번창하고 환경양호하다.

(슬기 지·金火)

吉凶分明, 吉卽成功隆昌, 官運旺榮貴, 凶卽忌車怕水短壽不幸
길흉이 분명하니, 길하면 성공하여 번창하고 관운이 있으며 귀하다. 흉하면 차와 물을 조심하고 단명하니 불행하다.

(볼 진·金)

有才能理智, 兄弟無靠, 中年吉祥, 晩年勞神
재능과 이지가 있다. 형제가 연고가 없다. 중년에 길하다. 만년에 마음 고생한다.

(나아갈 진·金)

天生聰穎, 刑偶傷子, 中年平凡, 吉祥隆昌, 出外大吉, 環境良好
천성이 총명하다. 처와 자손에게 해가 있다. 중년에 평범하고 길하며 번창한다. 외지로 나가면 대길하다. 환경양호하다.

(성할 진·金木)

有愛情厄或刑偶傷子, 中年多災或潦倒, 晩年吉祥
애정액이 있거나 혹은 처와 자손에게 해가 있다. 중년에 재액이 많고 혹은 망한다. 만년에 길하다.

(수레뒤턱나무 진·金)

勤儉得祿, 克振門戶, 中年成功隆昌, 環境良好
근검하여 녹을 얻는다. 가문에 극진하니 중년에 성공번창하고 환경이 좋다.

집 集
(모을 집·金木)

憂心勞神或有愛情厄, 中年吉祥, 晩年勞神多厄
마음에 근심하니 힘겹다. 또는 애정액이 있다. 중년에 길하고 상서롭다. 만년에 마음 고생하고 액이 많다.

(비롯할 창·金)

帶刀厄, 英敏秀氣, 淸雅怜悧, 二子吉祥, 中年勞晩年隆昌
칼을 조심하라. 영민하고 기가 빼어나다. 청아하고 영리하다. 두 아들이 길하다. 중년에 애쓰고 만년에 번창한다.

(나물 채·金木)

秀氣怜悧, 淸雅多才, 身瘦溫和, 中年勞晩年隆昌榮幸
之字
기가 빼어나고 영리하다. 청아하고 재주가 많다. 몸약하나 온화하다. 중년에 수고로우나 만년에 번창한다. 영화를 누리는 글자.

(꾀 책·金木)

二子吉祥, 名利雙收, 多才溫和, 中年勞晩年吉祥
두 아들이 귀하다. 명예와 이익을 고루 갖춘다. 재주가 많고 온화하다. 중년에 애쓰나 만년에 길하다.

(붙을 첩·金)

淸雅怜悧, 多才賢能, 中年吉祥, 晩年隆昌, 環境良好
청아하고 영리하다. 재주가 많고 어질다. 중년엔 길하고 상서롭다. 만년엔 번창하고 환경양호하다.

청晴
(갤 청·金火)

淸雅榮貴, 一門鼎盛, 成功隆昌, 女人小心愛情煩惱
청아하고 영귀하다. 가문을 이루고 성공번창시킨다. 여자는 애정번뇌를 조심하라.

청菁
(우거질 청·金木)

溫和賢淑, 秀氣多才, 中年吉祥, 晩年勞神, 有愛情厄小心
온화하고 현숙하다. 기가 빼어나고 재주가 많다. 중년에 길하고 상서롭다. 만년에 마음 고생한다. 애정액을 조심하라.

체 替 (폐할 체·金)

憂心勞神或刑偶傷子, 中年有災厄或多勞, 晚年吉祥欠子之字
마음에 근심하여 힘겹거나 혹 처와 자식에 해가 있다. 중년에 재액이 많거나 노고가 많다. 만년에 길하고 상서로우나 자식이 부족하다.

초 鈔 (노략질할 초·金)

憂心勞神或事勞無功, 中年雖勞, 晚年吉祥
마음에 근심하고 힘겹다. 혹은 애써 일을 해도 공이 없다. 중년에 비록 애써도 만년에 길하고 상서롭다.

초 稍 (점점 초·金木)

刑偶傷子, 一生淸雅怜悧, 小心愛情厄或離亂, 晚年吉祥
처와 자손에게 해가 있다. 일생 청아하고 영리하다. 애정액을 조심하라. 혹은 이별수가 있다. 만년에 길하고 상서롭다.

초 超 (뛰어넘을 초·金)

帶刀厄刑偶傷子, 中年吉祥, 智勇雙全, 晚年勞神, 出外之字
칼로 인한 재액이 있고 처와 자손에게 해가 있다. 중년에 길하고 상서롭다. 지혜와 용기를 두루 갖추나 만년에 마음 고생한다. 외지로 나가는 글자.

최 最 (가장 최·金)

福祿有進, 歡樂一生, 離祖成功, 中年勞, 晚年隆昌
복록이 더한다. 일생 즐겁다. 조상을 떠나면 성공한다. 중년에 노고한다. 만년에 번창한다.

추 湫 (서늘할 추·金水木火)

虛榮心强或有愛情厄, 中年多災, 晚年吉祥, 賢能之字
허영심이 강하거나 혹 애정액이 있다. 중년에 재액이 많으나 만년에 길하다. 어진 글자.

축 軸 (굴대 축·金)

出外逢貴得財溫和, 多才福祿雙收, 中年勞晩年吉祥, 雙妻之格
외지로 나가면 귀인을 만나니 재물을 얻고 온화하다. 재주가 많고 복록을 고루 갖춘다. 중년에 수고로우나 만년에 길하다. 두 처를 둔다.

축 筑 (악기이름 축·金木)

智勇雙全, 淸雅榮貴, 中年吉祥, 晩年隆昌, 出國之字
지혜와 용기를 모두 갖춘다. 청아하고 영귀하다. 중년에 길하고 상서롭다. 만년에 번창한다. 나라를 떠나는 글자.

취 就 (나아갈 취·金)

淸雅多才, 環境良好, 成功隆昌, 出外大吉, 女人性剛口快再嫁傷子
청아하고 재주가 많다. 환경양호하다. 성공하여 번창한다. 외지로 나가면 대길하다. 여자는 성격이 강하고 언변이 좋으며 재가의 운명이다.

측 測 (측량할 측·金水)

寬宏雅量, 上下敦睦, 中年平凡, 晩年吉昌, 環境良好
어질고 도량이 넓다. 상하가 화목하다. 중년에 평범하고 만년에 길하다. 환경양호하다.

침 琛 (보배 침·金木)

淸雅榮貴, 多才有能, 中年成功隆昌, 晩年吉祥, 福壽之字
청아하고 영귀하다. 재주가 많고 유능하다. 중년에 성공번창한다. 만년에 길하고 복이 있고 장수하는 글자.

탁 琢 (쫄 탁·火)

出外逢貴得財, 智勇雙全, 中年成功隆昌, 環境良好
외지로 나가면 귀인을 만나 재물을 얻는다. 지혜와 용기를 갖춘다. 중년에 성공번창하고 환경양호하다.

(끓일 탕·火水)

智勇雙全, 義利分明官或財旺, 中年成功隆昌, 出國之字
지혜와 용기를 두루 갖춘다. 의리가 분명하고 관운 혹은 재운이 왕성하다. 중년에 성공하여 번창한다. 나라를 떠나는 글자.

(거느릴 통··火)

智勇雙全, 操守廉正, 中年勞或多災, 晩年吉祥榮幸
지혜와 용기를 모두 갖춘다. 분수를 지키니 올바르다. 중년에 노고하거나 재액이 많다. 만년에 길하니 영화롭고 행복하다.

(아플 통··火)

暗淡無光, 或身弱短壽或愛情煩惱, 一生難幸福, 不幸之字
암담하여 빛이 없다. 혹 몸이 약하고 단명하거나 혹 애정액으로 고생한다. 일생 행복하기 어렵다. 불행한 글자.

(대통 통··火木)

淸雅多才, 名利雙收, 中年平凡, 晩年吉祥, 環境良好
청아하고 재주가 많다. 명예와 이익을 모두 거둔다. 중년에 평범하고 만년에 길하고 상서롭다. 환경양호하다.

(변할 투·火水)

膽識兼有, 淸雅榮貴, 官運旺, 中年成功隆昌, 精誠之字
담력과 학식을 겸비한다. 청아하고 영귀하다. 관운이 왕성하다. 중년에 성공하여 번창한다. 정성스런 글자.

파 琶
(비파 파·水)

溫和賢淑, 勤儉興家, 福祿雙收, 中年吉祥晩年隆昌
온화하고 어질다. 근검하여 가문을 일으키니 복록을 모두 얻는다. 중년에 길하고 만년에 번창한다.

평萍 (개구리밥 평·水木)

淸雅秀氣, 多才賢能, 中年吉祥, 小心爲愛情失身, 成功出國之字
청아하고 기가 빼어나다. 재주가 많고 어질다. 중년에 길하고 상서롭다. 애정으로 몸망침을 조심하라. 나라를 떠나면 성공하는 글자.

평評 (평론할 평·水)

敎育界大吉, 溫和賢能, 中年吉祥, 晩年勞神多疾
교육계가 대길하다. 온화하고 어질다. 중년에 길하다. 만년에 마음 고생하며 병이 많다.

폭幅 (폭 폭·水)

刑剋父母, 少年干難, 中年勞苦, 晩年吉祥, 晩福之字
부모를 극한다. 소년기에 가난하고 중년에 노고한다. 만년에 길하고 상서롭다. 늦게 복이 오는 글자.

풍馮 (성 풍·水火)

一生淸雅, 福祿雙收, 中年勞或奔波, 晩年吉祥
일생 청아하고 복록을 두루 거둔다. 중년에 애쓰거나 혹은 파란이 있다. 만년에 길하다.

필弼 (도울 필·水)

智勇雙收, 官或財旺, 中年成功隆昌, 環境良好
지혜와 용기를 두루 갖춘다. 관운 혹은 재물이 왕성하다. 중년에 성공하여 번창한다. 환경양호하다.

하賀 (하례할 하·土)

二子吉祥, 精明公正, 智勇雙全, 官運旺, 中年成功隆昌
두 아들이 길하다. 총명하며 공명정대하다. 지혜와 용기를 모두 갖춘다. 관운이 좋다. 중년에 성공하여 번창한다.

(한가할 한·土木)

憂心勞神多刑剋, 一生困苦潦倒, 忌車怕水, 短壽之字
마음에 근심하고 힘겹다. 형극이 많고 일생 곤고하고 망친다. 차와 물을 피하라. 단명한다.

(한가할 한·土)

有愛情厄小心, 淸雅怜悧, 晩婚大吉, 欠子之厄, 晩年隆昌
애정액을 조심하라. 청아하고 영리하다. 만혼이 대길하다. 자손에게 액이 있다. 만년에 번창한다.

(찰 한·土)

消極而暗淡, 一生勞苦多災厄或身弱短壽, 忌車怕水, 二子吉祥
소극적이고 암담하다. 일생 괴롭고 재액이 많다. 혹 몸이 약하고 단명한다. 차와 물을 피하라. 두 아들이 길하다.

(나눌 할·土)

帶刀厄憂心勞神或事勞無功, 一生平凡多災難幸福, 短壽之字
칼로 인한 근심있다. 마음에 근심하니 힘겹다. 혹 일을 애써 해도 공은 없다. 일생 평범하고 재난이 많고 행복하기 어려우며 단명하는 글자.

(조개 합·土)

一生淸雅多才多勞, 衣食豊足, 中年勞苦, 晩年吉祥, 多疾之字
일생 청아하다. 재주가 많으나 수고 많다. 의식 풍족하다. 중년에 애쓰나 만년에 길하고 상서롭다. 병이 많은 글자.

항 港
(항구 항·土水)

少年艱難, 多才賢能, 中年勞或奔波, 晩年隆昌, 雙妻之格
소년에 가난하다. 재주가 많고 어질다. 중년에 애쓰거나 혹은 파란이 있다. 만년에 번창한다. 두 처를 두는 격이다.

(목덜미 항·土)

一生淸雅多才, 智勇雙全, 中年勞苦, 晩年吉祥
일생 청아하고 재주가 많다. 지혜와 용기를 모두 갖춘다. 중년에 고생하나 만년에 길하다.

(빌 허·土)

少樂多愁或事勞無功, 一生多災厄難幸福
즐거움은 적고 근심은 많으니 일은 애써도 공은 없다. 일생 재액이 많고 행복하기 어렵다.

(무늬 현·土)

秀氣怜悧, 淸雅溫和, 晩得子吉, 中年吉祥, 晩年身弱多疾
기가 빼어나고 영리하다. 청아하고 온화하다. 늦자식 얻음이 길하다. 중년에 길하며 만년에 신약하고 병이 많다.

(은혜 혜·土)

天生聰明, 秀氣怜悧, 名利雙收, 中年吉祥, 晩年子孫旺勞神
천성이 총명하다. 기가 빼어나고 영리하다. 명예와 이익을 두루 갖춘다. 중년엔 길하다. 만년엔 자손이 잘 되나 마음 고생한다.

(호수 호·土水)

英俊多才, 一生平凡保守之格, 中年吉祥, 晩年勞神, 妻賢子貴
영준하니 재주가 많다. 일생 평범하여 분수를 지킨다. 중년에 길하고 만년에 힘겹다. 어진 처와 귀한 자손을 둔다.

(병 호·土)

有愛情厄, 淸秀怜悧, 福祿雙收, 少年千難晩年隆昌
애정액이 있다. 맑고 영리하다. 복록을 두루 거둔다. 소년엔 가난하고 만년에 번창한다.

(빛 호·土)

智勇雙全, 淸雅榮貴, 官運旺, 妻賢遲得子, 成功隆昌之字
지혜와 용기를 두루 갖춘다. 청아하고 영귀하니 관운이 좋다. 처는 어지나 늦자식본다. 성공번창하는 글자.

(흐릴 혼·土水)

英俊多才, 淸雅榮貴, 中年成功隆昌, 晩年環境良好, 出國格
영준하고 재주가 많고 청아하며 귀하다. 중년에 성공번창하다. 만년에 환경양호하다. 나라를 떠난다.

(묶을 혼·土木火)

英俊佳人, 多才巧智, 淸雅榮貴, 中年吉祥晩年隆昌
영준하고 아름답다. 재주가 많고 지혜롭다. 청아하고 영귀하다. 중년엔 길하고 만년엔 번창한다.

(어지러울 혼·土水火)

精明公正, 義利分明, 勤儉建業, 家聲克振, 官旺, 欠子之字
정명공정하며 의리가 분명하다. 근검하여 일을 이루니 가문의 이름을 떨친다. 관운이 좋다. 자식이 부족한 글자.

(빛날 화·土)

天生聰穎, 多才賢能, 忌車怕水或有愛情厄, 中年有災, 晩年吉祥
천성이 총명하다. 재주가 많고 어질다. 차와 물을 피하라. 혹 애정난이 있다. 중년에 재액이 있고 만년에 길하고 상서롭다.

(땅이름 환·土)

憂心勞神或刑偶傷子, 中年多災厄, 晩年吉祥之字
마음에 근심하여 힘겹거나 혹 처와 자식을 해친다. 중년에 재액이 많다. 만년에 길하고 상서로운 글자.

(바꿀 환·土)

刑偶傷子, 多才賢能, 榮貴成功隆昌, 女人薄幸再嫁, 守寡之字
처와 자손에게 해가 있다. 재주가 많고 어질고 영귀하다. 성공하여 번창한다. 여자는 행복하기 어렵고, 재가하거나 과부의 글자.

(부를 환·土)

一生多勞多災難有幸福, 刑偶傷子, 病弱短壽, 不幸之字
일생 고생이 많고 재난이 많아 행복하기 어렵다. 처와 자손에게 해가 있다. 병약하고 단명하니 불행한 글자.

(누를 황·土)

一生淸雅, 聰明怜悧, 刑剋父母之字, 中年勞, 晩年吉祥
일생 청아하다. 총명하고 영리하다. 부모를 형극하는 글자. 중년에 애쓰고 만년에 길하고 상서롭다.

(거닐 황·土)

義利分明, 晩婚或遲見子吉, 中年平凡, 晩年隆昌, 官旺之字
공과 사가 분명하다. 만혼에 늦자식을 봄이 길하다. 중년에 평범하다. 만년에 번창하며 관운이 있다.

(두려워할 황·土)

天生聰穎, 出外或離祖吉祥, 官運旺, 中年勞晩年吉祥
천성이 총명하다. 외지로 나가거나 혹은 조상을 떠나면 길하다. 관운이 왕성하다. 중년에 수고롭고 만년에 길하다.

(일 훌·土火)

口快心直, 少年干難, 中年勞或奔波, 晩年隆昌官旺之字
언변이 좋고 마음이 곧다. 어려서 가난하며 중년에는 노고하거나 분파가 있다. 만년에 번창하니 관운이 왕성하다.

(휘두를 휘·土)

精明公正, 多才英明, 中年成功隆昌, 子孫興旺之字
총명하며 공명정대하다. 재주가 많고 영명하다. 중년에 성공번창한다. 자손이 번성하는 글자.

(검을 흑·土火)

性剛果斷, 英雄性格, 殺人被殺, 有牢獄之災, 難幸福之字
성격이 강하고 과감하다. 영웅의 성격이다. 살인, 피살, 수감의 재난이 있으니 행복하기 어려운 글자.

(곤경할 흠·土金)

剋父命, 一生淸雅平凡, 中年勞, 晩年隆昌, 榮貴之字
아버지 운명을 극한다. 일생 청아하고 평범하다. 중년에 애쓰고 만년에 번창한다. 영귀한 글자.

(모일 흡·土)

精明公正, 克己助人淸雅溫和, 中年平, 晩年吉祥, 幸福之字
총명하며 공명정대하다. 자신을 양보하고 남을 돕는다. 청아하고 온화하다. 중년엔 평범하고 만년엔 길하다. 행복한 글자.

(드물 희·土木)

性剛果斷, 少年干難, 中年多勞或奔波, 晩年吉祥
성격이 강직하고 소년기에 가난하다. 중년에 애쓰거나 혹은 파란이 있다. 만년이 길하고 상서롭다.

(기쁠 희·土)

一生淸雅榮貴, 刑偶或欠子, 中年成功隆昌, 環境良好短壽
일생 청아하고 귀하다. 처 또는 자손에게 해가 있다. 중년에 성공번창한다. 환경양호하나 단명한다.

13획 양(陽)

가 暇 (틈 가, 한가할 가·木火)
少樂多憂或身弱短壽中年勞苦, 晚年吉祥福祿之字
즐거움은 적고 근심은 많다. 혹 몸이 약하고 단명한다. 중년에 노고하나 만년에 길하니 복록이 있는 글자.

가 嫁 (시집갈 가·木)
外觀幸福, 內心多憂, 出外吉祥, 晚年隆昌忌車怕水之字
겉으로는 행복하나 내심은 근심이 많다. 외지로 나가면 길하다. 만년에 번창하나 차와 물을 조심해야하는 글자.

간 幹 (줄기 간·木)
多才賢能, 溫和怜俐, 技術方面大吉, 成功隆昌, 環境良好
재주가 많고 어질다. 온화하고 영리하다. 기술방면이 대길하니 성공번창한다. 환경양호하다.

감 感 (느낄 감·木)
憂心勞神或身弱短壽, 中年多災, 晚年吉祥重感情之字
마음에 고생하고 힘겹거나 혹 몸이 약하고 단명한다. 중년에 재액이 많다. 만년에 길하고 상서롭다. 지나치게 감정에 치우치는 글자.

개 愷 (편안할 개·木)
理智充足, 一生淸雅榮貴官運旺, 中年成功隆昌之字
이지가 족하다. 일생 청아하고 영귀하니 벼슬이 높다. 중년에 성공번창하는 글자.

(메벼 갱·木)

憂心勞神, 剋父欠子, 中年勞苦, 晩年吉祥隆昌, 子孫興旺
마음에 근심한다. 아버지를 극하고 자손이 적다. 중년에 노고하나 만년에 길하고 번창하니 자손이 번성한다.

(큰 거·木金)

精明公正, 義利分明, 官運旺, 出國之字, 成功隆昌
총명하며 공명정대하다. 의리가 분명하다. 관운이 높다. 나라를 떠나 성공번창한다.

견絹
(명주 견·木)

身弱多厄或有愛情厄, 中年勞晩年吉祥, 忌車怕水或欠子勞苦之字
몸이 약하고 재액이 많거나 애정액이 있다. 중년에 노고하나 만년에는 길하다. 차와 물을 꺼린다. 혹 자식이 부족하고 고생한다.

경經
(경서 경·木)

晩婚遲得子吉或身有疾, 英敏隆昌, 女人多災厄之字
만혼에 늦자식을 보는 것이 길하다. 혹 몸에 병이 있다. 영민하며 번창한다. 여자는 재액이 많다.

(기울어질 경·木)

天生聰穎, 多才秀氣, 淸雅榮貴, 二子吉祥, 出國之字
천성이 총명하니 재주가 많고 기가 빼어나다. 청아하고 귀하다. 두 아들이 귀하고 길하다. 나라를 떠나는 글자.

(외로울 경·木火)

有愛情厄, 淸雅秀氣, 中年吉祥, 晩年隆昌, 出外幸福之字
애정액이 있다. 청아하고 기가 빼어나다. 중년에 길하고 만년에 번창한다. 외지로 나가면 행복하다.

경 敬
(공경할 경·木)

淸雅榮貴, 出外大吉, 福祿雙收, 名利永在, 出國之字
청아하고 귀하다. 외지로 나가면 대길하니 복록을 거두니
명예와 재물이 영원하다. 나라를 떠나는 글자.

계 溪
(시내 계·木水)

事業如意, 中年成功隆昌, 福祿雙收, 雙妻之命, 晩年勞神
사업이 뜻대로 된다. 중년에 성공번창하니 복록을 두루 거
둔다. 두 처를 둔다. 만년에 마음 고생한다.

고 鼓
(북 고·木)

憂心勞神或事勞無功, 中年多災厄或身弱, 晩年隆昌
마음에 근심하고 힘겹거나 혹 일은 힘써도 공은 없다. 중년
에 재액이 많고 혹 몸약하다. 만년에 번창한다.

골 滑
(어지러울 골, 익살스러울 골·木水)

憂心勞神或事勞無功, 中年多災厄, 晩年子福吉祥
마음에 근심하고 힘겹다. 혹은 일은 애써도 공은 없다. 중년
에 재액이 많다. 만년에 자손이 복되고 길하다.

과 過
(지날 과·木)

暗淡無光, 憂心勞神或事勞無功, 一生多災, 晩年吉祥
암담하여 빛이 없다. 마음에 근심하고 힘겨우니 혹 일은
애써도 공은 없다. 일생 재난이 많다. 만년에 길하고 상서
롭다.

과 誇
(자랑 과·木)

少樂多愁, 口才怜悧, 中年勤敏, 但禍端晩年吉祥
즐거움은 적고 근심은 많다. 언변이 좋고 영리하다. 중년에
부지런하나 단, 화의 단서니 만년이 길하다.

괴 塊
(덩어리 괴 · 木土)

少樂多憂, 或事勞無功, 中年多災厄, 或以外晩年吉祥
즐거움은 적고 혹 일을 애써도 공이 없다. 중년에 재액이 많으나 혹은 의외로 만년에 길하다.

교 較
(밝을 교 · 木)

奔波勞苦, 損丁破財, 中年忌車怕水小心, 成功隆昌, 環境良好
파란과 노고가 있다. 일할 힘을 잃고 재물도 잃는다. 중년에 차와 물을 피하고 조심하라. 성공번창하고 환경양호하다.

(시아비 구 · 木)

意志薄弱, 雖成功隆昌多刑剋, 中年多災晩年勞神
의지가 박약하여 비록 성공해도 형극이 많다. 중년에 재액이 많고 만년에도 마음 고생한다.

구 鳩
(비둘기 구 · 木)

憂心勞神或病弱短壽, 中年勞但吉祥, 晩年隆昌勞神
마음에 근심하고 힘겹거나 혹 병약하고 단명한다. 중년에 고생하나 길함이 있다. 만년에 번창하고 마음 고생한다.

(무리 군 · 木)

淸雅榮貴, 學識淵博, 安富尊榮, 中年成功隆昌享福之字
청아하고 영귀하다. 학식이 넓다. 편안히 부와 귀를 누린다. 중년에 성공하여 번창한다. 복을 누리는 글자.

(무리 군 · 木)

多才賢能慈有德, 中年吉祥, 晩年隆昌, 福祿之字
재주가 많고 어질며 덕이 있다. 중년에 길하고 만년에 번창하니 복록이 있는 글자.

굴 窟 (움 굴·木)

不祥之字, 難成功或幸福, 多災厄或病弱短壽一生勞苦之字
상서롭지 못한 글자. 성공 혹은 행복하기 어렵다. 재액이 많거나 혹 병약하고 단명한다. 일생 고생하는 글자.

규 睽 (어길 규·木火)

刑偶傷子, 晩婚吉祥, 中年勞或奔波, 晩年吉祥官旺之字
처와 자식을 극한다. 늦은 결혼이 길하다. 중년에 노고하거나 분파를 겪는다. 만년에 길하니 관운이 좋다.

규 葵 (해바라기 규·木)

淸雅多才, 秀氣怜悧, 官運旺, 中年成功隆昌, 環境良好
청아하고 재주가 많다. 기가 빼어나고 영리하니 관운이 좋다. 중년에 성공하여 번창하니 환경이 좋다.

균 筠 (대나무 균, 윤택할 균·木土)

淸秀怜悧, 溫和賢淑, 中年吉祥, 晩年隆昌, 出國之字
청아하고 영리하며 온화하고 현숙하다. 만년에 번창한다. 나라를 떠나는 글자.

극 極 (지극할 극·木)

吉凶分明, 吉卽義利分明, 克己助人, 成功隆昌, 凶卽多災厄難幸福
길흉이 분명하니 길하면 공과 사가 분명하고, 자신 보다는 남을 돕고, 성공번창한다. 흉하면 재액이 많고 행복하기 어렵다.

근 勤 (부지런할 근·木)

刑剋父母或刑偶傷子孤獨勞神或身弱短壽多災厄之字
부모를 극하고 처와 자손을 해친다. 고독하며 마음 고생한다. 혹 몸이 약하고 단명하니 재액이 많은 글자.

(금할 금·木)

刑偶傷子, 或忌車怕水, 或愛情厄, 中年小心, 晩年吉祥
처와 자손에게 해가 있다. 혹 차와 물을 피하라. 혹 애정액이 있다. 중년에 조심하라. 만년에 길하고 상서롭다.

(길할 기·木)

英俊多才, 淸雅榮貴, 中年吉祥, 環境良好, 官運旺之字
영준하고 재주가 많다. 청아하고 영귀하다. 중년에 길하다. 환경양호하다. 관운이 좋은 글자.

(불구 기·木)

有愛情厄, 多才賢能, 中年小心, 晩年隆昌福祿雙收
애정액이 있다. 재주가 많고 어질다. 중년에 조심하라. 만년에 번창하니 복록을 거둔다.

(따뜻할 난·火)

晩婚或遲得子吉, 秀氣多才, 出外隆昌, 中年吉祥, 怜悧之字
늦자식에 늦은 결혼이 길하다. 기가 빼어나고 재주가 많다. 외지로 나가면 번창한다. 중년에 길하다. 영리한 글자.

(따뜻할 난·火)

有才能理智, 淸秀怜悧, 中年吉祥, 晩年勞神
재능이 있고 지혜롭다. 맑고 영리하다. 만년에 마음 고생한다.

(녹나무 남·火木)

刑偶或傷子, 多才巧智, 中年勞, 晩年吉祥, 女人刑夫多子環境良好
배우자 또는 자손에게 해가 있다. 재주가 많고 지혜롭다. 중년에 애쓴다. 만년에 길하고 상서롭다. 여자는 남편을 극하고 자손은 많으니 환경좋다.

(편안할 녕·火)

溫和賢淑, 多才巧智, 中年成功隆昌, 出國榮貴之字
온화하고 현숙하다. 재주가 많고 지혜롭다. 중년에 성공하여 번창한다. 나라를 떠나 영귀한 글자.

(농사 농·火)

一生溫和賢能智勇雙收, 中年勞, 晚年吉祥, 精誠之字武官吉
일생 온화하고 어질다. 지혜와 용기를 갖춘다. 중년에 애쓰나 만년에 길하다. 정성스러운 글자이니 무관이 길하다.

(믿음 단·火)

一生淸雅榮貴, 學識淵博, 官運旺, 中年成功隆昌
일생 청아하고 귀하다. 학식이 풍부하다. 벼슬이 높으니 중년에 성공번창한다.

(통달할 달·火)

智勇雙全, 出外吉祥, 榮貴多才, 中年成功出國名利雙收
지혜와 용기를 갖춘다. 외지로 나가면 길하다. 귀하며 재주가 많다. 중년에 성공하고 나라를 떠나면 명예와 이익을 함께 갖춘다.

(넉넉할 담·火)

英敏多才, 淸雅賢能, 福綠雙收, 武官吉, 女人薄幸多災之字
영민하고 재주가 많다. 청아하고 어지니 복록을 두루 거둔다. 무관이 길하다. 여인은 행복하기 어렵고 재액이 많은 글자.

(마땅할 당·火)

性剛或刑偶傷子, 晚婚大吉, 中年小心有災厄晚年隆昌環境良好
성격이 강직하거나 혹 처와 자손에게 해가 있다. 만혼이 대길하다. 중년에 재액이 있으니 조심하라. 만년에 번창하고 환경양호하다.

(길 도·火)

智勇雙全, 精明公正, 出外大吉, 中年成功隆昌榮貴, 出國之字
지혜와 용기를 모두 갖춘다. 총명하며 공명정대하다. 외지로 나가면 길하다. 중년에 성공하고 번창하고 귀하다. 나라를 떠나는 글자.

(바를 도·火水土)

英俊才人, 淸雅榮貴, 一門鼎盛, 中年吉祥, 安祥之字
영준한 재사다. 청아하고 영귀하다. 가문이 일어난다. 중년에 길하고 편안하다.

(감독할 독·火)

憂心勞神, 一貧如洗多災厄難幸福, 一生困苦多病之字
마음 고생하고 힘겹거나 일생 가난하기 짝이 없다. 재액이 많고 행복하기 어렵다. 일생 고생하며 병이 많은 글자.

(조아릴 돈·火)

刑偶傷子或身弱短壽, 二字吉祥, 中年吉晩年勞神
처와 자식을 극하거나 몸약하며 단명한다. 두 아들이 길하다. 중년에 길하나 만년에 근심한다.

(동독할 동·火)

英敏才人, 理智充足, 中年吉祥隆昌, 晩年勞神
영민하고 재주가 많다. 이지가 족하다. 중년에 길하고 번창하나, 만년에는 마음 고생한다.

(행랑 랑·火)

性剛果斷, 多相剋, 一生中年多勞, 晩年吉祥
성격이 강직하고 과감하다. 상극이 많다. 일생 중년에 고생이 많다. 만년에 길하다.

(양식 량·火木)

義利分明, 克己助人, 中年平凡, 晩年吉祥, 榮幸之字
의리가 분명하다. 자기보다 남을 돕는다. 중년엔 평범하다. 만년엔 길하다. 영화로운 글자.

(달굴 련·火)

淸雅怜悧, 多才巧智, 出外大吉, 中年平晩年隆昌
청아하고 영리하다. 재주가 많고 지혜가 있다. 외지로 나가면 대길하다. 중년에 평범하고 만년에 번창한다.

(청렴할 렴·火)

淸雅英敏, 出外吉祥, 中年平凡, 晩年吉祥, 二子興隆之字
청아하고 영민하다. 외지로 나가면 길하다. 중년에 평범하고 만년에 길하다. 두 아들이 잘된다.

(방울 령·火金)

淸雅榮貴, 天生聰穎, 中年平凡, 晩年吉祥, 幸福之字
청아하고 귀하다. 천성이 총명하다. 중년에 평범하다. 만년에 길하니 행복하다.

(떨어질 령·火)

有才能理智, 淸雅榮貴, 中年吉祥, 晩年隆昌, 子孫興旺之字
재능이 있고 이지적이다. 청아하고 영귀하다. 중년에 길하고 만년에 번창한다. 자손이 번영하는 글자.

(길 로·火)

淸雅秀氣, 福祿雙收但身弱多厄, 忌車怕水, 晩年吉昌
청아하고 기가 빼어나다. 복록을 거두나 단, 몸이 약하고 액이 많다. 차와 물을 조심하라. 만년에 길하고 번창한다.

(녹 록·火)

理智充足, 剋父母, 一生淸雅榮貴福祿雙收, 中年平凡晩年吉祥
이지가 족하다. 부모를 극한다. 일생 청아하고 귀하며 복록을 거둔다. 중년에 평범하고 만년에 길하다.

(우레 뢰·火)

一生淸雅, 多才賢能, 刑偶傷子, 中年平凡, 晩年隆昌
일생 청아하고 재주가 많고 어질다. 처와 자손에게 해가 있다. 중년에 평범하고 만년에 번창한다.

(물방울 류·火水)

多才賢能, 福祿雙收, 名利俱全, 中年隆昌, 晩年勞神
재주가 많고 어질다. 복록을 두루 갖춘다. 명예와 이익이 함께하여 중년에 번창한다. 만년에 마음 고생한다.

(모 릉·火)

淸雅多才, 理智充足, 出外吉祥, 中年平晩年隆昌
청아하고 재주가 많다. 이지가 충족하다. 외지로 나가면 길하다.

(속 리·火)

淸雅怜悧, 出外吉祥, 有愛情厄小心, 中年勞, 晩年吉昌
청아하고 영리하다. 외지로 나가면 길하다. 애정액을 조심하라. 중년에 노고하고 만년에 길하다.

(일만 만·水)

憂心勞神, 一生淸雅怜悧, 中年勞或潦倒, 晩年吉祥
마음에 근심하고 힘겹다. 일생 청아하고 영리하다. 중년에 애쓰거나 혹 망친다. 만년에 길하다.

매 煤
(그을음 매·水火)

有才能理智但無運中年勞苦或潦倒, 晩年吉祥
재능이 많고 이지적이다. 단, 운이 없고 중년에 애쓰고 노고
하거나 혹 망친다. 만년에 길하다.

맹 盟
(맹세할 맹·水火)

智勇雙全, 有才能理智, 刑偶或欠子, 晩年吉祥之字
지혜와 용기를 모두 갖춘다. 재능이 있고 지적이다. 처를 극
하거나 혹 자식이 부족하다. 만년에 길한 글자.

멸 滅
(멸망할 멸·水)

不祥之字, 刑剋父母或刑偶傷子, 或潦倒一生, 短壽多災
之字
상서롭지 못한 글자. 부모를 극하고 혹은 처와 자손을 해친
다. 혹 일생 망하거나 단명하고 재난이 많다.

모 募
(뽑을 모·水)

帶刀厄刑偶傷子或有愛情煩惱, 中年勞神晩年吉祥之字
칼로 인한 액이 있으니 처와 자식을 해친다. 혹은 애정으로
번뇌한다. 중년에 근심하나 만년에 길하다.

목 睦
(화목할 목·水土)

智勇雙全, 精明公正, 溫和賢能, 官運旺, 一生享福祿之命
지혜와 용기를 두루 갖춘다. 총명하며 공명정대하다. 온화
하고 어지니 벼슬이 높다. 일생 복록을 누릴 운명이다.

몽 雺
(안개 몽·水)

憂心勞神或事勞無功, 中年多災厄或刑偶傷子, 勞苦之字
마음에 근심하여 힘겹거나 애써 일을 해도 공이 없다. 중년
에 재액이 많거나 처와 자식을 해친다. 고생하는 글자.

(문미 미·水木)

秀氣賢能, 一生福祿榮貴隆昌, 環境良好, 晚年勞神
기가 빼어나고 어질다. 일생 복록이 귀하며 번창한다. 환경이 좋다. 만년에 마음 고생한다.

(작을 미·水土)

有愛情厄小心, 出外吉祥, 中年勞, 晚年吉祥
애정액을 조심하라. 외지로 나가면 길함이 있다. 중년에 애쓰고 만년에 길하다.

(누리 박·水)

憂心勞神或身弱短壽多災厄, 一生困苦難幸福之字
마음에 근심하여 힘겹거나 몸이 약하고 단명하며 재액이 많다. 일생 곤곤하고 행복하기 어려운 글자.

(나눌 반·水)

帶刀厄, 智勇雙全, 一生多才賢能, 中年有災, 晚年隆昌
칼로 인한 액이 있다. 지혜와 용기를 겸전한다. 일생 재주가 많고 어질다. 중년에는 재액이 있으나 만년에 번창한다.

(밥 반·水)

不祥之字或事勞無功, 中年多災厄, 晚年子福之字
상서롭지 못하다. 혹 일에 애써도 공은 없다. 중년에 재액이 많다. 만년에 자손에게 복이 있는 글자.

(바리때 발·水金)

一生安祥快樂, 中年平凡, 晚年吉祥, 環境良好
일생 편안하며 즐겁다. 중년에 평범하고 만년에 길하다. 환경양호하다.

(병 병·水)

不祥之字, 暗淡無光多災厄難幸福, 晚年子福之字
상서럽지 못한 글자. 암담하여 빛이 없으니 재액이 많고 행복하기 어렵다. 만년에 자손이 복된 글자.

보 葆
(더부룩히날 보·水木)

智勇雙全, 淸雅多才, 中年平凡, 晩年隆昌, 忌車怕水之字
지혜와 용기를 모두 갖춘다. 청아하고 재주가 많다. 중년에 평범하고 만년에 번창한다. 차와 물을 꺼리는 글자.

봉 蜂
(벌 봉·水)

淸雅怜悧, 多才賢能中年肯作勤儉, 晩年吉祥
청아하고 영리하다. 재주가 많고 어질다. 중년에 일 잘 하고 근검하니 만년에 길하고 상서롭다.

부 溢
(물이름 부·水金)

多才重情, 慷慨精誠, 中年吉祥, 晩年隆昌, 官旺榮貴之字
재주가 많고 정이 깊다. 강개하고 정성스럽다. 중년에 길하고 만년에 번창한다. 관운이 왕성하고 영귀한 글자.

부 溥
(클 부·水)

義利分明, 操守廉正, 勤儉溫和, 中年成功隆昌, 出國之字
의리가 분명하다. 분수를 지켜 올바르니 근검온화하다. 중년에 성공번창한다. 나라를 떠나는 글자.

비 碑
(비석 비·水)

破相卽中年成功隆昌, 無破相卽中年勞苦, 晩年吉祥, 平凡之字
파상하면 중년성공번창하며, 파상이 아니면 중년에 고생한다. 만년에 길하다. 평범한 글자.

빙 聘
(청할 빙·水)

有愛情煩惱或少樂多憂, 中年勞, 晩年吉祥但多疾之字
애정으로 번뇌하니 혹 즐거움은 적고 근심은 많다. 중년에 애쓴다. 만년에 길하나 단, 병이 많은 글자.

(방자할 사·金)

身弱短壽或刑偶傷子, 中年勞苦, 晚年隆昌
몸이 약하고 단명하거나 처와 자손에게 해가 있다. 중년에 애쓰고 만년에 번창한다.

(가사 사·金)

出外逢貴得財秀氣巧妙, 中年吉祥, 晚年勞神之字
외지로 나가면 귀인을 만나 재물을 얻는다. 중년에 길하고 상서롭다. 만년에는 마음 고생한다.

(이을 사·金)

智勇雙全, 精明公正, 中年成功隆昌, 官運旺, 昌榮之字
지혜와 용기를 갖추고 총명하며 공명정대하다. 중년에 성공번창한다. 관운이 좋고, 번영하는 글자.

(사자 사·金)

性剛口快, 有雙妻之厄, 中年勞或奔波, 晚年吉祥
성격이 강직하고 언변이 좋다. 두 처를 얻으니 액이 있다. 중년에 고생하거나 혹 파란이 있다. 만년에 길하다.

(자세할 상·金)

溫和賢能, 福壽興家, 中年平凡, 晚年隆昌之字
온화하고 어지니 복과 수명이 집안에 가득하다. 중년에 평범하고 만년에 번창한다.

(상할 상·金)

憂心勞神或事勞無功, 身弱或短壽一生多災厄難幸福
마음에 고생하고 힘겹거나 혹 일은 해도 공은 없다. 몸약하거나 혹 단명하니 일생 재액이 많고 행복하기 어렵다.

상 想 (생각할 상·金木)

有愛情煩惱, 或內心多憂, 中年勞, 晩年吉祥, 保守之格
애정액이 있다. 혹 내심 근심이 많다. 중년에 애쓰고 만년에 길하다. 분수를 지키는 격이다.

서 瑞 (상서로울 서·金)

英俊才人, 多才榮貴, 敎育界大吉, 成功隆昌, 女人身瘦多厄之字
영준한 재사다. 재주가 많고 귀하다. 교육계가 대길하며 성공번창한다.

서 鼠 (쥐 서·金)

不祥多災之字, 破相或身弱短壽, 難幸福之字多災厄
상서롭지 못하고 재액이 많은 글자. 파상 혹은 몸이 약하고 단명한다. 행복하기 어려운 글자이니, 재액이 많다.

선 瑄 (도리옥 선·金火)

智勇雙全, 名利雙收, 淸雅榮貴, 官運旺, 榮華之字
지혜와 용기가 있다. 명예와 이익을 갖춘다. 청아하고 귀하다. 관운이 높다.

섬 詹 (두꺼비 섬·金)

英敏多才, 淸雅賢能, 福祿雙收, 武官吉, 女人薄幸多災之字
영민하고 재주가 많다. 청아하고 어지니 복록을 두루 거둔다. 무관이 길하다. 여인은 행복하기 어렵고 재액이 많은 글자.

성 聖 (성인 성·金)

學問豊富, 淸雅榮貴, 官運旺, 成功隆昌, 享福終世之字
학문이 풍부하다. 청아하고 영귀하니 벼슬이 높다. 성공번창하고 죽을 때까지 복을 누린다.

(기세 세·金)

刑剋父母, 一生淸雅多才, 中年勞或多災, 晩年吉祥怜悧之字
부모를 극한다. 일생 청아하고 재주가 많다. 중년에 애쓰거나 혹 재액이 많다. 만년에 길하다. 영리한 글자.

(해 세·金)

淸雅多才, 英敏賢能, 中年平凡, 晩年吉祥
청아하고 재주가 많다. 영민하고 어질다. 중년에 평범하고 만년에 길하다.

(조릿대 소·金木)

出外吉祥, 秀氣巧妙, 多才賢能, 中年吉祥, 晩年隆昌, 幸福之字
외지로 나가면 길하다. 기가 빼어나고 지혜가 있다. 재주가 많고 어지니 중년에 길하고 상서롭다. 만년에는 번창한다. 행복한 글자.

(칭송할 송·金)

學問豊富, 官運旺盛, 中年成功隆昌, 二子吉祥, 忌車怕水之字
학문이 풍부하니 벼슬이 높다. 중년에 성공번창하고 두 아들이 길하다. 차와 물을 피하라.

(드디어 수·金)

一生淸雅多才, 賢能慷慨, 中年勞, 晩年吉祥, 出外之字
일생 청아하고 재주가 많다. 어질고 강개하다. 중년에 애쓰고 만년에 길하다. 외지로 나가는 글자.

(수수·金)

小心愛情厄, 淸雅秀氣, 配合吉卽出國隆昌, 凶卽不幸多災
애정액을 조심하라. 청아하니 기가 빼어나다. 배합하여 길이 된 즉 나라를 떠나 번창하고, 흉한 즉 불행하니 재액이 많다.

(끈 수·金)

秀氣怜俐, 小心愛情厄, 中年吉祥, 晚年隆昌環境良好
기가 빼어나고 영리하다. 애정액을 조심하라. 중년에 길하고 만년에 번창하니 환경이 좋다.

(오줌 수·金水)

憂心勞神或事勞無功或身弱短壽, 晚年子福之字
마음에 근심하여 힘겹다. 혹 애써 일해도 공은 없다. 혹 몸이 약하고 단명한다. 만년에 자식복이 있다.

(설 수·金)

淸雅榮貴, 中年成功隆昌, 出國之格, 多才賢能官運旺
청아하고 영귀하다. 중년에 성공하여 번창한다. 나라를 떠나는 격. 재주가 많고 어지니 벼슬이 높다.

(근심 수·金)

不祥之字身弱短壽, 一生多災多舛, 難幸福, 勞神困苦之字
상서롭지 못하다. 몸이 약하고 단명한다. 일생 재액이 많고 어그러짐이 많다. 행복하기 어렵고 고생하는 글자.

(물을 순·金)

有愛情厄或刑偶傷子, 中年吉祥, 晚見子吉, 晚年勞神多疾
애정액이 있거나 혹 처와 자손에게 해가 있다. 중년에 길하고 상서롭다. 늦자식을 보는 것이 길하다. 만년에 마음 고생하고 병이 많다.

(길들일 순·金火水)

一生淸雅奔波勞苦, 中年吉祥, 晚年隆昌, 刑偶傷子之字
일생 청아하고 파란이 있고 고생한다. 중년에 길하고 상서롭다. 만년에 번창한다. 처와 자손에게 해가 있는 글자.

(큰거문고 슬·金)

理智充足, 淸雅秀氣, 中年平凡, 晩年隆昌, 子孫興旺
이지가 충족하다. 청아하니 기가 빼어나다. 중년에 평범하고 만년에 번창하니 자손이 번성한다.

(글귀 시·金)

多才賢能, 理智充足, 官運旺, 中年成功隆昌出國之格
재주가 많고 어질다. 이지가 충족하다. 벼슬이 높다. 중년에 성공번창한다. 나라를 떠나는 글자.

(시험할 시·金)

憂心勞神或事勞無功, 重情失敗, 中年多勞, 晩年吉祥
마음에 근심하고 힘겹거나 혹은 애써 일해도 공이 없다. 정 때문에 실패한다. 중년에 고생하나 만년에 길하고 상서롭다.

(가로나무 식·金)

憂心勞神或事勞無功, 中年勞, 晩年吉祥, 榮幸之字
마음에 근심하여 힘겹다. 혹 애써 일해도 공이 없다. 중년에 노고하나 만년에 길하니 영화롭고 행복하다.

(새로울 신·金木)

多才巧智, 智勇雙全, 一生中年多災或奔波, 晩年吉祥名利之字
재주가 많고 지혜롭다. 일생 지혜와 용기를 갖추나 중년에 재액이 많고 혹 파란이 있다. 만년에 길하고 명예와 이익이 있다.

(대합조개 신·金)

勤儉持家, 中年雖勞吉祥榮昌, 子孫興旺之字
근검하여 집안을 지킨다. 중년에 비록 노고하나 길하고 영화가 있다. 자손이 잘되는 글자.

(삼갈 신·金)

福祿雙收, 知能非凡, 二字吉祥, 中年平, 晚年隆昌
복과 록을 모두 거둔다. 머리가 비상하다. 두 아들이 길하고 상서롭다. 중년에 평범하고 만년에는 번창한다.

(마을 아·土)

有才能理智, 淸雅榮貴, 中年成功隆昌, 出國之字
재능이 있고 이지적이다. 청아하고 영귀하다. 중년에 성공하여 번창한다. 나라를 떠나는 글자.

악 萼
(꽃받침 악·土)

秀氣伶利, 刑偶傷子或事勞無功或身弱, 中年勞晚年吉祥
기가 빼어나고 영리하다. 처와 자식을 해친다. 혹 애써 일해도 공은 없다. 중년에 노고하나 만년에 길하다.

(어두울 암·土火)

不祥之字, 暗淡無光身弱短壽或不幸多災, 一生貧賤不幸之字
상서롭지 못하다. 암담하여 빛이 없다. 몸이 약하고 단명하거나 혹 불행하며 재액이 많다. 일생 가난하며 불행하다.

(사랑 애·土)

多才怜悧, 出外吉祥, 中年勞, 晩年吉祥, 淸雅之字
재주가 많고 영리하다. 외지로 나가면 길하다. 중년에 애쓰고 만년에 길하다. 청아한 글자.

(새색시 앵 ·土火)

天生聰穎, 多才賢能, 中年成功隆昌, 晩年勞神多病之字
천성이 총명하며, 재주가 많고 어질다. 중년에 성공하여 번창한다. 만년에 근심하고 병이 많다.

(야자나무 야 · 土木)

性剛果斷或刑偶傷子, 中年或潦倒, 晩年吉祥
성격이 강직하고 과감하다. 혹 처와 자식에게 해가 있다. 중년에 혹 망치나 만년에 길하다.

(아비 야 · 土)

溫和慈祥有成人之美德, 中年吉祥, 晩年勞神
온화하고 자상하니 성숙한 미덕이 있다. 중년에 길하고 상서로우나, 만년에 마음 고생한다.

(버들 양 · 土木)

一生淸雅溫和, 多才賢能, 中年勞吉祥, 晩年隆昌
일생 청아하고 온화하다. 재능이 많고 어질다. 중년에 애쓰나 길하다. 만년에 번창한다.

(해돋는곳 양 · 土火)

多才多能, 一生多福願望如願, 中年成功隆昌官旺榮貴出國
재주가 많고 재능이 있다. 일생 복이 많고 소원대로 바라게 되니 중년에 성공하여 벼슬이 높으며 귀하다. 나라를 떠나는 글자.

(업 업 · 土)

多才勤儉, 淸雅怜悧, 中年吉祥出國之格, 晩年隆昌雙妻短壽
재주가 많고 근면하다. 청아하고 영리하다. 중년에 길하니 나라를 떠나는 격이다. 만년에 번창한다. 두 처를 두나 단명한다.

(대자리 연 · 土木)

智勇雙全, 出外吉祥, 淸雅榮貴, 官運旺, 成功隆昌, 環境良好
지혜와 용기를 갖춘다. 외지로 나가면 길하다. 청아하며 귀하다. 관운이 높고 성공번창한다.

(납연 · 土金)

奔波勞苦或身弱多勞, 有才無運, 中年勞, 晚年吉祥
파란과 노고를 겪거나 몸이 약하고 고생이 많다. 재주는 있으나 운이 없다. 중년에 노고하나 만년에 길하고 상서롭다.

(연기 연 · 土火)

刑剋父母或刑偶傷子中年有災小心, 晚年吉祥隆昌
부모를 극하거나 혹 처와 자손에게 해가 있다. 중년에 재액이 있으니 조심하라. 만년에 길하고 번창한다.

엽 葉
(잎 엽 · 土木)

有愛情厄或身弱短壽, 中年勞苦, 晚年吉祥刑偶傷子, 多厄之字
애정액이 있거나 혹 몸이 약하고 단명한다. 중년에 노고하고 만년에 길하나 처와 자손에게 해가 있다. 액이 많은 글자.

(옥광채 영 · 土木)

清雅榮貴, 小心愛情厄, 成功隆昌環境良好之字
청아하고 귀하다. 애정액을 조심하라. 성공번창하고 환경 양호하다.

(미리 예 · 土)

憂心勞神或刑偶傷子, 中年勞重情失敗, 晚年吉祥二子之字
마음에 근심하고 수고롭다. 혹은 처와 자손에게 해가 있다. 중년에 애쓰고 정 때문에 실패한다. 만년에 길하고 상서롭다. 두 아들이 있는 글자.

(후손 예 · 土)

刑剋父母, 官運旺, 盡忠本彬, 中年勞, 晚年隆昌榮貴之字
부모를 극한다. 벼슬이 높다. 충성을 다하니 근본이 아름답다. 중년에 힘드나 만년에 번창한다. 영화롭고 귀한 글자.

(속오·土)

二子吉祥, 多才賢能, 中年吉祥, 晩年勞神之字
두 아들이 길하다. 재주가 많고 어질다. 중년에 길하고 상서롭다. 만년에 마음 고생하는 글자.

(보배 옥·土金)

清秀怜悧, 有才能理智, 官旺, 中年吉祥, 晩年隆昌
청수하고 영리하다. 재능이 있으며 이지적이다. 관운이 좋다. 중년에 길하고 만년에 번창한다.

(화할 옹·土)

性剛果斷, 智勇雙全, 中年成功隆昌, 晩年勞神忌車怕水之字
성격이 강직하고 과감하다. 지혜와 용기를 갖춘다. 중년에 성공번창하나 만년에 마음 고생한다. 차와 물을 조심해야 한다.

(주발 완·土)

溫和賢淑, 智勇雙全, 中年平凡, 晩年吉祥, 出國之字
온화하고 어질다. 지혜와 용기를 갖춘다. 중년에 평범하고 만년에 길하고 상서롭다. 나라를 떠나는 글자.

(난쟁이 왜·土)

憂心勞神或事勞無功, 一生多災厄或身弱短壽, 不雅之字
마음에 근심하고 힘겹거나 혹 일은 애써도 공은 없다. 일생 재액이 많거나 혹 몸이 약하고 단명한다. 아름답지 못한 글자.

(허리 요·土)

父母無緣, 憂心勞神或有不幸, 中年吉祥, 晩年勞神, 平凡欠子之字
부모의 인연이 없다. 마음에 근심이 있어 힘겹거나 불행하다. 중년에 길하나 만년에 마음 고생한다. 평범하나 자손이 부족한 글자.

(녹을 용·土水)

淸雅秀氣, 福祿雙收, 名利有分, 中年成功隆昌, 享福之字
청아하고 기가 빼어나다. 복록을 두루 갖추고 명예와 이익에 분수가 있다. 중년에 성공번창하며 복을 누리는 글자.

용 傭
(품팔이할 용·土)

刑偶欠子, 淸雅榮貴, 克己助人, 名利雙收, 女人賢能多才晩年多疾
처에게 해가 있고 자손은 부족하다. 청아하고 영귀하다. 자신보다 남을 돕는다. 명예와 이익을 두루 거둔다. 여자는 어질고 재주가 많으나 만년에 병이 많다.

(만날 우·土)

奔波苦勞, 或身弱多疾, 中年勞或懷才不遇, 晩年吉祥
파란과 노고한다. 혹 신약하고 병이 많다. 중년에 애쓰거나 혹 재주를 품고도 불우하다. 만년에 길하다.

(어리석을 우·土)

一生難幸福, 百事苦勞, 中年多災厄, 晩年吉祥多疾
일생 행복하기 어렵다. 온갖 일이 괴롭다. 중년에 재액이 많으나 만년에 길하다.

(염려할 우·土)

憂心勞神或事勞無功, 中年多災, 晩年吉祥之字
마음 고생하고 힘겨우니, 애써 일을 해도 공은 없다. 중년에 재액이 많으나, 만년에 길한 글자.

(명할 욱·土)

淸雅榮貴, 二字吉祥多才賢能, 中年成功隆昌, 官財兩旺
청아하고 영귀하다. 두 아들이 길하니 재주가 많고 어질다. 중년에 성공하여 번창하니 관운과 재운이 모두 좋다.

(빛날 욱·土火)

一生淸雅榮貴, 勤敏多才, 中年成功隆昌, 出國之字, 忌車怕水
일생 청아하고 귀하다. 부지런하며 재주가 많다. 중년에 성공번창한다. 나라를 떠나는 글자. 차와 물을 피하라.

(떨어질 운·土)

智勇雙全, 聰明怜悧, 二子吉祥, 中年平凡, 晩年吉祥
지혜와 용기를 모두 갖춘다. 총명하고 영리하다. 두 아들이 길하다. 중년에 평범하고 만년에는 길하다.

(운전할 운·土)

福祿雙收, 出外吉祥, 淸雅榮貴, 官運旺, 環境良好, 出國之字
복록을 두루 갖춘다. 외지로 나가면 길하다. 청아하고 귀하다. 관운이 높다. 환경양호하다. 나라를 떠날 글자.

(근원 원·土水)

淸雅榮貴, 智勇雙全, 官財兩旺, 一門興旺富貴之字
청아하고 영귀하다. 지혜와 용기를 모두 갖춘다. 벼슬과 재물을 모두 왕성하다. 가문이 부흥하고 부귀하는 글자.

(둥글 원·土)

秀氣賢淑, 少年干難, 中年吉祥, 榮貴幸福, 淸秀之字
기가 빼어나고 현숙하다. 소년시절 가난하다. 중년에 길하니 귀하고 행복하다. 청수한 글자.

(동산 원·土)

淸雅榮貴, 文士之風官財兩旺, 中年成功隆昌, 富貴享福
청아하고 영귀하다. 문사의 재목이라 벼슬과 재물이 높으니 중년에 성공번창하고 부귀하여 복을 누린다.

(옥 위·土)

淸雅怜悧, 天生多才, 中年吉祥, 晩年隆昌, 出國官旺之字
청아하고 영리하다. 본래 재주가 많다. 중년에 길하고 만년에 번창한다. 나라를 떠나고 관운이 왕성한 글자.

(빨갈 위·土火)

多才賢能, 淸雅榮貴, 中年成功隆昌, 出國之格
재주가 많고 어질다. 청아하고 영귀하다. 중년에 성공하여 번창한다. 나라를 떠나는 격이다.

(놀 유·土)

一生流浪外鄕, 或潦倒, 刑偶傷子, 晩年吉祥平凡之命
일생 타향에서 떠돈다. 혹은 되는 일이 없다. 처와 자손에게 해가 있다. 만년에 길하다. 평범한 운명이다.

(옥 유·土)

學識淵博, 官運旺, 淸雅榮貴, 成功隆昌, 名利雙收, 出國之字
학문이 박식하다. 관운이 높다. 청아하고 귀하다. 성공번창한다. 명예와 이익을 모두 갖춘다. 나라를 떠날 운세다.

(느릅나무 유·土木)

淸雅榮貴, 膽識廉備官運旺, 中年成功隆昌福壽興家
청아하고 귀하다. 담력과 식견을 갖추니 벼슬이 높다. 중년에 성공번창하며 복수가 집안에 가득하다.

(더욱 유·金)

理智充足, 智勇雙全, 中心多勞或多災, 晩年吉祥
이지가 충족하고 지혜와 용기를 모두 갖춘다. 중년에 고생이 많거나 재액이 많다. 만년에 길하다.

(마실 음·土)

無帶食祿, 刑偶欠子命途多舛, 多災厄難幸福短壽之字
식록이 없다. 처에게 해가 있고 자손이 부족하다. 운명에 어긋남이 많다. 재액이 많고 행복하기 어렵다. 단명하는 글자.

(뜻 의·土火)

外觀幸福, 內心多憂刑偶傷子, 中年勞, 晚年隆昌之字
겉으론 행복하나 내심은 근심이 많다. 처와 자손에게 해가 있다. 중년에 노고하나 만년에 번창한다.

(옳을 의·土)

多才巧智, 淸雅怜悧, 中年吉祥, 晚年隆昌, 幸福之字
재주가 많고 지혜롭다. 청아하고 영리하다. 중년에 길하고 상서롭다. 만년에 번창한다. 행복한 글자.

(넘칠 일·土)

兄弟無緣, 多才賢能, 怕身弱多疾, 中年吉祥, 晚年勞神
형제의 연고가 없다. 재주가 많고 어질다. 신약하고 병이 많다. 중년에 길하나, 만년에 마음 고생한다.

(여물 임·土)

一生淸雅榮貴, 中年吉祥, 晚年隆昌, 環境良好勞神
일생 청아하고 영귀한다. 중년에 길하고 만년에 번창한다. 환경양호하나 근심이 있다.

(줄 잉·土)

善良積德, 多才溫和, 中年勞, 晚年吉祥, 榮幸之字
선량하여 덕을 쌓는다. 재주가 많고 온화하다. 중년에 노고하나 만년에 길하니 영화롭고 행복하다.

(사랑할 자·金)

溫和賢能, 多才秀氣, 中年吉祥, 晚年隆昌但勞神
온화하고 어질다. 재주가 많고 기가 빼어나다. 중년에 길하고 만년에 번창하나 단, 마음 고생한다.

(재물 자·金)

淸雅榮貴, 二子吉祥, 中年隆昌, 多才賢能環境良好, 秀氣之字
청아하고 귀하다. 두 아들이 길하다. 중년에 번창하니 재주가 많고 어질다. 환경양호하다. 기가 빼어난 글자.

(꾸밀 장·金)

出外吉祥但有刑偶傷子晩婚吉, 中年勞, 晩年隆昌
외지로 나가면 길하다. 단, 처와 자손에게 해가 있으니 만혼이 길하다. 중년에 노고하고 만년에 번창한다.

(실을 재·金)

自成家業白手成家, 出外吉祥, 成功隆昌一生安祥之字
자수성가하여 집안을 이룬다. 외지로 나가면 길하다. 성공번창하니 일생 편안하다.

(발자취 적·金)

憂心勞神或損丁破財, 中年多勞, 晩年吉祥但多疾之字
마음에 근심하고 힘겹거나 혹 일도 못하고 재산도 없애니 중년에 고생한다. 만년에 길하나 단, 병이 많은 글자.

(공 적·金)

刑剋父母, 一生淸雅榮貴官運旺, 中年平, 晩年吉祥
부모를 형극한다. 일생 청아하고 영귀하니 관운이 좋다. 중년에 평범하고 만년에 길하고 상서롭다.

전鈿
(비녀 전·金)

安富尊榮, 多才怜悧, 中年成功隆昌, 環境良好富貴之字
편안하고 부귀하며 귀하다. 재주가 많고 영리하다. 중년에 성공번창한다. 환경이 좋고 부귀하는 글자.

(성할 전·金水)

溫和賢淑, 勤儉興家, 二子吉祥出國成功隆昌之字
온화하고 현숙하다. 근검하여 집안을 일으킨다. 두 아들이 길하니 나라를 떠나 성공하고 번창한다.

(전할 전·金)

一生多才平凡, 出外吉祥, 中年平凡, 晩年吉祥, 勞神或多疾
일생 재주가 많아도 평범하다. 외지로 나가면 길하다. 중년엔 평범하다. 만년엔 길하고 상서롭다. 마음 고생하거나 병이 많다.

(큰집 전·金)

英雄豪傑, 義利分明, 中年成功隆昌, 淸雅榮貴, 出國之字
영웅호걸이니 의리가 분명하다. 중년에 성공번창한다. 청아영귀하다. 나라를 떠나는 글자.

(번개 전·金)

外祥內苦, 一生怜悧但刑偶或傷子, 中年勞晩年吉祥
겉은 길하고 내심 고생한다. 일생 영리하나 단, 처와 자손에게 해가 있다. 중년에 노고하고 만년에 길하다.

(달일 전·金火)

多愁多憂或刑偶欠子, 中年勞或奔波, 晩年吉祥老而得榮
근심과 걱정이 많거나 처를 극하고 자식이 부족하다. 중년에 노고하거나 파란을 겪는다. 만년에 길하고 노년에 영화를 얻는다.

(징 정·金)

智勇雙全, 正明公正, 淸雅榮貴, 中年成功隆昌
지혜와 용기를 모두 갖춘다. 정명공정(正明公正)하다. 청아하고 영귀하다. 중년에 성공하여 번창한다.

정鼎 (솥 정·金)
精明公正, 智勇雙全官運旺成功隆昌, 出國榮貴之字
총명하며 공명정대하다. 지혜와 용기를 갖추니 벼슬이 높고 성공번창한다. 나라를 떠나면 귀해지는 글자.

정靖 (편안할 정·金)
學識淵博, 才智出衆, 中年成功隆昌, 官運旺盛之字
학식이 깊고 재주와 지혜가 출중하다. 중년에 성공번창한다. 관운이 왕성한 글자.

정艇 (거룻배 정·金)
奔波勞苦, 智勇雙全, 吉凶參半, 中年勞, 晩年吉祥
파란과 노고가 있다. 지혜와 용기를 모두 갖춘다. 길흉이 반반이다. 중년에 노고하나 만년이 길하다.

조照 (비출 조·金火)
膽識豐富, 多才榮貴, 官運旺, 中年有災厄, 晩年隆昌
담식풍부하니 재주가 많고 귀하니 벼슬이 높다. 중년에 재액이 있다. 만년에 번창한다.

준準 (법도 준·金水)
少樂多憂, 或刑偶傷子或身弱短壽, 中年多災, 晩年吉祥
즐거움은 적고 근심은 많다. 혹 처와 자손을 해친다. 혹 몸이 약하고 단명한다. 중년에 재액이 많으나 만년은 길하다.

즙楫 (노 즙·金木)
智勇雙全, 義利分明, 官或財旺, 中年平凡, 晩年吉祥
지혜와 용기를 모두 갖춘다. 의리가 분명하다. 관운 또는 재운이 좋다. 중년에 평범하고 만년에 길하다.

짐 斟 (술따를 짐·金)

口快心職, 環境良好, 刑偶欠子, 中年吉祥, 晚年勞神
언변이 좋고 마음이 곧다. 환경양호하다. 배우자를 해치고 자식이 적다. 중년에 길하고 상서로우나 만년에 근심한다.

집 楫 (노 집·金木)

智勇雙全, 義利分明, 官或財旺, 中年平凡, 晚年吉祥
지혜와 용기를 모두 갖춘다. 의리가 분명하다. 관운 또는 재운이 좋다. 중년에 평범하고 만년에 길하다.

창 滄 (큰바다 창·金水)

身瘦多才, 淸雅怜悧, 中年勞, 晚年吉祥, 女人不幸多災
몸이 마르나 재주가 많다. 청아하고 영리하다. 중년에 노고하나 만년에 길하다. 여자는 불행하고 재액이 많다.

채 債 (빚 채·金)

二子吉祥, 淸雅多才, 中年肯作肯勞, 成功吉祥, 子孫興旺
두 아들이 길하다. 청아하고 재주가 많다. 중년에 기꺼이 일하며 애쓰니 성공하고 길하다. 자손이 번성한다.

첨 詹 (이를 첨·金)

英敏多才, 淸雅賢能, 福祿雙收, 武官吉, 女人薄幸多災之字
영민하고 재주가 많다. 청아하고 어지니 복록을 두루 거둔다. 무관이 길하다. 여인은 행복하기 어렵고 재액이 많은 글자.

체 蒂 (꼭지 체·金)

淸雅多才, 秀氣賢能, 中年吉祥, 晚年隆昌幸福之字
청아하고 재주가 많다. 기가 빼어나며 어질다. 중년에 길하고 만년에 번창하니 행복하다.

획수별 자(字)의 길흉과 운세 — 13획 407

(초나라 초·金木)

一生淸雅, 智勇雙全中年吉祥隆昌, 晩年勞神, 出國之格, 短壽之字
일생 청아하고 지혜와 용기를 갖춘다. 중년에 길하고 번창하나, 만년에 마음 고생한다. 나라를 떠나는 격이고, 단명하는 글자.

(노곤할 초·金水木)

帶刀厄武官大吉, 殺人被殺牢獄之字, 惡死凶亡之字
칼로 인한 액이 있으니 무관이 대길하다. 살인, 피살, 수감, 비명횡사하는 글자.

(나라이름 촉·金)

精明公正, 克己助人出外吉祥, 中年成功隆昌, 出國之格
총명하며 공명정대하다. 자신보다 남을 돕는다. 외지로 나가면 길하다. 중년에 성공번창한다. 나라를 떠나는 격이다.

(파 총·金)

雨夜之花, 暗淡無光, 一生多災, 失身再嫁守寡之字, 身弱短壽
비오는 밤에 핀 꽃과 같다. 암담하여 빛이 없다. 일생 재액이 많으니, 절개를 버리고 재가하거나 과부가 된다. 몸이 약하고 단명한다.

최 催
(재촉할 최·金)

憂心勞神或事勞無功, 中年多災或勞, 晩年吉祥
마음에 근심하고 애쓰거나 일을 애써해도 공이 없다. 중년에 재액이 있거나 혹은 노고한다. 만년에 길하다.

(참죽나무 춘·金木火)

淸雅秀氣, 精誠待人, 中年平晩年隆昌, 女人有愛情厄小心
청아하고 기가 빼어나다. 남을 대하기가 정성스럽다. 중년에 평범하고 만년에 번창한다. 여자는 애정액을 조심하라.

(칡베 치·金)

性强多才, 中年勞晩年吉祥, 女人有愛情厄或再嫁守寡之字
성격이 강하고 재주가 많다. 중년에 노고하나 만년에는 길하다. 여자는 애정액이 있거나 재가 또는 과부의 글자.

(어릴 치·金)

智勇雙全, 淸雅榮貴, 福祿豊厚, 名利雙收, 幸福之字
지혜와 용기를 모두 갖추니 청아하고 영귀하다. 복록이 풍부하고 명예와 이익을 모두 거두며 만년에 번영하고 행복한 글자.

(꿩 치·金)

一生淸雅榮貴, 理智充足, 中年吉祥, 晩年勞神之字
일생 청아하고 귀하다. 지혜가 충족하다. 중년에 길하고 상서롭다. 만년에 마음 고생하는 글자.

(달릴 치·金)

奔波勞苦, 或潦倒一生, 中年多災或勞, 晩年隆昌
파란과 노고가 있다. 혹 일생 망친다. 중년에 재액이 많거나 혹 노고한다. 만년에 번창한다.

(추할 치·金)

口快心直, 義利分明, 勤儉賢能, 中年吉祥, 晩年勞神
언변이 좋고 마음이 곧다. 의리가 분명하다. 근검하고 어질다. 중년에 길하고 상서로우나 만년에 근심한다.

(신칙할 칙·金)

多相剋之字, 一生淸雅平凡, 中年勞苦或多災, 晩年吉祥
상극이 많은 글자. 일생 청아하고 평범하다. 중년에 고생 또는 재액이 많다. 만년에 길하고 상서롭다.

塔
(탑 탑·火土)

剋妻傷子, 或憂心勞神, 福祿雙收, 中年離亂, 晚年吉祥
처와 자손을 극한다. 혹 마음 고생하고 힘겹다. 복록을 두루 거둔다. 중년에 이별수가 있다. 만년에 길하고 상서롭다

稗
(피 패·水)

破相中年隆昌, 少年干難環境良好, 無破相中年勞, 晚年吉祥
파상이면 중년에 번창하고 소년기엔 가난하고 환경이 좋다. 파상이 없으면 중년에 애쓰고 만년이 길하다.

遍
(두루 편·水)

性剛果斷或奔波勞苦出外吉祥, 晚年隆昌
성격이 강직하고 과감하거나 혹 파란이 있다. 혹 노고하며 외지로 나가니 길하다. 만년에 번창한다.

楓
(단풍나무 풍·水木)

精明公正, 一生多福福祿豊厚, 中年吉祥隆昌小心愛情厄
총명하며 공명정대하다. 일생 복이 많고 복록이 풍부하다. 중년에 길하고 번창하나 애정액을 조심하라.

豊
(풍성할 풍·水)

天生聰穎, 智勇雙全, 中年平凡, 晚年隆昌, 環境良好, 名利之字
천성이 총명하니 지혜와 용기를 두루 갖춘다. 중년에 평범하다. 만년에 번창하고 환경양호하다. 명예와 이익을 거두는 글자.

遐
(멀 하·土)

清雅怜俐, 一生多才溫和, 中年吉祥晚年隆昌, 出國之格
청아하고 영리하다. 일생 재주가 많고 온화하다. 중년에 길하고 만년에 번창한다. 나라를 떠나는격이다.

하瑕
(티 하·土)

出外吉祥, 秀氣怜悧, 溫和賢淑, 中年勞, 晚年隆昌
외지로 나가면 길하다. 기가 빼어나고 영리하다. 온화하고 어질다. 중년에 애쓰고 만년에 번창한다.

해楷
(본보기, 모범 해·土木)

晚婚遲得子吉, 出外吉祥, 中年勞或奔波, 晚年隆昌
만혼에 늦게 자식을 둠이 길하다. 외지로 나가면 길하다. 중년에 노고하거나 분파가 있다. 만년에는 번창한다.

해解
(풀 해·土)

一生淸雅理智充足, 中年多勞或多災, 晚年吉祥
일생 청아하고 지혜가 충족하다. 중년에 고생이 많고 재액이 많다. 만년에 길하고 상서롭다.

향鄕
(시골 향·土)

淸雅怜悧, 多才勇敢, 中年吉祥, 晚年隆昌, 女人有愛情厄
청아하고 영리하다. 재주가 많고 용감하다. 중년에 길하고 만년에 번창한다. 여자는 애정액이 있다.

호瑚
(산호 호·土)

一生淸雅怜悧, 智勇雙全, 福祿雙收一生安祥, 幸福之字
일생 청아하고 영리하다. 지혜와 용기를 두루 갖춘다. 복록을 갖추고 행복하다.

호葫
(마늘 호·土)

憂心勞神或一貧如洗, 或愛情離亂, 難幸福, 再嫁守寡
마음에 근심하고 힘겹거나 혹 몹시 가난하다. 혹 사랑과 이별하며 행복하기 어렵다. 재가 과부의 운명이다.

호號
(부르짖을 호·土)

性剛果斷, 智勇雙全, 中年吉祥, 晚年勞神多疾
성격이 강직하고 과감하다. 지혜와 용기를 갖춘다. 중년에 길하고 상서로우나 만년에 마음 고생하고 병이 많다.

(그림 화·土)

憂心勞神或事勞無功, 中年多災或潦倒, 晚年吉祥, 刑偶之字
마음에 근심하니 힘겹다. 혹은 일을 해도 공은 없다. 중년에 재액이 많고 망친다. 만년엔 길하다. 처에게 해가 있는 글자.

(말할 화·土)

口快心直, 多才賢能, 福祿雙收, 中年勞, 晚年隆昌
언변이 좋고 마음이 곧다. 재주가 많고 어질다. 복록을 두루 거둔다. 중년에 애쓰고 만년에 번창한다.

(신 화·土)

憂心勞神或事勞無功, 一生多災厄, 病弱短壽之字
마음에 근심하고 고생한다. 일을 애써 해도 공은 없다. 일생 재액이 많다. 병약하고 단명하는 글자.

(불빛 환·土火)

理智充足, 多才怜悧, 出外吉祥榮貴隆昌, 女人多災厄或不幸之字
이지가 충족하다. 재주가 많고 영리하다. 외지로 나가면 길하다. 귀하고 번창한다. 여자는 재액이 많거나 혹은 불행하다.

(미끄러울 활·土水)

憂心勞神或事勞無功, 中年多災厄, 晚年子福吉祥
마음에 근심하고 힘겹다. 혹은 일은 애써도 공은 없다. 중년에 재액이 많다. 만년에 자손이 복되고 길하다.

(빛날 황·土火)

刑偶或欠子, 多才賢能, 身瘦淸雅, 中年平晚年吉祥
처에게 해가 있고 자손이 부족하다. 재주가 많고 어질다. 몸 약하나 청아하다. 중년에 평범하고 만년에 길하다.

(모을 회·土)

晩婚遲見子吉, 一生淸雅平凡, 中年吉祥晚年勞神
늦은 결혼에 늦자식을 봄이 길하다. 일생 청아하고 평범하다. 중년에 길하나 만년에 마음 고생한다.

(가르칠 훈·金火水)

一生淸雅奔波勞苦, 中年吉祥, 晚年隆昌, 刑偶傷子之字
일생 청아하고 파란이 있고 고생한다. 중년에 길하고 상서롭다. 만년에 번창한다. 처와 자손에게 해가 있는 글자.

(따뜻할 훤·土火)

智勇雙全, 淸雅榮貴, 家聲克振, 成功隆昌, 官旺之字
지혜와 용기를 겸전한다. 청아하고 영귀하니 집안의 명성을 떨친다. 성공하여 번창하니 관운이 왕성하다.

(원추리 훤·土木火)

學識淵博, 一生多才淸雅榮貴, 官運旺, 福壽出國之字
학식이 넓다. 일생 재주가 많고 청아하며 영귀하니 관운이 왕성하다. 수복이 있다. 나라를 떠나는 글자.

(빛 휘·土火)

命硬, 淸雅榮貴官旺, 中年平凡, 晚年隆昌環境良好
강한 운명이다. 청아하고 영귀하니 벼슬이 높다. 중년에 평범하고 만년에 번창한다. 환경이 좋다.

(빛날 휘·土火)

性剛或幼年多厄, 中年吉祥, 晚年隆昌, 環境良好出國之格
성격이 강직하나 혹 유년에 액이 많다. 중년에 길하고 만년에 번창한다. 환경이 좋고 나라를 떠나는 격이다.

(누릴 흠, 하품 흠·土)

刑偶欠子或身弱多厄, 中年多勞, 晚年吉祥, 晚福之字
처를 극하고 자손이 부족하다. 혹 몸이 약하고 액이 많다.
중년에 고생이 많다. 만년에 길하며 늦게 복이 있는 글자.

(꾸짖을 힐·土)

福祿雙收, 淸雅多才良善積德一門隆盛, 環境良好之字
복과 록을 모두 거둔다. 청아하고 재주가 많다. 선량하니 덕
을 쌓아 한 가문을 이룬다. 환경이 좋은 글자.

{ 14획 음(陰) }

가 嘉 (아름다울 가·木)

淸雅榮貴, 成功隆昌, 晩婚大吉, 多才溫和, 出國之格
청아하고 귀하다. 성공번창한다. 만혼이 대길하다. 재주가 많고 온화하다. 나라를 떠나는 격이다.

가 歌 (노래 가·木)

出外吉祥, 一生淸雅怜悧, 刑偶或傷子, 中年勞, 晩年吉祥
외지로 나가면 길하다. 일생 청아하고 영리하다. 처와 자손을 해친다. 중년에 애쓰나 만년에 길하다.

각 閣 (다락집 각·木)

一生淸雅多才, 溫和忠厚, 中年吉祥, 晩年隆昌, 環境良好
일생 청아하고 재주가 많다. 온화하고 충후하다. 중년에 길하다. 만년에 번창하니 환경양호하다.

강 慷 (강개할 강·木)

一生慷慨待人, 智勇雙全, 中年勞或奔波晩年吉祥
일생 남 대하길 강개하다. 지혜와 용기를 갖춘다. 중년에 노고하거나 혹 파란이 있다. 만년이 길하다.

강 綱 (벼리 강·木)

口快心直, 多才智勇, 武官吉, 中年勞, 晩年隆昌女人有愛情厄之字
언변이 좋고 마음이 곧다. 재주가 많고 용기가 있으니 무관이 길하다. 중년에 애쓰나 만년엔 번창한다. 여자는 애정액이 있다.

개慨
(슬퍼할 개·木)

多才賢能, 出外吉祥刑偶或傷子或有離亂, 中年隆昌, 晚年勞神
재능이 많고 어질다. 외지로 나가면 길하다. 처와 자손에게 해가 있다. 혹 이별수가 있다. 중년에 번창하고 만년에 마음 고생한다.

개箇
(낱 개·木)

穩定安祥, 溫和多才, 中年吉祥, 晚年隆昌但勞神
침착하고 편안하다. 온화하고 재주가 많다. 중년에 길하다. 만년에 번창하나 단, 마음 고생한다.

견甄
(질그릇 견·木土)

秀氣清雅, 出外吉祥, 中年平凡, 晚年吉祥, 環境良好
기가 빼어나고 청아하다. 외지로 나가면 길하다. 중년에 평범하고 만년엔 길하며 환경이 좋다.

경境
(지경 경·木土)

英敏多才, 清雅榮貴福祿雙收, 名利有分, 出外大吉榮貴之字
영민하고 재주가 많다. 청아하고 귀하다. 복록을 두루 거둔다. 명예와 이익을 얻는다. 외지로 나가면 대길하니 영귀한 글자.

경輕
(가벼울 경·木)

憂心勞神或事勞無功, 懷才不遇, 或身弱短壽, 忌車怕水之字
마음에 근심하고 힘겹거나 혹 일에 애써도 공은 없다. 재주를 품고도 불우하다. 혹 몸이 약하고 단명한다. 차와 물을 조심하라.

(힘줄붙은곳 경·木)

淸雅榮貴, 多才賢淑, 中年成功隆昌, 女人有愛情厄小心
청아하고 영귀하다. 재주가 많고 현숙하다. 중년에 성공하여 번창한다. 여자는 애정액이 있으니 조심하라.

(경계할 계·木)

憂心勞神或事勞無功, 中年多災, 晩年吉祥小心牢獄之災
마음에 근심하고 힘겹거나 혹 일은 애써도 공은 없다. 중년에 재액이 많고 만년에 길하니 수감될까 조심하라.

(창집 계·木)

淸雅榮貴, 多才賢淑, 中年成功隆昌, 女人有愛情厄小心
청아하고 영귀하다. 재주가 많고 현숙하다. 중년에 성공하여 번창한다. 여자는 애정액이 있으니 조심하라.

(고할 고·木)

智勇雙全, 祿享千鐘, 中年吉祥, 晩年隆昌官旺之字
지혜와 용기를 갖춘다. 천종을 누릴 녹을 얻는다. 중년에 길하며 만년에 번창한다. 관운이 좋은 글자.

(흐를 곤·木水)

憂心勞神, 出外吉祥, 中年多災厄, 晩年吉祥, 晩福之字
마음에 근심하고 힘겹다. 외지로 나가면 길하다. 중년에 재액이 많다. 만년에 길하다. 늦게야 복이 있다.

(적을 과·木)

不祥之字, 帶刀厄暗淡多才, 命途多舛一貧如洗病弱短壽
상서롭지 못한 글자. 도액이 있고, 암담하나 재주는 있다. 운명이 어그러지니 너무도 가난하다. 병약하고 단명한다.

(주관할 관·木)

多才賢能, 淸雅溫和, 福祿雙收, 忌車怕水, 中年勞晩年吉祥
재주가 많고 어질다. 청아하고 어질다. 복록을 두루 갖춘다. 차와 물을 피하라. 중년에 애쓰고 만년이 길하다.

(우두머리 괴·木)

智勇雙全, 淸雅榮貴, 中年吉祥, 晩年隆昌福壽興家
지혜와 용기를 갖춘다. 청아하고 영귀하다. 중년에 길하고 만년이 번창하니 복과 수명이 있다.

괴 槐
(홰나무 괴·木)

憂心勞神或事勞無功, 懷才不遇, 中年勞, 晩年吉祥
마음에 근심하고 힘겹거나 혹 일에 애써도 공은 없다. 재주를 품고도 불우하다. 중년에 애쓰나 만년에 길하고 상서롭다.

교 僑
(우거할 교·木)

刑偶傷子, 一生淸雅, 中年吉祥, 晩年勞神, 守安之字
처와 자손에게 해가 있다. 일생 청아하다. 중년에 길하나 만년엔 마음 고생한다. 편안함을 지킨다.

(얽을 구·木)

淸雅多才, 義利分明, 中年多勞, 晩年吉祥環境良好
청아하고 재주가 많다. 의리가 분명하다. 중년에 고생이 많으나 만년이 길하고 환경양호하다.

(조심할 긍·木)

破相或身弱多病或刑偶傷子, 或不幸多災, 一生難幸福
파상 혹 몸이 약하고 병이 많다. 혹 처와 자손에게 해가 있다. 혹 불행하게 재액이 많다. 일생 행복하기 어렵다.

기 綺
(비단, 기·木)

溫和賢淑, 秀氣多才, 有愛情厄小心, 中年平, 晚年吉祥 福祿短壽
온화하고 어질다. 기가 빼어나고 재주가 많다. 애정액을 조심하라. 중년에 평범하고 만년에 길하다. 복록이 있으나 단명한다.

기 旗
(기 기·木)

性剛口快, 一生多災厄, 中年多勞或奔波或潦倒, 晚年勞神
성격이 좋고 언변이 좋다. 일생 재액이 많다. 중년에 애쓰거나 혹 파란이 있거나 혹 영락한다. 만년엔 마음 고생이다.

기 箕
(키 기·木)

英敏佳人, 貴人明現, 二子吉祥, 中年勞晚年隆昌
영민하고 아름답다. 귀인이 돕는다. 두 아들이 귀하다. 중년에 애쓰고 만년에 번창한다.

긴 緊
(굳을 긴·木)

憂心勞神或事勞無功中年多災或愛情厄, 短壽身弱或守寡
마음에 근심하고 힘겹거나 혹 일은 애써도 공은 없다. 중년에 재액이 많거나 혹 애정액이 있다. 단명, 신약, 과부의 팔자다.

녕 寧
(편안할 녕·火)

店號不利, 婚遲大吉, 一生淸雅多才暗藏禍端, 晚年吉祥
가게이름으로 불리다. 늦은 결혼이 길하다. 일생 청아하고 재주가 많으나 화의 발단이 된다. 만년에 길하고 상서롭다.

녹 綠
(초록빛 녹·火)

春天生號之吉, 淸秀多才, 中年平凡晚年吉祥, 女人不幸再嫁二子
봄태생에게 붙이면 길하다. 청아하고 재주가 많다. 중년에 평범하고 만년이 길하다. 여자는 불행하니 재가한다.

(둥글 단·火)

憂心勞神或懷才不遇, 中年勞, 晚年吉祥
마음에 근심하고 힘겹거나 재주를 품고도 불우하다. 중년에 애쓰고 만년에 길하다.

(끝 단, 바를 단·火土)

英敏多才, 智勇雙全, 清雅榮貴, 中年吉祥環境良好
영민하고 재주가 많다. 지혜와 용기를 겸전한다. 청아하고 귀하다. 중년에 길하고 환경이 좋다.

(마주볼 대·火)

刑偶傷子, 中年勞晚年吉祥, 女人薄幸再嫁守寡之字
처와 자손에게 해가 있다. 중년에 애쓰나 만년엔 길하다. 여자는 행복하기 어려우니 재가 과부의 운세다.

(대 대·火)

堅固實信, 學問豊富, 清雅多才, 中年吉祥, 晚年隆昌
견고하며 성실하다. 학문이 풍부하고 청아하고 재주가 많다. 중년에 길하며 만년에 번창한다.

(그림 도·火)

一生多才賢能, 理智充足, 出外大吉, 中年吉祥晚年勞神, 雙妻
일생 재주가 많고 어질다. 이지가 족하다. 외지로 나가면 대길하다. 중년에 길하나 만년에 마음 고생한다. 두 처를 둔다.

(구리 동·火金)

多才溫和, 晚婚遲得子吉, 福祿雙收名利有分, 環境良好, 女人多疾短壽
재주가 많고 온화하다. 만혼에 늦자식이 길하다. 복록을 갖추니 명예와 이익이 있다. 환경양호하다. 여자는 병이 많고 단명한다.

(얼룩얼룩할 락·火)

刑偶傷子或忌車怕水, 中年多災厄, 一生難幸福, 短壽之字
처와 자손에게 해가 있다. 혹 물을 두려워 하고 차를 꺼린
다. 중년에 재액이 많다. 일생 행복하기 어렵다. 단명하는
글자.

辢
(매울 랄·火)

秀氣怜悧, 口快心直, 勤儉治家, 小心愛情厄, 吉祥幸福
기가 빼어나고 영리하다. 언변이 좋고 마음이 곧다. 근검하
여 집안을 다스린다. 애정액을 조심하라. 길하며 행복하다.

(빈랑나무 랑·火)

性剛果斷或刑偶傷子, 中年多災, 晚年吉祥
성격이 강직하고 과감하다. 혹 처와 자손에게 해가 있다. 중
년에 재액이 많다. 만년에 길하고 상서롭다.

(옥이름 랑·火)

性剛果斷, 智勇雙全, 中年多災, 刑偶傷子, 晚年吉祥
성격이 강직 과감하다. 지혜와 용기를 갖춘다. 중년에 재액
이 많다. 처와 자손에게 해가 있다. 만년이 길하고 상서롭다.

(거느릴 령·火)

刑偶傷子, 中年多災或愛情厄, 晚年吉祥, 小心牢獄之
災, 女人吉祥
처와 자손에게 해가 있다. 중년에 재액이 많다. 혹 애정액이
있다. 만년이 길하고 수감의 액을 조심하라. 여자는 길하고
상서롭다.

僚
(벼슬아치 료·火)

淸雅多才, 二子吉祥, 中年多災厄, 晚年吉祥重情失敗
청아하고 재주가 많다. 두 아들이 길하다. 중년에 재액이 많
다. 만년에 길하나 정 때문에 실패한다.

획수별 자(字)의 길흉과 운세—14획 421

(석류나무 류·火木)

學識豊富, 多才賢能, 出國之格, 成功隆昌, 環境良好
학식풍부하다. 재주가 많고 어질다. 나라를 떠나는 격이다. 성공번창하니 환경양호하다.

(머두를 류·火)

出外逢貴得財, 名利雙收, 中年勞, 晩年隆昌
외지로 나가면 귀인을 만나 재물을 얻는다. 명예와 이익을 모두 거둔다. 중년에 노고하나 만년에 번창한다.

(낚시줄 륜·火)

剋偶傷子, 或中年離難, 再嫁守寡, 中年多災晩年吉祥
처와 자식을 극한다. 혹 중년에 이별수니 재가하거나 과부가 된다. 중년에 재액이 많으나 만년에 길하다.

(비단 릉·火土)

出外逢貴得財, 多才怜悧, 中年勞晩年吉祥, 女人不幸再嫁之字
외지로 나가면 귀인을 만나 재물을 얻는다. 재주가 많고 영리하다. 중년에 애쓰고 만년에 길하다. 여자는 불행하며 재가할 운명이다.

막 漠
(사막 막·水木火)

淸雅榮貴, 忠厚善良, 中年吉祥, 晩年隆昌, 但忌車怕水之字
청아하고 귀하다. 충후하고 선량하다. 중년에 길하고 상서롭다. 성공하여 번창하나 단, 차와 물을 피하라.

(장막 막·水木火)

憂心勞神或事勞無功, 中年潦倒或多災, 晩年吉祥
마음에 근심하니 힘겹다. 혹 애써 일을 해도 공이 없다. 중년에 영락하거나 재액이 많다. 만년에 길하고 상서롭다.

막摸 (더듬을 막·水木火)
淸雅多才, 忠厚善良, 醫界大吉, 中年吉祥, 晚年隆昌忌車怕水
청아하고 재주가 많다. 충후하며 선량하다. 의학계가 대길하다. 중년이 길하다. 만년이 번창하고 차와 물을 조심하라.

만漫 (질펀할 만·水火)
秀氣賢淑, 勤儉治家, 中年吉祥, 晚年隆昌出外吉出國成功
기가 빼어나고 어질다. 근검하여 집안을 다스린다. 중년에 길하다. 만년에 번창하니 외지로 나가면 길하다. 나라를 떠나 성공한다.

(업신여길 만·水火)
多才賢能, 淸雅秀氣, 敎育界吉, 勤儉忠厚, 榮幸之字
재주가 많고 어질다. 맑고 기가 빼어나다. 교육계가 길하다. 근검하고 충후하며 영화로운 글자.

(거만할 만·水火)
秀氣怜悧, 多才賢能, 出外吉祥, 中年平晚年隆昌
기가 빼어나고 영리하다. 재주가 많고 어질다. 외지로 나가면 길하다. 중년에 평범하고 만년에 번창한다.

망網 (그물 망·水)
有愛情煩惱或失身多厄或刑偶傷子, 再嫁守寡之字
애정으로 번뇌한다. 혹 몸망치는 액이 있다. 혹 처와 자손에게 해가 있다. 재가 과부의 운명이다.

면綿 (솜 면·水)
一生淸雅榮貴, 多才賢能, 環境良好, 女人秀氣賢淑, 忌水厄
일생 청아하고 귀하며 재주가 많고 어질다. 환경이 좋다. 여자는 기가 빼어나고 현숙하다. 물난리를 조심하라.

명 銘
(새길 명·水金)

智勇雙全, 精明公正, 福祿雙收, 名利有分, 安富尊榮之字
지혜와 용기를 갖춘다. 총명하며 공명정대하다. 복록을 거두니 명예와 이익이 있다. 편안하고 영화로운 글자.

명 鳴
(울 명·水)

清雅怜悧, 秀氣溫和, 中年吉祥, 晚年隆昌福祿之字
청아하고 영리하다. 기가 빼어나고 온화하다. 중년에 길하다. 만년에 번창하니 복록이 있다.

(긴머리 모·水)

憂心勞神或事勞無功, 中年多災厄, 晚年勞神多疾
마음에 근심하니 힘겹다. 혹 애써 일을 해도 공이 없다. 중년에 재액이 많다. 만년에 근심하며 병이 많다.

(꿈 몽·水木)

清雅榮貴, 中年吉祥, 環境良好, 女人刑偶傷子或不幸之厄
청아하고 귀하다. 중년에 길하니 환경이 좋다. 여자는 남편과 자손에게 해가 있거나 혹 불행하다.

(춤출 무·水)

多才巧智, 秀氣怜悧, 中年多勞, 晚年吉祥, 環境良好, 刑偶傷子
재주가 많고 지혜롭다. 기가 빼어나고 영리하다. 중년에 고생이 많다. 만년이 길하니 환경양호하나 처와 자손에게 해가 있다.

(들을 문·水)

多愁善感, 一生清雅僥倖, 中年雖勞晚年吉祥之字
근심이 많고 선량하다. 일생 청아하고 요행한다. 중년에 비록 애쓰나 만년엔 길하고 상서롭다.

민 閩
(오랑캐이름 민·水)

憂心勞神或刑偶傷子, 中年多勞, 晩年吉祥, 幼年多災
마음에 근심하니 힘겹다. 처와 자손을 해친다. 중년에 노고가 많으나 만년에 길하다. 어려서는 재액이 많다.

밀 蜜
(꿀 밀·水)

環境良好, 溫和多才有愛情厄或小星厄, 中年平晩年隆昌身胖
환경양호하다. 온화하고 재주가 많다. 애정액이 있다. 혹 소성의 액이 있다. 중년엔 평이하나 만년엔 번창한다.

방 榜
(패 방·水木)

多才巧智, 淸雅榮貴, 成功隆昌, 環境良好, 子孫興旺
재주가 많고 지혜롭다. 청아하고 귀하다. 성공번창하고 환경양호하다. 자손이 번영한다.

배 裴
(옷치렁치렁할 배·水)

出外吉祥, 憂心勞神或懷才不遇, 中年勞晩年隆昌
외지로 나가면 길하다. 마음에 근심하고 힘겹거나 혹 재주를 품고도 불우하다. 중년에 애쓴다. 만년에 번창한다.

벌 閥
(공로 벌·水)

性剛果斷, 意氣用事失敗, 殺人被殺有牢獄或短壽之字
성격이 강직하고 과감하다. 일을 하는 뜻이 실패하니 살인, 피살, 수감, 단명한다.

벽 碧
(옥돌 벽·水)

一生淸榮, 中年成功隆昌, 環境良好, 雙妻格, 女人多厄短壽之字
일생 청아하다. 중년엔 성공 번창하고 환경양호하다. 두 처를 둔다. 여자는 액이 많으며 단명하는 글자.

보 輔 (광대뼈 보·水)

膽識豊富, 一生淸雅榮貴, 官運旺成功隆昌, 榮貴之字
담력이 좋고 학문이 풍부하다. 일생 청아하고 귀하다. 벼슬이 높고 성공번창한다. 영귀한 글자.

복 福 (복 복·水)

一生淸雅多才福祿雙收, 刑偶雙妻之格, 中年吉祥環境良好
일생 청아하고 재주가 많다. 복록을 거둔다. 처를 극하며 두 처를 얻는 격이다. 중년에 길하니 환경이 좋다.

복 複 (겹옷 복·水)

英俊才人, 上下敦睦, 一生榮幸多才, 中年勞晩年吉祥
영준하고 재주가 있다. 상하가 화목하다. 일생 영화롭고 재주가 많다. 중년에 수고롭고 만년에 길하다.

복 僕 (종 복·水)

理智充足, 多才賢能, 淸雅榮貴, 成功隆昌
이지가 족하다. 재주가 많고 어질다. 청아하고 귀하다. 성공번창한다.

봉 鳳 (봉새 봉·水)

學問豊富, 官運旺, 盛成功隆昌, 富貴之字, 女人愛情厄或薄幸之字
학문이 풍부하다. 벼슬이 높고 성공번창하며 부귀하다. 여자는 애정액이 있거나 혹 행복하기 어렵다.

부 孵 (알깔 부·水)

憂心勞神或外祥內苦, 中年肯作肯勞, 晩年吉祥
마음 고생하며 힘겹거나 혹 외적으론 즐거워도 내면은 고생이다. 중년에 기꺼이 일하고 기꺼이 애쓴다. 만년에 길하고 상서롭다.

(코 비·水)

不祥之字, 刑偶傷子或愛情煩惱, 短壽多災, 晚年子福
상서롭지 못하다. 처와 자손을 해친다. 애정으로 번뇌한다. 단명하고 재액이 많다. 만년에 자식복이 있다.

賓
(손 빈·水)

剋父命, 智勇雙全, 義利分明, 中年吉祥, 晚年隆昌, 二子吉祥
아버지의 운명을 극한다. 지혜와 용기를 갖추고 의리가 분명하다. 중년에 길하고 상서롭다. 만년에 번창한다. 두 아들이 길하다.

(정자 사·金木)

學識淵博, 官財兩旺, 榮貴隆昌環境良好之字
박학다식하다. 관운과 재물이 모두 왕성하다. 귀하고 번창하며 환경양호한 글자.

飼
(기를 사·水)

一生淸雅多才, 怜悧勤儉, 小心愛情厄, 中年勞晚年吉祥
일생 청아하고 재주가 많다. 영리하고 근검하다. 애정액을 조심하라. 중년에 애쓰고 만년에 길하다.

(셈할 산·金木)

幼年干難, 刑偶欠子, 淸雅多才, 中年勞晚年吉祥, 淸雅之字
유년엔 가난하다. 처에게 해가 있고 자손이 부족하다. 청아하고 재주가 많다. 중년에 애쓰나 만년에 길하고 상서롭다. 청아한 글자.

산 酸
(초산·金)

淸雅多才, 勤儉賢能, 中年吉祥, 出外大吉, 女人薄幸多災厄之字
청아하고 재주가 많다. 근검하고 어질다. 중년에 길하다. 외지로 나가면 대길하다. 여자는 행복하기 어렵고 재액이 많은 글자.

삽 颯
(바람소리 삽·金)

淸雅怜悧, 溫和賢能中年吉祥, 晩年隆昌, 出國之格, 小心愛情厄
청아하고 재주가 많다. 온화하고 어질다. 중년에 길하고 만년에 번창한다. 나라를 떠나는 격이다. 애정액을 조심하라.

상 像
(꼴 상·金)

性剛口快, 慷慨待人, 中年勞或奔波, 晩年吉祥, 雙妻之格
성격이 강하고 언변이 좋다. 남대하기가 강개하다. 중년에 애쓰거나 혹 파란이 있다. 만년에 길하고 상서롭다. 두 처를 두는 격이다.

상 裳
(아랫도리 상·金)

天生聰穎, 刑偶傷子晩婚大吉, 淸雅榮貴, 中年成功隆昌, 出國之字
천성이 총명하다. 처와 자손에게 해가 있으니 만혼이 대길하다. 청아하고 귀하다. 중년에 성공번창한다. 나라를 떠나는 글자.

상 嘗
(맛볼 상·金)

英敏多才, 晩婚遲得子吉, 中年平, 晩年吉祥, 環境良好
영민하고 재주가 많다. 만혼에 늦자식이 대길하다. 중년은 평이하고 만년에 길하다. 환경양호하다.

서 誓
(맹세 서·金)

福祿雙收, 口快, 常人殺人被殺有牢獄之災, 女人再嫁守寡
복록을 두루 거둔다. 언변이 좋다. 평범한 사람은 살인, 피살, 수감의 액이 있다. 여자는 재가 과부의 운명이다.

서 署
(관청 서, 마을 서 · 金)

憂心勞神或刑偶傷子, 中年勞或多疾, 晚年吉祥, 子孫興旺
마음에 근심하고 힘겹거나 혹 처와 자손에게 해가 있다. 중년에 애쓰거나 혹 병이 많다. 만년에는 길하고 자손번성한다.

석 碩
(클 석 · 金)

淸雅榮貴, 賢能多才, 二子吉祥, 官運旺, 名利雙收之字
청아하고 영귀하다. 어질고 재주가 많다. 두 아들이 길하다. 벼슬이 높고 명예와 이익을 거둔다.

선 漩
(소용돌이칠 선 · 金水)

溫和怜悧, 淸雅賢淑, 中年勞苦或有愛情厄, 晚年隆昌
온화하고 영리하다. 청아하고 어질다. 중년에 애쓰거나 혹 애정액이 있다. 만년에 번창한다.

설 說
(말씀 설 · 金)

出外吉祥, 智勇雙全中年吉祥, 環境良好, 女人多災薄幸之字
외지로 나가면 길하다. 지혜와 용기를 갖춘다. 중년에 길하다. 환경이 좋다. 여자는 재액이 많고 행복하기 어렵다.

성 誠
(정성 성 · 金)

精明公正, 智勇雙全, 名利雙收, 中年成功隆昌, 晚年勞神
총명하며 공명정대하다. 지혜와 용기를 겸전하고 명예와 이익을 갖춘다. 중년에 성공번창하나 만년에 마음고생한다.

소 韶
(풍류이름 소 · 金)

帶刀厄刑偶或欠子, 多才有能, 中年勞晚年吉祥
칼부림이 있을 수니 혹 처를 극하고 자손이 부족하다. 재주가 많아 유능하다. 중년에 애쓰나 만년에 길하고 상서롭다.

(달아날 손·金)

奔波勞苦或懷才不遇, 中年多災, 晩年隆昌子孫興旺
파란이 있고 노고하거나 혹 재주 품고도 불우하다. 중년에 재액이 많다. 만년에 번창하고 자손이 번영한다.

(읽을 송·金)

一生淸雅怜悧, 秀氣多才, 中年平凡, 晩年吉祥
일생 청아영리(淸雅怜悧)하다. 기가 빼어나고 재주가 많다. 중년에 평범하고 만년에 길하다.

(끈 수·金)

憂心勞神, 一生勤儉溫和, 中年勞晩年吉祥, 但短壽之字
근심이 많고 힘겹다. 일생 근검하며 온화하다. 중년에 애쓰고 만년에 길하다. 단, 단명의 글자.

(양치질할 수·金水)

口快心直, 刑偶或傷子, 中年吉祥, 晩年勞神, 欠子之字
언변이 좋고 마음이 곧다. 처와 자손을 해친다. 중년에 길하고 상서롭다. 만년에 마음 고생이다. 자손이 부족한 글자.

(목숨 수·金)

環境良好官或財旺, 但身弱多疾, 中年吉, 晩年勞神
환경양호하고 벼슬이 높고 재물이 많다. 단, 몸이 약하고 병이 많다. 중년에 길하나 만년에 마음 고생한다.

(순수할 수·金木)

有愛情煩惱, 或事勞無功, 中年多厄, 晩年吉祥, 子福之字
애정으로 번뇌한다. 혹 일을 애써도 공은 없다. 중년에 재액이 많다. 만년에 길하고 자손이 복이 있다.

(구할 수·金)

淸雅榮貴, 賢能多才, 中年吉祥, 晩年隆昌, 環境良好
청아하고 영귀하다. 어질고 재주가 많다. 중년에 길하고 만년에 번창하니 환경좋다.

(중 승·金)

溫和怜悧, 一生淸雅多才, 中年吉祥, 晚年隆昌
온화하고 영리하다. 일생 청아하고 재주가 많다. 중년에 길하고 만년에 번창하다.

(꾸밀 식·金)

外觀隆昌幸福內心多憂, 或有愛情厄, 晚年吉祥
외관은 번창하고 행복하나 내심은 근심이 많다. 혹 애정액이 있다. 만년에 길하다.

(열매 실·金)

憂心勞神或忌車怕水或犯破相, 中年吉祥, 晚年勞神, 二子之字
마음에 근심하고 힘겹다. 혹 물과 차를 피하라. 혹 파상을 범한다. 중년에 길하고 상서로우나 만년에 마음에 근심한다. 두 아들이 있다.

(어리석을 애·土)

性剛口快, 操守廉正, 智勇雙全, 武官吉官運旺, 福壽興家
성격이 강직하고 언변이 좋다. 분수를 지켜 올바르다. 지혜와 용기를 겸전하니 무관이 길하며 관운이 좋다. 복과 수명으로 집안이 흥한다.

(말할 어·土)

有愛情厄, 淸雅多才, 福祿雙收, 中年吉祥環境良好
애정액이 있다. 청아하고 재주가 많다. 복록을 거둔다. 중년에 길하고 환경이 좋다.

(고기잡이 어·土水火)

一生淸雅怜悧秀氣, 多才福壽雙全, 環境良好
일생 청아하고 영리하며 기가 빼어나다. 재주가 많고 복과 수명이 겸전한다. 환경이 좋다.

획수별 자(字)의 길흉과 운세—14획 431

(더불 여·土)

一生淸雅怜悧, 多才賢能, 中年平凡, 晩年吉祥, 二子吉祥
일생 청아영리하다. 재주가 많고 어질다. 중년에 평범하다.
만년에 길하다. 두 아들이 길하다.

(흐를 연·土水)

一生淸雅多才, 家聲克振, 中年吉祥, 晩年勞神, 二子吉祥
일생 청아하고 재주가 많다. 가문의 명성을 떨친다. 중년에
길하나 만년에 애쓴다. 두 아들이 길하다.

(영화 영·土火木)

吉凶分明, 吉卽淸雅榮貴成功隆昌, 凶卽殺人被殺牢獄
惡死凶亡之字
길흉이 분명하다. 길하면 청아하고 영귀하며 성공번창한
다. 흉하면 살인, 피살, 수감, 비명횡사한다.

(우묵할 와·土水)

性格複雜或刑偶傷子或身弱短壽, 忌車怕水, 晩年吉祥
성격이 복잡하다. 혹 처와 자손을 해친다. 혹 몸이 약하고
단명하다. 차와 물을 조심하라. 만년에 길하고 상서롭다.

(요행 요·土)

勤儉治家, 家聲克振重義信用, 福祿雙收, 刑偶出外之字
근검하여 집안을 다스린다. 가문의 명성을 날리며, 의리를
중시하며 신용이 있다. 복록을 모두 거둔다. 처에게 해가 있
고 외지로 떠날 글자.

(용나무 용·土木)

福祿雙收, 天才聰穎, 榮貴賢能, 中年成功隆昌, 出國之格
복록을 모두 갖춘다. 재주가 많고 총명하고 영귀하다. 중년
에 성공번창한다. 나라를 떠나는 격이다.

(부용 용·土木)

溫和忠厚, 福祿雙收, 一生多才賢能, 中年成功隆昌, 出國之格
온화하고 충성스럽다. 보록을 두루 거둔다. 일생 재주가 많고 어질다. 성공하여 번창한다. 나라를 떠나는 격이다.

(곰 웅·土火)

膽識豊富, 智勇雙全, 中年吉祥晩年隆昌榮貴之字
담력과 학식이 풍부하다. 지혜와 용기를 갖춘다. 중년에 길하고 만년에 번창한다. 영화롭고 귀한 글자.

(삼갈 원·土)

憂心勞神, 一生淸雅多才, 小心愛情厄, 中年勞, 晩年吉祥
마음에 근심하고 힘겹다. 일생 청아하고 재주가 많다. 애정액을 조심하라. 중년에 애쓰나 만년에 길하다.

(멀 원·土)

溫和忠厚, 勤儉治家, 家聲克振, 少年干難, 忌車怕水, 短壽勞神
온화하고 충성되다. 근검하여 집안을 다스리니 가문의 명성을 떨친다. 소년기엔 가난하다. 차와 물을 피하라. 단명하고 마음 고생한다.

(거짓 위·土)

憂心勞神或事勞無功, 中年多災厄, 晩年吉祥有才無運之字
마음에 근심하고 힘겹거나 혹 일에 애써도 공은 없다. 중년에 재액이 많다. 만년에 길하다. 재주가 있으나 운은 없다.

(바 유·土)

精明公正, 克己助人, 官或財旺, 中年成功隆昌出國榮貴之字
총명하며 공명정대하다. 자기보다 남을 돕는다. 벼슬 혹은 재물이 높다. 중년에 성공번창한다. 나라를 떠나면 귀해지는 글자.

(흐를 유·土水)

多才溫和, 淸雅榮貴, 中年吉祥, 晩年隆昌, 出國成功之字
재주가 많고 온화하다. 청아하고 영귀하다. 중년에 길하다.
만년에 번창한다. 나라를 떠나서 성공하는 글자.

育毓
(기를 육·土)

學識淵博, 淸雅榮貴官運旺, 名利雙收, 出國隆昌之字
학식이 넓다. 청아하고 영귀하니 관운이 좋다. 명예와 이익
을 모두 거둔다. 나라를 떠나 번창하는 글자.

(기를 육·土)

學識淵博, 淸雅榮貴官運旺, 名利雙收, 出國隆昌之字
학식이 넓다. 청아하고 영귀하니 관운이 좋다. 명예와 이익
을 모두 거둔다. 나라를 떠나 번창하는 글자.

(은 은·土金)

刑偶傷子, 淸雅多才, 英雄豪爽, 環境良好, 女人愛情厄
或勞之字
처와 자손을 해친다. 청아하고 재주가 많다. 영웅호걸이다.
환경이 좋다. 여자는 애정액이 아니면 고생하는 글자.

(잔물결 의·土水)

秀氣怜悧, 溫和淸雅, 中年吉祥, 晩年隆昌, 賢淑榮幸之字
기가 빼어나고 영리하다. 온화하고 청아하다. 중년에 길하
고 만년에 번창한다. 현숙하고 영화로운 글자.

의疑
(의심할 의·土)

暗淡無光, 命途多舛, 一生多災厄難幸福, 短壽自殺之字
암담하여 빛이 없다. 운명이 어긋나니 일생 재액이 많고 행
복하기 어렵다. 단명하고 자살수의 글자.

(너 이·土)

秀氣英敏, 溫和榮貴, 中年吉祥, 晚年成功隆昌出國官旺之字
기가 빼어나고 영민하다. 온화하고 영귀하다. 중년에 길하다. 만년에 성공번창하니 나라를 떠나며, 관운이 높다.

(홀어미 이·土)

刑偶傷子, 多才賢能, 溫和忠厚, 中年平, 晚年吉祥之字
처와 자손을 해친다. 재주가 많고 어질다. 온화하고 충성스럽다. 중년에 평범하고 만년에 길하다.

(알 인·土)

憂心勞神或病弱短壽, 一生多災厄或有愛情厄, 晚年吉祥
마음에 근심하고 힘겹다. 혹 병약하고 단명한다. 일생 재액이 많거나 혹 애정액이 있다. 만년에 길하다.

(자석 자·金)

多相剋命硬, 少年干難, 中年勞苦, 晚年隆昌, 二子吉祥
상극이 많아도 강한 명이다. 소년기에 가난하고 중년에 고생한다. 만년에 번창한다. 두 아들이 길하다.

(아내 적·金)

剋父命, 少年干難或身瘦多災厄, 中年吉祥欠子環境良好之字
부명을 극한다. 소년기엔 가난하거나 혹 몸이 약하고 재액이 많다. 중년에 길하고 자손이 부족하다. 환경양호하다.

(딸 적·金)

刑偶欠子, 淸雅多才, 福祿雙收, 中年吉祥, 晚年勞神
처에게 해가 있고 자손에게 해가 있다. 청아하고 재주가 많다. 복록을 거둔다. 중년에 길하나 만년에 마음 고생한다.

(저울 전·金)

精明公正, 身瘦多才, 淸雅榮貴, 中年成功隆昌, 環境良好, 出國格
총명하며 공명정대하다. 몸약하고 재주가 많다. 청아하고 영귀하다. 중년에 성공번창하니 환경이 양호하다. 나라를 떠나는 격이다.

(다할 전·金火)

智勇雙全, 通曉大義, 名利永在, 武官大吉, 榮貴安祥
지혜와 용기를 갖춘다. 큰뜻에 통달한다. 명예와 이익이 영원하다. 무관이 대길하다. 영귀하고 편안하다.

(찌 전·金)

外祥內憂或身弱多疾, 中年勞, 晩年吉祥, 有短壽之字
겉은 좋아도 내심 근심이다. 몸이 약하고 병이 많다. 만년에 길하나 단명한다.

(상서 정·金)

淸雅榮貴, 二子吉祥天生聰穎多才, 中年成功, 環境良好
청아하고 귀하다. 두 아들이 길하다. 천성이 총명하고 재주가 많다. 중년에 성공하니 환경양호하다.

(찧을 정·金木)

膽識豊富, 官或財旺, 一生榮貴隆昌, 環境良好, 女人刑夫傷子
담력과 지혜가 풍부하다. 벼슬과 재물이 높다. 일생 영귀하고 번창한다. 환경이 좋다. 여자는 남편을 극하고 자손을 해친다.

제 齊
(가지런할 제·金)

淸雅多才, 學識淵博, 中年吉祥隆昌, 晩年勞神之字
청아하고 재주가 많다. 학식이 해박하다. 중년에 길하고 번창한다. 만년에 마음 고생하는 글자.

제 際 (끝 제·金)

忠厚善良, 謀爲出衆, 中年吉祥, 晩年勞神, 二子之字
충성되고 어질다. 무리를 위해 도모한다. 만년에 마음 고생한다. 두 아들을 둔다.

제 製 (지을 제·金)

刑偶傷子或少樂多憂, 中年勞或潦倒, 晩年吉祥
처와 자손에게 해가 있다. 혹 즐거움은 적고 근심은 많다. 중년에 애쓰거나 혹 망한다. 만년이 길하고 상서롭다.

조 肇 (비롯할 조·金)

精明公正, 忠厚多才淸雅榮貴, 官運旺, 成功隆昌, 名利雙收之字
총명하며 공명정대하다. 충직하고 재주가 많다. 청아하고 귀하다. 관운이 왕성하다. 성공번창하니 명예와 이익을 두루 거둔다.

종 綜 (바디 종·金)

英敏之才, 天生聰穎, 中年成功隆昌, 晩年勞神之字
영민하다. 천성이 총명하다. 중년에 성공번창하나 만년에 마음 고생한다.

종 種 (씨 종·金木)

智勇雙全, 勤儉治家, 中年平凡, 晩年吉祥環境良好
지혜와 용기를 갖춘다. 근검하여 집안을 다스린다. 중년에 평범하다. 만년에 길하고 상서로우니 환경이 좋다.

종 粽 (각서 종·金木)

勤儉治家, 忠厚善良, 中年勞, 晩年吉祥, 環境良好
근검하여 집안을 다스린다. 충후하고 선량하다. 만년에 길하다. 환경양호하다.

(얽을 주·金)

淸雅秀氣, 多才賢淑, 小心愛情煩惱, 中年吉祥晩年勞神
청아하고 기가 빼어나다. 재주가 많고 어질다. 애정으로 인한 번뇌를 조심하라. 중년에 길하고 만년에 마음 고생한다.

(기록할 지·火)

外祥內憂, 福祿雙收, 刑偶傷子, 成功隆昌環境良好
외적으론 상서로우나 내심 근심이다. 복록을 두루 거둔다. 처와 자손에게 해가 있다. 성공번창하고 환경양호하다.

(담글 지·金水)

福祉綿遠, 克己助人, 智勇雙全, 中年吉祥環境良好
복이 유구하니 자기를 이기고 남을 돕는다. 지혜와 용기를 갖춘다. 중년에 길하고 환경이 좋다.

(다할 진·金火)

淸雅怜悧, 刑偶欠子或有愛情煩惱, 再嫁守寡之字
청아하고 영리하다. 처에게 해가 있고 자손이 부족하다. 혹 애정으로 번뇌한다. 재가 혹 과부의 운명이다.

(넉넉할 진·金)

刑偶傷子, 天生聰穎, 中年多勞, 晩年吉祥幸福
처와 자손에게 해가 있다. 천성이 총명하다. 중년에 고생이 많다. 만년에 길하고 행복하다.

(티끌 진·金土)

名利雙收, 理智充足, 中年勞或奔波, 晩年隆昌
명예와 이익을 갖춘다. 이지가 충족하다. 중년에 노고하거나 혹 파란이 있다. 만년엔 번창한다.

淸雅榮貴, 學識淵博, 中年成功隆昌, 出國, 官運旺之字
청아하고 귀하다. 학식이 있고 해박하다. 중년에 성공번창한다. 나라를 떠난다. 관운이 왕성하다.

溫和賢淑, 勤儉治家, 二子吉祥, 中年吉祥, 晩年隆昌
온화하고 현숙하다. 근검하여 집안을 다스린다. 두 아들이 길하다. 중년에 상서로움이 있다. 만년에는 번창한다.

少年干難, 多相剋出外吉祥, 中年勞, 晩年隆昌, 環境良好, 官運旺
소년시절에 가난하다. 상극이 많고 외지로 나가면 길하다. 중년에 애쓰고 만년에 번창하니 환경이 좋고 관운이 왕성하다.

三子命中存, 淸雅多才, 一生中平凡, 晩年隆昌, 保守之字
세 아들이 있을 운명이다. 청아하고 재주가 많다. 일생 평범한 중에 만년에 번창한다. 분수를 지키는 글자.

憂心勞神或刑偶欠子, 出外吉祥, 中年多災, 晩年吉祥
마음에 근심하고 힘겹거나 혹 처에게 해가 있고 자손이 부족하다. 외지로 나가면 길하다. 중년에 재액이 많으나 만년에 길하다.

智勇雙全, 福祿雙收, 中年吉祥, 晩年隆昌, 雙妻之字
지혜와 용기를 갖춘다. 복록이 있다. 중년에 길하다. 만년에 번창한다. 두 처를 두는 글자.

(옥소리 창·金)

天生聰穎, 福祿雙收, 官運旺, 中年成功隆昌, 雙妻之格
천성이 총명하다. 복록을 두루 거둔다. 벼슬이 왕성하다. 중년에 성공번창한다. 두 처를 두는 격이다.

(밝을 창·金)

學識豊富, 淸雅多才, 中年吉祥, 晩年隆昌名利三子之字
학식이 풍부하다. 청아하고 재주가 많다. 중년에 길하다. 만년에 번창하니 명예와 이익이 있고, 세 아들을 둔다.

(통할 창·金火)

一生淸雅榮貴, 天生聰穎, 事業如意, 家聲遠播, 環境良好
일생 청아하고 영귀하다. 천성이 총명하다. 사업이 뜻대로니 가문의 명성이 멀리 퍼진다. 환경양호하다.

(푸를 창·金木)

一生淸雅平凡, 天生聰穎, 福祿雙收, 中年勞晩年吉祥
일생 청아하고 평범하다. 천성이 총명하니 복록을 두루 거둔다. 중년에 애쓰고 만년이 길하다.

(닦을 척·金水木)

溫和賢淑, 淸雅榮貴, 官運旺環境良好, 出國之字
온화하고 어질다. 청아하고 영귀하다. 벼슬이 높고 환경이 좋다. 나라를 떠나는 글자.

(꼭두서니 천·金木)

秀氣多才, 賢能勤儉. 中年吉祥有離亂之厄, 晩年勞神
기가 빼어나고 재주가 많다. 어질고 근검하다. 중년에 길하나 이별의 액이 있다. 만년에는 정신이 수고롭다.

(비 추·金木)

不祥之字, 暗淡無光, 一生潦倒或多災厄或病弱短壽之字
상서롭지 못한 글자. 암담하여 빛이 없다. 일생 망하거나 혹 재액이 많다. 병약하고 단명한 글자.

(쌓을 축·金木)

多才賢能, 淸雅怜悧, 中年勞勤儉治家, 晩年吉祥
재주가 많고 어질다. 청아하고 영리하다. 중년에 애쓰고 부지런히 집안을 다스린다. 만년은 길하고 상서롭다.

(모일 취·金)

憂心勞神或事勞無功, 一生多災厄或多疾, 晩年吉祥
마음에 근심하고 힘겹거나 혹 일을 해도 공은 없다. 일생 재액이 많거나 혹 병도 많다. 만년에 길하다.

(물총새 취·金)

小心愛情厄, 淸秀溫和, 中年多勞, 晩年隆昌幸福之字
애정액을 조심하라. 맑고 온화하나 중년에 고생이 많다. 만년에 번창하니 행복하다.

(일컬을 칭·金木)

一生淸榮多才, 中年多勞, 晩年吉祥, 但勞神之字
일생 청아하고 재주가 많다. 중년에 고생이 많다. 만년에 길하다. 단, 마음 고생하는 글자.

(거짓 탄·火)

出外吉祥, 貴人明現, 中年平凡, 晩年吉祥, 一生淸雅之字
외지로 나가면 길하다. 귀인이 돕는다. 중년에 평범하고 만년에 길하다. 일생 청아한 글자.

탄 嘆
(탄식할 탄·火)

命途多舛, 一生淸雅多才但薄幸多災, 或短壽多災厄之字, 難幸福
운명이 어긋난다. 청아하고 재주가 많다. 단, 행복하기 어렵고 재액이 많다. 혹 단명하고 재액이 많으니 행복하기 어렵다.

태 態
(모양 태·火)

身閒心勞, 或身弱多疾, 中年勞或潦倒, 晩年吉祥
몸은 한가해도 마음은 고생이다. 혹 몸이 약하고 병이 많다. 중년에 애쓰거나 혹 망한다. 만년에 길하다.

포 飽
(배부를 포·水)

重義信用, 勤儉治家, 中年勞或奔波, 晩年吉祥
의리를 중시하여 신용이 있다. 근검하여 가문을 다스린다. 중년에 애쓰거나 혹 파란이다. 만년에 길하고 상서롭다.

표 漂
(떠다닐 표·水)

身健福祿雙收, 少年干難, 中年雖吉祥多災, 晩年隆昌短壽之字
몸 건강하고 복과 록이 가득하다. 소년기에 가난하고 중년엔 비록 길해도 재액이 많다. 만년에 번창하고 단명한다.

하 煆
(클 하·土)

秀氣伶利, 上下和睦, 福祿雙收, 中年吉祥, 出外大吉, 環境良好
기가 빼어나고 영리하다. 상하가 화목하니 복과 록을 모두 거둔다. 중년에 길하니 외지로 나가면 대길하며 환경양호하다.

한 漢
(물이름 한·土水)

義利分明, 榮貴隆昌, 刑偶或欠子, 中年平, 晩年吉祥, 英雄格
의리가 분명하다. 귀하고 번창한다. 처에게 해가 되거나 자손이 부족하다. 중년에 평범하고 만년이 길하다. 영웅격이다.

(재갈 함·土金)

精明公正, 操守廉正, 中年成功隆昌, 名利雙收富貴之字
총명하며 공명정대하다. 분수를 지켜 올바르다. 중년에 성공번창한다. 명예와 이익을 모두 갖추고 부귀한 글자.

(샛문 합·土)

勤儉治家, 忠厚善良, 上下敦睦, 中年吉祥, 環境良好
근검하게 집안을 다스린다. 충성스럽고 어질다. 상하가 화목하다. 중년에 길하다. 환경양호하다.

(붉을 혁·土)

命硬多相剋或身弱多疾, 中年勞, 晩年吉祥
강한 운명이다. 상극이 많다. 혹 몸이 약하고 병이 많다. 중년에 애쓰고 만년에 길하다.

(멀 형·土)

出外吉祥, 小心愛情厄, 多才賢能, 秀氣溫和, 中年勞晩年隆昌
외지로 나가면 길하다. 애정액을 조심하라. 재주가 많고 어질며 기가 빼어나고 온화하다. 중년에 애쓰고 만년에 번창한다.

(물가 호·土水)

口才怜悧, 天生聰穎中年勞, 晩年隆昌, 淸閒之字
언변이 좋고 영리하다. 천성이 총명하다. 중년에 애쓰고 만년에 번창하며 한가롭다.

(물이름 호·土水)

刑偶傷子或性剛果斷, 中年多災厄, 晩年吉祥之字
처와 자손에게 해가 있다. 혹 성격이 강직하고 과감하다. 중년에 재액이 많다. 만년에 길하고 상서로운 글자.

性剛果斷或刑偶傷子, 福祿雙收, 欠仁和, 晩年吉祥
성격이 강직하고 과감하다. 혹 처와 자손에게 해가 있다. 복록을 두루 거둔다. 인화에 흠이 있다. 만년에 길하다.

孤獨格, 兄弟無靠, 出外吉祥, 福祿雙收, 環境良好, 幸福之字
고독하고 형제의 연고가 없다. 외지로 나가면 길하고 복록을 두루 갖춘다. 환경양호하고 행복한 글자.

不祥之字, 多災厄或病弱短壽, 中年困苦, 晩年勞神多災
상서롭지 못한 글자. 재액이 많으니 혹 병약하고 단명한다. 중년에 고생하고 만년에 마음 고생과 재액이 있다.

勤儉賢能, 口才怜悧, 中年吉祥重情失敗, 晩年隆昌
근검하며 어질다. 언변이 좋고 영리하다. 중년에 길하고 정 때문에 실패한다. 만년에 번창한다.

少樂多憂, 晩婚大吉, 早婚半途, 中年勞晩年吉祥
즐거움은 적고 근심은 많다. 만혼이 대길하고 조혼은 요절한다. 중년에 노고하나 만년에 길하다.

天生聰穎, 名利雙收, 秀氣多才, 中年成功隆昌, 榮貴之字
천성이 총명하다. 명예와 이익을 거둔다. 기가 빼어나고 재주가 많다. 중년에 성공번창한다. 영화롭고 귀한 글자.

(기쁠 희·土)

多才溫和, 刑偶傷子, 福祿雙收, 中年隆昌, 環境良好, 短壽之字
재주가 많고 온화하다. 처와 자식에게 해가 있다. 복록을 거두니 중년에 번창한다. 환경양호하다. 단명하는 글자.

(빛날 희·土火)

破相或身弱短壽, 一生淸雅多才, 中年成功隆昌, 晩年安祥
파상 혹은 몸이 약하고 단명한다. 일생 청아하고 재주가 많다. 중년에 성공번창한다. 만년에 편안하다.

15획 양(陽)

(농사 가·木)

福祿雙收, 名利有分, 出外吉祥, 中年隆昌享福之字
복록을 두루 거둔다. 명예와 재물이 있다. 외지로 나가면 길하다. 중년에 번창하고 복록을 누린다.

(값 가·木)

晚婚遲得子大吉, 溫和賢能, 二子吉祥, 中年勞, 晚年吉祥
만혼에 늦자식이 대길하다. 온화하고 어질다. 두 아들이 길하다. 중년에 애쓰나 만년에 길하고 상서롭다.

(수레 가·木火)

多相剋之字, 淸雅多才, 中年勞或奔波, 晚年吉祥
상극이 많은 글자. 청아하고 재주가 많다. 중년에 수고하거나 혹 파란이 있다. 만년에 길하고 상서롭다.

(검소할 검·木)

病疾困苦, 或事勞無功, 肯作肯勞, 勤儉治家, 難幸福之字
병으로 괴롭다. 혹 일은 애써도 공은 없다. 즐겨 일하며 가정을 다스려도 행복하기 어렵다.

(칼 검·木)

性剛果斷, 帶刀厄, 武官吉, 中年勞或奔波, 晚年吉祥有眼疾神經
성격이 강직하고 과감하다. 칼로 인한 재액이 있다. 중년에 애쓰거나 혹 파란이 있다. 만년에 길하나 안질과 신경병이 있다.

결 潔
(깨끗할 결·木水)

憂心勞神或事勞無功, 或有愛情厄, 不幸再嫁, 守寡
마음 고생하고 힘겹거나 혹 일을 애써도 공은 없다. 혹 애정
액이 있다. 불행히 재가 혹은 과부의 운명이다.

경 慶
(경사 경·木)

福祿雙收, 智勇雙全, 出外吉祥, 名利雙收, 一生多才環境
良好
복록을 두루 거둔다. 지혜와 용기를 두루 갖춘다. 외지로 나
가면 길하다. 명예와 재물을 두루 갖춘다. 일생 재주가 많고
환경이 좋다.

경 烱
(빛 경·木火)

智勇雙全, 義利分明, 中年平凡, 晚年吉祥, 二子興旺之字
지혜와 용기를 모두 갖춘다. 의리가 분명하다. 중년에 평범
하고 만년에 길하니 두 아들이 크게 된다.

고 靠
(기댈 고·木)

多才溫和, 淸雅伶利, 中年勞, 晚年吉祥, 福祿雙收之字
재주가 많고 온화하다. 청아하고 영리하다. 중년에 노고하
나 만년에 길하다. 복과 록을 모두 거두는 글자.

공 鞏
(굳을 공·木)

性剛口快, 武官大吉, 刑偶傷子, 中年勞, 晚年吉祥
성격이 강직하고 언변이 좋다. 무관이 대길하다. 중년에 애
쓰나 만년에 길하다.

과 課
(부과할 과·木)

少年干難, 中年平凡, 晚年吉祥隆昌淸雅, 環境良好之字
소년에 가난하다. 중년에 평범하다. 만년에 길하고 번창하
며 청아하다. 환경양호하다.

관 寬
(너그러울 관·木)

淸雅多才, 榮貴隆昌, 中年吉祥, 環境良好, 女人薄幸多災或短壽
청아하고 재주가 많다. 귀하고 번창한다. 중년에 길하고 상서롭고 환경이 좋다. 여자는 행복하기 어렵고 재액이 많거나 혹 단명한다.

광 廣
(넓을 광·木)

刑剋父母, 一生淸雅怜悧, 身弱多才, 中年勞, 晩年吉祥, 敎育界吉
부모를 극한다. 일생 청아하고 영리하다. 몸이 약하고 재주가 많다. 중년에 애쓴다. 만년이 길하고 상서롭다. 교육계가 길하다.

괵 虢
(손톱자국 괵·木)

英敏性剛武官大吉, 淸雅榮貴, 忠厚多才, 出國之格, 榮昌之字
영민하고 성격이 강직하니 무관이 대길하다. 청아하고 영귀하며 충직하고 재주가 많다. 나라를 떠나는 격. 번창하는 글자.

교 嬌
(아리따울 교·木)

有愛情煩惱, 刑偶傷子, 再嫁守寡或病弱短壽, 晩年隆昌
애정으로 번뇌한다. 처와 자손을 해친다. 재가, 과부 혹은 병약, 단명한다. 만년에 번창한다.

구 歐
(토할 구·木)

一生淸雅, 英敏怜悧, 29歲至31歲小心, 晩年吉祥
일생 청아하며 영민하고 영리하다. 29세에서 31세까지 조심하라. 만년에 길하다.

秀氣賢能, 淸雅榮貴, 福祿雙收, 環境良好, 小心愛情厄
기가 빼어나고 어질다. 청아하고 영귀하다. 복록을 두루 거
둔다. 환경이 좋다. 애정액을 조심하라.

潦倒一生或一貧如洗, 一生難幸福, 中年勞, 晚年吉祥
일생 망하거나 혹 가난하기 짝이 없다. 행복하기 어렵다. 중
년에 고생한다. 만년에 길하고 상서롭다.

淸雅榮貴, 勤儉治家, 家聲克振, 二子吉祥, 環境良好
청아하고 영귀하다. 근검하여 가문을 다스리니 집안의 명
성을 떨친다. 두 아들이 귀하고 환경이 좋다.

帶刀厄殺人被殺牢獄之厄, 病弱短壽, 一生不幸之字
칼로 인한 재액이 있다. 살인, 피살, 수감의 액이 있다. 병약
하고 단명한다. 일생 불행한 글자.

智勇雙全, 多才賢能, 中年成功隆昌, 學識淵博, 出國之字
지혜와 용기를 갖춘다. 재주가 많고 어질다. 중년에 성공번
창한다. 학문이 해박하다. 나라를 떠나는 글자.

剋父母命或刑偶欠子, 中年吉祥, 晚年隆昌官旺環境良好
부모를 극하거나 처를 극하고 자식은 부족하다. 중년에 길
하다. 만년에는 번창하니 관운이 좋고 환경양호하다.

(비단,단·火)

多才賢能, 淸雅榮貴, 中年勞, 晩年吉祥, 出外大吉, 女人寡宿
재주가 많고 어질다. 청아하고 영귀하다. 중년에 애쓰고 만년에 길하다. 외지로 나가면 대길하다. 여자는 과부운명이다.

(못 담·火水)

剋偶欠子, 淸雅怜悧, 中年吉祥, 晩年勞神, 淸秀之字
배우자를 극하고 자손이 부족하다. 청아하고 영리하다. 중년에 길하나 만년에 마음 고생한다. 청수한 글자.

(말씀 담·火)

性剛口快, 口才怜悧, 多才淸雅, 中年勞, 晩年吉祥
성격이 강직하고 언변이 좋다. 언변이 좋고 영리하며 재주가 많고 청아하다. 중년에 애쓰고 만년이 길하다.

(큰 덕·火)

多才巧智, 溫和賢能, 中年勞或奔波, 晩年成功隆昌, 環境良好
재주가 많고 지혜롭다. 온화하고 어질다. 중년에 애쓰거나 혹 파란이 있다. 만년엔 성공번창하고 환경이 좋다.

(벼 도·火木)

身瘦多才, 淸雅溫和, 中年勞或奔波, 晩年吉祥
몸약하나 재주가 많다. 청아하고 온화하다. 중년에 애쓰거나 혹 파란이 있다. 만년에 길하고 상서롭다.

(돈대 돈·火土)

出外吉祥或憂心勞神, 刑偶傷子, 中年勞, 晩年吉祥
외지로 나가면 길하나 혹 마음 고생하거나 힘겹다. 처와 자손을 해친다. 중년에 애쓰나 만년에 길하고 상서롭다.

(물 솟을 등·火木)

刑偶傷子, 或有愛情厄, 重情失敗, 晩年吉祥, 晩福之字
처와 자식을 해친다. 혹 애정액이 있으니 정 때문에 실패한다. 만년에 길하고 상서로우니 늦게 복이 있다.

(즐길 락·火木)

英敏多才, 子孫興旺, 名利雙收, 中年吉祥, 晩年隆昌
영민하고 재주가 많다. 자손이 번성한다. 명예와 이익을 두루 거둔다. 중년에 길하고 만년에 번창한다.

(들보 량·火木水)

淸雅怜悧, 多才賢能, 中年吉祥, 晩年隆昌官旺, 欠子之字
청아하고 영리하다. 재주가 많고 어질다. 중년에 길하다. 만년에 번창하고 벼슬이 높다. 자손은 부족하다.

(살필 량·火)

一生保守平凡, 晩婚遲得子大吉, 中年多災晩年吉祥
일생 분수를 지키고 평범하다. 만혼에 늦자식이 길하다. 중년에 재액이 많다. 만년이 길하고 상서롭다.

(생각할 려·火)

一生淸雅怜悧, 多才賢能, 中年勞, 晩年吉祥
일생 청아하고 영리하다. 재주가 많고 어질다. 중년에 애쓰고 만년에 길하다.

(익힐 런·火)

福祿雙收, 克己助人, 安富尊榮隆昌, 女人小心愛情, 環境良好
복록을 두루 거둔다. 자기보다 남을 돕는다. 부귀하고 존귀하니 번창한다. 여자는 애정액을 조심하라. 환경양호하다.

련 蓮 (연련·火)

吉凶分明, 吉卽多才賢能, 出國隆昌. 凶卽刑偶傷子, 病弱短壽
길흉이 분명하다. 길하면 재주가 많고 어질고, 나라를 떠나 번창한다. 흉하면 처와 자손을 해치고, 병약하고 단명한다.

련 璉 (호련련·火)

學識淵博, 福祿雙收, 名利永在, 中年成功, 環境良好, 出國之格
학문이 해박하다. 복록을 두루 거둔다. 명예와 이익이 영원하다. 중년에 성공번창하고 환경양호하다. 나라를 떠나는 격이다.

로 魯 (둔할로·火)

多才賢能, 溫和怜悧, 晚婚遲見子吉, 中年勞, 晚年隆昌, 忌水厄之字
재주가 많고 어질다. 온화하고 영리하다. 만혼에 늦자식이 길하다. 중년에 애쓰고 만년에 번창한다. 물난리를 피하라.

론 論 (논의할론·火)

剋父命, 淸雅多才, 溫和怜悧, 剋偶, 中年勞, 晚年吉祥, 雙妻之格
아버지 운명을 극한다. 청아하고 재주가 많다. 온화하고 영리하다. 배우자를 극한다. 중년에 노고하고 만년에 길하다. 두 처를 두는 격이다.

료 寮 (동관료·火)

天生聰穎, 淸雅多才, 中年勞, 晚年吉祥, 環境良好之字
천성이 총명하고 청아하고 재주가 많다. 중년에 애쓴다. 만년에 길하고 환경양호하다.

(다락 루·火木)

學問豊富, 福祿雙收, 智勇雙全, 武官大吉, 成功隆昌, 興家之字
학문이 풍부하다. 복록을 두루 거둔다. 지혜와 용기가 있다. 무관이 대길하다. 성공번창한다. 가문을 일으키는 글자.

(성 류·火金)

英敏之才, 淸雅怜悧, 二子吉祥, 中年勞晩年吉祥
영민하다. 청아하고 영리하다. 두 아들이 길하다. 중년에 애쓰나 만년에 길하다.

(바퀴 륜·火)

有才能理智, 淸雅怜悧, 中年勞, 晩年吉祥, 女人有愛情厄
재능이 있고 지혜롭다. 청아하고 영리하다. 중년에 애쓴다. 만년에 길하고 상서롭다. 여자는 애정액이 있다.

(유리 리·火)

不祥之字, 多災厄或身弱短壽, 中年多災, 晩年吉祥勞神
상서롭지 못하다. 재액이 많거나 혹 몸이 약하고 단명한다. 중년에 재액이 많다. 만년에 길하나 마음 고생한다.

(밟을 리·火)

英敏佳人, 上下敦睦, 出外吉祥, 中年吉祥, 晩年隆昌環境良好
영민하고 아름답다. 상하가 화목하다. 외지로 나가면 길하고 상서롭다. 중년에 길하고 만년에 번창하니 환경양호하다.

摩
(갈 마·水)

少樂多憂或外祥內苦, 中年多舛, 晩年吉祥但勞神
즐거움은 적고 근심은 많다. 외적으론 상서로우나 내심 고생이다. 중년에 어그러짐이 많다. 만년엔 길하나 마음 고생한다.

(덩굴 만·水木)

秀氣溫和, 多才賢淑, 中年吉祥, 晚年隆昌, 榮貴幸福, 出國之字
기가 빼어나고 온화하다. 재주가 많고 어질다. 중년에 길하다. 만년에 번창하고 영귀하고 행복하다. 나라를 떠나는 글자.

(팔 매·水)

刑偶傷子或憂心勞神, 中年多災厄, 晚年子福二子吉祥
처와 자손을 해치거나 혹 마음 고생으로 힘겹다. 중년에 재액이 많다. 만년에 자식복이 있으니 두 아들이 길하다.

(눈감을 명·水)

憂心勞神或事勞無功, 一生多災厄或短壽, 不祥之字
마음에 근심하여 힘겹거나 애써 일해도 공이 없다. 일생 재액이 많거나 단명한다. 상서롭지 못한 글자.

(법 모·水木火)

淸雅榮貴, 多才賢能, 中年成功隆昌, 晚年環境良好, 出國或醫界之字
청아하고 귀하다. 재주가 많고 어질다. 중년엔 성공번창한다. 만년엔 환경양호하다. 나라를 떠나거나 혹 의료계가 길한 글자.

(사모할 모·水木火)

性剛果斷或牢獄之厄多災厄, 中年勞苦, 晚年吉祥
성격이 강직하고 과감하다. 혹 수감액이나 재액이 많다. 중년에 노고한다. 만년에 길하고 상서롭다.

모 暮
(저물 모·水木火)

晚婚遲得子吉, 一生多疾或刑偶傷子, 晚年吉祥
만혼에 늦자식이 길하다. 일생 병이 많거나 혹 처와 자손을 해친다. 만년이 길하고 상서롭다.

묘 廟 (사당 묘·水)
淸雅榮貴, 福祿雙收, 中年勞, 晚年吉祥
청아하고 귀하다. 복록을 두루 거둔다. 중년에 애쓰고 만년에 길하다.

묵 墨 (먹 묵·水火土)
憂心勞神或懷才不遇, 中年勞或潦倒, 晚年吉祥
마음에 근심하고 힘겹거나 혹 재주를 품고도 불우하다. 중년에 애쓰거나 혹 망한다. 만년에 길하고 상서롭다.

반 磐 (반석 반·水)
多相剋, 一生淸雅平凡, 晚婚吉早婚欠子, 晚年吉祥
상극이 많다. 일생 청아하고 평범하다. 만혼이 길하고 조혼이면 자손이 부족하다. 만년에 길하고 상서롭다.

반 盤 (쟁반 반·水)
身瘦恰俐, 帶血字刑, 剋父母, 中年吉祥, 晚年勞神, 長壽之字
몸이 약하고 영리하다. 혈자가 같이 있으면 부모를 극한다. 중년에 길하고 만년에 마음 고생한다. 장수하는 글자.

배 輩 (무리 배·水)
憂心勞神, 性剛果斷, 中年多災厄, 晚年吉祥子孫興旺
마음에 근심하여 힘겹다. 성격이 강직하고 결단력이 있다. 중년에 재액이 많다. 만년에 길하고 자손이 번성한다.

배 賠 (배상할 배·水)
福祿雙收, 智勇雙全, 中年成功隆昌, 環境良好, 榮貴之字
복록을 거둔다. 지혜와 용기를 두루 갖춘다. 중년에 성공번창한다. 환경양호하다. 영화롭고 귀한 글자.

(넋 백·水)

不祥之字, 多災厄, 一貧如洗或病弱短壽, 抱恨九泉, 不幸之字
상서롭지 못하다. 재액이 많고 썻은 듯이 가난하거나 혹 병약하고 단명한다. 구천에 한을 품게 된다. 불행한 글자.

(법 범·水木)

膽識豊富, 多才賢能, 中年勞, 出外吉祥, 晩年昌盛之字
담력과 지식이 풍부하다. 재주가 많고 어질다. 중년에 애쓴다. 외지로 나가면 길하다. 만년에 번창하는 글자.

(궁벽할 벽·水)

憂心勞神或事勞無功, 一生命途多舛或病弱短壽之字
마음에 근심하거나 혹 일을 애써도 공이 없다. 일생 운명이 어그러지거나 병약하고 단명한다.

(빼갤 벽·水)

帶刀厄, 不祥之字, 一貧如洗或病弱短壽多災厄, 但有出國之格
칼로 인한 액이 있어 상서롭지 못하다. 일생 썻은 듯이 가난 하거나 혹 병약하고 단명한다. 재액이 많다. 나라를 떠나는 격.

(박쥐 복·水)

刑剋父母, 憂心勞神或一貧如洗, 或刑偶傷子多災厄之字
부모를 형극한다. 마음에 근심하여 힘겹거나 썻은 듯 가난하다. 혹 처와 자식을 해치고 재액이 많다.

봉鋒
(칼날 봉·水金)

官或財旺, 出外貴人明現, 清雅榮貴, 安富尊榮之字
벼슬 혹은 재물이 왕성하다. 외지로 나가면 귀인이 돕는다. 청아하고 귀하다. 부귀하고 영화로운 글자.

(뜸 봉·水)

淸雅榮貴, 出外吉祥, 中年勞晩年吉祥, 出國之格, 官旺之字
청아하고 귀하다. 외지로 나가면 길하다. 중년에 애쓰나 만년이 길하다. 나라를 떠나는 격이다. 벼슬이 높은 글자.

(숙일 부·水)

學識淵博, 理智充足, 中年成功隆昌, 出國之字, 二子吉祥
학식이 넓으니 이지가 충족하다. 중년에 성공하여 번창한다. 나라를 떠나는 글자. 두 아들이 길하다.

(세금거둘 부·水)

多愁多勞, 命途多舛或身弱短壽, 忌車怕水, 孑然一身之字
근심이 많고 고생이 많다. 운명이 어긋난다. 혹 몸이 약하고 단명한다. 차와 물을 조심하라. 일신이 항상 외로운 글자.

(펼 부·水)

出外吉祥, 一生淸雅平凡, 中年多災厄, 晩年吉祥
외지로 나가면 길하다. 일생 청아하고 평범하다. 중년에 재액이 많다. 만년에 길하고 상서롭다.

(분할 분·水)

二子吉祥, 性剛果斷或身弱短壽, 中年吉祥, 晩年多疾, 平凡之字
두 아들이 길하다. 성격이 강직하고 과감하다. 혹 몸이 약하고 단명한다. 중년에 길하나 만년에 병이 많다. 평범한 글자.

사 賜
(줄 사·金)

多刑剋或破相或身多疾, 短壽, 孤子無妨, 中年吉祥小心災厄, 短壽之字
형극이 많고 혹 파상 혹 몸에 질병이 많다. 단명하고 자손은 외롭고 거리낌 없다. 중년에 길하고 상서로우나 재액을 조심하라. 단명하는 글자.

상箱 (상자 상·金木)
小心愛情厄, 一生淸雅溫和, 中年吉祥, 晩年勞神, 不幸之字
애정액을 조심하라. 일생 청아하고 온화하다. 중년이 길하다. 만년에 마음 고생한다. 행복하지 못한 글자.

상賞 (상줄 상·金)
義利分明, 名利雙收, 二子吉祥, 中年吉祥晩年隆昌
의리가 분명하다. 명예와 재물을 거둔다. 두 아들이 길하다. 중년에 길하고 만년에 번창하다.

서緖 (실마리 서·金)
智勇雙全, 淸雅多才, 晩婚遲得子吉, 中年勞, 晩年吉祥
지혜와 용기를 갖춘다. 청아하고 재주가 많다. 만혼에 늦자식을 두는 것이길하다. 중년에 애쓰나 만년에 길하고 상서롭다.

서鋤 (호미 서·金)
刑偶傷子, 多才賢能, 中年勞或奔波, 晩年吉祥
처와 자손에게 해롭다. 재주가 많고 어질다. 중년에 노고 혹은 분파를 겪는다. 만년에는 길하고 상서롭다.

석奭 (클 석·金)
忍耐力强, 多才賢能, 中年吉祥, 二子淸吉晩年隆昌
인내력이 강하다. 재주가 많고 어질다. 중년에 길하다. 두 아들이 길하다. 만년에 번창한다.

선線 (줄 선·金水)
一生淸雅多才, 良善積德忠厚溫和, 中年吉祥, 女人身弱短壽
일생 청아하고 재주가 많으며, 선량하여 덕을 쌓고 온화하다. 중년에 길하다. 여자는 몸이 약하고 단명한다.

(고울 선·金)

秀氣多才, 福祿雙收, 名利永在, 中年成功隆昌, 環境良好
기가 빼어나고 재주가 많다. 복록을 두루 거둔다. 명예와 이익이 영원하다. 중년에 성공번창하니 환경양호하다.

선 筅
(솔 선·金水木)

剋父命或刑偶傷子, 福祿雙收, 出外吉祥, 中年勞, 晚年吉祥
아버지를 극하거나 처와 자손을 해친다. 복과 록을 모두 거둔다. 외지로 나가면 길하다. 중년에 노고하나 만년에 길하고 상서롭다.

(옥이름 선·金)

出外吉祥, 小心愛情厄, 早婚不和, 中年勞, 晚年成功隆昌
외지로 나가면 길하다. 애정액을 조심하라. 조혼은 화목하지 못하다. 중년에 애쓰고 만년에 성공번창한다.

(녹슬 수·金)

小心愛情煩惱, 一生淸秀多才, 或刑偶欠子, 晚年吉祥
애정번뇌를 조심하라. 일생 청수하며 재주가 많다. 혹 처를 해치고 자식은 적다. 만년은 길하고 상서롭다.

수 豎
(세울 수·金)

多才巧智, 淸雅榮貴, 中年成功隆昌官運旺, 環境良好
재주가 많고 지혜롭다. 청아하며 영귀하다. 중년에 성공하여 번창하니 관운이 좋다. 환경양호하다.

(셈 수·金)

有愛情厄或身弱短壽, 出外吉祥, 中年勞, 晚年隆昌, 男人多才賢能
애정액이 있고 혹 몸이 약하고 단명한다. 외지로 나가면 길하다. 중년에 애쓰나 만년에 번창한다. 남자는 재주가 많고 어질다.

(익을 숙·金火)

一貧如洗, 欠子多災, 中年平, 晚年勞神, 多病困苦之字
일생 씻은 듯이 가난하다. 자손이 부족하고 재액이 많다. 중년은 평이하나 만년에 마음 고생한다. 병이 많고 고생한다.

(진할 순·金)

天生聰穎, 理智充足, 淸雅多才, 中年吉祥, 晚年隆昌
천성이 총명하며 이지가 충족하다. 청아하고 재주가 많으니 중년에 길하며 만년에 번창한다.

(거듭이를 순·金)

晚婚遲得子吉, 刑偶傷子, 中年勞, 晚年吉祥
만혼에 늦게 자손을 봄이 귀하다. 처와 자손에게 해가 있다. 중년에 애쓰나 만년에 길하고 상서롭다.

(좀먹을 식·金)

秀氣榮幸, 溫和忠厚, 中年多災或勞, 晚年吉祥
기가 빼어나고 영화롭다. 온화하고 충성스럽다. 재액이 많고 혹 고생한다. 만년에 길하다.

(살필 심·金)

福祿雙收, 一生淸雅怜悧, 中年勞, 晚年吉祥勞神之字
복록을 두루 거둔다. 일생 청아하고 영리하다. 중년에 애쓴다. 만년에 길하나 마음 고생한다.

(풍류 악·土木)

英敏多才, 子孫興旺, 名利雙收, 中年吉祥, 晚年隆昌
영민하고 재주가 많다. 자손이 번성한다. 명예와 이익을 두루 거둔다. 중년에 길하고 만년에 번창한다.

鞍
(안장 안·土)

晚婚遲得子吉, 多才機敏, 中年勞, 晚年吉祥
만혼에 늦자식을 두면 길하다. 재주가 많고 기민하다. 중년에 애쓰고 만년에 길하다.

(콧대 알·土)

事業隆昌, 克己助人, 中年成功隆昌環境良好之字
사업이 번창한다. 자신보다 남을 돕는다. 중년에 성공하여 번창하니 환경이 좋다.

(훨 애·土)

多才巧智, 多才賢能, 官運旺, 中年成功隆昌, 出國之字
재주가 많고 지혜로우며 어질다. 관운이 왕성하다. 중년에 성공하여 번창한다. 나라를 떠나는 글자.

(모양 양·土木)

性剛口快, 少年干難, 中年勞, 晚年吉祥, 出外吉祥
성격이 강직하고 언변이 좋다. 소년기에 가난하고 중년에 애쓴다. 만년엔 길하고 상서롭다. 외지로 나가면 길하다.

(기를 양·土)

忠厚良善, 義利分明, 福祿綿長, 勤儉治家, 環境良好, 子孫興旺
충후하고 어질다. 의리가 분명하다. 복록이 면면하다. 근검하여 가문을 다스리니 환경양호하다. 자손이 번성한다.

(억 억·土)

淸雅平凡, 保守之格, 刑偶或欠子, 中年吉祥, 晚年隆昌, 短壽之字
청아하나 평범하다. 분수를 지키는 격. 처를 해치거나 자손이 부족하다. 중년에 길하고 만년에 번창한다. 단명하는 글자.

(볼 열·土)

勤儉肯作肯勞, 重信用, 刑偶傷子, 中年勞, 晚年吉祥
근검하여 기꺼이 일을 한다. 신용을 중시한다. 처와 자손에게 해가 있다. 중년에 노고하나 만년에 길하고 상서롭다.

(더울 열·土火)

一貧如洗, 或身弱多厄, 刑偶傷子, 中年吉祥, 晚年勞神多疾
씻은 듯이 가난하다. 혹 몸이 약하고 액이 많다. 처와 자손에게 해가 있다. 중년에 길하나 만년에 애쓰니 마음 고생하고 병이 많다.

(물이름 영·土水)

多才賢能, 清雅伶利, 中年勞, 晚年吉祥隆昌, 女人不幸之字
재주가 많고 어질다. 청아하고 영리하다. 중년에 노고한다. 만년에 길하고 번창한다. 여자는 불행한 글자.

(그림자 영·土)

義利分明, 清雅多才, 中年吉祥, 晚年隆昌榮貴之字
의리가 분명하다. 청아하고 영리하다. 재주가 많다. 중년에 길하고 상서롭다. 만년에 번창한다. 영화롭고 귀한 글자.

(날카로울 예·土金)

刑偶傷子, 清雅怜悧, 中年勞, 晚年吉祥, 小心愛情煩惱
처와 자손을 해친다. 청아하고 영리하다. 중년에 애쓰나 만년이 길하다. 애정으로 번뇌가 있으니 조심하라.

(느릴 완·土)

清雅秀氣, 小心愛情厄, 中年勞, 晚年吉祥, 出外隆昌
청아하고 기가 빼어나다. 애정액을 조심하라. 중년에 애쓰나 만년에 길하다. 외지로 나가면 번창한다.

(물줄 요·土水)

刑偶傷子, 或剋父命, 出外吉祥, 中年平晚年隆昌, 官旺之字
처와 자손을 해친다. 혹 아버지를 극한다. 외지로 나가면 길하다. 중년에 평범하고 만년에 번창한다. 관운이 좋은 글자.

(좋아할 요·土木)

英敏多才, 子孫興旺, 名利雙收, 中年吉祥, 晩年隆昌
영민하고 재주가 많다. 자손이 번성한다. 명예와 이익을 두루 거둔다. 중년에 길하고 만년에 번창한다.

(근심 우·土)

不祥之字, 憂心勞神或事勞無功, 出外吉祥, 一貧如洗困苦一生
상서롭지 못하다. 마음에 근심하고 힘겹다. 혹 일은 고되도 공은 없다. 외지로 나가면 길하다. 일생 씻은 듯이 가난하여 고생한다.

(긴팔원숭이 원·土)

出外吉祥, 晩婚遲得子吉, 中年勞肯忍耐, 晩年隆昌
외지로 나가면 길하다. 만혼에 늦게 자식을 둠이 길하다. 중년에 노고하나 기꺼이 인내한다. 만년에 번창한다.

(위로할 위·土)

智勇雙全, 淸雅榮貴, 中年內心多憂, 晩年吉祥勞神之字
지혜와 용기를 겸전한다. 청아하고 영귀하다. 중년에 내심 걱정이 많다. 만년에는 길하고 상서로우나 마음 고생한다.

(윤택할 윤·土水)

福祿雙收, 福壽興家, 環境良好, 安富尊榮之字
복록을 두루 갖추니 복과 수명이 집안에 가득하다. 환경이 좋고 편안하며 부귀하는 글자.

(거동 의·土)

忠厚良善, 勤儉怜悧, 名利雙收, 淸雅榮貴, 富貴之字
충성스럽고 어질다. 근검하며 영리하다. 명예와 재물을 얻는다. 청아부귀한 글자.

(굳셀 의·土)

學識淵博, 淸雅榮貴, 出外大吉, 出國之格, 多才賢能之字
학식이 높고 해박하다. 청아하고 귀하다. 외지로 나가면 대길하다. 나라를 떠나는 격이다. 재주가 많고 어질다.

(옳을 의·土)

溫和多才, 賢能勤儉, 官或財旺, 中年成功隆昌之字
온화하고 재주가 많다. 어질고 근검하여 벼슬 혹은 재물이 왕성하다. 중년에 성공번창한다.

(잠깐 잠·金火)

晩婚遲得子吉, 早婚, 半途或欠子, 中年勞晩年子福吉祥
만혼에 늦자식을 얻는 것이 길하다. 조혼이면 운명이 바뀌거나 혹 자손이 부족하다. 중년에 애쓰다. 만년에 자식복이 있고 길하다.

(도울 장·金)

有愛情厄, 或奔波勞苦, 中年多勞, 晩年吉祥
애정액이 있다. 혹 파란과 노고한다. 중년에 고생이 많으나 만년에 길하다.

(녹나무 장·金木)

忠厚善良, 勤儉治家, 一生中年多勞或奔波, 晩年吉祥
충후하며 어질다. 근검하여 가문을 일으킨다. 일생동안 중년엔 고생이 많고 혹 파란있으나 만년엔 길하고 상서롭다.

(홀 장·金)

福祿雙收, 理智充足, 吉凶分明, 吉卽環境良好隆昌, 凶卽短壽多災
복록을 두루 거둔다. 이지가 충족한다. 길흉이 분명하니 길하면 환경양호하고 번창한다. 흉하면 단명하고 재액이 많다.

(가죽나무 저·金木)

刑剋父母, 憂心勞神或身弱多疾, 中年多災厄, 晚年吉祥
부모를 형극한다. 마음에 근심하거나 몸이 약하고 병이 많다. 중년에 재액이 많으나 만년에 길하다.

(대적할 적·金)

憂心勞神或事勞無功, 中年多災厄, 晚年吉祥, 但勞神多疾
마음 고생하고 힘겹거나 혹 일을 해도 공은 없다. 중년에 재액이 많다. 만년이 길하다. 단, 마음 고생하고 병이 많다.

(맞을 적·金)

刑偶欠子或身弱多疾, 出外吉祥, 中年隆昌, 晚年勞神
처에게 해가 있고 자손이 부족하다. 혹 몸이 약하고 병이 많다. 외지로 나가면 길하다. 중년에 번창하고 만년에 마음 고생한다.

(화살 전·金木)

多相剋, 中年奔波勞苦多災厄, 晚年吉祥, 工程技術吉
상극이 많다. 파란과 노고가 있고 재액이 많다. 만년에 길하다. 기술공정이 길하다.

(마디 절·金木)

身弱短壽, 二子吉祥, 中年吉祥, 晚年勞神多厄, 清雅多才之字
몸이 약하고 단명한다. 두 아들이 길하다. 만년에 마음 고생하고 액이 많다. 청아하고 재주가 많은 글자.

(나비 접·金木)

有愛情厄或刑偶傷子, 秀氣怜悧, 中年吉祥, 晚年勞神
애정액 혹은 처와 자손에게 해가 있다. 기가 빼어나고 영리하다. 중년에 길하고 상서롭다. 만년에 마음 고생한다.

(단장할 정·金)

多才賢能, 勤儉治家, 但言多必失, 中年吉祥晚年隆昌
재주가 많고 어질다. 근검하여 집안을 다스린다. 단, 말이 많으면 반드시 실수한다. 중년에 길하고 만년에 번창한다.

정 霆
(우뢰 정·金水)

智勇雙全, 精明公正, 出外吉祥, 官運旺, 中年成功隆昌
지혜와 용기를 갖춘다. 총명하며 공명정대하다. 외지로 나가 길하다. 관운이 높으니 중년에 성공하여 번창한다.

제 緹
(붉을 제·金火)

晚婚遲得子大吉, 出外吉祥, 中年平, 晚年吉祥, 女人小心愛情厄
만혼에 늦은 자식을 봄이 대길하다. 외지로 나가면 길하다. 중년에 평범하다. 만년에 길하다. 여자는 애정액을 조심하라.

(조수 조·金水)

多才巧智, 清雅怜悧, 中年勞或刑偶, 晚年吉祥隆昌
재주가 많고 지혜롭다. 청아하고 영리하다. 중년에 힘겹거나 혹 처를 해친다. 만년에 길하고 번창한다.

(구유 조, 술통 조, 물통 조·金木)

外祥內憂, 刑偶傷子, 或有愛情厄, 中年勞, 晚年吉祥
겉으면 좋으나 안으로 근심한다. 처와 자식을 해친다. 또는 애정액이 있다. 중년에 노고하나 만년에 길하고 상서롭다.

조 調
(고를 조·金)

福祿雙收, 重義信用, 多才怜悧, 中年吉祥, 環境良好, 女人刑夫
복록을 두루 거둔다. 의리를 중시하여 신용이 있다. 재주가 많고 영리하다. 중년이 길하고 상서로우며 환경이 좋다. 여자는 남편을 극한다.

(적실 주·金水)

淸雅多才, 上下敦睦, 勤儉忠厚, 白手成家, 成功隆昌之字
청아하고 재주가 많다. 상하가 화목하다. 근검하고 충직하다. 빈손으로 가문을 이룬다. 성공하여 번창하는 글자.

(머무를 주·金)

義利分明, 智勇雙全但刑偶或傷子, 中年吉祥, 晩年隆昌
의리가 분명하다. 지혜와 용기를 두루 갖춘다. 단, 처와 자손에게 해가 있다. 중년에 길하고 만년이 번창한다.

(더할 증·金土火)

福祿雙收, 名利有分, 中年吉祥, 晩年隆昌, 榮貴之字
복록을 두루 거둔다. 명예와 재물에 분수가 있다. 중년에 길하고 상서롭다. 만년이 번창하니 영화고 귀한 글자이다.

(진동할 진·金)

勤儉建業, 家聲克振, 智勇雙全, 武官吉, 中年吉祥有災厄小心
근검하여 일을 세우니 가문의 명성을 떨친다. 지혜와 용기를 갖추니 무관이 길하다. 중년에 길하나 재액이 있으니 조심하라.

(바탕 질·金)

秀氣多才, 溫和賢淑, 二子吉祥, 剋母命, 中年吉祥隆昌
기가 빼어나고 재주가 많다. 온화하고 어질다. 두 아들이 길하다. 어머니를 극한다. 중년이 길하고 번창한다.

(맑을 징·金水土)

福祿雙收, 出外大吉, 秀氣多才, 中年成功隆昌榮貴, 出國之格
복과 록을 모두 거둔다. 외지로 나가면 대길하다. 기가 빼어나고 재주가 많다. 중년에 성공번창하니 영귀하다. 나라를 떠나는 격.

(맑을 징·金水)

多才賢能, 英敏怜俐, 中年平晚年吉祥, 環境良好昌榮之字
재주가 많고 어질다. 영민하고 영리하다. 중년에 평범하고 만년에 길하다. 환경양호하고 번영하는 글자.

(부를 징·金)

學問豊富, 名利雙收, 淸雅榮貴, 出國之字, 子孫興旺
학문이 풍부하고 명예와 이익을 두루 거둔다. 청아하고 귀하다. 나라를 떠난다. 자손이 번성한다.

(갈 차·金)

父母無緣, 兄弟無靠, 中年多災厄或潦倒, 晚年吉祥
부모와 인연이 없고, 형제의 도움을 받지 못한다. 중년에 재액이 많거나 영락한다. 만년에는 길하고 상서롭다.

(밟을 천·金)

智勇雙全, 溫和精誠, 忌車怕水, 中年有災, 晚年吉祥
지혜와 용기를 모두 갖춘다. 온화하고 정성스럽다. 차와 물을 피하라. 중년에 재액이 있으나 만년에 길하고 상서롭다.

(옮길 천·金)

刑偶傷子, 淸雅多才, 中年潦倒或困苦, 晚年吉祥, 出外吉祥
처와 자손에게 해가 있다. 청아하고 재주가 많다. 중년에 망하거나 혹 고생한다. 만년에 길하고 상서롭다. 외지로 나가면 길하다.

(뚫을 철·金)

出外吉祥, 淸雅多才, 中年勞或奔波, 晚年吉祥, 環境良好
외지로 나가면 길하다. 청아하고 재주가 많다. 중년엔 애쓰거나 혹 파란이 있다. 만년엔 길하고 환경이 좋다.

청 請 (청할 청·金)

清雅溫和, 怜悧多才, 中年平凡, 晚年隆昌, 環境良好
청아하고 온화하다. 영리하며 재주가 많다. 중년에 평범하다. 만년에 번창하고 환경이 좋다.

체 締 (맺을 체·金)

一生淸雅, 秀氣伶利多才, 福祿雙收, 名利有分, 淸貴之字
일생 청아하다. 기가 빼어나고 영리하며 재주가 많다. 복과 록을 두루 거두니 명예와 이익에 분수가 있다. 맑고 귀하다.

촬 撮 (모을 촬·金火)

刑尅父母或刑偶傷子, 出外吉祥, 中年勞苦, 晚年吉祥, 忌水厄之字
부모를 극하고 혹 처와 자손에게 해가 있다. 외지로 나가면 길하다. 중년에 고생하나 만년에 길하다. 물난리를 피하라.

추 樞 (지도리 추·金木)

三子命中存, 淸雅多才, 福祿雙收, 名利有分, 成功隆昌
세 아들이 명중에 있다. 청아하고 재주가 많으며 복록을 갖춘다. 명예와 재물이 있어 성공번창한다.

충 衝 (찌를 충·金)

性剛果斷或刑偶傷子, 忌車怕水, 中年多厄, 晚年吉祥
성격이 과감하거나 혹 처와 자손을 해친다. 차와 물을 피하라. 중년에 재액이 많고 만년에 길하다.

취 趣 (주창할 취·金)

刑偶傷子, 出外吉祥, 中年勞晚年隆昌, 女人再嫁守寡之字
처와 자손을 극한다. 외지로 나가면 길하다. 중년에 애쓰나 만년에 번창한다. 여자는 재가 혹은 과부가 되는 글자다.

(층 층 · 金)

英雄格, 秀氣怜悧, 一生多災厄, 晩婚吉祥, 晩年子福之字
영웅격이다. 기가 빼어나고 영리하다. 일생 재액이 많다. 만혼이 길하고 상서롭다. 만년에 자식이 복된 글자.

(기 치 · 金)

有愛情厄小心, 忌車怕水, 晩婚遲得子吉, 晩年吉祥
애정난을 조심하라. 차와 물을 피하라. 만혼에 늦자식을 얻는 것이 길하다. 만년에 길하고 상서롭다.

(총알 탄 · 火)

性剛果斷, 一生多災, 身弱勞苦, 雖有才能難幸福
성격이 강직하다. 일생 재액이 많다. 몸이 약하고 노고한다. 비록 재능은 있으나 행복하기 어렵다.

(탄식할 탄 · 火)

不祥之字, 憂心勞神或事勞無功或身弱短壽或不幸短壽
상서롭지 못하다. 마음 고생하고 힘겹다. 혹 일은 애써도 공은 없다. 혹 몸이 약하고 단명한다. 혹 불행하고 단명한다.

(엮을 편 · 水)

秀氣英敏, 多才賢能, 中年勞或潦倒, 晩年吉祥
기가 빼어나고 영민하다. 재주가 많고 어질다. 중년에 힘겹거나 혹 망한다. 만년이 길하고 상서롭다.

(훌쩍날 편 · 水)

忌車怕水, 淸雅多才, 中年勞或剋偶傷子, 晩年吉祥
차와 물을 피하라. 청아하고 재주가 많다. 중년에 애쓰거나 혹 처와 자손에게 해가 있다. 만년이 길하다.

(책 편 · 水木)

天生聰穎, 秀氣巧妙, 中年勞或潦倒, 晩年吉祥之字
천성이 총명하다. 기가 빼어나고 지혜롭다. 중년에 애쓰거나 혹 망한다. 만년에 길하고 상서로운 글자.

(폐백 폐·水)

不祥之字, 多災厄難幸福或一貧如洗, 病弱短壽之字
상서롭지 못한 글자. 재액이 많고 행복하기 어렵다. 너무 가난하다. 병약하고 단명하는 글자.

麃
(고라니 포·水火)

溫和賢能, 事業如意, 中年吉祥, 晩年隆昌, 環境良好之字
온화하고 어질다. 사업이 뜻대로니 중년에 길하고 만년에 번창한다. 환경양호한 글자.

暴
(사나울 폭·水火)

性剛口快, 多才怜悧, 中年多災厄, 晩年吉祥
성격강직하고 언변이 좋다. 재주가 많고 영리하다. 중년에 재액이 많다. 만년에 길하고 상서롭다.

標
(표할 표·水木)

一生淸雅多才, 天生聰穎, 多子之格, 但剋偶傷子之字, 雙妻之格, 短壽
일생 청아하고 재주가 많다. 천성이 총명하며 자손도 많다. 단, 처와 자손에게 해가 있다. 두 처를 둔다. 단명한다.

熛
(불똥 표·水火)

一生淸雅榮幸, 刑偶欠子, 中年勞或潦倒, 晩年吉祥環境良好
일생 청아하고 영귀하며 행복하다. 처를 극하고 자식은 적다. 중년에 노고하거나 영락한다. 만년에 길하고 상서로우니 환경이 좋다.

(굳셀 표·水火)

溫和賢能, 事業如意, 中年吉祥, 晩年隆昌, 環境良好之字
온화하고 어질다. 사업이 뜻대로니 중년에 길하고 만년에 번창한다. 환경양호한 글자.

(청개구리 하·土)

秀氣怜悧, 溫和賢淑, 出外吉祥, 中年平, 晚年隆昌
기가 빼어나고 영리하다. 온화하고 어질다. 외지로 나가면 길하다. 중년에 평범하고 만년에 번창한다.

하 嫺
(아담할 한, 단아할 한·土)

秀氣巧妙, 天性聰穎, 中年成功隆昌, 出國榮貴之字
기가 빼어나고 지혜롭다. 천성이 총명하다. 중년에 성공하여 번창한다. 나라를 떠나 영화롭고 귀해지는 글자.

(아담할 한, 우아할 한·土木)

秀氣溫和, 勤儉治家, 中年吉祥, 晚年隆昌, 出國淸榮之字
기가 빼어나고 온화하다. 근검하여 집안을 다스린다. 중년에 길하고 만년에 번창한다. 나라를 떠나 영화로운 글자.

(봉할 함·土)

剋父或刑偶欠子, 勤儉治家; 小康安祥, 晚年勞神多疾
아버지를 극하거나 혹 배우자에게 해가 있고 자손이 부족하다. 근검하여 가문을 다스린다. 편안함은 적다. 만년에 마음 고생으로 애쓰고 병이 많다.

(어질 현·土)

天生聰穎, 一生安穩隆昌, 中年平凡, 晚年隆昌, 二子吉祥
천성이 총명하다. 일생 편안하고 번창한다. 중년에 평범하고 만년에 융창한다. 두 아들이 길하다.

형 瑩
(맑을 형·土火)

名利雙收, 智勇雙全, 中年成功隆昌, 出國之字
명예와 이익을 두루 갖춘다. 지혜와 용기를 모두 갖춘다. 중년에 성공번창한다. 나라를 떠나는 글자.

(지혜 혜·土)

聰明怜悧, 淸雅溫和, 中年勞或愛情厄, 晩年吉祥
총명하고 영리하다. 청아하고 온화하다. 중년에 애쓰거나 혹 애정액이 있다. 만년에 길하다.

호 糊
(풀 호·土木)

智勇雙全, 克己助人, 中年吉祥, 晩年勞神之字
지혜와 용기를 갖춘다. 자기보다 남을 돕는다. 중년이 길하고 상서로우나 만년에 마음 고생하는 글자.

호 蝴
(나비 호·土)

秀氣怜悧, 多才賢能, 刑偶傷子, 中年隆昌, 晩年勞神
기가 빼어나고 영리하다. 재주가 많고 어질다. 처와 자손을 해친다. 중년에 번창하나 만년엔 마음 고생한다.

확 確
(확실할 확·土)

憂心勞神, 淸雅秀氣, 中年多災厄或不幸, 晩年子福吉祥
마음에 고생하고 힘겹다. 청아하고 기가 빼어나다. 중년에 재액이 많거나 혹 불행하다. 만년에 자식복이 있고 길하다.

(못 황·土水)

剋父命, 一生身瘦多才, 賢能溫和, 中年吉祥, 晩年隆昌
아버지를 극하고 일생 몸마르나 재주는 많다. 어질고 온화하다. 중년에 길하고 만년에 번창하다.

(빛날 휘·土火)

父母無緣, 兄弟無靠, 中年雖勞吉祥, 晩年隆昌, 身瘦短壽
부모와 연이 없다. 형제와 연고가 없다. 중년에 비록 애써도 길하다. 만년에 번창한다. 몸이 약하고 단명한다.

(즐길 희·土)

溫和賢淑, 福祿雙收, 中年成功隆昌, 秀氣怜悧之字
온화하고 어질다. 복록을 두루 거둔다. 중년에 성공번창한다. 기가 빼어나고 영리한 글자.

(날아올라갈 힐·土)

淸雅榮貴, 智勇雙全, 官運旺, 名利雙收, 二子吉祥, 出國之字
청아하고 영귀하다. 지혜와 용기를 모두 갖춘다. 관운이 왕성하니 명예와 이익을 두루 거둔다. 두 아들이 길하다. 나라를 떠나는 글자.

{ 16획 음(陰) }

강 鋼 (강철 강·木金)
口快心直, 武官大吉, 中年勞或刑偶傷子, 晚年吉祥
언변이 좋고 마음이 곧다. 무관이 대길하다. 중년에 애쓰거나 혹 처와 자손을 해친다. 만년이 길하고 상서롭다.

거 鋸 (톱 거·木金)
剋父命或刑偶傷子, 中年勞或多災, 但福祿雙收, 晚年隆昌
아버지 명을 극하거나 혹 처와 자손에게 해가 있다. 중년에 애쓰거나 혹 재액이 많다. 단, 복록을 두루 거두니 만년에 번창한다.

건 褰 (걷을 건·木)
暗淡無光或一貧如洗, 中年多災厄, 晚年吉祥, 再嫁守寡之字
암담하여 빛이 없다. 혹 씻은 듯 가난하다. 중년에 재액이 많다. 만년에 길하다. 재가 또는 과부의 글자.

검 黔 (검을 검·木火)
憂心勞神或事勞無功, 晚婚吉祥, 中年勞, 晚年吉祥
마음에 근심하고 힘겹거나 혹 일에 애써도 공은 없다. 중년에 애쓰나 만년에 길하고 상서롭다.

경 璟 (옥빛 경·木火)
妻賢子貴, 義利分明, 中年成功隆昌官或財旺, 環境良好
처가 어질고 자손이 귀하다. 의리가 분명하다. 중년에 성공하고 번창하니 벼슬 또는 재물이 왕성하다. 환경이 좋다.

(객사 관·木)

一生淸雅伶利, 福祿雙收, 中年有災厄, 晩年吉昌
일생 청아하고 영리하다. 복과 록을 두루 거둔다. 중년에 재액이 있다. 만년에 길하다.

(다리 교·木)

多才溫和, 淸雅怜悧, 福祿雙收, 刑偶傷子, 晩婚吉, 晩年吉祥
재주가 많고 온화하다. 청아하고 영리하다. 복록을 두루 거둔다. 처와 자손에게 해가 있다. 만혼이 길하며, 만년에 길하고 상서롭다.

(거북 귀·木)

多妻, 中年吉祥隆昌, 刑偶或欠子, 晩年勞神環境良好
처가 많다. 중년에 길하고 번창한다. 처를 극하거나 자손이 부족하다. 만년에 마음 고생하나 환경은 좋다.

(노루 균·木)

忠厚善良, 克己助人, 中年吉祥, 晩年隆昌, 榮貴之字
충직하고 선량하다. 자신보다 남을 돕는다. 중년에 길하고 만년에 번창한다. 영귀한 글자.

(귤 귤·木)

義利分明, 安富尊榮, 中年吉祥隆昌, 晩年勞神多疾之字
의리가 분명하다. 부귀하고 존귀하다. 중년에 길하고 번창하나 만년에 근심하고 병이 많다.

금 錦
(비단, 금·木金)

吉凶分明, 吉卽淸貴隆昌出國富貴, 凶卽忌車怕水惡死凶亡
길흉이 분명하니 길하면 영귀하며 번창하고, 나라를 떠나 부귀한다. 흉하면 차와 물을 피하라. 비명횡사한다.

기 錡
(세발솥 기·木金)

淸雅榮貴, 多才賢能, 成功隆昌, 官運旺, 女人有愛情厄或短壽
청아하고 귀하다. 재주가 많고 어질다. 성공번창하니 벼슬이 높다. 여자는 애정액이 있거나 단명한다.

기 機
(베틀 기·木)

憂心勞神或事勞無功或身弱多病, 中年勞晚年吉祥, 忌車怕水
마음 고생하며 힘겹거나 혹 일은 애써도 공은 없다. 혹 몸이 약하고 병은 많다. 중년에 애쓰고 만년이 길하다. 차와 물을 피하라.

기 璣
(구슬 기·木)

溫和賢能, 淸雅榮貴, 中年成功隆昌官運旺, 晩年勞神
온화하고 어질며 청아하고 영귀하다. 중년에 성공하여 번창하니 벼슬이 높다. 만년에는 마음 고생한다.

기 冀
(바랄 기·木)

懷才不遇或外祥內愁, 中年多勞, 晩年吉祥, 二子之字
재주를 품고도 때를 만나지 못한다. 혹 겉은 좋으나 내심 근심한다. 중년에 노고가 많다. 만년에는 길하고 상서롭다. 두 아들을 두는 글자.

기 器
(그릇 기·木)

有哭字, 福祿雙收, 多才賢能, 刑偶傷子或愛情厄, 晩年隆昌
우는 글자가 있다. 복록을 두루 거둔다. 재주가 많고 어질다. 처와 자손에게 해가 있거나 애정액이 있다. 만년에 번창한다.

농 濃
(짙을 농·火水)

忠厚善良, 勤儉治家, 中年雖勞, 晚年隆昌, 環境良好
충성하고 어질다. 근검하여 가문을 다스린다. 중년에 비록 고생하나 만년에 번창하고 환경이 좋다.

(제단, 단·火土)

一生安穩秀氣, 勤儉治家, 中年吉祥, 晚年勞神
일생 편안하고 기가 빼어나다. 근검하여 가문을 다스린다. 중년에 길하나 만년에 마음 고생한다.

(구름길 담·水火)

暗淡無光, 身弱多疾, 中年有災厄, 晚年吉祥, 但不幸短壽之字
암담하여 빛이 없다. 몸이 약하니 병이 많다. 중년에 재액이 있다. 만년에 길하고 상서롭다. 단, 불행하고 단명한다.

(사탕 당·火木)

福祿雙收, 口快心直, 小心愛情厄, 晚年吉祥之字
복록을 두루 거둔다. 언변이 좋고 마음이 곧다. 애정액을 조심하라. 만년에 길하고 상서로운 글자.

(인도할 도·火)

小心愛情厄, 多才英雅, 中年多災, 晚年吉祥, 欠子之字
애정액을 조심하라. 재주가 많고 영민하다. 중년에 재액이 많다. 만년에 길하고 상서롭다. 자손이 부족한 글자.

(도타울 독·火木)

三日東四日西, 南戰北討奔波勞苦, 中年多災, 晚年吉祥
동쪽 삼일, 서쪽 사일하니 남쪽에서 싸우고 북쪽을 토벌한다. 파란과 노고하니 중년에 재액이 많다. 만년에 길하고 상서롭다.

돈 燉
(불빛 돈·火)

一生多才身瘦, 中年勞或憂心勞神, 晚年吉祥, 離祖成功
일생 재주가 많고 몸약하다. 중년에 애쓰거나 혹 마음 고생에 힘겹다. 만년이 길하고 상서롭다. 조상과 이별하면 성공한다.

(머리 두·火)

剋偶傷子, 二子吉祥或欠子, 中年平凡, 晚年隆昌, 環境良好, 雙妻之字
처와 자손에게 해가 있다. 두 아들이 길하다. 혹 자손이 부족하다. 중년에 평범하고 만년에 번창하니 환경이 좋다. 두 처를 두는 글자.

(등잔 등·火)

晚婚遲得子吉, 出外逢顯貴, 中年勞晚年吉祥, 刑偶或欠子之字
만혼에 늦자식을 얻는 것이 길하다. 외지로 나가면 귀인을 만난다. 중년에 애쓰고 만년에 길하다. 처에게 해가 있거나 혹 자손이 부족한 글자.

(등사 등·火)

一生淸雅多才, 賢能伶利, 中年勞刑偶或傷子, 晚年吉祥
일생 청아하고 재주가 많다. 어질고 영리하다. 중년에 노고하고 처 혹은 자식을 상한다. 만년에는 길하다

(책력 력·火木)

晚婚遲得子吉, 少樂多憂, 中年勞晚年吉祥, 刑偶傷子之字
만혼에 늦자식을 둠이 길하다. 즐거움은 적고 근심은 많다. 중년에 애쓰나 만년에 길하고 상서롭다. 처와 자손에게 해가 있는 글자.

(지낼 력·火木)

刑偶或傷子, 淸雅英敏, 中年平凡, 晚年吉祥, 榮幸之字
처나 혹은 자손에게 해가 있다. 청아하고 영민하다. 중년에 평범하고 만년에 길하다. 영화로운 글자.

(종 례·火)

多愁多憂百事勞苦, 一生中年勞, 晚年吉祥, 晚福之字
근심과 걱정이 많으니 백가지 일에 고생을 한다. 일생 중년에 노고하나 만년에 길하니 복이 늦게 오는 글자다.

로 潞
(물이름 로·火水)

福壽興家, 淸雅多才, 中年吉祥, 晩年隆昌, 子孫興旺之字
복과 수명으로 집안을 일으킨다. 청아하고 재주가 많다. 중년에 길하고 상서롭다. 만년에 번창하고 자손이 번성하는 글자.

로 盧
(검은빛 로·火)

帶血字, 多刑剋, 晩婚吉, 中年多勞, 晩年吉祥
혈자가 같이 있어 형극이 많다. 만혼이 길하다. 중년에 고생하나 만년은 길하다.

록 錄
(기록할 록·火金)

智勇雙全, 性剛口快, 中年勞或潦倒, 晩年吉祥環境良好
지혜와 용기를 갖춘다. 성격이 강직하고 언변이 좋다. 중년에 고생혹은 망한다. 만년에 길하고 상서로우며 환경이 좋다.

뢰 賴
(의뢰할 뢰·火)

謀爲出衆, 淸雅多才, 中年勞, 晩年吉祥, 環境良好
여럿을 위해 도모한다. 청아하고 재주가 많다. 중년에 애쓰나 만년에 길하다. 환경이 좋다.

뢰 擂
(갈 뢰·火)

一生淸雅多災厄, 忌車怕水或刑偶欠子, 孤獨守寡, 長壽之字
일생 청아하나 재액이 많다. 차와 물을 꺼린다. 혹 처를 해치고 자식은 적다. 고독하니 홀아비 신세다. 오래산다.

룡 龍
(용 룡·火)

剋父命, 晩婚吉, 中年多災厄或潦倒, 出外吉祥, 晩年平凡多災之字
아버지의 운명을 극한다. 만혼이 길하다. 중년에 재액이 많거나 혹 망한다. 외지로 나가면 길하다. 만년에 평범하나 재액이 많다.

(고깨비불 린·火木)

操守廉正, 淸雅榮貴, 官運旺盛, 中年成功隆昌多才, 環境良好

분수를 지켜 바르니 청아하고 귀하다. 벼슬이 높고 왕성하다. 중년에 성공하여 번창하니 재주가 많다. 환경이 좋다.

(장마 림·火水木)

學問豊富, 淸雅榮貴官運旺盛, 精明公正, 出國之字, 富貴之格

학문이 풍부하다. 청아하고 귀하니 벼슬이 높고 왕성하다. 총명하며 공명정대하다. 나라를 떠나는 글자다. 부귀격이다.

(갈 마·水)

一生淸雅榮幸, 智勇雙全, 但奔波或內心多憂, 中年勞晩年吉祥

일생 청아하고 행복하다. 지혜와 용기를 갖춘다. 단, 파란이 있거나 혹 내심 근심이 많다. 중년에 고생하나 만년에 길하다.

(속일 만·水)

有愛情煩惱或多災厄, 忌車怕水, 或身弱短壽, 不祥之字

애정으로 번뇌하거나 혹 재액이 많다. 차와 물을 피하라. 혹 몸이 약하고 단명한다. 상서롭지 못한 글자.

(꾀할 모·水木)

出外吉祥, 溫和多才, 中年勞但吉祥, 晩年隆昌

외지로 나가면 길하고 상서롭다. 온화하고 재주가 많다. 중년에 애쓰나 단, 길함이 있다. 만년에 번창한다.

(화목할 목·水)

一生淸雅賢能, 有才英敏, 但中年勞, 晩年吉祥

일생 청아하고 어질다. 재주가 있고 영민하다. 단, 중년에 애쓴다. 만년에는 길하고 상서롭다.

默 (말없을 묵·水火)

淸閒怜悧, 多才敦睦, 中年成功隆昌, 出國之格, 忌木類
청한하여 영리하며 재주가 많고 화목하다. 중년에 성공번창한다. 나라를 떠나는 격이다. 나무류 직업을 피하라.

璠 (옥번·水)

多才有能, 懷才不遇, 中年勞或劫財, 晩年吉祥雙妻之字
재주가 많고 능력을 품었으나 때를 만나지 못한다. 중년에 노고하거나 재산을 파한다. 만년에 길하니 두 처를 둔다.

壁 (바람 벽·水土)

刑偶欠子, 一生淸雅多才, 中年吉祥, 晩年隆昌, 一生享福之字
처에게 해가 있고 자손이 부족하다. 일생 청아하고 영리하며 재주가 많다. 중년에 길하다. 만년에 번창한다. 일생 복을 누리는 글자.

奮 (떨칠 분·水)

英敏之才, 子孫興旺, 中年平凡, 晩年隆昌, 榮幸之字
영민한 재주가 있다. 자손이 번성한다. 중년에 평범하고 만년에 번창한다. 영화롭고 행복한 글자.

霏 (올 비·水)

淸雅多才, 福祿雙收, 中年吉祥, 小心愛情厄, 晩年隆昌
청아하고 재주가 많다. 복과 록을 두루 거둔다. 중년에 길하고 상서로우나 애정액을 조심하라. 만년에는 번창한다.

錫 (주석 석·金火)

溫和多才, 理智充足, 中年勞或愛情厄, 成功隆昌, 出國之格
온화하고 재주가 많다. 이지가 충족하다. 중년에 애쓰거나 혹 애정액이 있으나 성공번창한다. 나라를 떠나는 글자.

선 選
(가릴 선·金)

刑偶傷子, 淸雅怜悧, 出外吉祥, 中年奔波, 晩隆昌, 女人不幸之厄
처와 자손에게 해가 있다. 청아하고 영리하다. 외지로 나가면 길하다. 중년에 파란이 있으나 만년에 번창한다. 여자는 불행한 재액이 있다.

성 醒
(술깰 성·金火)

有愛情煩惱, 一生多才無運, 內心多憂, 晩年吉祥
애정으로 번뇌한다. 일생 재주가 많고 운은 없다. 내심 근심이 많다. 만년에 길하고 상서롭다.

소 燒
(불사를 소·金火土)

淸雅怜悧, 但身弱短壽, 出外吉祥, 中年多災厄短壽, 多舛之字
청아하고 영리하다. 단, 몸이 약하고 단명한다. 외지로 나가면 길하다. 중년에 재액이 많고 단명한다. 어그러짐이 많은 글자.

(나무 수·金木)

一生淸雅多才, 特有金緣, 中年勞, 晩年吉祥, 剋父命, 環境良好
일생 청아하고 재주가 많다. 특히 금운이 있다. 중년에 애쓰나 만년에 길하다. 아버지 운명을 극하다. 환경은 좋다.

(따를 수·金)

憂心勞神或事勞無功或外祥內愁, 中年多災晩年吉祥
마음에 근심하고 힘겹거나 혹 일에 애써도 공은 없다. 혹 겉으론 좋아도 내심 근심한다. 중년에 재액이 많으나 만년에 길하다.

순 錞
(악기 이름 순·金)

秀氣英敏, 淸雅榮貴, 中年吉祥, 晩年隆昌, 環境良好
기가 빼어나고 영민하다. 청아하고 영귀하다. 중년에 길하고 상서롭다. 만년에 번창한다. 환경양호하다.

(아뢸 알·土)

口才怜悧, 勤儉治家, 家聲克振, 中年勞, 晚年吉祥
언변이 좋고 영리하다. 근검하여 가문을 다스린다. 가문의 명성을 떨친다. 중년에 애쓰나 만년에 길하고 상서롭다.

(집오리 압·土)

少樂多憂, 中年勞或多災, 晚年吉祥, 賢能多才, 環境良好
즐거움은 적고 근심은 많다. 중년에 애쓰거나 혹 재액이 많다. 만년에 길하고 상서롭다. 어질며 재주가 많다. 환경이 좋다.

(원앙새 앙·土)

溫和賢淑, 多才怜悧, 克己助人, 中年勞, 晚年吉祥
온화하고 어질다. 재주가 많고 영리하다. 자기보다 남을 돕는다. 중년에 애쓰나 만년이 길하고 상서롭다.

(병 앵·土火)

英敏多才, 淸雅榮貴, 中年成功隆昌, 晚年勞神多疾之字
영민하고 재주가 많다. 청아하고 영귀하다. 중년에 성공하여 번창한다. 만년에 마음 고생하고 병이 많다.

(속담 언·土)

精明公正, 重義信用, 福祿雙收, 成功隆昌, 環境良好
총명하며 공명정대하다. 의리를 중시하여 신용이 있다. 복록을 두루 거둔다. 성공하여 번창하니 환경이 양호하다.

(남을 여·土)

多才賢能, 中年平凡, 晚年吉祥, 手面活作, 環境良好
재주가 많고 어질다. 중년에 평범하고 만년에 길하다. 환경 양호하다.

(불탈 연·土火)

淸雅榮貴, 官或財旺福祿雙收, 名利有分, 環境良好, 享福之字
청아하고 영귀하다. 벼슬 혹은 재물이 높고 복록을 두루 거둔다. 명예와 재물에 분수가 있다. 환경이 좋고 복을 누리는 글자.

(제비 연·土火)

天生聰穎, 淸雅多才, 忌車怕水, 中年吉祥晩年隆昌
천성이 총명하다. 청아하고 재주가 많다. 차와 물을 조심하라. 중년에 길하고 만년에 번창한다.

(불꽃 염·土火)

性剛果斷或身弱短壽, 中年多災厄或潦倒, 忌車怕水, 多相剋之字
성격이 강직하고 결단력이 있다. 혹 몸이 약하고 단명한다. 중년에 재액이 많거나 영락한다. 차와 물을 꺼린다. 상극이 많은 글자.

(빛날 엽·土火)

秀氣多才, 溫和賢淑, 中年吉祥, 晩年隆昌, 幸福榮貴之字
기가 빼어나고 재주가 많다. 온화하고 현숙하다. 중년에 길하고 만년에 번창하다. 행복하고 영귀한 글자.

(밝을 예·土)

天生聰穎, 多才忠厚, 中年成功隆昌, 環境良好, 出國之字
천성이 총명하며 재주가 많고 충직하다. 중년에 성공하여 번창하니 환경이 좋다. 나라를 떠나는 글자다.

(무지개 예·土水)

秀氣伶利, 淸雅榮貴, 中年吉祥, 小心愛情厄, 出國成功之字
기가 빼어나고 영리하다. 청아하고 영귀하다. 중년에 길하나 애정액을 조심하라. 나라를 떠나 성공하는 글자.

(미리 예·土)

憂心勞神或有愛情厄, 中年勞, 晚年吉祥, 有身弱短壽之厄
마음에 근심하고 힘겹거나 혹 애정액을 조심하라. 중년에 노고한다. 만년에 길하나 몸이 약하고 단명의 액이 있다.

(꽃슬 예·土)

小心愛情厄, 秀氣伶利, 薄幸短壽, 不幸再嫁守寡之字
애정액을 조심하라. 시가 빼어나고 영리하다. 행복하기 어렵고 단명한다. 재가 또는 과부의 글자이니 불행하다.

(안을 옹·土)

性剛口快, 多才賢能, 榮貴隆昌, 但短壽或勞神之字
성격이 강직하고 언변이 좋다. 재주가 많고 어질다. 영귀하고 번창한다. 단, 단명하거나 혹 마음 고생한다.

(원앙새 원·土)

雖淸雅多才, 溫和怜悧, 難逃惡運, 中年離亂或再嫁守寡之字
비록 청아하고 재주가 많으며 온화하고 영리하나, 악운을 피하기 어렵다. 중년에 이별수 있거나 혹 재가 과부의 운세다.

(이를 위·土)

刑偶傷子, 一生多才忠厚善良, 中年吉祥, 晚年隆昌
처와 자손에게 해가 있다. 일생 재주가 많고 충후하며 선량하다. 중년에 길하고 상서로우며, 만년에 번창한다.

(깨우칠 유·土)

膽識豊富, 精明公正, 官運旺, 中年成功隆昌, 出國之字
담력과 지혜가 풍부하다. 총명하며 공명정대하다. 벼슬이 높다. 중년에 성공번창한다. 나라를 떠나는 글자.

(선비 유·土)

多才有能, 精明公正, 官運旺, 榮貴隆昌, 環境良好
재주가 많고 유능하다. 총명하며 공명정대하다. 벼슬이 높아 귀하고 번창한다. 환경이 좋다.

(남을 유·土)

有才能理智, 難遇知己, 出外吉祥, 中年有厄, 晩年安祥
재능과 이지가 있으나 자신을 알아주는 벗을 만나기 어렵다. 외지로 나가면 길하다. 중년에 재액이 많으나 만년에 편하다.

(녹을 융·土)

慈祥有德, 一生成功隆昌所謀如意, 環境良好之字
자상하며 덕이 있다. 일생 성공번창하니 도모하는 일마다 뜻대로다. 환경이 좋은 글자.

(물을 자·金)

福祿雙收, 淸雅榮貴, 中年成功隆昌, 官運旺, 出國隆昌之字
복록을 두루 거둔다. 청아하고 영귀하다. 중년에 성공번창한다. 벼슬이 높다. 나라를 떠나고 번창하는 글자.

(궁녀 장·金)

秀氣伶利, 勤儉肯勞, 中年小心愛情厄, 晩年吉祥幸福之字
기가 빼어나고 영리하다. 근검하고 기꺼이 일한다. 중년에 애정액을 조심하라. 만년에 길하니 행복한 글자.

(쇳소리 쟁·金)

精明公正, 克己助人, 淸雅榮貴, 官運旺, 中年成功隆昌, 出國之字
총명하며 공명정대하다. 남을 우선 돕는다. 청아하고 귀하다. 벼슬이 높다. 중년에 성공번창한다. 나라를 떠나는 글자.

(쌓을 적·金木)

天生聰穎, 一生溫和多才, 二子吉祥, 白手成家, 晩年隆昌
천성이 총명하다. 일생 온화하고 재주가 많다. 두 아들이 길하다. 맨손으로 집안을 일으킨다. 만년에 번창한다.

(돈 전·金)

一生淸雅怜悧, 小巧多才, 中年奔波或勞, 晩年吉祥隆昌
일생 청아하고 영리하다. 교묘함(꾸밈)은 적어도 재주는 많다. 중년에 파란 혹은 고생한다. 만년에 길하고 번창한다.

(싸울 전·金)

口快心直, 多才賢能, 但多刑剋之字, 中年吉祥, 晩年勞神
언변이 좋고 마음이 곧다. 재주가 많고 어질다. 단, 형극이 많다. 중년에 길하고 상서롭다. 만년에 마음 고생한다.

(청대 전·金)

淸雅平凡, 出外逢貴得財, 中年吉祥, 晩年刑偶傷子勞神
청아하고 평범하다. 외지로 나가면 귀인을 만나 재물을 얻는다. 중년에 길하나 만년에 처와 자식을 극하고 마음 고생한다.

(부끄러워할 전·金)

有情有義英雄格, 中年勞, 性剛口快, 晩年吉祥
정과 의리가 있는 영웅이다. 중년에 노고한다. 성격이 강직하고 언변이 좋다. 만년에는 길하다.

(젖을 점·金水)

淸雅多才, 秀氣賢淑, 中年吉祥, 晩年隆昌榮貴享福之字
청아하고 재주가 많다. 기가 빼어나고 어질다. 중년에 길하고 상서롭다. 만년에 번창하니 귀하며 복을 누리는 글자.

(은화 정·金)

刑偶傷子, 出外吉祥, 淸雅榮貴, 中年隆昌, 晩年勞神, 溫和之字
처와 자식을 극한다. 외지로 나가면 길하다. 청아하고 영귀하다. 중년에 번창하나 만년에 마음 고생한다. 온화한 글자.

(고요할 정·金)

多才賢淑, 淸雅怜悧, 中年平凡, 晩年吉祥, 小心愛情煩惱
재주가 많고 어질다. 청아하고 영리하다. 중년에 평범하다. 만년에 길하고 상서롭다. 애정액을 조심하라.

(가지런할 정·金)

妻賢子貴, 一生淸雅, 義利分明, 中年吉祥, 晩年隆昌
처는 어질고 자손은 귀하다. 일생 청아하고 의리가 분명하다. 중년에 길하고 상서롭다. 만년에 번창한다.

(붉을 정·金)

忠厚善良, 義利分明, 二子吉祥, 中年隆昌, 晩年勞神
충직하고 선량하며 의리가 분명하다. 두 아들이 길하다. 중년에 번창하나 만년에 근심한다.

諸
(모든 제·金)

淸雅多才, 溫和賢淑, 晩婚遲得子吉, 中年勞, 晩年吉祥
청아하고 재주가 많다. 온화하고 어질다. 만혼에 늦자식이 길하다. 중년에 애쓰나 만년이 길하고 상서롭다.

儕
(무리 제·金)

淸雅榮貴, 勤儉治家, 官運旺, 中年成功隆昌, 出國之字
청아하고 영귀하다. 근검하여 집안을 다스린다. 관운이 왕성하다. 중년에 성공하여 번창한다. 나라를 떠나는 글자.

(굽 제·金)

性剛果斷, 或身弱短壽, 中年勞或晩年吉祥, 不幸之字
성격이 강직하고 과감하다. 혹은 몸이 약하고 단명한다. 중년에 애쓰거나 혹 만년에 길하고 상서롭다. 불행한 글자.

(잡을 조·金木)

福祿雙收, 淸雅溫和, 中年勞苦, 晩年吉祥, 女人身弱短壽不幸之字
복록을 두루 거둔다. 청아하고 온화하다. 중년에 애쓰나 만년이 길하다. 여자는 몸이 약하고 단명하며 불행하다.

(새길 조·金)

智勇雙全, 淸雅多才, 中年平凡, 晩年隆昌, 但勞神多疾
지혜와 용기를 갖춘다. 청아하고 재주가 많다. 중년에 평범하다. 만년에 번창한다. 단, 마음 고생하고 병이 많다.

(무리 주·金)

學問豊富官運旺, 一生淸雅成功隆昌, 但身弱或多疾
학문이 풍부하니 관운이 좋다. 일생 청아하고 성공하여 번창한다. 단, 몸이 약하니 병이 많다.

준遵
(좇을 준·金)

出外吉祥, 溫和多才, 中年勤儉治家, 晩年吉祥, 環境良好
외지로 나가면 길하다. 온화하고 재주 많다. 중년에 근검하여 가문을 다스린다. 만년에 길하고 환경이 좋다.

준樽
(술단지 준·金木)

刑偶傷子或身弱多厄, 中年勞或潦倒, 晩年吉祥, 忌車怕水之字
처와 자손을 해치거나 혹 몸이 약하고 재액이 많다. 중년에 고생하거나 혹 망한다. 만년에 길하고 상서롭다. 차와 물을 꺼리는 글자.

진 臻
(이를 진·金土木)

溫和多才, 操守廉正, 中年成功隆昌官運旺, 出國, 享福之字
온화하고 재주가 많다. 분수를 지키고 올바르다. 중년에 성공번창하니 벼슬이 높다. 나라를 떠나며 복을 누리는 글자.

진 儘
(다할 진·金火)

暗淡不祥, 刑偶傷子或身弱短壽, 難幸福多災厄, 守寡之字
암담하니 상서롭지 못하다. 처와 자식을 해치거나 몸이 약하고 단명한다. 행복하기 어렵고 재액이 많다. 과부의 글자.

집 輯
(모을 집·金)

口才怜悧, 多才有能, 中年吉祥, 晚年隆昌名利之字
언변이 좋고 영리하다. 재주가 많고 유능하다. 중년에 길하고 상서롭다. 만년에 번창하니 명예와 재물이 있는 글자다.

착 錯
(섞일 착·金火)

晚婚遲得子吉, 多才溫和, 小心愛情厄, 中年吉祥, 晚年隆昌
만혼에 늦자식이 길하다. 재주가 많고 온화하다. 애정액을 조심하라. 중년에 길하고 만년에 번창한다.

체 諦
(살필 제·金)

口才怜悧, 多才賢能, 成功隆昌, 女人有愛情厄, 或晚年多疾之字
언변이 좋고 영리하다. 재주가 많고 어질다. 능히 성공번창하다. 여자는 애정액이 있거나 혹 만년에 병이 많다.

추 錘
(저울 추·金)

義利分明, 克己助人中年成功隆昌, 環境良好之字
의리가 분명하다. 자기보다 남을 우선 돕는다. 중년에 성공번창한다. 환경이 좋은 글자.

획수별 자(字)의 길흉과 운세―16획 491

추 錐 (송곳 추·金)

一生淸雅, 多才秀氣, 賢能事親至孝, 一門鼎盛, 環境良好
일생 청아하고 재주가 많다. 기가 빼어나고 어질다. 어버이를 섬김에 지극히 효도하고, 가문이 안정되고 번성한다. 환경이 좋다.

축 築 (쌓을 축·金木)

少樂多憂或事勞無功, 晩婚大吉, 中年勞, 晩年吉祥
즐거움은 적고 근심은 많다. 혹 일은 애써도 공은 없다. 만혼이 대길하다. 중년에 고생하나 만년에 길하고 상서롭다.

치 熾 (불활활탈 치·金火)

精力旺盛, 刑偶傷子, 出外吉祥, 晩婚大吉, 成功隆昌, 幸福之字
정력이 왕성하다. 처와 자손에게 해가 있다. 외지로 나가면 길하다. 만혼이 대길하다. 성공하여 번창하니 행복한 글자다.

친 親 (친할 친·金木)

口快心直, 刑偶傷子, 中年吉祥, 晩年勞神, 出外大吉之字
언변이 좋고 마음이 곧다. 처와 자손에게 해가 있다. 중년에 길하고 상서롭다. 만년에 마음 고생한다. 외지로 나가면 대길한 글자.

택 澤 (못 택·火水)

學問豊富, 名利雙收, 官或財旺, 智勇興家, 一生榮貴之字
학문이 풍부하고 명예와 재물을 두루 갖춘다. 벼슬 혹은 재물이 왕성하다. 지혜와 용기로 가문을 일으킨다. 일생 영화롭고 귀한 글자.

택 擇 (가릴 택·火)

一生淸雅怜悧, 多才賢能, 中年勞, 晩年吉祥之字
일생 청아하고 영리하다. 재주가 많고 어질다. 중년에 애쓰나 만년에 길하고 상서롭다.

(배울 학·土)

外祥內憂, 多才賢能, 中年勞或刑偶或傷子離亂, 晩年吉祥
겉으론 좋아도 내적으론 근심이다. 중년에 애쓰거나 혹 처 또는 자손에게 해가 있거나 이별한다. 만년에 길하다.

(턱 함·土)

淸雅伶利, 二子吉祥, 中年平凡, 晩年隆昌名利之字
청아하고 영리하다. 두 아들이 길하다. 중년에 평범하고 만년에 번창하니 명예와 이익을 얻는다.

(화할 해·土)

一生淸雅平凡, 晩婚大吉, 中年勞吉祥, 晩年隆昌之字
일생 청아하고 평범하다. 만혼에 대길하다. 중년에 애쓰나 길하다. 만년에 번창하는 글자.

(법 헌·土)

小心愛情厄, 有才能官旺, 英敏怜悧, 晩年隆昌之字
애정액을 조심하라. 재능이 있으니 벼슬이 높다. 영민하고 영리하다. 만년에 번창하는 글자다.

(고을 현·土)

小心愛情煩惱, 智勇雙全, 中年勞或忌車怕水, 晩年吉祥
애정번뇌를 조심하라. 지혜와 용기를 갖춘다. 중년에 애쓰거나 혹 차와 물을 조심하라. 만년에 길하고 상서롭다.

(뺨 협·土)

憂心勞神, 二子吉祥, 一生淸雅平凡, 貴人明現, 晩年吉祥
마음에 근심한다. 두 아들이 길하다. 일생 청아하고 평범하다. 귀인이 나타나 돕는다. 만년에는 길하다.

(개똥벌레 형·土火)

天生聰明, 秀氣勤儉, 中年吉祥, 忠厚善良, 一門鼎盛之字
천성이 총명하다. 기가 빼어나고 근검하다. 중년에 길하고 상서롭다. 충후하고 선량하다. 가문을 일으키는 글자.

(저울 형·土)

刑偶傷子, 淸雅怜悧, 中年吉祥, 晩年勞神, 保守之字
처와 자손에게 해가 있다. 청아하고 영리하다. 중년에 길하다. 만년에 마음 고생한다. 분수를 지키는 글자.

(자작나무 화·土木)

溫和賢能, 多才忠厚, 中年吉祥, 晩年隆昌, 官旺出國之格
온화하고 어지니 재주가 많고 충성되다. 중년에 길하고 상서로우며, 만년에 번창한다. 벼슬이 높고 나라를 떠나는격이다.

(경기고을 환·土)

出外吉祥, 天生聰穎, 一生溫和賢能, 晩婚大吉, 出國之格, 小心愛情厄
외지로 나가면 길하다. 천성이 총명하다. 일생 온화하고 어질다. 만혼이 대길하다. 나라를 떠나는 격. 애정액을 조심하라.

(두를 환·土)

有愛情厄小心, 多才英敏, 勤儉忠厚, 中年勞晩年吉祥
애정액을 조심하라. 재주가 많고 영민하다. 근검하고 충직하다. 중년에 노고하나 만년에는 길하다.

(패옥 황·土)

刑剋父母, 英敏多才, 中年吉祥, 二子晩年隆昌之字
부모를 극한다. 영민하고 재주가 많다. 중년에 길하고 상서롭다. 두 아들이 만년에 번창한다.

(가로 횡·土木)

刑剋父母, 二子吉祥, 一生英敏多才, 中年吉祥, 晚年隆昌勞神
부모를 극한다. 두 아들이 길하다. 일생 영민하고 재주가 많다. 중년에 길하고 상서롭다. 만년에 번창하나 마음 고생한다.

(새벽 효·土火)

膽識豊富, 理智充足, 出外大吉, 官運旺, 淸雅榮貴, 出國之字
담력있고 풍부하다. 이지가 충족하다. 외지로 나가면 대길하다. 벼슬이 높고 청아하다. 나라를 떠나는 글자.

(공 훈·土火)

淸雅多才, 刑偶傷子, 中年離亂或晩年隆昌, 雙妻之格
청아하고 재주가 많다. 처와 자손에게 해가 있다. 중년에 이별수 또는 만년에 번창한다. 두 처를 두는 격이다.

(속일 훤·土)

出外逢貴得財, 溫和賢淑, 中年勞或多疾, 晩年吉祥
외지로 나가면 귀인을 만나 재물을 얻는다. 온화하고 현숙하다. 중년에 노고하거나 병이 많다. 만년에는 길하다.

(들이쉴 흡·土)

不祥多災, 一生病弱, 短壽或損丁破財相生禍端之字
상서롭지 못하니 재액이 많다. 일생 병약하다. 단명하거나 힘과 재물을 파하니 항상 화가 일어난다.

興
(일어날 흥·土)

溫和英敏, 淸雅多才, 中年勞, 晩年隆昌, 忌車怕水, 刑偶欠子之字
온화하고 어질다. 청아하고 재주가 많다. 중년에 애쓰나 만년에 번창한다. 차와 물을 피하라. 처에게 해가 있고 자손이 부족한 글자.

(성할 희·土火)

秀氣賢淑, 多才淸雅, 中年吉祥, 福祿雙收, 環境良好, 晩年勞神
기가 빼어나고 어질다. 재주가 많고 청아하다. 중년이 길하고 상서롭다. 복록을 두루 거둔다. 환경이 좋다. 만년에 마음 고생한다.

(기뻐할 희·土)

淸雅榮貴, 克己助人, 多才溫和, 中年吉祥, 晩年隆昌
청아하고 영귀하다. 자기를 이기고 남을 돕는다. 재주가 많고 온화하다. 중년에 길하고 상서롭다. 만년에 번창한다.

(황제이름 희·土)

溫和賢能, 義利分明, 官運旺, 多才忠厚, 成功隆昌
온화하고 어질다. 의리가 분명하며 벼슬이 높다. 재주가 많고 충성되다. 성공하여 번창한다.

{ 17획 양(陽) }

각 擱 (놓을 각·木)
天生聰穎, 多才賢能, 中年平凡, 晩年隆昌
천성이 총명하고 재주가 많으며 어질다. 중년에 평범하고 만년에 번창한다.

간 懇 (간절할 간·木)
一生淸雅多才, 溫和賢能, 中年勞, 晩年吉祥, 勞神之字
일생 청아하고 재주가 많다. 온화하고 어질다. 중년에 노고한다. 만년에 길하나 마음 고생하는 글자.

간 艱 (어려울 간·木)
有愛情煩惱或刑偶傷子, 中年多災厄, 晩年吉祥, 難幸福之字
애정으로 번뇌하거나 혹 처와 자손에게 해가 있다. 중년에 재액이 많다. 만년에 길하고 상서롭다. 행복하기 어려운 글자.

감 歛 (줄 감·木)
憂心勞神或刑偶傷子, 中年多災厄或病弱短壽, 不祥之字
마음에 근심하거나 처와 자식을 해친다. 중년에 재액이 많거나 병약하고 단명한다. 상서롭지 못한 글자.

(겨 강·木)
憂心勞神或事勞無功, 中年勞或潦倒, 晩年吉祥
마음에 근심하거나 애써 일을 해도 공은 없다. 중년에 노고하거나 영락한다. 만년에 길하다.

강 講 (익힐 강·木)

口才怜悧, 言必守信, 和氣敦睦, 中年平晩年吉祥, 環境良好
언변이 좋고 영리하다. 말엔 반드시 신의가 있다. 화기롭고 화목하다. 중년에 평이하며 만년에 길하니 환경이 좋다.

건 鍵 (자물쇠 건·木金)

天生聰穎, 富貴雙全, 一生名利雙收, 出外吉祥, 成功隆昌官旺
천성이 총명하다. 부귀하고 일생 명예와 재물이 모두 얻는다. 외지로 나가면 길하다. 성공하여 번창하니 벼슬이 높다.

건 蹇 (절뚝발이 건·木)

有愛情厄或身弱短壽, 刑偶傷子, 多災厄, 不祥之字
애정액이 있거나 혹 몸이 약하고 단명한다. 처와 자손에게 해가 있다. 재액이 많으니 상서롭지 못하다.

검 檢 (검사할 검·木)

性剛果斷, 少失怙恃, 中年多災或刑偶傷子或病弱短壽
성격이 강직하고 과감하다. 실수는 적어도 믿을만 하다. 중년에 재액이 많거나 혹 처와 자손에게 해가 있다. 혹 병약하고 단명한다.

격 擊 (칠 격·木)

有愛情煩惱或事勞無功, 中年多災厄, 身弱短壽之字
애정으로 번뇌하거나 혹 일을 애써 해도 공은 없다. 중년에 재액이 있다. 병약하고 단명한 글자.

겸 謙 (겸손할 겸·木)

英敏佳人, 口才怜悧, 交際巧妙, 中年平凡, 晩年吉祥, 環境良好
영민하고 아름답다. 언변이 좋고 영리하다. 사람사귐이 지혜롭다. 중년에 평범하며 만년에 길하고 상서로우니 환경이 좋다.

경 擎
(들 경·木)

性剛口快, 外祥內苦或刑偶傷子, 中年多災, 晚年吉祥
성격이 강직하고 언변이 좋다. 겉으로는 조으나 내심 고생한다. 혹 처와 자식을 해친다. 중년에 재액이 많으나 만년에 길하다.

경 磬
(빌 경·木)

英敏淸雅, 多才賢能, 福祿雙收, 名利有分, 榮貴之字
영민하고 청아하다. 재주가 많고 어질다. 복과 록을 두루 거둔다. 명예와 이익에 분수가 있다. 영화롭고 귀한 글자.

계 谿
(시내 계·木)

福祿雙收, 淸雅榮貴, 中年吉祥, 晚年隆昌勞神, 雙妻之格
복록을 모두 거둔다. 청아하고 영귀하다. 중년에 길하고 상서롭다. 만년이 번창하나 마음 고생한다. 두 처를 두는 격이다.

고 翶
(날 고·金)

淸雅榮貴, 福祿雙收, 操守廉正, 出國之格, 隆昌之字
청아하고 영귀한다. 복과 록을 모두 거둔다. 분수를 지켜 올바르다. 나라를 떠나는 격. 번창하는 글자.

과 顆
(알 과·木)

精明公正, 忠厚善良, 二子吉祥, 中年成功隆昌, 環境良好富貴
총명하며 공명정대하다. 충성되며 선량하다. 두 아들이 길하다. 중년에 성공번창한다. 환경이 양호하며 부귀하다.

과 鍋
(냄비 과·木)

福祿雙收, 英敏多才, 懷才不遇, 中年勞, 晚年吉祥
복과 록을 두루 거둔다. 영민하고 재주가 많으나 때를 만나지 못한다. 중년에 노고하나 만년에 길하다.

(바로잡을 교·木)

有愛情厄或刑偶傷子, 福祿雙收, 中年勞晚年吉祥
애정액이 있거나 처와 자식을 해친다. 복과 록을 두루 거둔다. 중년에 노고하나 만년에 길하고 상서롭다.

(기를 국·木)

智勇雙全, 淸雅榮貴, 出國之格, 中年成功隆昌
지혜와 용기를 모두 갖춘다. 청아하고 귀하다. 나라를 떠나는 격이다. 중년에 성공번창한다.

(여울돌 기·木)

刑偶傷子, 膽識豊富, 中年吉祥, 晩年隆昌, 環境良好
처와 자손에게 해가 있다. 담력이 좋고 풍부하다. 중년에 길하고 만년에 번창한다. 환경이 좋다.

(넘겨다볼 기·木土)

智勇雙全, 淸雅榮貴, 官運旺中年成功隆昌, 出國之格
지혜와 용기를 두루 갖춘다. 청아하고 영귀하다. 관운이 왕성하니 중년에 성공하여 번창한다. 나라를 떠나는 격이다.

(젖 내·火)

秀氣伶利, 溫和賢淑, 中年成功隆昌, 榮貴幸福, 出國之字
기가 빼어나고 영리하다. 온화하고 현숙하다. 중년에 성공하여 번창하니 영화롭고 귀하며 행복하다. 나라를 떠나는 글자.

(단련할 단·火金)

賢能多才, 子孫興旺, 溫和怜悧, 忠厚善良, 環境良好, 保守之字
어질고 재주가 많다. 자손이 번성하며 온화하고 영리하다. 충성되고 어질다. 환경이 좋다. 분수를 지키는 글자.

(박달나무 단·火木)

淸雅榮貴, 多才賢能, 中年吉祥, 晩年隆昌, 出國之格
청아하고 귀하다. 재주가 많고 어질다. 중년에 길하고 상서롭다. 만년에 번창한다. 나라를 떠나는 격이다.

(버마재미 당, 사마귀 당·火土)

刑偶傷子, 淸雅多才, 中年吉祥, 晩年勞神多疾, 環境良好
처와 자손을 해친다. 청아하고 재주가 많다. 중년에 길하니 상서로우나 만년에 마음 고생하고 병이 많다. 환경은 좋다.

(눈썹먹 대·火)

有愛情煩惱, 或身弱短壽, 性剛口快, 中年有災厄, 不幸之字
애정으로 번뇌한다. 혹 몸이 약하고 단명한다. 성격이 강직하고 언변이 좋다. 중년에 재액이 있다. 불행한 글자.

(도금할 도·火金)

多才巧智, 淸雅伶利, 中年成功隆昌, 子孫興旺之字
재주가 많고 지혜롭다. 청아하고 영리하다. 중년에 성공하여 번창한다. 자손이 잘 되는 글자.

(물결 도·火水)

身瘦多才淸雅榮貴, 中年吉祥環境良好, 晩年勞神多病
몸이 수척하나 재주가 많고 청아하며 영귀하다. 중년에 길하니 환경이 좋다. 만년에 근심하고 병이 많다.

(눈동자 동·火)

得天時地利, 官運旺一生, 中年勞或多災, 晩年吉祥
천시와 지리를 얻으니 일생 벼슬이 높다. 중년에 노고하거나 혹 재액이 많다. 만년에 길하고 상서롭다.

溫和伶利, 賢能忠厚, 言必幸, 官運旺, 中年成功隆昌環境良好
온화하고 영리하다. 어질고 충직하다. 말을 하면 반드시 행한다. 관운이 왕성하다. 중년에 성공하여 번창하니 환경이 좋다.

淸雅伶利, 身弱多疾혹노고, 中年勞晩年吉祥
청아하고 영리하다. 몸이 약하고 병이 많거나 혹 고생한다. 중년에 노고하나 만년에 길하고 상서롭다.

聰明怜悧, 有才能理智, 榮貴隆昌, 出國之字
총명하고 어질다. 재능과 이지가 있다. 영귀하며 번창한다. 나라를 떠나는 글자.

淸雅榮貴, 官運旺中年成功隆昌, 女人有愛情厄或病弱短壽
청아하고 영귀하다. 관운이 왕성하니 중년에 성공하며 번창한다. 여자는 애정액이 있거나 병약하고 단명한다.

事業如意, 成功隆昌, 環境良好, 官或財旺, 榮貴之字
사업이 뜻대로이다. 성공번창하고 환경이 좋다. 벼슬 혹은 재물이 왕성하다. 영화롭고 귀한 글자.

多才賢能, 忠厚善良, 中年成功隆昌, 出國之格, 女人薄幸之字
재주가 많고 어질다. 충성되고 선량하다. 중년에 성공번창한다. 나라를 떠나는 격이다. 여자는 행복하기 어려운 글자.

령 嶺 (산고개 령·火土)

多才賢能, 勤儉忠厚, 二子吉祥, 中年勞, 晚年吉祥, 出國之格
재주가 많고 어질다. 근검하고 충성되다. 두 아들이 길하다. 중년에 애쓰나 만년에 길하고 상서롭다. 나라를 떠나는 격이다.

뢰 儡 (망칠 뢰·火)

憂心老神或事勞無功或身弱多厄, 一生多災, 晚年吉祥
마음에 근심하거나 애써 일해도 공은 없다. 혹 몸이 약하고 액이 많다. 일생 재액이 많으나 만년에는 길하다.

(밝을 료·火)

憂心勞神或刑偶傷子, 中年多災厄, 晚年吉祥
마음 고생하며 힘겹거나 혹 처와 자손에게 해가 있다. 중년에 재액이 많다. 만년이 길하고 상서롭다.

림 臨 (임할 림·火)

病弱短壽或事勞無功, 自殺他殺, 配合吉卽成功隆昌榮貴
병약하고 단명하거나 혹 일에 애써도 공은 없다. 자살 혹 타살수가 있다. 배합하여 길하면 성공하여 번창하고 영귀한다.

매 邁 (갈 매·水)

少年干難, 出外逢貴得財, 中年勞, 晚年隆昌官運旺, 出國格
소년시절에 가난하다. 외지로 나가면 귀인을 만나 재물을 얻는다. 중년에 노고하나 만년에 번창하니 관운이 좋다. 나라를 떠나는 격이다.

(힘쓸 무·水木)

智勇雙全, 義利分明, 中年成功隆昌, 武官吉官運旺, 出國之字
지혜와 용기를 갖춘다. 의리 분명하다. 중년에 성공번창한다. 무관이 길하니 벼슬이 높다. 나라를 떠나는 글자.

(순록 미·水)

一生淸雅平凡, 福祿雙收, 名利有分, 中年勞, 晩年隆昌
일생 청아하고 평범하다. 복과 록을 두루 거둔다. 명예와 이익에 분수가 있다. 중년에 노고하나 만년에 번창한다.

(끈 미·水)

淸雅秀氣. 小心愛情厄, 中年勞, 晩年吉祥, 短壽之字
청아하고 기가 빼어나다. 애정액을 조심하라. 중년에 노고하나 만년에 길하다. 단명하는 글자.

(두루 미·水)

出外逢貴得財, 精明公正, 淸雅榮貴, 中年成功隆昌
외지로 나가면 귀인을 만나니 재물을 얻는다. 총명하며 공명정대하다. 청아하고 영귀하다. 중년에 성공번창한다.

(고비 미·水木土)

秀氣多才, 淸雅怜悧, 出外吉祥, 中年平晩年隆昌
기가 빼어나고 재주가 많다. 청아하고 영리하다. 외지로 나가면 길하다. 중년에 평범하고 만년에 번창한다.

(엷을 박·水木)

刑偶傷子, 淸雅多才, 中年成功隆昌, 晩年勞神
처와 자손에게 해가 있다. 청아하고 재주가 많다. 중년에 성공번창한다. 만년에 마음 고생한다.

번 繁
(번성할 번·水)

刑偶傷子, 晩婚大吉, 中年平, 晩年吉祥, 女人身弱短壽或不幸
처와 자손에게 해가 있다. 만혼이 대길하다. 중년엔 평범하다. 만년엔 길하다. 여자는 몸이 약하고 단명하거나 혹 불행하다.

(떡 병·水)

秀氣怜悧, 天生聰穎, 中年有厄或刑偶傷子, 晚年吉祥
기가 빼어나고 영리하다. 천성이 총명하다. 중년에 재액이 있거나 처와 자손을 해친다. 만년에 길하고 상서롭다.

복 濮
(물이름 복·水)

智勇雙全, 學問豊富, 中年成功隆昌, 官運旺, 出國富貴之字
지혜와 용기를 모두 갖춘다. 학문이 풍부하다. 중년에 성공하여 번창하니 관운이 왕성하다. 나라를 떠나 부귀한 글자.

(꿰맬 봉·水)

身弱短壽或外祥內苦, 中年勞, 晚年吉祥, 女人薄幸多災
몸이 약하고 단명하거나 혹 외양는 상서로우나 내심 고통이다. 만년에 길하고 상서롭다. 여자는 행복하기 어려우니 재액이 많다.

(물가 빈·水)

英敏多才, 淸雅賢能, 二子吉祥, 忌車怕水, 中年平晚年吉祥
영민하며 재주가 많다. 청아하고 어질다. 두 아들이 길하다. 차와 물을 조심하라. 중년에 평이하고 만년에 길하고 상서롭다.

(궁녀 빈·水)

秀氣賢淑, 淸雅怜悧, 二子吉祥, 中年平, 晚年隆昌
기가 빼어나고 어질다. 청아하고 영리하다. 두 아들이 길하다. 중년에 평범하고 만년에 번창한다.

사 謝
(사례할 사·金)

一生淸雅多才, 怜悧勤儉, 中年多勞, 晚年吉祥
일생 청아하고 재주가 많다. 영리하고 근검하다. 중년에 고생이 많으나 만년에 길하고 상서롭다.

(갚을 상·金)

二子吉祥, 賢能勤儉, 肯作肯勞, 義利分明, 成功隆昌
두 아들이 길하고 상서로우니 어질고 근검하다. 즐겨 일하고 즐겨 노고한다. 의리가 분명하다. 성공하여 번창한다.

(서리 상·金木)

憂心勞神, 刑偶傷子, 中年勞晚年吉祥, 女人不幸再嫁守寡
마음에 근심하고 힘겹다. 처와 자손에게 해가 있다. 중년에 애쓰나 만년이 길하다. 여자는 행복하기 어려우니 재가 과부의 운명이다.

(선 선·金)

溫和賢能, 懷才不遇中年勞, 晚年吉祥之字
온화하고 어질다. 재주를 품고도 불우하다. 중년에 노고한다. 만년에는 길하다.

(고울 선·金火)

淸雅榮貴, 多才賢能, 中年吉祥, 晚年隆昌名利雙收
청아하고 영귀하다. 재주가 많고 어질다. 중년에 길하다. 만년에 번창하고 명예와 이익을 거둔다.

(화할 섭·金火)

智勇雙全, 義利分明, 出外吉, 中年成功隆昌, 出國之格, 官旺之字
지혜와 용기를 모두 갖춘다. 의리가 분명하다. 외지로 나가면 길하다. 중년에 성공번창한다. 나라를 떠나는 격. 벼슬이 높다.

성聲
(소리 성·金)

溫和賢能, 名利雙收, 中年成功隆昌榮貴. 雙妻之字
온화하고 어질다. 명예와 재물을 거둔다. 중년에 성공하고 번창하니 귀하다. 두 처를 두는 글자.

淸雅榮貴, 多才賢能, 中年吉祥, 晩年隆昌名利雙收, 出國格
청아하고 귀하다. 재주가 많고 어질다. 중년에 길하며 만년에 번창하니 명예와 이익을 두루 갖춘다. 나라를 떠나는 격이다.

英敏賢能, 剋父命, 中年勞, 晩年吉祥, 環境良好
영민하며 어질다. 아버지의 명을 극한다. 중년에 애쓰나 만년에 길하니 환경이 좋다.

身弱短壽或憂心勞神或一貧如洗, 多災厄難幸福, 欠子之字
병약하고 단명하거나 혹 마음에 근심하고 힘겹거나 혹 너무 가난하다. 재액이 많으니 행복하기 어렵다. 자손이 부족한 글자.

淸雅榮貴, 忌車怕水, 中年成功隆昌, 官運旺, 環境良好
청아하고 귀하다. 차와 물을 꺼린다. 중년에 성공번창하니 벼슬이 높고 환경이 좋다.

出外吉祥, 慈祥有德, 中年勞, 晩年吉祥, 禍祿雙收之字
외지로 나가면 길하다. 자상하며 덕이 있다. 중년에 애쓰나 만년에 길하다. 화와 녹이 함께 받는 글자.

英敏淸秀, 二子吉祥, 勤儉忠厚, 一門鼎盛, 福祿雙收, 環境良好
영민하고 청수하다. 두 아들이 길하다. 근검하며 충성되다. 한 가문을 일으킨다. 복록을 두루 거두며 환경이 좋다.

(물 졸졸 흐를 영
·土水火)

口快性剛, 清雅多才, 中年勞, 晚年隆昌
언변이 좋고 성격이 강직하다. 청아하고 재주가 많다. 중년에 노고하나 만년에 번창한다.

(경영할 영·土火)

忌車怕水, 中年多災或有愛情厄, 晚年吉祥之字
차와 물을 피하라. 중년에 재액이 많거나 혹 애정액이 있다. 만년이 길한 글자.

(맞이할 요·土)

奔波勞苦或事勞無功, 中年多災厄, 晚年吉祥
파란과 노고를 겪거나 혹은 애써 일을 해도 공은 없다. 중년에 재액이 많으나 만년에 길하다.

(솟을 용·土)

清雅多才, 溫和賢能, 中年老, 晚年隆昌之字
청아하고 재주가 많다. 온화하고 어질다. 중년에 노고하나 만년에 번창하는 글자.

(넉넉할 우·土)

出外成功, 清雅怜悧, 刑偶傷子, 晚年吉祥, 女人再嫁, 守寡之字
외지로 나가면 성공한다. 청아하고 영리하다. 처와 자손에게 해가 있다. 만년에 길하고 상서롭다. 여자는 재가, 과부의 운명이다.

(숨을 은·土)

憂心勞神或事勞無功, 中年離亂, 再嫁守寡, 晚年吉祥
마음 고생하고 힘겹거나 혹 일은 애써도 공은 없다. 중년에 이별수다. 재가 과부의 운이다. 만년에 길하고 상서롭다.

(흐릴 음·土水)

溫和賢淑, 名利雙收, 義利分明, 中年成功隆昌, 環境良好
온화하고 현숙하다. 명예와 이익을 모두 거둔다. 의리가 분명하다. 중년에 성공하여 번창하니 환경양호하다.

(응할 응·土)

外祥內苦, 或刑偶傷子或懷才不遇, 中年勞, 晩年吉祥
겉은 상서로워도 내심 고통이다. 혹 처와 자손에게 해가 있거나 혹 재주를 품고도 때를 만나지 못한다. 중년에 애쓰고 만년에 길하다.

(비길 의·土)

憂心勞神或事勞無功, 中年多災厄, 晩年吉祥
마음에 근심하고 힘겹거나 혹 힘써 일해도 공은 없다. 중년에 재액이 많다. 만년에는 길하고 상서롭다.

(날개 익·土)

英敏佳人, 二子吉祥, 有才能理智, 中年勞晩年吉祥, 忌水火之字
영민하고 재주가 많다. 두 아들이 길하다. 재능이 있고 지적이다. 중년에 애쓰나 만년이 길하다. 물과 불을 꺼리는 글자.

(속일 잠·金)

勤儉建業, 家聲克振, 福祿雙收, 中年勞晩年吉祥
근검하여 일을 이루니 집안의 명성을 떨친다. 복과 록을 두루 거둔다. 중년에 노고하나 만년에 길하다.

(길쌈할 적·金)

英雄格, 二子吉祥, 文雅秀氣, 出國之格, 成功隆昌, 榮貴之字
영웅격이다. 두 아들이 길하다. 문채가 아름답다. 나라를 떠나는 격이다. 성공하여 번창한다. 영화롭고 귀한 글자.

(열묶음 전·金)

刑偶傷子, 多才英敏, 中年成功隆昌, 環境良好, 年老多災厄
처와 자식을 해친다. 재주가 많고 영민하다. 중년에 성공하여 번창하니 환경양호하다. 늙어서 재액이 많다.

(모전 전·金)

一生淸雅多才克己助人, 中年成功隆昌, 晩年昌榮, 出國之格
일생 청아하고 재주가 많고 자신 보단, 남을 돕는다. 중년에 성공하여 번창하며 만년에 영화롭다. 나라를 떠나는 격.

(전송할 전·金)

一生淸雅平凡, 中年勞晩年吉祥, 小心愛情厄, 晩年榮幸
일생 청아하며 평범하다. 중년에 애쓰나 만년에 길하다. 애정액을 조심하라. 만년에 영화롭다.

(돌아누울 전·金)

多才賢能, 出外吉祥, 中年多勞, 晩年隆昌, 環境良好
재주가 많고 어질다. 외지로 나가면 길하다. 중년에 노고가 많다. 만년에는 번창하고 환경이 좋다.

(건널 제·金水)

淸雅榮貴, 官運旺, 中年成功隆昌, 環境良好, 晩年勞神
청아하고 귀하다. 벼슬이 높다. 중년에 성공번창하니 환경이 좋다. 만년에는 마음 고생한다.

(재강 조, 찌꺼기 조, 막걸리 조·金木)

憂心勞神或事勞無功, 刑偶傷子·中年勞, 晩年吉祥
마음 고생하며 힘겹거나 혹 일은 애써도 공은 없다. 처와 자손에게 해가 된다. 중년에 노고한다. 만년에는 길하고 상서롭다.

(마를 조·金火木)

福祿雙收, 但性剛口快, 中年有災厄, 晩婚吉, 晩年吉祥
복록을 두루 거둔다. 단, 성격이 강직하고 언변이 좋다. 중년에 재액이 있다. 만혼이 길하며 만년에 길하고 상서롭다.

(술잔 종·金)

勤儉忠厚, 克己助人, 中年吉祥, 晩年隆昌, 環境良好
근검하고 충성되다. 자신보다 남을 돕는다. 중년에 길하고 만년에 번창한다. 환경이 좋다.

(세로 종·金)

出外逢貴, 多才賢能, 中年吉祥, 晩年隆昌, 小心愛情厄
외지로 나가면 귀인을 만난다. 재주가 많고 어질다. 중년에 길하고 상서로우니 만년에 번창한다. 애정액을 조심하라.

(준마 준·金火)

官或財旺, 天生聰穎, 出外大吉榮貴, 隆昌出國之字
벼슬 혹은 재물이 많다. 천성이 총명하다. 외지로 나가면 대길하고 영귀하다. 번창하고 나라를 떠나는 글자.

(옥빛찬란할 찬·金)

刑偶傷子, 智勇雙全, 中年勞, 晩年成功隆昌
처와 자손에게 해가 있다. 지혜와 용기를 갖춘다. 중년에 고생하나 만년에 성공하여 번창한다.

(빛날 찬·金火木)

剋父命, 英敏多才, 淸雅賢能, 中年平凡, 晩年吉祥隆昌
아버지의 명을 극한다. 영민하고 재주가 많으며 청아하고 어질다. 중년에 평범하고 만년이 길하고 상서로우니 번창한다.

초 鍬 (가래 초·金木火)
有愛情厄或病弱短壽或刑偶欠子, 中年平, 晚年吉祥
애정액이 있거나 병약하고 단명한다. 혹 처를 해치고 자식이 적다. 중년에 평범하고 만년에는 길하다.

촉 燭 (촛불 촉·金火)
貴人明現, 官運旺清雅榮貴, 中年吉祥晚年隆昌
귀인이 돕는다. 벼슬이 높고, 청아하며 귀하다. 중년에 길하고 만년에 번창한다.

총 聰 (귀밝을 총·金)
環境良好, 理智充足, 中年勞, 晚年隆昌, 人緣和之字, 雙妻
환경이 좋다. 이지가 족하다. 중년에 애쓰나 만년에 번창한다. 인연이 화목하다. 두 처를 둔다.

총 總 (거느릴 총·金)
一生清雅多才, 義利分明, 中年勞, 晚年吉祥, 雙妻之格
일생 청아하고 재주가 많다. 의리가 분명하다. 중년에 애쓰나 만년에 길하다. 두 처를 두는 격이다.

축 縮 (오그라들 축·金)
有愛情煩惱或再嫁守寡, 或刑偶傷子, 一生難幸福之字
애정으로 번뇌하거나 혹 재가 과부의 운세다. 혹 처와 자손에게 해가 있다. 일생 행복하기 어려운 글자.

표 僄 (많을 표·水火)
有才能理智, 中年吉祥, 晚年隆昌但欠子之字
재능과 지혜가 있다. 중년에 길하고 만년에 번창한다. 단, 자식이 부족하다.

(놀 하·土水)

少年干難, 忌車怕水或有愛情厄或病弱短壽, 晩年吉祥
소년에 가난하다. 차와 물을 피하라. 혹 애정액이 있거나 혹 병약하고 단명한다. 만년에 길하고 상서롭다.

(골 학·土)

天生聰穎, 淸雅榮貴, 官運旺, 英敏多才, 環境良好之字
천성이 총명하다. 청아하고 귀하니 벼슬이 높다. 영민하고 재주가 많다. 환경이 좋은 글자.

(해자 호·土)

英雄格, 孤獨, 重情失敗, 出外吉祥, 中年勞, 晩年吉祥
영웅격이다. 고독하다. 정 때문에 실패한다. 외지로 나가면 길하다. 중년에 애쓰나 만년에 길하고 상서롭다.

(큰기러기 홍·土水)

精明公正, 學識淵博, 官運旺, 中年成功隆昌, 富貴之字
총명하며 공명정대하다. 학문이 해박하니 벼슬이 높다. 중년에 성공번창한다. 부귀의 글자.

(고리 환·土)

淸雅秀氣, 溫和賢能, 有愛情厄小心, 中年吉祥, 短壽之字
청아하고 기가 빼어나다. 온화하고 어질다. 애정액이 있으니 조심하라. 중년에 길하고 상서롭다. 단명하는 글자.

(돌아올 환·土)

奔波勞苦或身弱多疾, 或刑偶傷子, 中年勞晩年吉祥
파란과 노고한다. 혹 몸이 약하고 병이 많다. 혹 처와 자손에게 해가 있다. 중년에 애쓰나 만년이 길하고 상서롭다.

(골짜기 활·土)

憂心勞神或懷才不遇, 小心愛情厄, 晩年隆昌之字, 福祿雙收
마음에 근심하거나 재주를 품고도 때를 만나지 못한다. 애정액을 조심하라. 만년에 번창하는 글자. 복과 록을 모두 거둔다.

(노송나무 회·土木)

多才賢能, 中年成功隆昌環境良好, 晩年勞神或多疾
재주가 많고 어질다. 중년에 성공하여 번창하니 환경양호하다. 만년에 근심하거나 병이 많다.

(얻을 획·土)

性剛果斷, 有勇無謀或懷才不遇, 武官吉, 中年吉祥, 晩年勞神
성격이 강직하고 과감하다. 용기가 있으나 도모하지 않거나, 재주를 품고도 불우하다. 무관이 길하다. 중년에 길하나 만년에는 마음 고생한다.

(아름다울 휘·土)

多才賢能, 溫和勤儉, 中年成功隆昌, 出國之字, 名利雙收富貴
재주가 많고 어질다. 온화하며 근검하다. 중년에 성공하여 번창한다. 나라를 떠난다. 명예와 이익을 모두 거두니 부귀한다.

(복 희·土)

一生淸雅多才, 溫和賢能, 中年吉祥, 晩年隆昌福祿雙收
일생 청아하고 재주가 많다. 온화하고 어질다. 중년에 길하고 상서로우니 만년에 번창하며, 복록을 두루 거둔다.

{ 18획 음(陰) }

간 簡 (편지 간·木)
一生淸雅怜悧, 有才能理智, 中年勞, 晚年吉祥之字
일생 청아하고 영리하다. 재능과 지혜가 있다. 중년에 애쓰나 만년엔 길한 글자.

개 鎧 (갑옷 개·木金)
精明公正, 精誠多才, 中年成功隆昌, 官運旺, 出國之字
총명하며 공명정대하다. 정성스럽고 재주가 많다. 중년에 성공번창한다. 벼슬이 높다. 나라를 떠나는 글자.

거 擧 (들 거·木)
小心愛情厄, 天生聰明, 中年勞, 晚年吉祥之字
애정액을 조심하라. 천성이 총명하다. 중년에 노고하나 만년이 길하고 상서롭다.

검 瞼 (눈꺼풀 검·木)
憂心勞神或事勞無功, 中年多災或潦倒, 晚年雖吉祥多病疾
마음에 근심하거나 애써 일을 해도 공이 없다. 중년에 재액이 많거나 영락한다. 만년에 비록 길하나 병이 많다.

견 鵑 (두견이 견·木)
淸雅多才, 小心愛情厄, 中年平凡, 晚年吉祥隆昌
청아하고 재주가 많다. 애정액을 조심하라. 중년에 평범하고 만년에 길하고 번창한다.

겸 鎌 (낫 겸·木金)
淸雅榮貴, 多才賢能, 中年吉祥, 晩年隆昌, 出國之格
청아하고 귀하다. 재주가 많고 어질다. 중년에 길하고 상서롭다. 만년에 번창한다. 나라를 떠나는 격.

경 謦 (기침 경·木)
英敏多才, 言必信人, 緣好忠厚善良, 中年成功, 環境良好
영민하고 재주가 많다. 말에 믿음이 있다. 충직하고 선량한 사람과 인연이 있다. 중년에 성공하니 환경이 좋다.

고 瞽 (먼눈 고·木)
身弱多病或刑偶傷子, 中年多災厄, 晩年雖吉勞神
몸이 약하고 병이 많거나 처와 자식에 해가 있다. 중년에 재액이 많다. 만년에 비록 길하나 마음 고생한다.

곡 鵠 (고니 곡·木)
天生聰穎, 多才賢能, 中年平凡, 晩年吉祥, 環境良好之字
천성이 총명하고 재주가 많고 어질다. 중년에 평범하고 만년이 길하니 환경양호하다.

교 翹 (꼬리 교·木土)
淸雅伶利, 多才賢能, 智勇雙全, 官運旺, 富貴, 出國之字
청아하고 영리하다. 재주가 많고 어질다. 지혜와 용기를 모두 갖춘다. 관운이 왕성하니 부귀한다. 나라를 떠나는 글자.

구 舊 (예 구·木)
刑偶傷子或事勞無功, 中年多災厄, 晩年吉祥, 女人多不幸之字
처와 자손에게 해가 있다. 혹 일을 해도 공은 없다. 중년에 재액이 많으나 만년에 길하다. 여자는 불행이 많다.

궐 闕
(대궐 궐·木)

刑偶傷子, 晚婚遲得子吉, 中年勞, 晚年吉祥榮幸, 有欠子之字
처와 자손에게 해가 있다. 만혼에 늦자식이 길하다. 중년에 애쓰나 만년이 길하니 영화롭고 행복하다. 자손이 부족하다.

(돌아올 귀·木)

少年干難, 英俊多才, 中年吉祥, 但刑偶傷子, 晚年隆昌勞神
소년기에 가난하다. 영준하고 재주가 많다. 중년에 길하다. 단, 처와 자손에게 해가 있다. 만년에 번창하나 마음 고생한다.

(삼갈 근·木)

義利分明, 清雅榮貴, 中年勞, 晚年吉祥, 環境良好
의리가 분명하다. 청아하고 귀하다. 중년에 애쓰나 만년이 길하고 상서롭다. 환경이 좋다.

(뵈올 근·木)

出外吉祥, 口快性剛, 中年平凡, 晚年吉祥環境良好
외지로 나가면 길하다. 언변이 좋고 성격이 강직하다. 중년에 평범하다. 만년이 길하니 상서로우니 환경양호하다.

기 騏
(준마 기·木火)

清秀英俊, 多才享福, 中年吉祥, 晚年隆昌, 環境良好, 官旺
청수하고 영민하다. 재주가 많아 복을 누린다. 중년에 길하고 상서롭다. 만년에 번창하니 환경양호하다. 벼슬이 높다.

(말탈 기·木火)

刑偶傷子或晚婚大吉, 福祿雙收, 貴人明現, 中年勞晚年吉祥
처와 자손에게 해가 있다. 혹 만혼에 늦자식이 길하다. 복록을 두루 거둔다. 귀인이 나타나서 돕는다. 중년에 노고하나 만년에는 길하다.

(끊을 단·火)

有愛情煩惱, 或忌車怕水, 或病弱短壽, 中年多災, 晩年吉祥
애정의 번뇌가 있다. 혹 차와 물을 조심하라. 혹 병약하고 단명한다. 중년에 재액이 많다. 만년이 길하고 상서롭다.

(덮을 도·火)

學識淵博, 官運旺성, 中年成功隆昌, 出國之字, 環境良好之格
학식이 넓으니 벼슬이 높다. 중년에 성공하여 번창한다. 나라를 떠나는 글자. 환경양호하다.

(물이름 락·火水木)

自在樂天, 自成家業, 中年勞或奔波, 晩年吉祥
스스로 즐거움이 있다. 스스로 가업을 이룬다. 중년에 노고하거나 파란이 있다. 만년에 길하고 상서롭다.

(양식 량·火木)

勤儉治家, 忠厚善良, 淸雅榮貴, 中年成功隆昌, 環境良好
근검하게 가문을 다스린다. 충성스럽고 선량하다. 청아하고 귀하다. 중년에 성공 번창하니 환경이 좋다.

(사냥 렵·火)

多愁多憂, 百事勞苦, 中年多災或潦倒, 晩年吉祥
근심과 걱정이 많다. 백 가지 일에 노고가 많다. 중년에 재액이 많거나 혹 영락한다. 만년에 길하다.

(예도 례·火)

淸雅怜悧, 刑偶或欠子, 中年吉祥, 晩年隆昌, 雙妻之格
청아하고 영리하다. 처를 해치거나 혹 자손이 부족하다. 중년엔 길하고 상서롭다. 만년엔 번창한다. 두 처를 두는 격이다.

(물이름 록·火水木)

自在樂天, 自成家業, 中年勞或奔波, 晚年吉祥
스스로 즐거움이 있다. 스스로 가업을 이룬다. 중년에 노고하거나 파란이 있다. 만년에 길하고 상서롭다.

(작은성 루·火土)

憂心勞神或外祥內苦, 小心愛情厄, 中年多災, 晚年吉祥
마음에 근심하고 힘겹거나 혹 외적으론 좋아도 내면은 고생이다. 애정난을 조심하라. 중년에 재액이 많다. 만년은 길하고 상서롭다.

(잉어 리·火)

福祿雙收, 名利有分, 一生溫和賢能, 中年成功隆昌, 幸福之字
복록을 두루 거둔다. 명예와 이익에 분수가 있다. 일생 온화하고 어질다. 중년에 성공하여 번창한다. 행복한 글자.

(다스릴 리·火)

淸雅榮貴, 多才賢能, 中年勞, 晚年吉祥隆昌, 女人刑偶或傷子之字
청아하고 영귀한다. 재주가 많고 어질다. 중년에 노고하나 만년에 길하고 번창한다. 여자는 남편을 극하거나 자식을 해한다.

(넘을 만·水)

外祥內苦, 晚婚遲得子吉, 中年多災厄, 晚年吉祥
겉으론 좋으나 내심 고생한다. 늦은 결혼에 늦게 자식을 둠이 길하다. 중년에 재액이 많으나 만년에 길하다.

모 謨
(꾀 모·水木)

淸雅榮貴, 多才賢能, 中年成功隆昌, 出國榮貴之字, 忌水厄
청아하고 귀하다. 재주가 많고 어질다. 중년에 성공번창한다. 나라를 떠나 영화롭고 귀하다. 물을 꺼린다.

획수별 자(字)의 길흉과 운세—18획

(비틀거릴 반·水)

外祥內苦, 晚婚遲得子吉, 中年多災厄, 晚年吉祥
겉으론 좋으나 내심 고생한다. 늦은 결혼에 늦게 자식을 둠이 길하다. 중년에 재액이 많으나 만년에 길하다.

(날 번·水)

少年干難, 中年多厄或身弱奔波, 晚年吉祥隆昌
소년시절에 가난하다. 중년에 재액이 많거나 몸이 약하고 분파를 겪는다. 만년에 길하고 번창한다.

(둥근옥 벽·水)

環境良好, 多才賢能, 中年吉祥, 晚年隆昌
환경이 좋다. 재주가 많고 어질다. 중년에 길하고 만년에 번창한다.

(향기 복·水火)

秀氣怜悧, 淸雅榮貴, 出國之字, 官旺, 中年成功隆昌
기가 빼어나고 영리하다. 청아하고 귀하다. 나라를 떠나는 글자. 벼슬이 높다. 중년에 성공하여 번창한다.

(엎을 복·水)

少年干難, 中年多厄或身弱奔波, 晚年吉祥隆昌
소년기에 가난하다. 중년에 액이 많거나 혹 몸이 약하고 파란이 있다. 만년에는 길하고 번창한다.

(술잔 상·金)

不祥之字, 多災厄或病弱短壽, 一生難幸福, 牢獄之字
상서롭지 못한 글자이니 재액이 많거나 혹 병약하고 단명한다. 일생 행복하기 어렵다. 수감의 액이 있다.

(기울 선·金)

福祿雙收, 多才賢能, 克己助人, 中年平晚年吉祥隆昌榮貴之字
복록을 두루 거둔다. 재주가 많고 어질다. 남을 먼저 돕는다. 중년에 평이하고 만년에 길하며 영화롭고 귀한 글자.

(매미 선·金)

天生聰穎, 智勇多才, 中年吉祥, 晚年隆昌幸福之字
천성이 총명하며 지혜와 용기가 있고 재주 많다. 중년에 길하고 상서로우니 만년에는 번창하며 행복하다.

(베 세·金)

溫和賢淑, 小心愛情厄, 中年平凡, 晚年吉祥, 但勞神
온화하고 현숙하다. 애정액을 조심하라. 중년에 평범하고 만년에는 길하다. 단, 마음 고생한다.

(헝크러질 송·金木)

外祥內憂, 清雅賢能, 中年勞, 晚年吉祥隆昌
겉으론 좋으나 내심 근심한다. 청아하고 어질다. 중년에 노고하나 만년에 길하고 번창한다.

(쇠사슬 쇄·金)

學問豊富, 二子吉祥, 中年平, 晚年隆昌, 環境良好
학문이 풍부하다. 두 아들이 길하다. 중년에 평범하고 만년에 번창하고 환경이 좋다.

(나머지 신·金火)

憂心勞神或病弱短壽, 忌車怕水多災厄, 女人守寡再嫁之字
마음에 근심하거나 병약하고 단명한다. 차와 물을 꺼리며, 재액이 많다. 여자는 과부 또는 재가하는 글자.

(쌍 쌍·金)

多才淸雅, 中年平, 晩年吉祥, 女人刑偶傷子或外祥內苦之字
재주가 많고 청아하다. 중년에 평범하고 만년이 길하다. 여자는 처와 자손에게 해가 있거나 혹 겉은 좋아도 내심 고생이다.

(얼굴 안·土)

一生淸雅多才, 二子吉祥, 中年勞或奔波, 晩年吉祥
일생 청아하고 재주가 많다. 두 아들이 길하다. 중년에 노고하나 혹 파란이 있다. 만년이 길하고 상서롭다.

(더러울 예·土木)

溫和怜悧, 多才巧智, 出外吉祥, 中年成功隆昌
온화하고 영리하다. 재주가 많고 지혜롭다. 외지로 나가면 길하다. 중년에 성공번창한다.

(얽힐 요·土)

淸雅賢能, 理智充足, 中年平, 晩年吉祥, 女人小心愛情厄
청아하고 어질다. 이지가 충족하다. 중년에 평이하고 만년에 길하다. 여자는 애정액을 조심하라.

(빛날 요·土火)

多才勤儉, 賢能忠厚, 中年平, 晩年隆昌, 環境良好
재주가 많고 근검하다. 어질고 충성되다. 중년에 평이하고 만년에 번창하니 환경이 좋다.

(녹일 용·土金)

天生聰穎, 福祿雙收, 忠厚善良, 中年成功隆昌, 環境良好, 出國格
천성이 총명하고 복록을 두루 거둔다. 충성되고 선량하다. 중년에 성공하고 번창하니 환경이 좋다. 나라를 떠나는 격이다.

(의원 의·土)

一生淸雅多才, 淸雅賢能, 中年勞, 晩年隆昌, 忌水怕車之字
일생 청아하고 재주가 많다. 청아하고 어질다. 중년에 애쓴다. 만년에 번창한다. 차와 물을 꺼리는 글자.

(성할 이·土)

義利分明, 克己助人, 精明公正, 中年吉祥, 晩年隆昌, 出國之字
의리가 분명하다. 자신보다 남을 돕는다. 총명하며 공명정대하다. 중년에 길하고 만년에 번창한다. 나라를 떠나는 글자.

(무게이름 일·土金)

帶血字, 英敏賢能, 刑偶或傷子或身弱多疾, 晩年吉祥
혈(血)자를 지닌 글자. 영민하고 어질다. 처 또는 자식을 상하거나 몸이 약하고 병이 많다. 만년에 길하고 상서롭다.

(벼슬 작·金)

官或財旺, 一生淸雅榮貴, 中年成功隆昌, 刑偶傷子之字
벼슬이 높고 재물이 많다. 일생 청아하고 귀하다. 중년에 성공번창한다. 처와 자손에게 해가 있는 글자.

(비녀 잠·金木)

有愛情厄, 晩婚遲得子大吉, 中年有災, 晩年吉祥之字
애정액이 있다. 만혼에 늦자식이 길하다. 중년에 재액이 있다. 만년에 길하고 상서로운 글자.

(섞일 잡·金)

憂心勞神或刑偶傷子, 中年多災或潦倒, 晩年吉祥
마음에 근심하고 힘겹거나 혹 처와 자손에게 해가 있다. 중년에 재액이 많거나 혹 망한다. 만년에 길하고 상서롭다.

장藏
(감출 장·金)

溫和淸雅, 多才賢能, 出外吉祥, 中年勞, 晩年隆昌
온화하고 청아하다. 재주가 많고 어질다. 외지로 나가면 길하다. 중년에 애쓰나 만년에 번창한다.

쟁鎗
(금속소리 쟁·金)

福祿雙收, 多才賢能, 中年成功隆昌, 出外大吉, 雙妻之字生意命
복과 록을 모두 거둔다. 재주가 많고 어질다. 중년에 성공하고 번창한다. 외지로 나가면 대길하다. 두 처를 두는 글자.

저儲
(쌓을 저·金)

晩婚遲得子吉, 淸雅怜悧, 中年平凡, 晩年隆昌, 環境良好
만혼에 늦자식이 길하다. 청아하고 영리하다. 중년이 평이하고 만년에 번창하다. 환경이 좋다.

전顓
(오로지 전·金土)

學識淵博, 精明公正, 克己助人, 中年成功隆昌, 二子吉祥榮貴
학식이 넓고 총명하며 공명정대하다. 자신보다 남을 먼저 돕는다. 중년에 성공하여 번창한다. 두 아들이 길하니 영화롭고 귀하다.

전轉
(구를 전·金)

憂心勞神或事勞無功, 中年勞或刑偶傷子, 晩年吉祥
마음에 근심하여 고생하거나 혹 일을 열심히 해도 공은 없다. 중년에 노고하거나 혹 처와 자손에게 해가 있다. 만년에 길하고 상서롭다.

제題
(제목 제·金)

出外成功隆昌, 自在快樂, 中年平, 晩年隆昌環境良好
외지로 나가면 성공번창한다. 스스로 즐겁다. 중년엔 평이하고 만년엔 번창하며 환경이 좋다.

직 織
(짤 직·金)

晚婚遲得子吉, 小心愛情厄, 中年多災, 晚年隆昌, 身弱短壽
만혼에 늦자식이 길하다. 애정액을 조심하라. 중년에 재액이 많다. 만년에 번창한다. 몸이 약하고 단명한다.

직 職
(직분 직·金)

晚婚遲得子吉, 天生聰穎, 中年勞, 晚年吉祥, 短壽之字
만혼에 늦자식이 길하다. 천성이 총명하다. 중년에 애쓰나 만년에 길하다. 단명의 글자.

진 鎭
(진압할 진·金)

英敏多才, 賢能勤儉, 出國之格, 忌車怕水, 中年勞, 晚年隆昌
영민하고 재주가 많다. 어질고 근검하다. 나라를 떠나는 격이다. 차와 물을 꺼린다. 중년에 고생하나 만년에 번창한다.

첨 瞻
(볼 첨·金)

福祿雙收, 少年干難, 中年勞或奔波, 晚年吉祥
복록을 두루 거둔다. 소년기에 가난하고 중년에 애노고하거나 혹 파란이 있다. 만년에 길하고 상서롭다.

초 礎
(주춧돌 초·金木)

命硬, 出外成功, 中年勞或奔波, 晚年成功隆昌, 刑偶傷子
운명이 강하다. 외지로 나가면 성공한다. 중년에 노고하거나 혹 파란이 있다. 만년에 성공번창하나 처와 자손에게 해가 있다.

총 叢
(모일 총·金)

身瘦多才賢能, 上下敦睦, 中年平凡, 晚年隆昌, 配合凶卽殺人
몸이 수척하나 재주가 많고 어질다. 상하가 화목하다. 중년에 평범하고 만년에 번창한다. 배합하여 흉한 즉 살인의 액이 있다.

(쇠망치 추·金)

憂心勞神或一貧如洗, 命途多舛, 一生難幸福之字
마음에 근심하고 고생한다. 혹 일생 너무 가난하다. 운명이 어긋나니 일생 행복하기 어려운 글자.

(벌레 충·金)

忠厚善良, 多才溫和, 中年有厄, 忌車怕水, 晚年隆昌
충성되고 선량하다. 재주가 많고 온화하다. 중년에 액이 있으니 차와 물을 조심하라. 만년에는 번창한다.

(엿볼 틈·火)

刑偶傷子, 一生多災厄, 中年勞苦, 忌車怕水, 晚年吉祥
처와 자식에게 해가 있다. 일생 재액이 많으니 중년에는 노고한다. 차와 물을 조심하라. 만년에 길하고 상서롭다.

(채찍 편·水)

英雄豪傑, 口快性剛, 中年勞, 晚年成功隆昌, 武官吉, 欠子之厄
영웅호걸이니 언변이 좋고 성격이 강직하다. 중년에 애쓰고 만년엔 성공한다. 무관이 길하다. 자손은 부족하다.

(잔대 풍·水)

英敏才人, 理智充足, 中年平凡, 晚年吉祥, 環境良好
영민하고 재주가 있다. 이지가 충족하다. 중년에 평범하고 만년에 길하니 환경양호하다.

(약을 할·土火)

福祿雙收, 清雅榮貴, 中年吉祥, 晚年隆昌, 環境良好, 官運旺
복과 록을 모두 거둔다. 청아하고 영귀한다. 중년에 길하고 만년에 번창한다. 환경양호하다. 관운이 왕성한 글자.

함 檻
(난간 함·土木)

一生淸雅, 多才賢能, 刑偶或傷子, 中年吉祥, 晩年隆昌 官旺之字
일생 청아하고 재주가 많으며 어질다. 처 또는 자식을 상한다. 중년에 길하고 만년에 번창하니 관운이 왕성하다.

혁 虩
(두려워할 혁·土)

出外逢貴得財, 晩婚大吉, 中年吉祥, 晩年隆昌, 官旺之字
외지로 나가면 귀인을 만나 재물을 얻는다. 만혼이 대길하다. 중년에 길하고 만년에 번창하니 벼슬이 높은 글자다.

훈 薰
(향기 훈·土火)

衣厚食豊, 秀氣巧妙, 淸雅榮貴, 官運旺, 出國之字
의식이 풍족하다. 기가 빼어나고 지혜로우며 청아하고 영귀하다. 벼슬이 높다. 나라를 떠나는 글자.

훈 燻
(연기낄 훈·土火)

多才賢能, 淸雅榮貴, 學問豊富, 中年成功隆昌, 官旺, 出國之格
재주가 많고 어질다. 청아하고 귀하다. 학문이 풍부하다. 중년에 성공하고 번창한다. 벼슬이 높다. 나라를 떠나는 격이다.

힐 擷
(뽑을 힐·土)

智勇雙全, 克己助人, 中年勞或愛情厄, 晩年吉祥, 二子吉祥
지혜와 용기를 겸전한다. 자신보다 남을 돕는다. 중년에 노고하거나 애정액이 있다. 만년에 두 아들이 길하다.

19획 양(陽)

갱 鏗 (금속소리 갱·木金土)
操守廉正, 清雅榮貴, 官運旺, 中年成功隆昌, 出國之字
분수를 지켜 올바르다. 청아하고 영귀하다. 관운이 왕성하다. 중년에 성공하여 번창한다. 나라를 떠나는 글자.

갱 羹 (국 갱·木火)
智勇雙全, 多才清雅, 中年成功隆昌, 晩年勞神或多疾
지혜와 용기를 모두 갖춘다. 재주가 많고 청아하다. 중년에 성공번창한다. 만년에 노고하나 혹 병이 많다.

경 鏡 (거울 경·木金)
多才賢能, 出外吉祥, 官運旺榮貴隆昌, 環境良好
재주가 많고 어질다. 외지로 나가면 길하다. 관운이 왕성하니 영귀하며 번창한다. 환경양호하다.

경 鯨 (고래 경·木火)
溫和賢淑, 勤儉善良, 一世安然, 中年成功隆昌, 環境良好
온화하고 어질다. 근검하고 선량하니 일생 편하다. 중년에 성공번창하고 환경양호하다.

경 瓊 (구슬 경, 옥 경·木)
小心愛情厄, 秀氣賢能, 二子吉祥, 中年成功隆昌, 出國之格
애정액을 조심하라. 기가 빼어나고 어질다. 두 아들이 길하다. 중년에 성공번창한다. 나라를 떠나는 격.

계 繫
(맬 계 · 木)

有愛情煩惱或身弱短壽, 中年多災或勞苦, 晚年子福之字
애정으로 번뇌한다. 혹 몸이 약하고 단명한다. 중년에 재액이 많거나 혹 고생한다. 만년에 자손의 복이 있다.

관 關
(문빗장 관 · 木)

膽識雙全, 淸雅性剛, 中年多勞, 晚年隆昌
담력과 지혜를 모두 갖춘다. 청아하고 성격이 강직하다. 중년에 노고가 많다. 만년에 번창한다.

광 曠
(헹할 광 · 木)

理智充足, 二子吉祥, 榮貴隆昌, 環境良好, 剋父之字
이지가 족하다. 두 아들이 길하다. 번창하고 귀하다. 환경이 좋다. 아버지를 극하는 글자.

기 麒
(기린 기 · 木)

學識淵博, 智勇雙全, 一生榮貴隆昌, 二子吉祥, 官旺富貴之字
학문이 해박하다. 지혜와 용기를 갖춘다. 일생 귀하며 번창한다. 벼슬이 높고 부귀한 글자.

달 獺
(수달 달 · 火)

晚婚遲得子吉, 肯作肯勞, 重義信用, 中年吉祥, 晚年勞神
늦은 결혼에 늦게 자식둠이 길하다. 기꺼이 일하고 노고한다. 신용을 중히 여긴다. 중년에 길하나 만년에 마음 고생한다.

담 譚
(클 담 · 火)

溫和賢能, 英敏淸雅, 中年吉祥隆昌, 晚年勞神
온화하고 어질다. 영민하며 청아하다. 중년에 길하고 번창한다. 만년에는 마음 고생한다.

(감출 도·火)

多才賢能, 淸雅多能, 中年吉祥, 晩年隆昌, 官運旺
재주가 많고 어질다. 청아하고 능력이 있다. 중년에 길하고 상서로우니 만년에 번창한다. 벼슬이 높다.

(빌 도·火)

溫和多才, 淸雅榮貴, 身弱多疾, 中年勞晩年隆昌, 官旺之字
온화하고 재주가 많다. 청아하고 영귀하다. 몸이 허약하여 병이 많다. 중년에 노고한다. 만년에 번창한다. 관운이 좋은 글자.

(등나무 등·火木水)

有才能理智, 中年勞, 忌車怕水, 晩年吉祥, 女人多病疾短壽
재주가 있고 이지적이다. 중년에 노고하니 차와 물을 조심하라. 만년에 길하고 상서롭다. 여자는 병이 많고 단명한다.

(벌일 라·火)

一生淸雅謀爲出衆, 中年勞或多災, 晩年吉祥之字
일생 청아하고 무리를 위해 일한다. 중년에 애쓰나 혹 재액이 많다. 만년이 길하고 상서로운 글자.

(고둥 라·火)

精神失常, 或怪性或刑偶欠子, 或愛情厄, 晩年吉祥
정신에 이상이 있다. 성격이 괴이하여 처를 해치고 자식이 적다. 혹 애정액이 있다. 만년에 길하다.

려麗
(고울 려·火)

淸秀多才, 妻賢子貴, 中年平, 晩年吉祥, 女人小心愛情厄, 忌車怕水
청수하고 재주가 많다. 처가 어질고 자손은 귀하다. 중년에 평이하고 만년이 길하다. 여자는 애정액을 조심하라. 차와 물을 꺼린다.

렴 蠊 (땅풍뎅이 렴·火)
義利分明, 重義信用, 名利雙收, 中年勞, 晚年吉祥
의리가 분명하다. 신용을 중히 여긴다. 명예와 이익을 모두 거둔다. 중년에 노고하나 만년에 길하다.

(산기슭 록·火木)
名利雙收, 重義信用, 中年勞自成家業, 白手成家之字
명예와 이익을 거둔다. 신용을 중히 여긴다. 중년에 노고하여 스스로 가업을 이루고 맨손으로 집안을 일으킨다.

(금 류·火金)
憂心勞神或刑偶傷子, 或身弱多疾, 中年勞, 晚年吉祥
마음에 근심하거나 처와 자식에 해가 있다. 혹 몸이 약하니 병이 많다. 중년에 노고한다. 만년에는 길하고 상서롭다.

(무리 류·火木)
淸雅怜悧, 二子吉祥, 中年勞, 晚年吉祥, 肯作勤儉之字
청아하고 영리하다. 두 아들이 길하다. 중년에 애쓴다. 만년이 길하고 상서롭다. 기꺼이 일하고 근검한 글자.

리 離 (떠날 리·火)
不祥之字, 多災厄或刑偶傷子或事勞無功, 病弱短壽之字
상서롭지 못한 글자이니 재액이 많거나 혹 처와 자손에게 해가 있다. 혹 애써 일을 해도 공은 없다. 병약하고 단명한 글자.

(안개 무·水)
暗淡無光, 一生難幸福多災厄, 忌車怕水, 身弱短壽之字
암담하여 빛이 없다. 일생 행복하기 어렵고 재액이 많다. 차와 물을 꺼린다. 몸이 약하고 단명하는 글자.

미 靡
(쓰러질 미·水)

憂心勞神或刑偶傷子, 中年勞或愛情厄, 晚年吉祥
마음에 근심하고 힘겹거나 혹 처와 자손에게 해가 있다. 중년에 노고하거나 혹 애정액이 있다. 만년에 길하고 상서롭다.

반 攀
(당길 반·水)

有愛情煩惱或刑偶傷子, 多災厄或不幸, 再嫁或守寡之字
애정 번뇌가 있거나 처와 자식에 해가 있다. 재액이 많거나 불행하다. 재가하거나 과부의 글자.

보 譜
(계보 보·水)

晩婚遲得子大吉, 淸雅榮貴, 中年吉祥, 晚年隆昌, 榮貴之字
만혼에 늦자식이 길하다. 청아하고 귀하다. 중년에 길하고 상서롭다. 만년에 번창한다. 영화롭고 귀한 글자.

붕 鵬
(붕새 붕·水)

性剛果斷或身弱多疾, 中年勞, 武官大吉, 晚年隆昌官旺盛
성격이 강직하고 과감하다. 혹 몸이 약하고 병이 많다. 중년에 애쓴다. 무관이 대길히다. 만년에 번창하고 벼슬이 높다.

비 嚭
(클 비·水)

福祿雙收, 淸雅榮貴, 中年吉祥, 晚年隆昌, 女人多災短壽
복과 록을 모두 거둔다. 청아하고 영귀하다. 중년에 길하고 만년에 번창한다. 여자는 재액이 많고 단명한다.

사 辭
(말 사·金)

消極之字, 暗淡無光, 一生多災厄或身弱短壽, 不幸之字
소극적이다. 암담하여 빛이 없으니 일생 재액이 많거나 혹 몸이 약하고 단명한다. 불행한 글자.

(옥새 새·金)

精明公正, 義利分明, 智勇雙全, 中年成功隆昌, 官運旺, 出國格
총명하며 공명정대하다. 의리가 분명하다. 지혜와 용기를 모두 갖춘다. 중년에 성공하여 번창하니 벼슬이 높다. 나라를 떠나는 격.

(기릴 선·金)

義利分明, 二子吉祥, 肯勞勤儉, 中年吉祥, 晚年隆昌
의리가 분명하다. 두 아들이 길하다. 기꺼이 노고하며 근검하다. 중년에 길하니 만년에는 번창한다.

(퉁소 소·金木)

秀氣賢能, 伶利淸雅, 中年勞, 晚年吉祥之字
기가 빼어나며 어질다. 영리하며 청아하다. 중년에 노고하나 만년에 길한 글자.

(짐승 수·金)

性剛口快, 殺人被殺, 一生牢獄或惡死凶亡, 不祥之字
성격이 강직하고 언변이 좋다. 살인, 피살, 수감의 재액 혹은 비명횡사하니 상서롭지 못한 글자.

(수놓을 수·金)

有愛情煩惱, 或忌車怕水, 或身弱短壽, 中年多災, 晚年吉祥
애정으로 번뇌한다. 혹은 차와 물을 꺼린다. 혹 몸이 약하고 단명한다. 중년에 재액이 많으나 만년이 길하고 상서롭다.

(노끈 승·金)

不祥之字, 多災厄或一貧如洗, 刑偶短壽難幸福之字
상서롭지 못한 글자이니 재액이 많거나 혹 너무 가난하다. 처에게 해가 있고 단명하니 행복하기 어려운 글자.

(알 식·金)

刑偶傷子, 晩婚大吉, 中年勞或有愛情厄, 晩年吉祥
처와 자손에게 해가 있다. 만혼이 대길하다. 중년에 고생하거나 혹 애정액이 있다. 만년에 길하고 상서롭다.

(약 약·土木)

趁人快樂或外祥內吉中年多災厄, 晩年吉祥, 不祥之字
쾌락이 있으니 혹 겉도 좋고 안도 길하다. 중년에 재액이 많으나 만년에 길하다. 상서롭지 못한 글자.

(풀 역·土)

天生聰穎, 小心愛情厄, 中年勞, 晩年吉祥, 但勞神或多疾
천성이 총명하다. 애정액을 조심하라. 중년에 애쓰나 만년에 길하고 상서롭다. 단, 마음 고생 혹 병이 많다.

(아름다울 연·土火)

淸雅伶利, 溫和賢淑, 中年吉祥隆昌, 環境良好, 秀雅之字
청아하고 영리하다. 온화하고 현숙하다. 중년에 길하고 번창하니 환경양호하다. 아름답고 맑은 글자.

(고울 염·土)

秀氣怜俐, 多才賢淑, 中年吉祥, 小心愛情厄, 晩年隆昌
기가 빼어나고 영리하다. 재주가 많고 어질다. 중년에 길하고 상서롭다. 애정액을 조심하라. 만년에 번창한다.

(재주 예·土木)

有才能理智, 溫和賢能, 中年吉祥, 晩年隆昌, 出國之字
재능이 많고 지적이다. 온화하고 어질다. 중년에 길하다. 만년이 번창한다. 나라를 떠나는 글자.

(오살할 오·土金)

精明公正, 義利分明, 中年吉祥, 晩年隆昌, 環境良好之字
총명하며 공명정대하다. 의리가 분명하다. 중년에 길하고 상서롭다. 만년에 번창한다. 환경이 양호한 글자.

(편안할 온·土木)

一生怜悧溫和, 早婚不宜, 中年勞, 晚年吉祥, 女人再嫁, 守寡之字
일생 영리하고 온화하다. 조혼은 마땅치 않다. 중년에 애쓰나 만년이 길하고 상서롭다. 여자는 재가하거나 과부의 운명이다.

(운 운·土)

小心愛情厄, 二子吉祥, 中年有災, 晚婚平安, 晚年吉祥
애정액을 조심하라. 두 아들이 길하다. 중년에 재액이 있다. 만혼이 평안하다. 만년에 길하고 상서롭다.

(바랄 원·土)

多才賢能, 淸雅榮貴, 中年吉祥, 晚年隆昌, 環境良好之字
재주가 많고 어질다. 청아하고 귀하다. 중년에 길하고 상서롭다. 만년에 번창하고 환경이 좋다.

(금 유·土金)

憂心勞神或刑偶傷子, 或身弱多疾, 中年勞, 晚年吉祥
마음에 근심하거나 처와 자식에 해가 있다. 혹 몸이 약하니 병이 많다. 중년에 노고한다. 만년에는 길하고 상서롭다.

(장마 음·土水)

性剛果斷或身弱短壽, 中年多災, 晚年隆昌
성격이 강직하고 결단력이 있다. 혹 몸이 약하고 단명한다. 중년에 재액이 많으나 만년에 길하다.

(조용할 의·土)

智勇雙全, 忠厚勤儉, 中年成功隆昌, 環境良好, 二子吉祥, 敎育界吉
지혜와 용기를 갖춘다. 충직하고 근검하다. 중년에 성공하여 번창한다. 환경양호하다. 두 아들이 길하다. 교육계가 길하다.

의 蟻
(개미 의·土)

溫和賢能, 淸雅多才, 刑偶傷子或孤獨, 晚年吉祥
온화하고 어질다. 청아하고 재주가 많다. 처와 자손에게 해가 있거나 혹 고독하다. 만년에 길하고 상서롭다.

작 鵲
(까치 작·金)

理智充足, 刑偶傷子, 晚婚吉祥, 中年勞, 晚年隆昌
이지가 족하다. 처와 자손에게 해가 있다. 만혼이 길하다. 중년에 애쓰나 만년에 번창한다.

장 鏘
(금옥 소리 장·金)

命硬父母無緣, 病弱短壽, 中年吉祥環境良好, 忌車怕水之厄
운명이 강하여 부모와 연이 없다. 병약하고 단명한다. 중년에 길하니 환경이 좋다. 차와 물을 꺼린다.

전 顚
(머리 전·金)

秀氣英敏, 天生伶利, 二子吉祥, 中年成功隆昌, 出國榮幸之字
기가 빼어나고 영민하다. 천성이 영리하다. 두 아들이 길하다. 중년에 성공하여 번창한다. 나라를 떠나 영화롭고 행복하다.

조 鵰
(수리 조·金)

聰明伶利, 多才淸雅, 小心愛情厄, 中年勞, 晚年吉祥, 雙妻之格
총명하고 영리하다. 재주가 많고 청아하다. 애정액을 조심하라. 중년에 노고한다. 만년에 길하고 상서롭다. 두 처를 두는 격.

주 疇
(무리 주·金)

學問豊富, 淸雅榮貴, 中年成功隆昌, 官旺出國之格
학문이 풍부하다. 청아하고 영귀하다. 중년에 성공번창한다. 벼슬이 높고 나라를 떠나는 격.

(줄 증·金)

英敏多才, 淸雅榮貴, 中年成功隆昌, 環境良好, 晩婚大吉
영민하고 재주가 많다. 청아하고 귀하다. 중년에 성공번창하니 환경양호하다. 만혼이 대길하다.

(증거 증·金)

英俊佳人, 多才有能, 忠厚善良, 中年平, 晩年隆昌
영준하고 아름답다. 재주가 많고 유능하다. 충성되고 선량하다. 중년에 평이하고 만년에 번창한다.

(찬성할 찬·金)

淸雅榮貴, 刑偶傷子, 晩婚大吉, 中年勞, 晩年隆昌
청아하고 귀하다. 처와 자손에게 해가 있다. 만혼이 대길하다. 중년에 애쓰나 만년에 번창한다.

(지을 찬·金)

義利分明, 二子吉祥, 肯勞勤儉, 中年吉祥, 晩年隆昌
의리가 분명하다. 두 아들이 길하다. 기꺼이 노고하며 근검하다. 중년에 길하니 만년에는 번창한다.

(수레바퀴자국 철·金)

出國之格, 多才怜悧, 淸雅榮貴, 中年成功隆昌, 官運旺
나라를 떠나는 격이다. 재주가 많고 영리하다. 청아하고 귀하다. 중년에 성공번창한다. 벼슬이 높다.

(서명할 첨·金木)

憂心勞神或身弱短壽, 中年多災或潦倒, 晩年雖吉祥多病疾
마음에 근심하고 힘겹거나 혹 몸이 약하고 단명한다. 중년에 재액이 많거나 망한다. 만년에 비록 길하나 질병이 많다.

(청어 청·金火)

秀氣多才, 理智充足, 刑偶或傷子, 中年勞晚年吉祥
기가 빼어나고 재주가 많다. 이지가 충족하다. 처 혹은 자식에 해가 있다. 중년에 노고하나 만년에 길하다.

(돌잉어 추·金火)

福祿雙收, 淸雅多才, 出外大吉, 刑偶欠子, 雙妻之格
복과 록을 모두 거둔다. 청아하고 재주가 많다. 외지로 나가면 대길하다. 처에 해가 있고 자식이 부족하다. 두 처를 얻는 격.

(칼끝 표·水金)

淸雅榮貴, 環境良好, 刑偶或傷子, 中年吉, 晩年勞神
청아하고 영귀한다. 환경양호하다. 처 또는 자식에 해가 있다. 중년에 길하나 만년에 마음 고생한다.

(게 해·土)

智勇雙全, 一生多才賢能, 英雄格, 中年勞晚年吉祥
지혜와 용기를 갖춘다. 일생 재주가 많고 어질다. 영웅격. 중년에 애쓰나 만년에 길하고 상서롭다.

(향할 향·土)

憂心勞神或事勞無功, 中年多災或潦倒, 晩年福祿雙收之字
마음 고생하고 힘겹거나 혹 일은 힘들어도 공은 없다. 중년에 재액이 많거나 혹 망한다. 만년에 복록을 두루 거둔다.

(거둘 확·土木)

憂心勞神或身弱多疾, 出外吉祥, 中年勞晚年吉祥
마음에 근심하고 힘겹거나 혹 몸이 약하고 병이 많다. 외지로 나가면 길하다. 중년에 애쓰나 만년에 길하고 상서롭다.

(품을 회·土)

浮沈不定, 機謀多變, 刑偶傷子, 晚婚大吉, 中年勞, 小心愛情厄, 出國格
흥망이 일정치 않으니 기모가 변화한다. 처와 자손에게 해가 있다. 만혼이 대길하다. 중년에 노고한다. 애정난을 조심하라. 나라를 떠나는 격.

(그림 회·土)

多才賢能, 溫和賢淑, 晚婚大吉, 早婚多疾, 中年勞晚年吉祥
재주가 많고 어질다. 온화하고 어질다. 만혼에 대길하나 조혼이면 병이 많다. 중년에 노고하나 만년에 길하고 상서롭다.

{ 20획 음(陰) }

각 覺 (깨달을 각 · 木)
刑偶或欠子, 性剛口快, 中年吉祥, 晚年隆昌, 出外吉祥之字
처에게 해가 있거나 혹은 자손이 부족하다. 성격이 강직하고 언변이 좋다. 중년에 길하고 만년에 번창한다. 외지로 나가면 길하다. 상서로운 글자.

감 闞 (바라볼 감 · 木)
性剛果斷, 忌車怕水, 中年多災厄或潦倒, 晚年吉祥
성격이 강직하고 결단력이 있다. 차와 물을 꺼린다. 중년에 재액이 많거나 영락한다. 만년에 길하다.

강 鐧 (돈 강, 돈꿰미 강 · 木金)
智勇雙全, 義利分明, 中年平凡但奔波, 晚年隆昌官旺之字
지혜와 용기를 갖춘다. 의리가 분명하다. 중년에 평범하다. 단, 파란을 겪는다. 만년에 번창하니 관운이 왕성하다.

경 警 (경계할 경 · 木)
福祿雙收, 貴人明現, 重情失敗, 中年勞晚年吉祥
복록을 두루 거둔다. 귀인이 나타나 돕는다. 정 때문에 실패한다. 중년에 애쓰나 만년에 길하고 상서롭다.

경 競 (다툴 경 · 木)
出外吉祥, 父母無緣, 刑偶傷子或忌車怕水, 晚年吉祥
외지로 나가면 길하다. 부모의 연고가 없다. 처와 자손에게 해가 있다. 혹 물을 두려워 하고 차를 꺼린다. 만년에 길하고 상서롭다.

(이을 계·木)

膽識豊富, 精明公正, 中年成功隆昌, 出國之字, 小心愛情厄
담력과 학식풍부하다. 총명하며 공명정대하다. 중년에 성공번창하다. 나라를 떠나는 글자. 애정액을 조심하라.

(고할 곡·木)

精明公正, 義利分明, 中年平晚年隆昌, 環境良好之字
총명하며 공명정대하다. 의리가 분명하다. 중년에 평이하고 만년에 번창한다. 환경이 양호한 글자.

(쇠돌 광·木)

命硬晚婚或配硬命吉, 二子吉祥, 中年吉祥, 環境良好之字
운명이 강하여 늦게 결혼하거나 혹은 강한 운명을 가진 사람과 만나면 길하다. 두 아들이 길하다. 중년에 길하니 환경이 좋다.

(권할 권·木)

剋父傷母或刑偶傷子, 中年勞, 晚年吉祥, 女人難幸福多災
아버지를 극하고 어머니를 상하게 한다. 처와 자손에게 해가 있다. 중년에 애쓰나 만년에 길하다. 여자는 행복하기 어려우니 재액이 많다.

(무리 당·火)

多才賢能, 理智充足, 一生平凡, 保守之字, 女人愛情厄, 不幸短壽之字
재주가 많고 어질다. 이지가 족하다. 일생 평범하니 분수를 지킨다. 여자는 애정액이 있고 불행하며 단명한 글자다.

(오를 등·火)

出外逢貴得財, 一生淸雅, 中年勞苦, 晚年吉祥
외지로 나가면 귀인을 만나 재물을 얻는다. 일생 청아하다. 중년에 노고하나 만년이 길하고 상서롭다.

(등잔 등·火金)

身瘦多才, 淸雅榮貴, 中年吉祥, 晩年隆昌, 環境良好
몸이 수척하나 재주가 많다. 청아하고 영귀하다. 중년에 길하고 상서롭다. 만년에 번창하고 환경이 좋다.

(큰물결 란·火水)

事勞無功或刑偶傷子或有愛情厄, 病弱短壽之字
일에 애써도 공이 없다. 혹 처와 자손에게 해가 있다. 혹 애정액이 있다. 병약하고 단명한 글자.

(바구니 람·火木)

一生淸雅怜俐, 理智充足, 刑偶或傷子, 中年勞晩年吉祥
일생 청아하고 영리하다. 이지가 족하다. 처에게 해가 있거나 혹 자손에게 해가 있다. 중년에 애쓰나 만년이 길하다.

(자갈 력·火木)

憂心勞神或身弱多疾, 刑偶或傷子, 中年勞, 晩年吉祥
마음에 근심하거나 몸이 약하고 병이 많다. 처 또는 자식에 해가 있다. 중년에 노고하나 만년에 길하다.

(나이 령·火)

慈祥有德, 溫和賢淑, 淸雅榮貴, 中年勞, 晩年隆昌
자상하며 덕이 있다. 온화하고 어질다. 청아하고 귀하다. 중년에 애쓰나 만년엔 번창한다.

로 爐
(화로 로·火)

謀爲出衆, 福祿雙收, 中年吉祥, 刑偶或傷子, 晩年隆昌
여럿을 위해 도모한다. 복록을 두루 거둔다. 중년에 길하고 상서롭다. 처를 해치거나 자손을 해가 있다. 만년에 번창한다.

롱 朧 (흐릴 롱·火)

性剛口快, 晚婚大吉, 一生多才, 中年勞, 晚年吉祥之字
성격이 강직하며 언변이 좋다. 만혼이 대길하다. 일생 재주가 많으나 중년에 수고한다. 만년에 길하고 상서로운 글자.

만 顢 (얼굴클 만·水)

外祥內苦或刑偶傷子, 中年多勞, 晚年吉祥, 二子幸福之字
겉으면 좋으나 내심 고생한다. 혹 처와 자식에 해가 있다. 중년에 고생이 많으나 만년에 길하고 상서롭다. 두 아들이 복된 글자.

면 麵 (국수 면·水)

損丁破財或惡死凶亡, 一貧如洗困苦, 一生難幸福之字
힘을 파하고 재물이 깨지거나 혹은 비명횡사한다. 가난하여 고생한다. 일생 행복하기 어려운 글자.

반 礬 (광물이름 반·水木)

多刑剋, 多災厄或刑偶傷子或一貧如洗, 配合得宜成功隆昌
형극이 많다. 재액이 많거나 처와 자식에 해가 있다. 혹 씻은 듯 가난하다. 배합이 잘되면 성공하여 번창한다.

보 寶 (보배 보·水)

忌車怕水, 淸雅多才, 中年勞, 晚年吉祥, 女人有愛情厄或身弱短壽
차와 물을 꺼린다. 청아하고 재주가 많다. 중년에 애쓰나 만년이 길하고 상서롭다. 여자는 애정액이 있거나 몸이 약하고 단명한다.

빈 蘋 (네가래 빈·水木)

秀氣伶利, 多姿巧智, 淸雅榮幸, 二子吉祥, 成功隆昌, 短壽之字
기가 빼어나고 영리하다. 성품이 좋고 어질다. 청아하니 행복하다. 성공하여 번창하나 단명한다.

(마 서 · 金木)

義利分明, 克己助人, 中年勞, 晩年吉祥, 環境良好之字
의리가 분명하다. 남을 돕는다. 중년에 애쓰나 만년에 길하다. 환경양호한 글자.

(풀 석 · 金木)

多才溫和, 淸雅怜悧, 中年勞, 晩年吉祥, 榮貴隆昌
재주가 많고 온화하다. 청아하고 영리하다. 중년에 애쓰나 만년에 길하다. 영귀하고 번창한다.

섬 贍
(넉넉할 섬 · 金)

福祿雙收, 特有因緣, 中年勞或有災厄, 晩年吉祥
복과 록을 모두 거둔다. 특이한 인연이 있다. 중년에 노고하거나 재액이 있다. 만년에는 길하고 상서롭다.

(깨어날 소 · 金火木)

天生聰穎, 多才賢能, 中年勞或奔波, 晩年吉祥隆昌
천성이 총명하다. 재주가 많고 어질다. 중년에 애쓰거나 혹 파란이 있다. 만년에는 길하고 번창한다.

(날밑 심 · 金)

淸雅多才, 一生中年平凡, 晩年隆昌, 刑偶或傷子之字
청아하고 재주가 많다. 일생 중년에 평범하다. 만년에 번창한다. 처 또는 자식에 해가 있는 글자.

양 壤
(부드러운흙 양 · 土)

晩婚遲得子大吉, 早婚半途, 出外吉祥, 中年勞苦或懷才不遇之字
만혼에 늦자식을 얻음이 대길하다. 조혼이면 운명이 어긋난다. 외지로 나가면 길하다. 중년에 고생하거나 혹은 재주를 품고도 불우하다.

(엄할 엄·土)

智勇雙全, 忠厚善良, 事業如意, 官運旺, 成功隆昌, 榮貴之字
지혜와 용기를 갖춘다. 충성스럽고 선량하다. 사업이 뜻대로다. 벼슬이 높으니 성공하여 번창한다. 영화롭고 귀한 글자.

(통변할 역·土)

一生淸閒量大, 上下敦睦, 愛人所愛, 中年吉祥, 晩年隆昌
일생 청한하니 도량크고 상하가 화목한다. 애인과 사랑한다. 중년에 길하고 만년에 번창한다.

(빛날 요·土火)

天生聰穎, 淸雅榮貴, 多才賢能, 中年成功隆昌, 出國之格
천성이 총명하며 청아하고 영귀하다. 재주가 많고 어질다. 중년에 성공하여 번창한다. 나라를 떠나는 격이다.

(대답할 응··土)

出外逢貴得財, 多才賢能, 言必信, 重義信用, 刑偶傷子之字
외지로 나가면 귀인을 만나 재물을 얻는다. 재주가 많고 어질다. 말속에 반드시 믿음이 있다. 의리를 중히 여겨 신용이 있다. 처와 자식을 극하는 글자.

(의논할 의·土)

英雄格, 多才賢能, 白手成家, 快樂自在, 晩年隆昌
영웅격이다. 재주가 많고 어질다. 맨손으로 집안을 일으키니 스스로 즐겁다. 만년에 번창한다.

(감자 저·金木)

義利分明, 克己助人, 中年勞, 晩年吉祥, 環境良好之字
의리가 분명하다. 남을 돕는다. 중년에 애쓰나 만년에 길하다. 환경양호한 글자.

(문서 적·金木)

晚婚遲得子吉, 白手成家, 自力更生, 中年勤儉, 晚年隆昌
만혼에 늦게 자손을 얻음이 길하다. 맨손으로 집안을 이루니 자력으로 갱생한다. 중년에 근검하고 만년에 번창한다.

(마름 조·金水木)

淸雅多才, 溫和伶利, 官運旺, 中年勞, 晚年吉祥
청아하고 재주가 많다. 온화하고 영리하다. 관운이 왕성하다. 중년에 노고하나 만년에 길하다.

(쇠북 종·金)

一生淸雅多才, 克己助人, 中年平凡, 晚年吉祥隆昌
일생 청아하고 재주가 많다. 남을 돕는다. 중년에 평범하고 만년에 길하고 번창한다.

(산가지 주·金木)

多才賢能, 淸雅怜悧, 中年吉祥, 身弱多厄, 晚年隆昌
재주가 많고 어질다. 청아하고 영리하다. 중년에 길하고 상서롭다. 몸이 약하고 재액이 많다. 만년에 번창한다.

(모을 찬·金木)

憂心勞神或事勞無功, 中年多災厄, 晚年吉祥
마음에 근심하여 힘겹거나 애써 일을 해도 공이 없다. 중년에 재액이 많으나 만년에 길하다.

(열 천·金)

孤獨格, 淸雅伶利, 福祿雙收, 中年勞, 晚年吉祥, 忌車怕水之字
고독하다. 청아하고 영리하다. 복과 록을 모두 거둔다. 중년에 노고하나 만년에 길하다. 차와 물을 꺼린다.

(닿을 촉·金)

性剛果斷, 英雄之格, 殺人被殺或身弱短壽或忌車怕水, 晚年吉祥
성격이 강직하고 과감하다. 영웅격이다. 살인, 피살, 혹 몸이 약하고 단명한다. 혹 차와 물을 꺼린다. 만년에 길하고 상서롭다.

(무궁화나무 친·金木)

小心愛情厄, 出外吉祥, 中年勞혹고, 晚年吉祥之字
애정액을 조심하라. 외지로 나가면 길하다. 중년에 애쓰거나 고생한다. 만년에 길한 글자.

(휘늘어질 타·火)

福壽興家, 安富尊榮, 忠厚善良, 中年平, 晚年隆昌
복과 수명이 집안에 가득하다. 편안히 부하고 귀하다. 충직하고 선량하다. 중년에 평이하고 만년에 번창한다.

(나부낄 표·水)

刑偶傷子, 福祿雙收, 中年吉祥, 環境良好, 晚年勞神, 多疾, 雙妻
처와 자손에게 해가 있다. 복록을 두루 거둔다. 중년에 길하고 환경이 좋다. 만년에는 마음 고생하고 병이 많다. 두 처를 둔다.

(싸움배 함·土)

性剛果斷, 多才賢能, 中年勞, 晚年吉祥, 環境良好
성격이 강직하고 과감하다. 재주가 많고 어질다. 중년에 애쓰나 만년에 길하고 상서롭다. 환경양호하다.

헌 獻
(드릴 헌·土)

清雅榮貴, 官或財旺, 中年成功隆昌, 環境良好, 晚年勞神
청아하고 귀하니 벼슬 혹은 재물이 왕성하다. 중년에 성공 번창하고 환경이 좋다. 만년에는 마음 고생한다.

(매달 현·土)

憂心勞神或刑偶傷子或身弱短壽, 中年勞苦, 晚年吉祥
마음에 근심하고 힘겹거나 혹 처와 자손에게 해가 있다. 혹 몸이 약하고 단명한다. 중년에 애쓰나 만년이 길하고 상서롭다.

(향내날 형·土木火)

秀氣多才, 精明公正, 中年成功隆昌, 女人小心愛情厄
기가 빼어나고 재주가 많다. 총명하며 공명정대하다. 중년에 성공하여 번창한다. 여자는 애정액을 조심하라.

(틈 혼·土)

多才賢能, 淸雅伶利, 中年成功隆昌, 環境良好之字
재주가 많고 어질다. 청아하고 영리하다. 중년에 성공하여 번창한다. 환경양호한 글자.

(희생 희·土)

多才賢能, 溫和怜悧, 中年平凡, 晚年吉祥, 環境良好, 忌車怕水
재주가 많고 어질다. 온화하고 영리하다. 중년에 평범하다. 만년에 길하니 환경양호하다. 물을 두려워 하고 차를 꺼린다.

{ 21획 양(陽) }

계 鷄 (닭 계·木)

忌車怕水, 一生淸雅平凡, 中年勞, 晩年吉祥之字
차와 물을 꺼린다. 일생 청아하고 평범하다. 중년에 애쓰나 만년이 길하고 상서롭다.

고 顧 (돌아볼 고·木)

一生淸雅榮貴, 理智充足, 中年勞, 晩年吉祥之字
일생 청아하고 귀하다. 이지가 족하다. 중년에 노고하나 만년에 길하고 상서롭다.

관 灌 (물댈 관·木水)

刑偶傷子, 二子吉祥, 淸雅榮貴, 中年吉祥隆昌, 環境良好
처와 자손에게 해가 있다. 두 아들이 길하다. 청아하고 영귀하다. 중년에 길하고 상서롭고 번창한다. 환경이 좋다.

굉 轟 (우렁우렁할 굉·木)

口快心直或刑偶傷子或身弱短壽, 中年多厄, 晩年安祥
언변이 좋고 마음이 곧다. 혹 처와 자손에게 해가 있다. 혹 몸이 약하고 단명한다. 중년에 재액이 많으나 만년에는 편하다.

구 驅 (몰 구, 빨리 달릴 구 ·木火)

理智充足, 淸雅怜悧, 中年勞苦或潦倒, 晩年吉祥
이지가 충족하다. 청아하고 영리하다. 중년에 애쓰나 혹 망한다. 만년에 길하고 상서롭다.

(등 등·火木水)

身健多疾, 義利分明, 名利雙收, 中年勞晚年吉祥
몸이 건강하나 병이 많다. 의리가 분명하다. 명예와 이익을 모두 거둔다. 중년에 노고하나 만년에 길하다.

(난초 란·火木)

多才賢能, 中年勞, 晚年隆昌, 女人有愛情厄或身弱短壽, 忌車怕水
재주가 많고 어질다. 중년에 노고한다. 만년에 번창한다. 여자는 애정액이 있다. 혹 몸이 약하고 단명한다. 차와 물을 조심하라.

(볼 람·火)

憂心勞神或奔波勞苦或有愛情厄, 中年勞, 晚年吉祥
마음에 근심하고 힘겹거나 혹 파란과 노고한다. 혹 애정액이 있다. 중년에 애쓰나 만년에 길하고 상서롭다.

(밀 랍·火)

憂心勞神或事勞無功, 孤掌難鳴, 中年勞苦, 晚年吉祥
마음에 근심하거나 애써 일을 해도 공이 없다. 고장난명격이니 고독하다. 중년에 노고하나 만년에 길하고 상서롭다.

(나무좀 려·火)

憂心勞心或事勞無功, 有才能理智, 中年勞晚年吉祥
마음에 근심하거나 애써 일을 해도 공이 없다. 재능이 있고 이지적이다. 중년에 노고하나 만년에 길하고 상서롭다.

(이슬 로·火水)

秀氣怜悧, 福祿雙收, 小心愛情厄, 中年平凡, 晚年隆昌
기가 빼어나고 영리하다. 복록을 두루 거둔다. 애정액을 조심하라. 중년에 평범하고 만년에 번창한다.

(펄럭일 번·水)

多刑剋性, 剛果斷, 或惡死凶亡, 多災厄或勞苦一生之字
형극이 많다. 성격이 강직하고 과감하다. 혹 비명횡사한다. 재액이 많거나 혹 일생 고생하는 글자.

(벼락 벽·水)

多才賢能, 智勇雙全, 中年平凡, 晩年隆昌, 出國之字
재주가 많고 어질다. 지혜와 용기를 두루 갖춘다. 중년에 평범하고 만년에 번창한다. 나라를 떠나는 글자.

(말잘할 변·水)

福祿雙收, 一生淸雅榮貴, 保守平凡, 環境良好之字
복록을 두루 거둔다. 일생 청아하고 영귀하다. 분수를 지켜고 평범하다. 환경이 좋다.

(끌어잡을 섭·金)

淸雅多才, 晩婚大吉, 中年勞或奔波, 晩年吉祥之字
청아하고 재주가 많다. 만혼이 대길하다. 중년에 노고하거나 혹 파란이 있다. 만년이 길하다.

(이을 속·金)

四子吉祥, 淸雅溫和, 多才怜悧, 中年吉祥, 環境良好, 晩年多疾
네아들이 길하다. 청아하고 온화하다. 재주가 많고 영리하다. 중년에 길하니 환경이 좋다. 만년에는 병이 많다.

(붙을 속·金)

憂心勞神或事勞無功, 早婚不宜, 中年勞, 晩年吉祥
마음에 근심하고 힘겹거나 혹 애써 일해도 공은 없다. 조혼은 마땅치 않다. 중년에 애쓰나 만년이 길하고 상서롭다.

(검을 암·土火)

不祥暗淡無光, 或身弱短壽, 中年多災厄, 晩年勞神多疾
상서롭지 못하니 암담하여 빛이 없다. 혹 몸이 약하고 단명한다. 중년에 재액이 많다. 만년에는 마음 고생에 병이 많다.

(꾀꼬리 앵·土火)

秀氣怜悧, 多才賢淑, 出外吉祥, 中年勞, 晩年隆昌, 刑偶傷子之字
기가 빼어나고 영리하다. 재주가 많고 어질다. 외지로 나가면 길하다. 중년에 애쓰나 만년에 번창한다. 처와 자손에게 해가 있는 글자.

(앵도나무 앵·土木)

秀氣伶利, 淸雅伶利, 小心愛情厄, 中年勞晩年隆昌, 環境良好
기가 빼어나고 영리하다. 청아하고 영리하다. 애정액을 조심하라. 중년에 노고한다. 만년에 번창하니 환경이 좋다.

약躍
(뛸 약·土)

淸雅榮貴, 福祿雙收, 中年吉祥勞神, 晩年隆昌, 環境良好
청아하고 귀하다. 복록을 모두 갖춘다. 중년에 길하나 마음 고생한다. 만년에 번창하고 환경이 좋다.

영瓔
(옥돌 영·土)

淸秀聰慧, 一生溫和賢淑, 二子吉祥, 小心愛情厄, 晩年隆昌, 出國格
청수하고 총명하며 지혜롭다. 일생 온화하고 현숙하다. 두 아들이 길하다. 애정액을 조심하다. 만년에 번창한다. 나라를 떠나는 격.

(기릴 예·土)

福祿雙收, 官運旺, 白手成家, 榮貴隆昌, 環境良好
복록을 두루 거둔다. 관운이 왕성하다. 맨손으로 집안을 일으킨다. 영귀하며 번창한다. 환경양호하다.

(높을 외·土)

淸雅雄壯, 英敏豪傑, 中年勞, 晩年吉祥, 女人身弱短壽之字
청아하고 웅장하며 영민하니 호걸이다. 중년에 노고하나 만년에 길하다. 여자는 몸이 약하고 단명한다.

요饒
(넉넉할 요·土)

多才賢能, 淸雅怜俐, 出外逢貴得財, 刑偶傷子之厄, 官旺之字
재주가 많고 어질다. 청아하고 영리하다. 외지로 나가면 귀인을 만나 재물을 얻는다. 처와 자손에게 해가 된다. 벼슬이 높은 글자.

(잇몸 은·土)

性剛口快, 或身弱短壽, 中年勞苦, 晩年吉祥
성격이 강직하고 언변이 좋다. 혹 몸이 약하고 단명한다. 중년에 노고하나 만년에 길하고 상서롭다.

(가져갈 재·金)

學識豊富, 淸雅榮貴, 官運旺, 中年成功隆昌之字
학식이 풍부하다. 청아하고 영귀하다. 관운이 왕성하니 중년에 성공하여 번창한다.

(얽힐 전·金土)

秀氣賢淑, 刑偶傷子, 或目疾多災, 中年吉祥, 晩年勞神守寡命
기가 빼어나고 현숙하다. 처와 자식에 해가 있다. 혹 눈병이 있고 재액이 많다. 중년에 길하나 만년에 마음 고생한다. 과부명.

(새길 전·金)

刑偶傷子·或身弱多疾或外祥內苦, 中年勞, 晩年吉祥
처와 자손에게 해가 있다. 혹 몸이 약하고 병이 많다. 혹 겉은 좋아도 내심 고생이다. 중년에 애쓰나 만년이 길하고 상서롭다.

(오를 제·金)

淸秀英俊, 中年成功隆昌官運旺, 晩年勞神多疾
맑고 빼어나며 영준하다. 중년에 성공하여 번창하니 벼슬이 높다. 만년에 마음 고생하고 병이 많다.

(음식 찬·金)

刑偶或傷子, 一生淸雅多才, 中年勞苦, 晩年吉祥之字
처에게 해가 되거나 혹은 자손에게 해가 있다. 일생 청아하고 재주가 많다. 중년에 노고하나 만년에 길한 글자.

(쇠 철·金)

性剛果斷, 離祖成功, 刑妻傷子, 中年奔波吉祥, 晩年勞神多疾
성격이 강직하고 과감하다. 조상을 떠나 성공한다. 처와 자손에게 해가 있다. 중년에 파란이 있으나 길하다. 만년에 마음 고생하고 병이 많다.

(방울 탁·火金)

官或財旺, 一生優裕, 中年平凡, 晩年隆昌, 環境良好之字
벼슬 혹은 재물이 왕성하다. 일생 유복하다. 중년에 평범하다. 만년에 번창하니 환경양호하다.

憂心勞神或事勞無功, 中年多災厄, 晩年子福之字
마음에 근심하여 힘겹거나 애써 일을 해도 공이 없다. 중년에 재액이 많다. 만년에 자식복이 있는 글자.

(도롱뇽 탑·火)

(두목 패·水)

刑偶欠子, 晩婚大吉, 中年離亂成功隆昌, 環境良好, 雙妻之格
처에 해가 있고 자식이 적으니 늦은 결혼이 대길하다. 중년에 이별수가 있으나 성공하여 번창한다. 환경양호하다. 두 처를 얻는 격.

(두루미 학·土火)

安祥自樂, 中年吉祥, 晩年隆昌, 但勞神多疾
편안하며 스스로 즐겁다. 중년에 길하고 상서로우며 만년에는 번창한다. 단, 마음 고생하고 병이 많다.

(호위할 호·土木)

刑偶或欠子, 晩婚大吉, 出外吉祥, 中年有災, 晩年隆昌之字
처에게 해가 있거나 혹 자손이 부족하다. 만혼이 대길하다. 외지로 나가면 길하다. 중년에 재액이 있다. 만년에 번창한다.

(클 호·土火)

精明公正, 操守廉正, 中年成功隆昌, 官旺或財旺, 出國之字
총명하며 공명정대하다. 분수를 지켜 올바르다. 중년에 성공하여 번창한다. 관운 또는 재운이 좋다. 나라를 떠나는 글자.

(들렐 효·土)

口快心直, 上下敦睦, 小心愛情厄, 中年勞晩年吉祥
언변이 좋고 마음이 곧다. 상하가 화목하다. 애정액을 조심하라. 중년에 노고하나 만년에 길하다.

{ 22획 음(陰) }

감 鑒 (거울 감 · 木金)
精明公正, 義利分明, 官運旺, 中年成功隆昌富貴之字
총명하며 공명정대하다. 의리가 분명하다. 관운이 왕성하다. 중년에 성공하여 번창하니 부귀한 글자.

감 龕 (탑 감 · 木)
性剛果斷, 剋父命, 晩婚吉, 刑妻傷子, 中年勞晩年吉祥
성격이 강직하고 결단력이 있다. 아버지를 극한다. 늦은 결혼이 길하다. 처와 자식에 해가 있다. 중년에 노고하나 만년에 길하고 상서롭다.

감 鑑 (거울 감 · 木金)
精明公正, 忠厚善良, 官運旺, 中年成功隆昌, 富貴之字
총명하며 공명정대하다. 충성스럽고 선량하다. 벼슬이 높다. 중년에 성공하여 번창하니 부귀한다.

권 權 (권세 권 · 木)
淸雅榮貴, 學問豊富, 官運旺, 中年成功, 晩年勞神
청아하고 귀하다. 학식이 풍부하니 벼슬이 높다. 중년에 성공하나 만년에 마음 고생한다.

독 讀 (읽을 독 · 火)
出外貴人明現, 淸雅多才, 中年勞苦, 晩年吉祥
외지로 나가면 귀인이 돕는다. 청아하고 재주가 많다. 중년에 노고하나 만년에 길하고 상서롭다.

력 躒
(움직일 력·火木)

外祥內苦, 或刑偶傷子, 中年多災或身弱短壽, 晚年吉祥
겉은 좋으나 내심 고생한다. 혹 처와 자식에 해가 있다. 중년에 재액이 많거나 몸이 약하고 단명한다. 만년에 길하다.

롱 籠
(대그릇 롱·火木)

憂心勞神, 刑偶傷子, 晚婚大吉, 中年勞, 晚年吉祥之字
마음에 근심하고 힘겹거다. 처와 자손에게 해가 있다. 만혼이 대길하다. 중년에 고생하나 만년에 길하고 상서롭다.

만 鰻
(뱀장어 만·水火)

秀氣巧妙, 清雅多才, 中年吉祥, 晚年隆昌之字
기가 빼어나고 지혜가 있다. 청아하고 재주가 많다. 중년에 길하고 만년에는 번창한다.

선 癬
(버짐 선·金火)

憂心勞神或事勞無功, 多災厄, 難幸福, 不祥之字
마음에 근심하여 힘겹거나 혹 애써 일해도 공은 없다. 재액이 많아 행복하기 어렵다. 상서럽지 못한 글자.

속 贖
(속바칠 속·金)

一生平凡保守, 中年勞但吉祥或刑偶傷子, 晚年多疾勞苦
일생 평범하고 분수를 지킨다. 중년에 애쓰나 단, 길하다. 혹은 처와 자손에게 해가 있다. 만년에 병이 많고 고생한다.

쇄 灑
(물뿌릴 쇄·金水)

秀氣多才, 溫和賢淑, 中年成功隆昌, 出國之字, 小心愛情厄
기가 빼어나고 재주가 많다. 온화하고 어질다. 중년에 성공 번창한다. 나라를 떠나는 글자. 애정액을 조심하라.

(수염 수·金)

名利雙收, 福祿興家, 中年平凡, 晩年吉祥之字
명예와 재물을 두루 거둔다. 복록이 집안에 가득하다. 중년에 평범하고 만년에 길하다.

(풍족할 양·土木)

出外吉祥, 福祿雙收, 溫和榮貴, 中年平, 晩年隆昌
외지로 나가면 길하다. 복록을 두루 거둔다. 온화하고 귀하다. 중년에 평이하고 만년에 번창한다.

(엄전할 엄·土)

多愁善感, 或性剛口快, 出外吉祥, 中年勞晩年吉祥
근심이 많고 감수성이 많다. 혹 성격이 강직하고 언변이 좋다. 외지로 나가면 길하다. 중년에 수고하나 만년에 길하다.

(아름다울 의·土)

智勇雙全, 操守廉正, 淸雅榮貴, 官運旺, 富貴之字
지혜와 용기를 갖춘다. 분수를 지켜 올바르다. 청아하고 영귀하다. 관운이 왕성하니 부와 귀를 누린다.

(산꼭대기 전·金土)

有才能理智, 淸雅榮貴, 中年勞晩年成功隆昌, 出國之格
재주가 있고 이지적이다. 청아하고 영귀하다. 중년에 노고하나 만년에 성공하여 번창한다. 나라를 떠나는 격이다.

(떨 전·金)

淸雅多才, 環境良好, 中年吉祥, 晩年隆昌, 二子吉祥
청아하고 재주가 많다. 환경이 좋다. 중년에 길하고 상서로우며 만년에 번창한다. 두 아들이 길하다.

(비갤 제·金)

春風得意, 一生淸雅優裕, 官運旺環境良好之字
봄바람에 뜻을 얻는다. 일생 청아하고 유복하다. 벼슬이 높고 환경이 좋다.

(부어만들 주·金)

精明公正, 忠厚善良, 榮貴隆昌, 但身弱短壽之字
총명하며 공명정대하다. 충성되고 선량하다. 영귀하며 번창한다. 단 몸약하고 단명한다.

(모일 찬·金)

刑偶或傷子, 淸雅多才中年勞, 晩年吉祥
처 혹은 자식에 해가 있다. 청아하고 재주가 많으나 중년에 노고한다. 만년에는 길하고 상서롭다.

(거듭할 첩·金)

憂心勞神或身弱多疾, 中年多災厄, 晩年吉祥之字
마음에 근심하며 힘겹거나 혹 몸이 약하고 병이 많다. 중년에 재액이 많으나 만년에 길하고 상서롭다.

(들을 청·金)

性剛口快, 父母無緣, 中年多災或勞, 晩年吉祥
성격이 강직하고 언변이 좋다. 부모와 인연이 없다. 중년에 재액이 많거나 노고한다. 만년에는 길하고 상서롭다.

(울릴 향·土)

性剛果斷或身弱短壽, 中年多災厄, 忌車怕水, 不祥之字
성격이 강직하고 과감하다. 혹 몸이 약하고 단명한다. 중년에 재액이 많다. 차와 물을 꺼린다. 상서롭지 못한 글자.

(준마 화·土火木)

多才能幹, 淸雅伶利, 中年成功隆昌, 出國榮貴隆昌
재주가 많다. 청아하고 영리하다. 중년에 성공하여 번창한다. 나라를 떠나 영귀하니 번창한다.

(온화할 화·土木)

不祥之字, 一貧如洗或刑偶傷子, 困苦一生或身弱短壽之字
상서롭지 못한 글자. 씻은 듯 가난하거나 처와 자식을 해친다. 일생 곤고하거나 혹 신약하고 단명한다.

(좋아할 환·土木)

刑偶或傷子, 二子吉祥, 淸雅榮貴, 中年成功隆昌, 環境良好之字
처에게 해가 있거나 혹 자손을 상한다. 두 아들이 길하다. 청아하고 영귀하다. 중년에 성공하여 번창하니 환경이 좋다.

23획 양(陽)

(쇳돌 광·木金)

環境良好, 多才賢能, 中年成功隆昌, 晩年倍加昌盛
환경이 좋다. 재주가 많고 어질다. 중년에 성공번창한다. 만년에는 배로 번성한다.

(어지러울 교·木)

出外逢貴得財, 中年奔波或忌車怕水, 晩年吉祥
외지로 나가 귀인을 만나 재물을 얻는다. 중년에 파란을 겪거나 혹 차와 물의 액이 있다. 만년에 길하다.

(쏘가리 궐·木火)

一生平剛直, 出外吉祥, 福祿雙收, 中年吉祥, 晩年勞神
일생 평이하고 강직하다. 외지로 나가면 길하니 복과 록을 거둔다. 중년에 길하나 만년에 마음 고생한다.

(돌 라·火)

出外吉多才賢能, 小心愛情厄, 中年勞, 晩年吉祥
외지로 나가면 길하다. 재주가 많고 어질다. 애정액을 조심하라. 중년에 애쓰나 만년이 길하고 상서롭다.

(모감주나무 란·火木)

憂心勞神或損丁破財或身弱短壽, 雖吉祥難幸福
마음에 근심하거나 힘과 재물을 파한다. 혹 몸이 약하고 단명한다. 비록 길하나 행복하기 어렵다.

(줄 려·火金)

刑偶傷子, 淸雅多才, 中年平범, 晩年隆昌官運旺
처와 자식에 해가 있다. 청아하고 재주가 많다. 중년에 평이 하다. 만년에 번창하니 관운이 왕성하다.

(사모할 련·火)

憂心勞神或有愛情厄或婚後多疾, 晩年吉祥
마음에 근심하고 힘겹거나 애정액이 있다. 혹 결혼한 후 병이 많다. 만년에 길하고 상서롭다.

(기린 린·火木)

操守廉正, 淸雅榮貴, 官運旺, 中年成功隆昌, 出國之格
분수를 지키고 올바르다. 청아하고 귀하다. 벼슬이 높다. 중년에 성공번창한다. 나라를 떠나는 격이다.

(비늘 린·火木)

精明公正, 多才淸雅, 中年成功隆昌, 官運旺, 榮貴, 出國之字
총명하며 공명정대하다. 재주가 많고 청아하다. 중년에 성공번창한다. 벼슬이 높고 귀하다. 나라를 떠나는 글자.

(곰팡이 미·水火)

出外吉祥, 名利雙收, 中年勞, 吉祥, 晩年隆昌榮幸之字
외지로 나가면 길하니 명예와 이익을 두루 거둔다. 중년에 노고하나 길하다. 만년에 번창하니 영화롭고 행복하다.

(변할 변·水)

刑偶或傷子, 出外吉祥, 中年多災厄, 忌車怕水, 短壽
처와 자손에게 해가 있다. 외지로 나가면 길하다. 중년에 재액이 많다. 차와 물을 조심하라. 단명한다.

秀氣伶利, 義利分明, 中年平, 晩年隆昌, 環境良好之字
기가 빼어나고 영리하다. 의리가 분명하다. 중년에 평이하고 만년에 번창한다. 환경양호한 글자.

刑偶傷子或身弱短壽, 忌車怕水, 中年多災厄, 難幸福之字
처와 자손에게 해가 있다. 혹 몸이 약하고 단명한다. 차와 물을 꺼린다. 중년에 재액이 많으니, 행복하기 어려운 글자.

憂心勞神或身弱短壽, 成功隆昌難, 幸福之字
마음에 고생하고 힘겨버나 혹 몸이 약하고 단명한다. 성공 번창하나 행복하기 어려운 글자.

秀氣多才, 淸雅怜悧, 小心愛情厄, 中年平, 晩年吉祥
기가 빼어나고 재주가 많다. 청아하고 영리하다. 애정액을 조심하라. 중년에 평이하고 만년에 길하다.

學識淵博, 良善多才, 名利雙收, 福祿永在, 榮貴之字
학식이 넓다. 선량하며 재주가 많다. 명예와 이익을 모두 거두니 복과 록이 영원하다. 영화롭고 귀한 글자.

懷才不遇或事勞無功, 中年多勞或潦倒, 晩年吉祥
재주가 있으나 때를 만나지 못한다. 애써 일해도 공이 없다. 중년에 노고가 많거나 영락한다. 만년에 길하다.

체 體
(몸 체·金)

福祿雙收, 名利有分, 中年勞或多災, 晚年吉祥, 有愛情厄
복록을 두루 거둔다. 명예와 재물에 분수가 있다. 중년에 수고 하거나 혹 재액이 많다. 만년에 길하고 상서롭다. 애정액이 있다.

표 鑣
(제갈 표·水金火)

天生聰穎, 精明公正, 淸雅榮貴, 官或財旺, 環境良好富貴
천성이 총명하다. 총명하며 공명정대하다. 청아하고 영귀하다. 관운 혹은 재운이 좋다. 환경이 양호하고 부귀하는 글자.

(시험할 험·土火)

懷才不遇或事勞無功, 中年多勞或潦倒, 晚年吉祥
재주를 품고도 불우하거나 혹 애써 일도 공은 없다. 중년에 고생이 많거나 망한다. 만년에 길하다.

(나타날 현·土火)

膽識豊富, 多才賢能, 二子吉祥, 中年吉, 晚年勞神之字
담력과 지혜가 풍부하다. 재주가 많고 어질다. 두 아들이 길하다. 중년에 길하다. 만년에 마음 고생하는 글자.

24획 음(陰)

(비오리 계·木水火)

理智充足, 多才伶利, 中年勞或潦倒, 晩年吉祥
이지가 충족하다. 재주가 많고 영리하다. 중년에 노고하거나 영락한다. 만년에 길하다.

(줄 공·木)

刑偶傷子或身弱短壽, 中年吉祥, 晩年勞神之字
처와 자식에 해가 있거나 몸이 약하고 단명한다. 중년에 길하고 상서로우나 만년에 마음 고생한다.

(천둥 력·火水木)

刑偶或傷子, 或身弱多疾, 中年勞晩年吉祥隆昌
처와 자식에 해가 있다. 혹 몸이 약하고 병이 많다. 중년에 노고하나 만년에 길하니 번창한다.

(신령 령·火水)

精明公正, 義利分明, 中年成功隆昌, 名利雙收, 環境良好
총명하며 공명정대하다. 의리가 분명하다. 중년에 성공번창한다. 명예와 재물을 모두 거둔다. 환경이 양호하다.

(해오라기 로·火)

秀氣怜悧, 溫和賢淑, 中年成功隆昌, 晩年勞神之字
기가 빼어나고 영리하다. 온화하고 현숙하다. 중년에 성공하여 번창한다. 만년에는 마음 고생한다.

(아지랑이 애·土)

謀爲出衆, 福祿雙收, 貴人明現, 中年吉祥, 晩年隆昌
무리를 위해 도모한다. 복과 록을 두루 거둔다. 귀인이 나타나 돕는다. 중년에 길하고 만년에 번창한다.

(사양할 양·土)

福祿雙收, 出外吉祥, 中年平凡, 晩年隆昌, 環境良好
복록을 두루 거둔다. 외지로 나가면 길하다. 중년에 평범하고 만년에는 번창하며 환경이 좋다.

(빚을 양·土)

淸雅伶利, 賢能勤儉, 出外吉祥, 中年平, 晩年吉祥
청아하고 영리하다. 어질고 근검하다. 외지로 나가면 길하다. 중년에 평이하고 만년에 길하고 상서롭다.

(소금 염·土)

不祥之字, 憂心勞神或身弱短壽, 中年多災厄, 難幸福
상서럽지 못한 글자이니 마음에 근심하고 힘겹거나 혹 몸이 약하고 단명한다. 중년에 재액이 많다. 행복하기 어렵다.

(매 응·土火)

性剛口快, 少年干難, 中年平凡, 晩年吉祥, 子孫興旺
성격이 강직하고 언변이 좋다. 소년시절에 가난하다. 중년에 평범하고 만년에 길하다. 자손이 번성한다.

(누에 잠·金)

憂心勞神, 勤儉治家, 忠厚善良, 中年勞, 晩年吉祥之字
마음 고생하고 힘겹다. 근검하여 가문을 다스린다. 충성되고 선량하다. 중년에 애쓰나 만년에 길하고 상서로운 글자.

(넓을 호, 깊을 호, 밝을 호·土水火)

操守廉正, 醫界大吉, 官運旺, 中年成功隆昌, 富貴之字
분수를 지켜 올바르다. 의학계가 대길하다. 관운이 왕성하다. 중년에 성공하여 번창한다. 부하고 귀한 글자.

25획 양(陽)

기羈 (굴레 기·木)

刑偶或欠子, 晚婚大吉, 中年有離亂之厄, 晚年隆昌之字
처 또는 자식에 해가 있다. 늦은 결혼이 대길하다. 중년에 이별의 액이 있다. 만년에 번창하는 글자.

관觀 (볼 관·木)

性剛口快, 福祿雙收, 中年吉祥隆昌, 晚年勞神之字
성격이 강직하고 언변이 좋다. 복록을 거둔다. 중년에 길하고 번창한다. 만년에 마음 고생하는 글자.

리籬 (울타리 리·火木)

不祥之字, 憂心勞神多災厄, 刑偶傷子, 或一貧如洗難幸福
상서럽지 못하니 마음에 근심하고 힘겨우니 재액이 많다. 처와 자손에게 해가 있다. 혹 너무 가난하니 행복하기 어렵다.

만蠻 (오랑캐 만·水)

刑剋父母或刑偶傷子, 中年多災厄或以外, 晚年吉祥
부모를 극하거나 혹 처와 자손에게 해가 있다. 중년에 재액이 많거나 혹 이외로 만년에는 길하고 상서롭다.

만灣 (물굽이 만·水)

一生手足不停或事勞無功, 忌車怕水, 有愛情厄, 晚年吉祥
일생 손과 발이 불안하거나 애써 일해도 공이 없다. 차와 물을 조심하라. 애정액이 있다. 만년에는 길하고 상서롭다.

(구름낄 애 · 土水)

秀氣英敏, 溫和賢淑, 中年吉祥, 晩年隆昌榮貴, 出國之字
기가 빼어나고 영민하다. 온화하고 현숙하다. 중년에 길하다. 만년에 번창하고 영귀한다. 나라를 떠나는 글자.

(쌀팔 조 · 金木)

智勇雙全, 環境良好, 淸雅榮貴, 成功隆昌, 富貴之字
지혜와 용기를 모두 갖춘다. 환경양호하다. 청아하고 영귀하다. 성공하여 번창하니 부귀를 누린다.

(이을 찬 · 金)

刑偶傷子或身弱多疾, 中年勞晩年吉祥, 女人有愛情厄, 再嫁短壽
처와 자식에 해가 있거나 몸이 약하고 병이 많다. 중년에 노고하나 만년에 길하다. 여자는 애정액이 있고, 재가, 단명한다.

(학교 횡 · 土)

溫和賢能, 多才伶利, 中年勞或奔波, 官運旺晩年隆昌, 欠子之字
온화하고 어질다. 재주가 많고 영리하다. 중년에 노고하거나 파란이 있다. 관운이 왕성하니 만년에 번창하나 자식이 적다.

{ 26획 음(陰) }

(천리마 기 · 木火)

出外吉祥, 晩婚大吉, 中年有災厄, 忌車怕水, 晩年吉祥
외지로 나가면 길하다. 만혼이 대길하다. 중년에 재액 있으니 차와 물을 피하라. 만년에는 길하다.

(기릴 찬 · 金)

淸雅榮貴, 刑偶或傷子, 中年勞, 晩年隆昌福祿之字
청아하고 영귀하다. 처에게 해가 있거나 혹 자손을 상한다. 중년에 애쓰나 만년에 번창하니 복록이 있다.

{ 27획 양(陽) }

(징 라·火金)

義利分明, 淸雅多才, 中年平, 晩年隆昌, 環境良好之字
의리가 분명하다. 청아하고 재주가 많다. 중년에 평범하다. 만년에 번창한다. 환경양호한 글자.

(방울 란·火金)

有愛情厄或身弱短壽, 中年勞, 晩年隆昌, 伶利之字
애정액이 있거나 혹 몸이 약하고 단명한다. 중년에 노고하나 만년에 번창한다. 영리한 글자.

(닻줄 람·火)

性格複雜, 多變易動, 出外吉祥, 浮沈不定, 一生有才無運之字
성격이 복잡하다. 변화가 많고 쉽게 움직인다. 외지로 나가면 길하다. 부침이 일정치 않으니 일생 재주가 있으나 운은 없다.

(들 양·土火)

多才賢能, 溫和賢淑, 忌車怕水, 少年小心, 中年勞晩年吉祥
재주가 많고 어질다. 온화하고 현숙하다. 차와 물을 조심하라. 소년기에 조심하라. 중년에 노고하나 만년에 길하다.

(뚫을 찬·金)

刑偶或傷子, 淸雅多才, 中年勞, 晩年隆昌, 環境良好
처와 자손에게 해가 있다. 청아하고 재주가 많다. 중년에 애쓰나 만년에 번창한다. 환경이 좋다.

성씨 획수 및 오행

가

갈(葛) 13, 목
감(甘) 5, 목
강(江) 6, 목, 수
강(姜) 9, 목
강(康) 11, 목
경(京) 8, 목
경(景) 12, 목
경(慶) 15, 목
계(桂) 10, 목
고(高) 10, 목
고(賈) 13, 목
골(骨) 10, 목
공(公) 4, 목
공(孔) 4, 목
곽(郭) 11, 목
곽(霍) 16, 목, 수
구(丘) 5, 목
구(具) 8, 목
구(俱) 10, 목
구(邱) 8, 목
구(歐) 15, 목

국(國) 11, 목
국(菊) 12, 목
국(鞠) 17, 목
권(權) 22, 목
금(琴) 12, 목
기(奇) 8, 목
길(吉) 6, 목
김(金) 8, 목, 금

나

나(羅) 19, 화
남(南) 9, 화
노(盧) 16, 화
노(魯) 15, 화

다

담(潭) 15, 화, 수
도(都) 12, 화
동(董) 13, 화
등(藤) 19, 화

라

련(連) 11, 화
련(蓮) 15, 화
령(令) 5, 화
류(柳) 9, 화, 목
류(劉) 15, 화, 금

마

마(馬) 10, 수
만(萬) 13, 수
만(滿) 14, 수
매(魅) 15, 수
맹(孟) 8, 수
명(明) 8, 수
모(毛) 4, 수
모(牟) 6, 수
문(文) 4, 수
민(閔) 12, 수

바

박(朴) 6, 수, 목
반(潘) 15, 수
방(方) 4, 수
방(房) 8, 수
방(龐) 19, 수
배(裵) 14, 수
백(白) 5, 수
백(百) 6, 수
변(卞) 4, 목
변(邊) 19, 수
복(卜) 2, 수
봉(奉) 8, 수
부(夫) 4, 수

사

사(司) 5, 금
사(史) 5, 금
사(沙) 7, 금, 수
사(謝) 17, 금
서(徐) 10, 금

석(石) 5, 금
석(昔) 8, 금
석(席) 10, 금
석(釋) 20, 금
선(宣) 9, 금
설(卨) 11, 금
설(薛) 17, 금
성(成) 7, 금
소(邵) 8, 금
소(蘇) 20, 금
손(孫) 10, 금
손(遜) 14 금
송(宋) 7, 금, 목
송(松) 8, 금, 목
순(筍) 12, 금
순(舜) 12, 금
신(申) 5, 금
신(辛) 7, 금
신(愼) 13, 금
심(沈) 7, 금, 수

아

안(安) 6, 토
양(楊) 13, 토, 목
양(梁) 11, 토, 수
양(陽) 12, 토
어(魚) 11, 토
엄(嚴) 20, 토
여(呂) 7, 토
여(余) 7, 토
연(延) 7, 토
염(廉) 13, 토
엽(葉) 13, 토
예(芮) 8 토
오(嗚) 7, 토
옥(玉) 5, 토
온(溫) 13, 토
왕(王) 4, 토
요(堯) 12, 토
우(于) 3, 토
우(尤) 4, 토
우(禹) 9, 토
우(虞) 13, 토

울(蔚) 15, 토
원(元) 4, 토
원(袁) 10, 토
위(魏) 18, 토
유(兪) 9, 토
육(陸) 11, 토
윤(尹) 4, 토
윤(允) 4, 토
은(殷) 10, 토
은(隱) 17, 토
을(乙) 1, 토
이(李) 7, 토, 목
이(伊) 6, 토
인(印) 6, 토
임(任) 6, 토
임(林) 8, 토, 목

장(將) 11, 금
전(田) 5, 금
전(全) 6, 금
전(錢) 16, 금
정(丁) 2, 금, 화
정(鄭) 15, 금
조(趙) 14, 금
조(曹) 11, 금
종(宗) 8, 금
주(朱) 6, 금
주(周) 8, 금
지(池) 6, 금, 수
지(智) 12, 금
진(陳) 11, 금
진(晋) 10, 금
진(秦) 10, 금

자

장(章) 11, 금
장(莊) 11, 금
장(張) 11, 금
장(蔣) 15, 금

차

차(車) 7, 금
채(蔡) 15, 금
천(千) 3, 금
천(天) 4, 금

초(楚) 13, 금

최(崔) 11, 금

추(秋) 9, 금

타

탁(卓) 8, 화

태(太) 4, 화

파

팽(彭) 12, 수

편(片) 4, 수

표(表) 8, 수

피(皮) 5, 수

하

하(何) 7, 토

하(夏) 10, 토

하(河) 8, 토, 수

한(韓) 17, 토

함(咸) 9, 토

허(許) 11, 토

현(玄) 5, 토

호(胡) 9, 토

홍(弘) 5, 토

홍(洪) 9, 토, 수

황(黃) 12, 토

두자 성씨

공손(公孫) 4·10, 목·금

남궁(南宮) 9·10, 화·목

독고(獨孤) 16·8, 화·목

선우(鮮于) 17·3, 금·토

을지(乙支) 1·4, 토·금

제갈(諸葛) 16·13, 금·목

동방(東方) 8·4, 화·수

서문(西門) 6·8, 금·수

성씨별 남녀별
길한 획수의 조합

◉ 남자 성씨별 길한 획수의 조합

【1획성】
을(乙)

2 4, 2 5, 2 14, 2 15, 2 22, 4 2, 4 12, 4 20,
5 2, 5 10, 5 12, 6 10, 6 17, 7 10, 7 16, 7 17,
10 5, 10 6, 10 7, 10 14, 12 4, 12 5, 12 12, 14 2,
14 10, 15 2, 16 7, 17 6, 17 7, 20 4, 22 2, 23 24,
24 23

【2획성】
복(卜) 정(丁)

1 4, 1 5, 1 14, 1 15, 1 22, 3 3, 3 13, 4 1,
4 9, 4 11, 4 19, 5 1, 5 6, 5 11, 5 16, 6 5,
6 9, 6 15, 6 23, 9 4, 9 6, 9 14, 9 22, 11 4,
11 5, 1 22, 13 3, 13 16, 13 22, 14 1, 4 9, 14 15,
14 19, 14 21, 14 23, 15 1, 15 6, 15 14, 15 16, 15 22,
16 5, 16 13, 16 15, 16 19, 16 21, 16 23, 19 4, 19 14,
19 16, 21 14, 21 16, 22 1, 22 9, 22 11, 22 13, 22 15,
22 23, 23 6, 23 14, 23 16, 23 22, 27 4, 27 6

【3획성】

우(于) 천(千)

2 3, 2 13, 3 2, 3 5, 3 10, 3 12, 3 15, 3 18,
4 4, 4 14, 5 3, 5 8, 5 10, 5 13, 8 5, 8 10,
8 13, 10 3, 10 5, 10 8, 12 3, 13 2, 13 5, 13 8,
14 4, 15 3, 18 3

【4획성】

공(公) 공(孔) 모(毛) 문(文) 방(方) 변(卞) 부(夫) 왕(王) 원(元) 우(尤)
윤(尹) 윤(允) 천(天) 태(太) 편(片)

1 2, 1 12, 1 20, 2 1, 2 9, 2 11, 2 19, 3 4,
3 14, 4 3, 4 7, 4 9, 4 13, 4 17, 4 21, 4 25,
7 4, 7 14, 9 2, 9 4, 9 12, 9 20, 11 2, 11 14,
11 20, 12 1, 12 9, 12 13, 12 17, 12 19, 12 21, 12 25,
13 4, 13 12, 13 20, 14 3, 14 7, 14 11, 14 17, 14 19,
14 21, 17 4, 17 12, 17 14, 17 20, 19 2, 19 12, 19 14,
20 1, 20 9, 20 11, 20 13, 20 17, 20 21, 21 4, 21 12,
21 14, 21 20, 25 4, 25 12, 27 2, 27 4, 27 14, 27 21

【5획성】

감(甘) 구(丘) 령(令) 백(白) 사(史) 사(司) 석(石) 신(申) 옥(玉) 전(田) 피(皮) 현(玄) 홍(弘)

1 2, 1 10, 1 12, 2 1, 2 6, 2 11, 2 16, 3 3, 3 8, 3 10, 3 13, 6 2, 6 10, 6 12, 6 18, 8 3, 8 8, 8 10, 8 16, 10 1, 10 3, 10 6, 10 8, 11 2, 11 13, 12 1, 12 6, 12 12, 13 3, 13 11, 16 2, 16 8, 18 6

【6획성】

강(江) 길(吉) 모(牟) 박(朴) 백(百) 안(安) 이(伊) 인(印) 임(任) 주(朱) 지(池) 전(全)

1 10, 1 17, 2 5, 2 9, 2 15, 2 23, 5 2, 5 10, 5 12, 5 18, 7 10, 7 11, 7 18, 9 2, 9 9, 10 1, 10 5, 10 7, 10 15, 10 19, 10 23, 10 25, 11 7, 11 12, 11 18, 12 5, 12 11, 12 17, 12 19, 12 23, 15 2, 15 10, 15 18, 17 1, 17 12, 17 18, 18 5, 18 7, 18 11, 18 15, 18 17, 18 23, 19 10, 19 12, 23 2, 23 10, 23 12, 23 18, 25 10, 27 2, 27 12

【7획성】

사(沙) 성(成) 송(宋) 신(辛) 심(沈) 여(呂) 여(余) 연(延) 오(吳) 이(李) 차(車) 하(何)

1 10, 1 16, 1 17, 4 4, 4 14, 6 10, 6 11, 6 18,
8 8, 8 9, 8 10, 8 16, 9 8, 9 9, 10 1, 10 6,
10 8, 10 14, 11 6, 14 4, 14 10, 16 1, 16 8, 17 1,
17 24, 18 6, 24 17

【8획성】

구(具) 구(邱) 경(京) 기(奇) 김(金) 명(明) 맹(孟) 방(房) 봉(奉) 석(昔) 소(邵) 송(松) 예(芮) 임(林) 종(宗) 주(周) 탁(卓) 표(表) 하(河)

3 5, 3 10, 3 13, 5 3, 5 8, 5 10, 5 16, 7 8,
7 9, 7 10, 7 16, 8 5, 8 7, 8 8, 8 9, 8 13,
8 15, 8 17, 8 21, 8 23, 8 25, 9 7, 9 8, 9 16,
10 3, 10 5, 10 7, 10 13, 10 15, 10 21, 10 23, 13 3,
13 8, 13 10, 13 16, 15 8, 15 10, 15 16, 16 5, 16 7,
16 9, 16 13, 16 15, 16 17, 16 21, 16 23, 17 8, 17 16,
21 8, 21 10, 21 16, 23 8, 23 10, 23 16, 25 8, 27 10

【9획성】

강(姜) 남(南) 류(柳) 선(宣) 우(禹) 유(兪) 추(秋) 함(咸) 호(胡) 홍(洪)

2 4,   2 6,   2 14, 2 22, 4 2,   4 4,   4 12, 4 20,
6 2,   6 9,   7 8, 7 9, 8 7,   8 8,   8 16, 9 6,
9 7,   9 15, 12 4, 12 12, 14 2, 15 9, 15 24, 16 8,
20 4, 22 2, 24 15

【10획성】

고(高) 골(骨) 구(俱) 계(桂) 마(馬) 서(徐) 석(席) 손(孫) 원(袁) 은(殷)
진(晋) 진(秦) 하(夏)

1 5,   1 6,   1 7,   1 14, 3 3,   3 5,   3 8,   5 1,
5 3,   5 6,   5 8,   6 1, 6 5,   6 7,   6 15,   6 19,
6 23,   6 25, 7 1,   7 6, 7 8,   7 14, 8 3,   8 5,
8 7,   8 13, 8 15,   8 21, 8 23, 11 14, 13 8, 14 1,
14 7, 14 11, 14 15, 14 21, 14 23, 15 6, 15 8, 15 14,
19 6, 21 8, 21 14, 23 6, 23 8, 23 14, 25 6, 27 8

【11획성】

곽(郭) 강(康) 국(國) 령(連) 설(卨) 어(魚) 양(梁) 육(陸) 장(張) 장(莊)
장(章) 장(將) 조(曺) 진(陳) 최(崔) 허(許)

2 4, 2 5, 2 22, 4 2, 4 14, 4 20, 5 2, 5 13,
6 7, 6 12, 6 18, 7 6, 10 14, 12 6, 12 12, 13 5,
13 24, 14 4, 14 10, 18 6, 20 4, 22 2, 24 13, 26 26

【12획성】

국(菊) 경(景) 금(琴) 도(都) 민(閔) 순(舜) 순(筍) 양(陽) 요(堯) 지(智) 팽(彭) 황(黃)

1 4, 1 5, 1 12, 3 3, 4 1, 4 9, 4 13, 4 17,
4 19, 4 21, 4 25, 5 1, 5 6, 5 12, 6 5, 6 11,
6 17, 6 19, 6 23, 9 4, 9 12, 11 6, 11 12, 12 1,
12 5, 12 9, 12 11, 12 13, 12 17, 12 21, 12 23, 13 4,
13 12, 17 4, 17 6, 17 12, 19 4, 19 6, 21 4, 21 12,
23 6, 23 12, 25 4, 27 6

【13획성】

갈(葛) 고(賈) 동(董) 만(萬) 신(愼) 양(楊) 염(廉) 엽(葉) 온(溫) 우(虞) 초(楚)

2 3, 2 16, 2 22, 3 2, 3 5, 3 8, 4 4, 4 12,
4 20, 5 3, 5 11, 8 3, 8 8, 8 10, 8 16, 10 8,
11 5, 11 24, 12 4, 12 12, 16 2, 16 8, 20 4, 22 2,
24 11, 26 26

【14획성】

만(滿) 배(裵) 손(遜) 조(趙)

1 2, 1 10, 2 1, 2 9, 2 15, 2 19, 2 21, 2 23,
3 4, 4 3, 4 7, 4 11, 4 17, 4 19, 4 21, 7 4,
7 10, 9 2, 10 1, 10 7, 10 11, 10 15, 10 21, 10 23,
11 4, 11 10, 15 2, 15 10, 17 4, 19 2, 19 4, 21 2,
21 4, 21 10, 23 2, 23 10, 27 4

【15획성】

경(慶) 구(歐) 노(魯) 담(潭) 련(連) 류(劉) 매(魅) 반(潘) 울(蔚) 장(蔣) 정(鄭) 채(蔡)

1 2, 2 1, 2 6, 2 14, 2 16, 2 22, 3 3, 6 2,
6 10, 6 18, 8 8, 8 10, 8 16, 9 9, 9 24, 10 6,
10 8, 10 14, 14 2, 14 10, 16 2, 16 8, 18 6, 22 2,
22 26, 24 9, 24 24, 26 22, 26 26

【16획성】

곽(霍) 노(盧) 도(都) 반(潘) 육(陸) 전(錢) 진(陳)

1 7, 2 5, 2 13, 2 15, 2 19, 2 21, 2 23, 5 2,
5 8, 7 1, 7 8, 8 5, 8 7, 8 9, 8 13, 8 15,

8 17, 8 21, 8 23, 9 8, 13 2, 13 8, 15 2, 15 8,
17 8, 19 2, 21 2, 21 8, 23 2, 23 8

【17획성】

국(鞠) 사(謝) 설(薛) 양(陽) 울(蔚) 은(隱) 한(韓)

1 6, 1 7, 4 4, 4 12, 4 14, 4 20, 6 1, 6 12,
6 18, 7 1, 7 24, 8 8, 8 16, 12 4, 12 6, 12 12,
14 4, 16 8, 18 6, 20 4, 24 7, 24 24

【18획성】

위(魏)

3 3, 5 6, 6 5, 6 7, 6 11, 6 15, 6 17, 6 23,
7 6, 11 6, 15 6, 17 6, 23 6

【19획성】

나(羅) 등(藤) 방(龐) 변(邊) 설(薛)

2 4, 2 14, 2 16, 4 2, 4 12, 4 14, 6 10, 6 12,
10 6, 12 4, 12 6, 14 2, 14 4, 16 2, 22 26, 26 22

【20획성】

석(釋) 소(蘇) 엄(嚴)

 1 4, 4 1, 4 9, 4 11, 4 13, 4 17, 4 21, 9 4,
11 4, 13 4, 17 4, 21 4, 27 21

【22획성】

권(權) 변(邊)

 1 2, 2 1, 2 9, 2 11, 2 13, 2 15, 2 23, 9 2,
11 2, 13 2, 15 2, 15 26, 19 26, 23 2, 26 15, 26 19

◉ 여자 성씨별 길한 획수의 조합

【1획성】

을(乙)

2 4, 4 2, 12 12, 23 24, 24 23

【2획성】

복(卜) 정(丁)

1 4, 3 13, 4 1, 5 11, 11 5, 11 22, 13 3, 13 16, 13 22, 14 23, 16 13, 16 23, 22 11, 22 13, 22 23, 23 14, 23 16, 23 22, 27 4

【3획성】

우(于) 천(千)

2 13, 3 10, 3 12, 10 3, 12 3, 13 2

【4획성】

공(公) 공(孔) 모(毛) 문(文) 방(方) 변(卞) 부(夫) 왕(王) 원(元) 우(尤)
윤(尹) 윤(允) 천(天) 태(太) 편(片)

1 2, 2 1, 9 20, 11 14, 11 20, 12 21, 12 25, 14 11,
14 21, 20 9, 20 11, 20 21, 21 12, 21 14, 21 20, 25 12,
27 2, 27 14, 27 21

【5획성】

감(甘) 구(丘) 령(令) 백(白) 사(史) 사(司) 석(石) 신(申) 옥(玉) 전(田)
피(皮) 현(玄) 홍(弘)

2 11, 11 2, 11 13, 13 11

【6획성】

강(江) 길(吉) 모(牟) 박(朴) 백(百) 안(安) 이(伊) 인(印) 임(任) 주(朱)
지(池) 전(全)

7 18, 9 9, 10 19, 10 23, 10 25, 12 19, 12 23, 18 7,
18 23, 19 10, 19 12, 23 10, 23 12, 23 18, 25 10, 27 12

【7획성】

사(沙) 성(成) 송(宋) 신(辛) 심(沈) 여(呂) 여(余) 연(延) 오(嗚) 이(李) 차(車) 하(何)

 6 18, 9 9, 17 24, 18 6, 24 17

【8획성】

구(具) 구(邱) 경(京) 기(奇) 김(金) 명(明) 맹(孟) 방(房) 봉(奉) 석(昔) 소(邵) 송(松) 예(芮) 임(林) 종(宗) 주(周) 탁(卓) 표(表) 하(河)

 8 8, 8 17, 8 21, 8 23, 8 25, 10 21, 10 23, 16 17,
16 21, 16 23, 17 8, 17 16, 21 8, 21 10, 21 16, 23 8,
23 10, 23 16, 25 8, 27 10

【9획성】

강(姜) 남(南) 류(柳) 선(宣) 우(禹) 유(兪) 추(秋) 함(咸) 호(胡) 홍(洪)

 4 20, 6 9, 7 9, 9 6, 9 7, 9 15, 15 9, 15 24,
20 4, 24 15

【10획성】

고(高) 골(骨) 구(俱) 계(桂) 마(馬) 서(徐) 석(席) 손(孫) 원(袁) 은(殷) 진(晋) 진(秦) 하(夏)

3　3，6　19，6　23，6　25，8　21，8　23，14　15，14　21，
14　23，15　14，19　6，21　8，21　14，23　6，23　8，23　14，
25　6，27　8

【11획성】

곽(郭) 강(康) 국(國) 련(連) 설(髙) 어(魚) 양(梁) 육(陸) 장(張) 장(莊) 장(章) 장(將) 조(曹) 진(陳) 최(崔) 허(許)

2　5，2　22，4　14，4　20，5　2，5　13，13　5，13　24，
14　4，20　4，22　2，24　13，26　26

【12획성】

국(菊) 경(景) 금(琴) 도(都) 민(閔) 순(舜) 순(筍) 양(陽) 요(堯) 지(智) 팽(彭) 황(黃)

1　12，3　3，4　21，4　25，6　19，6　23，12　1，12　13，
12　17，12　21，12　23，13　12，17　12，19　6，21　4，21　12，
23　6，23　12，25　4，27　6

【13획성】

갈(葛) 고(賈) 동(董) 만(萬) 신(愼) 양(楊) 염(廉) 엽(葉) 온(溫) 우(虞) 초(楚)

 2 3, 2 16, 2 22, 3 2, 5 11, 11 5, 11 24, 12 12, 16 2, 22 2, 24 11, 26 26

【14획성】

만(滿) 배(裴) 손(遜) 조(趙)

 2 23, 4 11, 4 21, 10 15, 10 21, 10 23, 11 4, 15 10, 21 4, 21 10, 23 2, 23 10, 27 4

【15획성】

경(慶) 구(歐) 노(魯) 담(潭) 련(蓮) 류(劉) 매(魅) 반(潘) 울(蔚) 장(蔣) 정(鄭) 채(蔡)

 9 9, 9 24, 10 14, 14 10, 22 26, 24 9, 24 24, 26 22, 26 26

【16획성】

곽(霍) 노(盧) 도(都) 반(潘) 육(陸) 전(錢) 진(陳)

2 13, 2 23, 8 17, 8 21, 8 23, 13 2, 17 8, 21 8, 23 2, 23 8

【17획성】

국(鞠) 사(謝) 설(薛) 양(陽) 울(蔚) 은(隱) 한(韓)

7 24, 8 8, 8 16, 12 12, 16 8, 24 7, 24 24

【18획성】

위(魏)

18 6, 18 6, 18 7, 18 23

【19획성】

나(羅) 등(藤) 방(龐) 변(邊) 설(薛)

6 10, 6 12, 10 6, 12 6, 22 26, 26 22

【20획성】

석(釋) 소(蘇) 엄(嚴)

4 9, 4 11, 4 21, 9 4, 11 4, 21 4, 27 21

【22획성】

권(權) 변(邊)

 2 11, 2 13, 2 23, 11 2, 13 2, 15 26, 19 26, 23 2,
26 15, 26 19

행운을 부르는
이름 짓기 사전

초판 1쇄 발행일 2013년 06월 28일

지은이 정상
펴낸이 박영희
편집 배정옥·유태선·김미령·박희경
인쇄·제본 AP프린팅
펴낸곳 도서출판 어문학사
  서울특별시 도봉구 쌍문동 523-21 나너울 카운티 1층
  대표전화: 02-998-0094/편집부1: 02-998-2267, 편집부2: 02-998-2269
  홈페이지: www.amhbook.com
  트위터: @with_amhbook
  블로그: 네이버 http://blog.naver.com/amhbook
    다음 http://blog.daum.net/amhbook
  e-mail: am@amhbook.com
  등록: 2004년 4월 6일 제7-276호

ISBN 978-89-6184-302-7 13180
정가 27,000원

이 도서의 국립중앙도서관 출판시도서목록(CIP)은 e-CIP홈페이지(http://www.nl.go.kr/ecip)와
국가자료공동목록시스템(http://www.nl.go.kr/kolisnet)에서 이용하실 수 있습니다.
(CIP제어번호: CIP2013007742)

※잘못 만들어진 책은 교환해 드립니다.